THÜRINGEN Ein Reise*ver*führer

Martin Wendl
Lothar Burghoff
Günther Deicke
Paul Elgers
Johanna Hoffmann
Chris Hornbogen
Otto Ludwig
Hans Joachim Malberg
Georg Menchén
Roger Nastoll
Landolf Scherzer
Hansgeorg Stengel
Martin Viertel
Inge von Wangenheim
Ernst Karl Wenig

Illustrationen
von Karl-Georg Hirsch
und Fotos
von Gerald Große

Greifenverlag zu Rudolstadt

THÜRINGEN Ein Reise*ver*führer

5. Auflage 1989
Lizenz-Nr. 384-220/29/89
LSV 7002
Typografie: Werner Haferkorn
Printed in the German Democratic Republic
Gesamtherstellung: INTERDRUCK
Graphischer Großbetrieb Leipzig,
Betrieb der ausgezeichneten Qualitätsarbeit, III/18/97
Gesetzt aus der Garamond-Antiqua
Bestell-Nr. 525 148 7

ISBN 3-7352-0174-1

02200

Martin Wendl

Thüringen – ein Reiseverführer

Thüringen ist zweifellos ein Phänomen, und Phänomene dieser Art sollte man nicht bis zum letzten ergründen wollen, sondern sie dankbar hinnehmen und würdigend genießen. Oder wollen Sie etwa genau wissen, wie die Grenzen dieses allenthalben besungenen, bedichteten, beschriebenen und bereisten Territoriums exakt verlaufen? Was man unter Thüringen nun wirklich zu verstehen hat?

Gewiß, die Geschichtsbücher geben Auskunft: von etwa 400 bis 531 existierte das Thüringer Königreich, es gab vom 7. bis zum 9. Jahrhundert mehrmals Thüringer Herzogtümer und von 1130 bis 1247 die Landgrafen von Thüringen, von 1920 bis 1933 den »bürgerlichen Freistaat« Thüringen und nach Zerschlagung des Faschismus bis zur territorialen Neugliederung der DDR 1952 das Land Thüringen.

Die Grenzen waren jedoch fast nie deckungsgleich, und wenn man an die territoriale Zersplitterung des Gebiets gegen Ende des 18. Jahrhunderts in elf thüringische und vier außerthüringische Staaten denkt, die aus über hundert Gebietsbröckchen bestanden, so wundert man sich, daß der Name Thüringen als Oberbegriff überhaupt erhalten geblieben ist.

Doch wir wollen ja nicht ergründen, sondern genießen. Ja, aber was? Was würde Sie zu einer Reise hierher verführen? In einen Landstrich, den man nicht genau umreißen kann, von dem aber jedermann weiß, wo er liegt? In Kulturtraditionen, die nie auch nur im entferntesten homogen waren, die aber doch typische Erscheinungen hervorgebracht haben? In eine Landschaft, die all das in reichem Maße aufweist, was der Bildungs-, Sport- oder Erholungsurlauber von ihr erwartet?

Nun, ganz gewiß eine große, unbezähmbare Neugier, die zwangsläufig in Ihnen geweckt werden wird beim Lesen dieses Buches. Neugier auf den Wald, den Thüringer, auf Rennsteig und Rostbratwürste, auf Berge und Burgen, Klöße und Klassik.

Die Erquickungen für Körper und Geist liegen hier wahrlich dicht beieinander. Was Wunder, daß mehr als ein Dutzend Autoren es als Verpflichtung angesehen haben, sich zusammenzutun und Sie teils mit euphorischem Überschwang, teils mit seriösem Werben hierher zu verführen, damit auch Sie teil-

Bei einer nicht repräsentativen Umfrage, was ihnen zum Stichwort »Thüringen« einfiele, antworteten 40,1 % der Befragten »Thüringer Klöße«, 31,7 % »Thüringer Wald« und 28,2 % »Thüringer Rostbratwurst«.

»Thüringen – das gehört doch zu Sachsen, oder ...?«
Ein Küstenbewohner

haben können an all jenen Genüssen, die Ihnen bisher entgangen sind.
Geben Sie den Verführern nach, beantragen Sie Ihren Jahresurlaub, packen Sie Ihr Köfferchen. Thüringen erwartet Sie.

Inge von Wangenheim

Laudatio expressiva

Aus innerer Ruhe und Gelassenheit oder gar »sachlich« über Thüringen zu sprechen ist mir nicht möglich. Schönheit ist keine Sache der Sachlichkeit, mögen noch so viele Tat-Sachen dabei im Spiele sein. Vermutlich ist der Berlinerin, dem Asphaltkind, versagt, was die Weimaranerin unbefangen leistet: maßstabgerecht zu urteilen. Ich kann es nicht.

Werde ich des Landes auch nur ansichtig, gerate ich in einen Zustand hoffnungslos verblendeter Begeisterung, der mich ungerecht macht. Also bekenne ich es lieber gleich zu Beginn: Ich werde, um meine Meinung über Thüringen gebeten, notwendig unsachlich vorgehen und meiner Parteinahme keine Hemmung auferlegen. Der Leser wird dadurch an Information, an »gesichertem Wissen«, wie es heißt, nicht unbedingt etwas gewinnen. Zumindest die Aufrichtigkeit meiner sehr subjektiven Sicht auf die Dinge mag den Mangel ausgleichen.

Was ich anzubieten habe, ist der Blick auf einen Platz, auf dem in anderthalb Jahrtausenden aus einem natürlichen Lebensraum die Landschaft einer charakteristischen, einer unverwechselbaren Lebenskultur entstand, von der ich meine, daß sie das »eigentlich Deutsche« an uns Deutschen, soweit es das überhaupt gibt, gleichsam klassisch repräsentiert und gerade dadurch die Chance hat, sich dem Sozialismus als trächtiges Erbe wie als produktive Gegenwart unentbehrlich zu machen.

Insofern das den Schriftsteller angeht, was nicht beiläufig aufzufassen ist, wäre zu sagen: Thüringen bietet alles, was einer unser Volk bezeichnenden Darstellung entgegenkommt, sie kunstfreundlich macht, weil die objektiven Bedingungen selbst kunstfreundlich sind.

Da ist Geformtes, wohin das Auge blickt – Landschaft, Architektur, eine gediegene Kulturtradition von Weltoffenheit und -geltung, ein ebenso offenes, freiheitliches, rundum unbefangenes Wesen der Bewohner, die in Jahrhunderten berühmte Bastler und Pröbler hervorgebracht, so die Quelle bildend für eine Wissenschaft von Weltrang.

Wer hier sucht, findet Wesentliches von dem, was wir berufenermaßen sind, wenn wir gut, das heißt, nicht uns selbst entfremdet sind: solide, unverkrampft, im Einklang mit unserem gesellschaft-

Als Thüringen bezeichnen wir heute das Gebiet der drei Bezirke Erfurt (7 348 km^2, 1 255 000 Einwohner), Gera (4 004 km^2, 741 000 Einwohner) und Suhl (3 856 km^2, 553 000 Einwohner).

In den Jahrhunderten der territorialen Zersplitterung war auch die Mundart kein allzu festes Bindeglied: Südlich des Rennsteigs plätschern – Folge der Besiedlungszüge nach der Niederwerfung des Thüringerreiches 531 durch die verbündeten Franken und Sachsen – fränkische Mundarten. Nördlich und nach Osten hin ist Ostmitteldeutsch zu Hause, dessen Dialekte in sächsischen und thüringischen Landstrichen gesprochen werden, und im Berührungsfeld von Fränkischem, Ostmitteldeutschem und Sorbischem lebt eine Vielzahl sprachlicher Eigenarten, ist die Mundart nicht selten von Ort zu Ort verschieden.

lichen Naturell und unserer sozialen Individualität – heiter und schöpferisch, in einem allgemeinen und langhinwirkenden Sinne produktiv, übernehmbar für andere Völker, annehmbar für unsere Nachbarn vor allem, denen wir so oft beschwerlich fielen mit unserem Unglück, wie wir nun teilhaben an ihrem Glück. In der Vergangenheit kam das nicht unbedingt aus Mecklenburg oder aus der Mark. Es kam, wenn es nicht aus dem Rheinland kam, aus Mitteldeutschland. – Von Sachsen war in einer anderen Edition des Verlages bereits ausführlich die Rede, wir sprechen in dieser über Thüringen. Es liegt nun in der DDR, in jenem Deutschland, in dem sich unsere nationale Identität ohne die Deformation durch überlebte Klassengegensätze frei entfalten kann.

Natürlich gab und gibt es in Thüringen eine Arbeiterbewegung mit Tradition, auch das revolutionäre Element als Grundhaltung. Doch auf engem Raum geballte proletarische Massen, wie etwa in Sachsen, gab es kaum und wurden nie typisch. In diesem Lande ist noch immer sehr viel Platz für Bewegungsfreiheit, der dorfsässige Arbeiter, der auf dem Fahr- und Motorrad zur Schicht in die Fabrik fährt, durchaus noch im Schwange. Sehr häufig ein Tüftler und Priemer, der sich seine unverzichtbare »Hütte« auf dem Berg selbst baut, auf seine »Kließe« am Sonntag unter keinen Umständen verzichtet und überhaupt sehr viel »Eigenes« im Kopf hat. Den bürgerlichen Liberalismus mit seinem zuversichtlichen Fortschrittsglauben könnte man, wie das Lutheranertum, für eine thüringische Erfindung halten. Auch die protestantische »Mucker«-Orthodoxie des deutschen Nordens ist hier unbekannt. Man lebt gern und will, daß auch »die anderen« zu ihrem Genuß kommen. Fängt der Thüringer an einer Sache Feuer, kann er schuften wie ein Heftelmacher. Aber er versteht auch zu feiern. Seine Freizeit ist stets ausgefüllt mit wirklichem Inhalt, meist mit einer Produktivität, die irgendeinen Zustand verbessert, Schönheit ins Haus bringt, in den Garten oder auf die Straße. Seine Entspannungsfähigkeit dabei, seine fröhliche Ruhe sollte uns allen, die wir ihrer ermangeln, Vorbild sein.

Die ausgesprochenen Eiferer, die mit den gefletschten Zähnen, kommen nicht eben häufig aus Thüringen. Selbst die Junker des Landes machten sich vordem durch eine gewisse Liberalität bekannt. Ein Wangenheim saß einmal nach 1848 sechs Wochen auf der Feste Leuchtenburg über Kahla, weil er der Autor war jener ersten konstitutionellen Verfassungsakte, die der württembergische Herzog in seiner Not vor Volkes Andrang bei ihm bestellt hatte. Ein ostelbischer Junker vom Schlage der Itzenplitze hätte sich hierzu im Vormärz nie bereitgefunden.

Die objektiven Ursachen für diesen Liberalismus sind leicht durchschaut. Feudaler Großgrundbesitz im Sinne arbeitsaufwendig verwerteter »Ländereien« konnte auf dem Boden, den diese Landschaft anbot, nur in beschränktem Umfange entstehen. Vielzuviel Wald ringsum! Die ineinander verschlungenen Höhenzug-Ketten, auf die krauseste Weise verschluchtet durch die eiszeitliche »Zertalung«, wie die Geologen das nennen, ließen die große, ertragreiche Ackerfläche auf der Basis der Handarbeit allgemein nicht aufkommen. Fiskus und Kleinadel geboten in der Hauptsache über ausgedehnte Forsten. Der reiche Wildbestand darin verführte eher zur Verschwendungssucht der »nichtarbeitenden Bevölkerung«, als daß man die Reitpeitsche der Kätner-Ausbeutung erhob. Diese Aussage ist natürlich relativ; auch in Thüringen wütete nicht selten feudalistische Willkür. Insgesamt jedoch war die Feudalherrschaft »beschränkter«, gemildert durch die Verhältnisse, die kleinen...

Man muß wissen, daß die Leibeigenschaft hierzulande besonders vielfältige Formen aufwies, vom direkten »Besitz der Person« bis zur losen Hörigkeit. So sind die Burgruinen, die noch heute auf den Hügeln über den vielen Puppenstuben-Dörfchen in der Landschaft herumstehen, heckenrosenumrankt, so ergreifend lieblich, daß uns späte, sehr späte noch einmal die Romantik mit ihrem mondbeglänzten Zaubernachtsfinger zuwinkt. Deuten doch diese Denkmale vergangener Zeiten mit ihrer Intimität und Tuchfühlung zu denen, die arbeiteten, auf eine wohltemperierte Verschleierung jenes Gegensatzes, der anderswo kraß und hart, als Überbau-Gestalt schon unerträglich, zutage trat. Das schließt nicht aus, daß die Thüringer Feudalen zu Strick und Richtschwert griffen, wenn ihre Macht in Gefahr war.

Die Verhältnisse produzierten in der Thüringer Soziallandschaft die Vorherrschaft des findigen Handwerkers mit echter Überlebenschance, und in den landwirtschaftlich ertragreicheren Gebieten besonders den Mittelbauern, den selbständig wirtschaftenden, unterrichteten Kenner aller Zweige der Agrikultur auf intensiv gepflegtem Garten und Feld. Dieser Bauer sitzt auf eigenem Hof mit großem Portal, hinter dessen Ummauerung Wohnhaus, Stall und Scheune mitsamt Torbogen zum ansehnlichen Geviert gruppiert sind. In diesem Milieu lebt man nicht mit dem Vieh und der Habe unter einem Dach. Auch das Klima ist nicht so hart, daß man sich an die Erde ducken müßte. Nein – man kann ziemlich hoch hinaus. Das thüringische Bauern-Barock der Dorfkirchtürme, kunstvoll zusammengefügt aus zahllosen Schieferblättchen, bezeugt es. Bauernhäuser mit zwei Dutzend Zimmern sind keine Seltenheit.

Doch auch von der Armut muß man sprechen – von der gewesenen. Es gab noch im vorigen Jahrhundert zwei große Auswanderungen. Von diesen

Nach Vertreibung der Fürsten in der Novemberrevolution 1918 wurde aus folgenden Thüringer Kleinstaaten das Land Thüringen gebildet: Sachsen-Weimar-Eisenach, Sachsen-Meiningen, Sachsen-Gotha, Sachsen-Altenburg, Schwarzburg-Rudolstadt, Schwarzburg-Sondershausen und Reuß. Coburg schloß sich Bayern an. Die ehemals preußischen Gebiete mit Erfurt, dem Kreis Schmalkalden und dem Norden kamen sogar erst nach 1945 wieder zu Thüringen.

Selbst die Thüringer Klöße haben nicht nur verschiedene Bezeichnungen – Hütes, Hebes, Höbes, Knelle –, sie werden auch nach territorial unterschiedlichen Rezepten hergestellt. Es steckt schon ein Körnchen Wahrheit in der Behauptung, daß ein richtiger Thüringer seine eigenen Klöße noch einmal neu erfindet.

Katastrophen wurden vorwiegend die »Waldhense« oben im Gebirge heimgesucht, die von der Heimarbeit lebten, vom Kräutersammeln, vom Puppenschnitzen und Glasblasen. Selbst diese Armut aber war vom Individualismus der kleinen Warenproduktion geprägt – Armut auf eigene Rechnung sozusagen, und vorm Verhungern schützten oftmals nur die Ziege im Stall und die Kartoffeln hinterm Haus. Dies sei ausdrücklich angemerkt zur landläufigen, doch irrigen Vorstellung des Großstädters aus dem Norden, »Thüringen«, das sei Waldeinsamkeit, »lauschiges Lauscha«, tief hineingekuschelt zwischen vierzig Meter hohen Fichtenwänden auf steilen Kuppen, die den Himmel zur bloßen Lichtritze machen, während unten im Tal das Wasserrad rauscht, Männlein, Weiblein und Kinderlein emsig überm Christbaumschmuck sitzen ... Das ist nun doch zum Klischee geworden, und der Sozialismus hat auch Thüringen erreicht, hat aus all der tausendjährigen Produktivität der Alteingesessenen und vielerorts Neuhinzugezogenen eine Produktivität des neuen Zeitalters gemacht, mit einer Großproduktion außerhalb der Großstadt, mit neuen sozialen Beziehungen, mit neuen Technologien, Verfahren und Einsichten.

Thüringen besteht auch nicht nur aus Oberhof, Masserberg und Bad Liebenstein, Thüringen – das ist eine vielgegliederte Totale der Mannigfaltigkeit, die vom Vogtland bis zur Rhön, von Neuhaus am Rennweg bis zum Kyffhäuser reicht und dem Betrachter in einer wohl einmaligen Weise von jedem beliebigen Hügel aus, und sei er nur zweihundert oder gar nur hundert Meter hoch, das Gefühl gibt, er befinde sich auf seinem Platz just auf dem bestmöglichen, der denkbar ist – sozusagen Rangloge Mitte, erste Reihe –, und er sei der Zuschauer des weiträumigsten, lieblichsten, genußreichsten Landschaftsschauspiels, das je über eine deutsche Bühne ging. Man muß nicht einmal einen der ungezählten Aussichtstürme besteigen, es genügt ein Spaziergang auf einem beliebigen Kamm, dessen Wald den Blick unversehens freigibt, und man hat das Gefühl, Hunderte Kilometer weit zu sehen, die Landschaft »tanzt« förmlich in dem Schwung, den sie ausdrückt, die Seele öffnet ihr Tor, das Ohr hört Musik, und man begreift plötzlich erschüttert, warum Goethe nach seiner zweijährigen Verzweiflungsflucht nach Italien doch wieder hierher zurückgekehrt ist, um zu bleiben bis an sein Lebensende.

Ich weiß: hinter den Bergen wohnen auch Menschen ... Wer in seinem Leben etwas herumgekommen ist, Europa sah und Mittelasien, Indien und ein Stück von Afrika, der weiß, wovon er spricht, wenn er das Wort »Landschaft« in den Mund nimmt. Die Welt ist vielerorts schön, die unerschlossene Natur ergreift uns durch ihre Erhabenheit, die erschlossene durch ihre Menschenfreundlichkeit. Das gibt es anderswo und überall auf unserer herrlichen, bunten Kugel. Das spezifische Erlebnis entsteht erst aus dem Zusammenhang, der die Besonderheit markiert.

Wer sich, aus dem Norden kommend, über die Autobahn dem Süden zustrebend, stundenlang durch die märkische Sandbüchse mit ihren gestaltlosen, lediglich der Streichholzfabrik zugedachten Kieferndivisionen hindurchgearbeitet hat, das »große Loch« bei Halle passierte, all diese flache Öde mit ihren Schornsteinkompanien ... ja, ich weiß, das ist auch wichtig für unser aller Brot! ..., der erreicht endlich, endlich Eisenberg. Es liegt zur Linken sanft gemuldet, wir sind auf der Höhe, und zu unserer Rechten geschieht das Wunder. Wie der Vorhang im Theater sich hebt, wird plötzlich der Blick frei für ein Panorama wie von Künstlerhand. Die Besonderheit dieser Landschaft besteht in der Harmonie ihrer Proportionen, ihrer Farben, in der Anordnung so vielfältiger Elemente wie Gebirge und Fluß, Hügel und Acker, Feld und Dorf, Stadt und Landstraße. Es ist ein Eindruck des klassischen Gleichgewichts, das Land ist durchkultiviert bis auf den letzten Winkel. Hier liegt nichts »herum« oder wurde »vergessen«. Und diese Herrlichkeit dauert bis zur Wartburg und dem Hörselberg mit der Frau Venus darinnen ...

Wer das einmal gesehen hat, kommt immer wieder. Wer immer wiedergekommen ist, der ... also: ich bin auch geblieben.

Die Großen der Weimarischen Klassik waren alle keine Thüringer. Aber sie haben die gesellschaftlich-kulturelle Sphäre des Landes mitgestaltet, aus der Wahlverwandtschaft eine Universalität gemacht. Diese Tradition lebt fort, gewinnt im Sozialismus völlig neue Akzente. Wer durch Jena, Weimar und Erfurt spaziert, sieht es, hört es, erlebt es: das weltweite Wesen auf dem »Rialto« an der Gera, der Saale oder der Ilm. Das ist nicht nur Genuß, sondern auch Verpflichtung. Wer hierherkommt, muß auch etwas mitbringen, einen Beitrag leisten, angemessen der Qualität, die er vorfindet. Wer von hier scheidet, kann etwas mitnehmen, etwas Bleibendes, das ihn weiterträgt dort, wo die vielen Schornsteine sind, die nun einmal die Grundlage bilden unserer Gegenwart und Zukunft.

Auch in Thüringen blaken Schornsteine, verdunkeln den Himmel, sind einstmals kristallgrüne, fischreiche Flüsse zu schwarzen, stinkenden Kloaken geworden. Es kann der Mensch nicht überall in Schönheit leben. Wo sie aber noch ist, müssen wir sie erhalten und pflegen für alle, die ihrer bedürftig sind. Wo sie »spontan« zerstört wurde, müssen wir nach Wegen suchen, sie planmäßig wiederherzustellen. Wir erschrecken vor den Summen, die das kostet. Dennoch wird im »großen Loch bei Halle« zum ersten Mal wieder aufgeforstet. Das macht das bewußte Ypsilon in der goethischen

Es ist verblüffend, daß dieses differenzierte, nicht recht auf einen Nenner zu bringende Thüringen einen Sagenschatz von seltener Geschlossenheit und Schönheit besitzt. Fast lückenlos spiegelt sich in den Geschichts- und Volkssagen der historische Gang von der Urgesellschaft über die Feudalisierung bis zum Mittelalter auf eigene Weise und findet seine Höhepunkte im Sängerkrieg auf der Wartburg, in der Sage vom Ritter Tannhäuser, der Frau Venus erliegt, und in der Sage von Faust, der an die Pforte der Neuzeit klopft.

Auch der Name Thüringen stammt aus archaischer, sagenhafter Zeit und hat sich schlüssiger wissenschaftlicher Erklärung trotz vieler Deutungsversuche bisher entzogen.

»Parteylichkeit«, von der Prometheus in der »Pandora« sagt, sie sei »des tät'gen Manns Behagen«. Wir wissen wohl, was wir ihm und damit uns schuldig sind. Es ist der Drang der Geschäfte, nicht blinder Zufall, der uns da und dort noch hindert, jene Harmonie der Proportionen herzustellen, die uns im Thüringer Land immer wieder neu bezaubert.

Übrigens: Opas alter Rucksack, der längst vergessen irgendwo auf dem Boden oder im Keller seine Existenz verdämmert, sollte wieder hervorgeholt werden. Er trägt viel mehr, als in den neuzeitlichen Campingbeutel hineingeht. Durch das hier vorgestellte Land muß man laufen, wandern – lange und ausdauernd. Der Gewinn dabei ist ebenso lang und ausdauernd.

Von den Fehlern und Mängeln habe ich nicht gesprochen, nichts Kritisches vorgebracht, das Bild realistisch abzurunden: aber ich bekannte ja eingangs, daß ich nichts anderes vermag, als meine rückhaltlose Begeisterung mitzuteilen. Wenn sie zu etwas gut ist, dann am Ende der Erweckung jenes Nachahmungstriebes, der ästhetische Aneignung bedeutet und aus der Mark die Mark Fontanes, aus Mecklenburg das Mecklenburg Fritz Reuters machte – der seltsamerweise just in einem Haus unter der Wartburg sein Lebensende verbrachte –, also eine neue Schönheit schuf, die vordem aus ostelbischer Junkersicht nicht zu gewinnen war.

Von Sonneberg bis Wismar, von Saßnitz bis Görlitz sind »Ländereien« heutzutage bei uns genossenschaftlicher und volkseigener Besitz. Das eröffnet überall in der DDR, wo immer wir wohnen, die große Chance, Geformtes von altersher zu verbinden mit neuer Formgestaltung, die allen Menschen den glückhaften Ruhepunkt bietet in der Erscheinungen Flucht. Eine Welt ist erregt von der Unruhe einer Zeitenwende, wie auch wir auf unserem Platz der »gemäßigten Zone« inmitten

Europas. Der oberflächliche Betrachter mag hier Tornados und Piks vor schwarzem Himmel vermissen, Felsenlöcher für Partisanen, Heuschrekkenschwärme und die Auseinandersetzung auf offener Straße. Wir haben das tatsächlich nicht zu bieten, aber das heißt nicht, daß wir ohne tiefe Erschütterungen an das Ufer unserer neuen Zeit gelangt wären. Denn auch Buchenwald liegt in Thüringen, wo Thälmann ermordet wurde, und wer die Jahre nach 1945 erlebt hat, wird wissen, wie entscheidungsschwanger sie waren. Die Anstrengungen dieser Überfahrt liegen hinter uns, Ruhe ist eingekehrt, und nun ist in der Tat Gestaltung gefragt, Schöpfertum, das dem Neuen dauerhafte Form gibt – und Erschütterungen von weisem Nachdruck bewirkt.

Ich schaue auf das Land, von dem in diesem Buche berichtet wird, und fühle die Kraft, die es mir gibt. Möge das vorliegende Buch allen Lesern davon mitteilen.

Roger Nastoll

In Jene lebt sich's bene ...

... ist der Titelvers eines alten (aber nicht gealterten) Studentenliedes und eine Behauptung, deren Wahrhaftigkeit zu beurteilen ehestens den Jenensern anstünde oder aber denen, für die auch der Rest der ersten Strophe Gültigkeit hat:

... und in Jene lebt sich's gut,
Bin ja selber dort gewesen,
Steht im Studienbuch zu lesen,
Zehn Semester wohlgemut.

Falls Sie aber noch nicht dort gewesen sein sollten, so fahren Sie doch mal hin und ergründen selbst, welche Reize es sind, die seit Generationen Studenten dazu bewegen, sich im Lied so lobesvoll über ihre zeitweilige Wahlheimat zu äußern.
Aber Vorsicht, bitte! Sollten Sie mit der Absicht nach Jena kommen, dort einen handwerklichen Beruf auszuüben, empfiehlt sich dringend die Kenntnis des lateinischen Spruches

Ara, caput, draco, mons, pons, vulpecula turris,
Weigeliana domus: septem miracula Jenae

und dessen Verdeutschung

Altar, Haupt, Drache, Berg, Brücke, Fuchsturm, Weigelsches Haus – sind die sieben Wunder Jenas. Von diesem Wissen nämlich macht jede Jenaer Zunft Ihre Aufnahme abhängig. Pardon! Hier hat sich wohl doch ein Anachronismus eingeschlichen; diese Prüfung ist schon seit dem vorigen Jahrhundert nicht mehr im Brauch. Dennoch, über die sieben Wunder Jenas wird noch zu sprechen sein.

»Jena, eine dero Hohen-Schuel oder Universität halber weitberühmte Stadt in Thüringen.« So ist es zu lesen über einem alten Stich, und so gilt es bis heute, wenn man ergänzt, daß Jena heute nicht nur weit-, sondern weltberühmt ist – und dies nicht allein »dero Hohen-Schuel halber«, sondern in der Hauptsache wegen bestimmter, in Jena hergestellter und in aller Welt begehrter Erzeugnisse, deren Produktion aber ohne die Alma mater kaum zu solcher Perfektion gelangt wäre. Doch davon später.
Gleichgültig, ob man durch das Mühltal, aus Richtung Weimar kommend, oder das Saaletal aufwärts von Naumburg her sich Jena nähert –

das Universitätshochhaus steigt mit seinen 26 Stockwerken zuerst aus dem Dunst des Horizonts und kann sich so im Wortsinne als hohe Schule bezeichnen lassen. In Studentenkreisen trägt dieser wolkenkratzende Beton-Glas-Zylinder allerdings die wissenschaftliche Bezeichnung »phallus jenensis«, was durchaus billig ist, wo doch die Leipziger Kommilitonen ebenso ihren »Weisheitszahn« haben.
Ohne Konkurrenz an Monumentalität also steht das UHH (dritte, lokalen Druckerzeugnissen entnommene Bezeichnungsvariante) dicht neben jenen Gebäuden, wo ehemals das *Collegium Jenense* den Ruhm Jenas als Stadt des Geistes und der Wissenschaften begründete.
Es steht aber auch da, wo sich vor einigen Jahren noch, rings um den Eichplatz, reizvolle Teile der Altstadt befanden.

Wenn man sich in Jena verabredet, dann wird als Treffpunkt selbstverständlich der *Hanfried* vereinbart. Der Hanfried ist für Jena, was für Dresden der Goldene Reiter oder für Weimar das Goethe-Schiller-Denkmal ist: Er ist berühmt, liegt zentral, und jeder kann einem sagen, wie man auf kürzestem Wege hinkommt. Steht man davor, sieht man einen ziemlich dikken Mann aus Bronze, der in der Rechten ein erhobenes Schwert und links einen aufgeschlagenen Folianten vor sich hält. »Kurfürst Johann Friedrich der Großmütige« ist in den Sockel gemeißelt, auf dem er steht, und auch, daß er es war, der im Jahre 1558 die Alma mater Jenensis gründete. Würde er sonst heute noch über Jenas Markt schauen, der bronzene Kurfürst?
Über den Großmut des Kurfürsten läßt sich streiten; Tatsache ist, daß er der theologischen Ansichten seines Wittenberger Professors Doktor Martinus Luther wegen sich in kriegerischer Weise mit dem römisch-katholischen Kaiser auseinandersetzen mußte. Preis der Niederlage: unter anderem die Wittenberger Universität. Aber ohne Universität ließ sich schlecht regieren; woher sollte man sonst die Magister und Doktoren nehmen, die von Kanzel und Katheder herab dem Volke erklären konnten, daß die Entscheidungen der Obrigkeit einzig nach Gottes weisem Ratschluß geschähen? Ergo sollte das bis dahin nur seines Weinbaus wegen bedeutende Städtchen Jena eine Universität haben. Wie wichtig die Entwicklung von wissenschaftlicher und musischer Bildung dem Volk für das Verständnis gesellschaftlicher Zusammenhänge werden würde, ahnte der Kurfürst freilich noch nicht – zum Glück; er hätte sonst womöglich auf das Renommee, »Landesvater mit Universität« zu sein, verzichtet und sich die Gründung der *Salana* versagt. So aber konnte sich Jena allmählich als ein Zentrum fortschrittlichen Denkens und geistiger Freiheit herausbilden, wenngleich es dazu erheblicher Zeit bedurfte. Kurfürst Hanfried und seine gleichgesinnten Nachfolger konnten solches Bestreben noch unterbinden und gewährleisten, daß ihre studiosi und professores genau das taten, wozu man sie sich angeschafft hatte: eifrig sich in Theologie zu üben, von Mal zu Mal zum Ruhme Sachsens und der Alma mater Jenensis heftig mit Professoren anderer Universitäten zu disputieren und reichlich dem vergorenen Saft der auf Jenas Hängen gereiften Trauben zuzusprechen. Insonderheit zu letzterem fühlten sich die »Musensöhne« äußerst stark hingezogen, welchselbige Affinität sich auch an der heutigen Studentenschaft als rudimentäre Erbanlage durchaus noch nachweisen läßt.
Für die Jenaer Bürger waren die ersten Dezennien der Universität ein doppelbödiges Ge-

Botanischer Garten, Goetheallee 26, täglich außer montags geöffnet. Goethe-Gedenkstätte, geöffnet von April bis Oktober, dienstags bis sonntags von 10–14 Uhr.

Ein Ausflug sollte Sie unbedingt nach *Cospeda* führen. In der Gaststätte »Grüner Baum zur Nachtigall« befindet sich eine Ausstellung über die Schlacht bei Jena und Auerstedt 1806. Zu besichtigen in den Sommermonaten von Dienstag bis Sonntag.

Phyletisches Museum (Museum für Abstammungslehre), Neugasse 25 (gegenüber dem Paradiesbahnhof), geöffnet täglich 9–14 Uhr, mittwochs bis 17 Uhr. Wenige Schritte davon, Ernst-Haeckel-Haus, in der Berggasse 7, die Wohn- und Arbeitsstätte des großen Naturforschers. Geöffnet montags bis samstags 8.30–14 Uhr.

Gedenkstätte zur Osterkonferenz mit Karl Liebknecht 1916, Zwätzengasse 16.

schäft. Zum einen konnten sie an Dienst- und Versorgungsleistungen für das Collegium sich Erkleckliches hinzuverdienen – andererseits war die Universität mit eigenen Bräuchen und Gesetzen ein Staat im Staate. Dies führte oft zu harten Auseinandersetzungen; aus dem 17. Jahrhundert sind Berichte überliefert, in denen von regelrechten Straßenschlachten mit Toten und Verwundeten die Rede ist. In Jene lebte sich's bene?!

Daß der Begriff der akademischen Freiheit dennoch auch anders ausgelegt werden konnte, beweisen so hervorragende Namen wie Werner Rolfinck und Erhard Weigel. Wissen Sie, was »rolfincken« ist? Eine Tätigkeit, bei der man zum Zwecke medizinischer Erkenntnis menschliche Leichname seziert. Werner Rolfinck war der erste, der solches an der Jenaer Universität durchführte, was der Bevölkerung zwar einiges Schaudern verursachte, damals aber Pioniertat war.

Dem genialen Mathematiker und Philosophen Weigel verdankt Jena eines seiner sieben Wunder: Weigeliana domus – das Weigelsche Haus. Es steht nicht mehr, muß aber, wie Beschreibungen zu entnehmen ist, ein Meisterwerk mathematisch-physikalischer Überlegung und deren praktischer Anwendung gewesen sein. Ein Fahrstuhl, ein raffiniertes Leitungssystem (keine Wasser-, sondern Weinleitungen) und ähnliche »Spielereien« brachten Weigel sogar in den Ruch der Zauberei, was aber spätere Berühmtheiten, wie zum Beispiel Gottfried Wilhelm Leibniz, nicht davon abhalten konnte, sich bei Weigel einzuschreiben.

Damals wegen einzelner Koryphäen schon in gutem Ruf, errang Jena hundert Jahre später Ruhm weit über die Grenzen Thüringens hinaus. In Scharen kamen die Studenten, um an der liberalsten deutschen Universität Vorlesungen bei Hu-

feland, Loder, Fichte, Schelling, Hegel und Oken zu hören. Über deren Wirken an der Alma mater Jenensis sind Bücher geschrieben worden, auch darüber, daß zu jener Zeit Goethe und Schiller ihren Freundschaftsbund in Jena schlossen.
Vielen von ihnen hat Jena ein Denkmal gesetzt – die Goetheallee hinauf, beginnend mit dem Burschenschaftsdenkmal vor dem Hauptgebäude der Universität, bis zum Doebereinerdenkmal vor den Lesesälen. Kaum ein Haus in der Altstadt ohne Gedenktafel an die Großen jener Zeit. Eine besondere »Größe« nicht zu vergessen, erinnert ein Schild am Eingang der Zwätzengasse: W. Demelius, seines Zeichens stud. nihil., studierte 46 Jahre in Jena. Oder etwa nicht? – Man liest sich müde bei einmaligem Rundgang und lernt doch von den meisten bloß die Namen kennen und welchen Lehrstuhl sie wie lange innehatten.
Heute ist die Alma mater Jenensis eine sozialistische Universität, an der über 5000 Studenten an 14 Sektionen studieren. Ihr Studienziel steht in seiner allgemeinsten Fassung über dem Eingang zur Aula der Universität: »Die Philosophen haben die Welt nur verschieden interpretiert, es kommt aber darauf an, sie zu verändern.« Der dies sagte, Karl Marx, promovierte 1841 an der Universität Jena zum Doktor der Philosophie.

Lebt sich's noch bene in Jene, hier und heute? Die Studenten zumindest schwören darauf, lautstark und nach der gleichen Melodie wie vor hundert Jahren. Gehen Sie zum Beweis abends in den »Rosenkeller«, den Studentenklub der Uni. In den Kellergewölben der altehrwürdigen Universitätsgaststätte »Rose« werden Sie bei Bier und Jazz kaum jemanden finden, dem es nicht bene geht. Es sei denn, Sie treffen ausgerechnet jenen Studenten, dem zwei Stunden vorher in einer Prüfung folgendes widerfuhr: Nachdem der Professor keine Fragen zum Stoff mehr hat, sagt er zu dem Studenten: »Sehen Sie bitte dort zum Fenster hinaus; welche Farbe haben die Blätter des Baumes da draußen?« – »Die Blätter sind grün, Herr Professor.« – »Sehr richtig, sehr richtig! So, und nun gehen Sie bitte und melden sich wieder bei mir, wenn die Blätter gelb sind!« Und nun sitzt er hier im Rosenkeller, der Arme, und grübelt. Spendieren Sie ihm, um ihn wieder bene zu stimmen, am besten ein Bier oder auch zwei. Vielleicht erzählt er Ihnen dann von einem Scheusal, das auf vier Beinen steht, zwei Arme vorstreckt, sieben verschieden große Köpfe mit Hörnern trägt und mit einem vierschwänzigen Schweif um sich schlägt. Damit beschreibt Ihnen der Student nicht etwa seinen Professor, sondern ein weiteres Jenaer Wunder: den Drachen, eine um 1600 entstandene Plastik, über deren Entstehungsanlaß es nur Vermutungen gibt; Sie können sie im Magazin des Stadtmuseums besichtigen.

In kaum einer anderen Landschaft erfährt das Goethe-Erbe so viel Pflege und Verehrung wie in Thüringen. Und da man, wo Verehrer sind, auch Spötter findet, darf man getrost schmunzeln über das von nichtamtlicher Hand angebrachte Schild über der Tür eines Jenaer Hauses: 1792–1794. Hier hat Goethe *nicht* gewohnt.
Gleichgültig, ob man den ruhmverklärten Namen nun anbetet oder meint, da sei des Guten schon genügend getan – in Jena ist er so gegenwärtig wie sonst bloß noch im nahen Weimar. Dies ungetrübt erfahren zu können, entledigt man sich vorteilhafterweise des Ballastes der Jahreszahlen, Daten und fachwissenschaftlichen Detailinformationen, die man, sollte das Interesse geweckt worden sein, nachträglich der

Volkshaus, 1903 erbaut, traditionsreiche Tagungsstätte der Arbeiterbewegung. 1905 Parteitag der SPD mit Karl Liebknecht, Rosa Luxemburg, Franz Mehring und August Bebel. Weitere Parteitage der SPD im Volkshaus 1911 und 1913. Im August 1921 Parteitag der KPD. Viele Jenaer Arbeiterführer haben in diesem Hause gesprochen, u. a. Emil Höllein, Georg Schuhmann, Julius Schaxel, Johannes R. Becher, Adolf Reichwein, Magnus Poser.

Stadtbummel um den alten Stadtkern herum. Beginnend am Pulverturm, einem der wenigen guterhaltenen Reste der Stadtbefestigung, die Goetheallee hinunter, vorbei an den Denkmälern berühmter Persönlichkeiten (jüngste Büste ist die von Johannes R. Becher), den Rosensälen und dem Frommanschen Haus bis hinunter zum 1908 erbauten Hauptgebäude der Universität. Gegenüber steht das Hotel »Schwarzer Bär«, in dem schon Luther abgestiegen ist. Dann rechts den Thälmannring entlang zum Roten Turm, vorbei am nur noch zum Teil erhaltenen Griesbachschen Haus (Schillers Antrittsvorlesung!), wieder rechts dem Thälmannring folgend, vorbei am Romantikerhaus. Hier fand sich der Kreis der Frühromantiker in den letzten Jahren des 18. Jahrhunderts um die Brüder August Wilhelm und Friedrich Schlegel zusammen. Weiter über den Holzmarkt zum Anatomieturm (Goethe und der Zwischenkieferknochen!). Dann rechts herum Richtung Heinrichsberg. Wenige Schritte vom Anatomieturm das »Collegium Jenense«, ehemaliges Dominikanerkloster und erstes Domizil der 1558 gegründeten Universität, wird heute restauriert und zu einem Kulturzentrum ausgebaut. In enger Nachbarschaft das runde Hochhaus der Universität. Auf der Straßenseite gegenüber das rechteckige Forschungshochhaus des Zeiss-Werkes. Vorbei am Johannistor, dem letzten erhaltenen mittelalterlichen Stadttor (Blick auf Johannisstraße mit der historischen Gaststätte »Rose«) zum Pulverturm, dem Ausgangspunkt unserer Wanderung.

Vielfalt von hierzu erschienenen Sachbüchern entnehmen kann. Und eines weiß man sowieso: er war immer fleißig, der Herr Geheimrat. So auch in Jena, seinem »lieben närrischen Nest«. Eines seiner liebsten Kinder war sicherlich der Botanische Garten. Zunächst fürstlicher Lustgarten, dann *Hortus medicus* zur Kultivierung arznei- und drogenliefernder Pflanzen, entstanden unter Goethes Anleitung die planvollen gärtnerischen Anlagen, die heute jährlich von mehr als einer Viertelmillion Menschen besucht werden. Studenten, Liebespaare, die alte Dame mit dem Hündchen, Touristen und viele Bienen lockt der vielfarbige Reiz bekannter und unbekannter Blumen, Sträucher und Bäume.

Ein Zaun, der lediglich gärtnerische Verantwortungsbereiche trennt, scheidet den Botanischen vom Griesbachschen Garten. Am Planetarium beginnend, zieht dieser sich mit sanfter Steigung bis hinauf zur Mensa am Philosophenweg. Auf mittlerer Höhe ein Plateau, darauf ein Haus – zweistöckig, erbaut im schlichten Bürgerbarock. Man erfährt, es war ein Sommerhaus, und ist ob seiner Größe versucht, sich mit den Bungalows der Neuzeit zu versöhnen. Seit Sommer 1977 befindet sich hier die Kustodie der Universität. In den Jahren dazwischen barg das Haus ein Museum, das seine Kostbarkeiten heute in der Optikerschule am Carl-Zeiss-Platz ausstellt und das seiner Spezifik wegen einmalig und von besonderer Anziehungskraft für den Fremden ist.

Das Museum ist der Carl-Zeiss-Stiftung unterstellt; dem Erbe dieses Mannes und dem seines späteren Sozius, Ernst Abbe, ist die Exposition gewidmet. Vom ersten Zeiss-Mikroskop aus der Zeit, da man noch durch »Pröbeln« (Probieren) die günstigste Linsenkombination ermitteln mußte, bis zu den feinmechanisch-optischen

Hochleistungsgeräten neuester Fertigung kann man die Entwicklung der Zeiss-Werke zur heutigen Weltbedeutung nacherleben. Ermöglicht wurde diese Entwicklung durch Ernst Abbes konsequente Anwendung der wissenschaftlichen Optik auf die Gerätetechnik. Der dritte im Bunde jener Pioniere der Technik, der Chemiker Otto Schott, lieferte den wichtigsten Werkstoff zur Herstellung von Mikroskopen und Fernrohren: optisches Glas. So wurde die Doppellinse mit der Inschrift »Carl Zeiss Jena« Synonym für Präzision und technischen Höchststand. Und es sind keineswegs nur Ärzte und Astronomen, die jene Präzision zu schätzen wissen. Sie fotografieren doch auch?

Um die Faszination, die von vollendeter optischer Technik ausgeht, zu erfahren, benötigt man nur wenige Schritte vom ehemaligen Sitz des Optischen Museums zum Planetarium und einiges Glück, um als einzelner eine Eintrittskarte zu der von Schulklassen und ähnlichen Gruppen meist ausgebuchten Stätte astronomischer Volksbildung zu bekommen. Ist einem dies gelungen, so steht ein Erlebnis von nachhaltiger Wirkung bevor.

Den Raum unter dem künstlichen Himmelsgewölbe erhellt diffuses Licht. Fünfhundert Sitzplätze gruppieren sich um das erhöht in der Mitte des Raumes stehende Planetarium – ein vieläugiges Monstrum, das mit seinen kugelig verdickten Enden an einen riesigen Knochen erinnert. An den Wänden entlang zieht sich die Silhouette der Jenaer Umgebung, wie man sie von der Kuppel des Planetariums aus sähe.

Und dann: Minuten, wie man sie selten zuvor mit solcher Intensität empfunden hat. Irgendwoher aus der Tiefe des Himmelsgewölbes erklingt Musik; es dämmert, wird dunkel, Sterne erscheinen, zehn, hundert, tausend. Nach Minuten ist die Suggestion vollkommen: Man befindet sich unter der unendlichen Tiefe des nächtlichen Himmels, mit allen Sinnen bereit, die Tatsache, daß man in Wahrheit mit 499 anderen Menschen im Inneren einer 25 Meter durchmessenden Halbkugel sitzt, zu leugnen. Allmählich verklingt die Musik, und es kommt wie durch göttlichen Eingriff Bewegung in die bis dahin ruhende Welt. Die Gestirne beginnen zu wandern, Planeten ziehen ihre Bahn am Himmel, der Mond geht auf, sonst nur gedachte Verbindungslinien werden sichtbar und Sternbilder nunmehr verständlich. Gott, der sein Tun mit sächsischem Akzent erläutert, ist Astronom und vermittels komplizierter elektronischer Schaltungen Beherrscher dieses Weltmodells. Nach einer Stunde, in der er vergangene und zukünftige Konstellationen am Planetariumshimmel einstellte, läßt er es wieder Tag werden – behutsam, um die Augen zu schonen und den illusionierten Zuschauer in angenehmen Schwingungen wieder in die Realität zu führen.

Wenn die Reihe der septem miracula Jenae, von denen die Durchfahrt unter dem Altar der Stadtkirche, eine (Schnapphans genannte) mechanische Spielerei an der Rathausuhr und die nicht mehr existierende alte Camsdorfer Brücke noch zu erwähnen wären, um eines ergänzt werden sollte, dann gebührte dem Planetarium diese Ehre.

Wo sich's bene lebt, kann das Paradies nicht weit sein! Es stimmt im Wortsinne: In Jena ist das Paradies. So genannt die Parkanlagen längs der Saale von der Paradiesbrücke bis zu den Ernst-Abbe-Sportanlagen, wo des öfteren zwanzigtausend Menschen unter dem grellen Licht von Tiefstrahlern beklemmend eindrucksvoll

Das *Stadtmuseum* hatte lange Jahre keine eigenen Ausstellungsräume. 1981 konnte im Romantikerhaus am Thälmannring ein Literaturmuseum zur deutschen Frühromantik eröffnet werden, und man arbeitet daran, in einigen Jahren im historischen »Weinhaus Göhre« am Markt die reichhaltigen Sachzeugen zur Stadtgeschichte und wertvollen Kunstschätze des Museums der Öffentlichkeit wieder zeigen zu können.

Bauplatz Jena. Nicht nur bei Lobeda und Winzerla entstanden in den letzten zwei Jahrzehnten Wohnungen für Jenenser Alt- und Neubürger. Auch in der Innenstadt wurde und wird gebaut, saniert, restauriert. Neue Wohnungen entstanden z. B. »Am Rähmen«, das »Haus auf der Mauer« und seine Umgebung an der Stadtmauer zwischen Johannistor und Pulverturm wurden rekonstruiert, das historische Weinhaus »Göhre« beherbergt nach sorgfältiger Restaurierung nun das Stadtmuseum.

Nahe der Post, im Schillergarten, befindet sich die *Schiller-Gedenkstätte,* einzige der fünf Jenaer Wohnungen Schillers, die den zweiten Weltkrieg überstand. Geöffnet dienstags bis samstags 10–14 Uhr, sonntags 10–12 und 14–16 Uhr. In den Wintermonaten geschlossen.

Nahe bei Jena belebt sich die Gegend und verspricht eine schönere Natur, die man dort in reichem Maße auch findet. Jena ist, oder scheint, ansehnlicher als Weimar; längere Gassen und höhere Häuser erinnern einen, daß man doch wenigstens in einer Stadt ist.
Schiller

Wir waren sehr bald in Burgau. Wir stiegen in dem kleinen Gasthof ab, nahe am Fluß und an der Brücke, wo es hinüber nach Lobeda geht, welches Städtchen wir, über Wiesen hin, nahe vor Augen hatten. In dem Gasthof war es, wie Goethe gesagt. Die Wirtin entschuldigte, daß sie auf nichts eingerichtet sei, daß es uns aber an einer Suppe und einem guten Fisch nicht fehlen solle.
Wir promenierten indes im Sonnenschein auf der Brücke hin und freuten uns des Flusses.
Eckermann: Gespräche mit Goethe.

demonstrieren, was man unter Fußballbegeisterung zu verstehen hat. Und da diese Vorstellung ebenso wenig paradiesisch ist wie die Gerüche der Saale in jenem Abschnitt, sei dem Erholungssuchenden der Weg auf einen der Jena umgebenden Berge empfohlen, was allerdings mit der Qual der Wahl verbunden ist. Nächstliegend, sowohl geographisch als auch im Hinblick darauf, Jenas markanteste Punkte kennenzulernen, ist es, sich dem Jenzig oder dem Fuchsturm auf dem Hausberg zuzuwenden – zumal es sich hierbei wieder um sogenannte Wunder handelt.
Der Hausberg – nomen est omen – trug einst die drei Häuser, wie die seinerzeitigen Besitzer schlichterweise ihre Burgen Greifberg, Kirchberg und Windberg nannten. Von dem zweiten, im 10. Jahrhundert erstmals urkundlich erwähnten »Haus« ist allein der Bergfried erhalten geblieben. 21 Meter hoch, steht er am Fuße eines beliebten Ausflugslokals und ist als Fuchsturm nicht nur den Jenensern bekannt. Berühmte Leute waren dort; es gibt Gedichte und Lieder über ihn.
Von allen Jenenser Aussichtspunkten bietet der Fuchsturm das reizvollste Panorama: die Leuchtenburg bei Kahla, Bürgel, Stadt der begehrten weiß-blauen Keramik, die Dornburger Schlösser und die Höhenzüge des Thüringer Waldes erblickt man im Kreis der Windrose.
Allerdings wird in Jena häufiger als anderswo des Spaziergängers Hoffnung auf ein Bellevue oft arg enttäuscht. Angelangt, bisweilen nach erheblichem Kraftaufwand, liegt Jena vor ihm unter einer Glocke von Dunst und Rauch, so daß er nur wenige Luftkilometer entfernte Objekte schon nicht mehr ausmachen kann. Fachleute erklären dies mit den ungünstigen meteorologischen Bedingungen des Saaletalkessels, und sie

wissen auch, daß Jenas Atmosphäre gerade deshalb durch die Wolken der zahlreichen Industrieschornsteine besonders stark belastet wird. Mit den meteorologischen Verhältnissen um Jena wird man sich wohl abzufinden haben, den künstlichen Anteil der Dunstglocke wird man in immer niedrigeren Grenzen halten müssen, wenn es in Jene bene bleiben soll. Daß die Verantwortlichen dies wissen, beweist die Schließung des staubspeienden Zementwerkes in Göschwitz ebenso wie eine neuerrichtete Kläranlage für die Abwässer Jenas.

Jenen, die Jena zwar kennen, aber vielleicht zehn Jahre lang nicht dort waren, sei eine Wanderung oberhalb des rechten Saaleufers zur Lobdeburg neuerlich empfohlen. Der Weg dorthin, auf der mittleren Horizontalen immer am Hang der muschelkalkigen Tafelberge entlang, vermittelt eindrucksvoller als der bestgemachte Werbeprospekt des Reisebüros ein Bild vom neuen Gesicht der Stadt. Auf der Höhe von Wöllnitz war man früher schon außerhalb Jenas, und das Attribut »Blickfang« nahmen die Saale, die langgestreckte Autobahnbrücke und am Horizont die Leuchtenburg für sich in Anspruch. Heute ist es eine andere Romantik, die einen fesselt, wenn man, auf der Ernst-Haeckel-Höhe verweilend, ins Tal schaut.
Elegant und kreuzungsfrei zieht sich die Stadtautobahn nach Neulobeda, der Stadt am Stadtrand; aus dem Komplex des Heizwerkes ragt ein himmelhoher Schornstein, der den Rauch umweltfreundlich in den Wind leiten soll, die Dörfer Burgau und Winzerla sind aus den Nähten geplatzt und verbitten sich, fernerhin Dörfer genannt zu werden. Am anderen Saaleufer überholen diesellokgezogene Schnellzüge die zu ihnen parallel fahrende Straßenbahn – ein Stück weiter, in Göschwitz, wird eine Weiche entscheiden, ob das Auge sie weiter nach Süden, Richtung Saalfeld, oder östlich nach Gera hin verfolgen kann. Allmählich gewöhnt sich der Blick an die Großzügigkeit der Anlage und erfaßt immer neue, ihm vorher unbekannte Einzelheiten: Schulen, Turnhallen, industrielle Gebäudekomplexe, Sportanlagen … Und zwischen allem pulsierendes Hin und Her. Wie vielstimmiges Raunen dringen die Geräusche aus dem Tal und die plötzliche Dissonanz eines wegen verweigerter Einfahrt scharf gebremsten Zuges.
Bleibt man beim Weiterwandern auf der mittleren Horizontale, so hat man zwar nicht die kürzeste Strecke zur Lobdeburg gewählt, kann diesen Umweg durch das Pennickental aber durchaus belohnt bekommen. Mit geübtem Blick und etwas Glück lassen sich dort sehr schöne Exemplare der für den Muschelkalk typischen Versteinerungen finden.
Es ist gut, außer Goethe und Schiller auch mal einen anderen berühmten Künstlernamen nennen zu können, wenn es darum geht, eine Jenaer Sehenswürdigkeit zu markieren: Caspar David Friedrich. Er kannte die Lobdeburg, und er hielt sie auch eines Bildes für würdig. Leider ist das Gemälde verschollen. Aber wer andere Bilder dieses romantischen Malers kennt, wird sich bestimmt gewisse Vorstellungen von der Ruine Lobdeburg machen können. Heute, wo sie von Bäumen und Büschen dicht umwachsen ist, würde die Lobdeburg den Künstler gewiß ebenso zum Malen animieren wie seinerzeit, da sie noch auf kahlem Felsen stand.
Aber nicht nur die Romantik (ein Begriff, der ohnehin erhebliche Definitionsschwierigkeiten macht) ist es, die viele Menschen zur Lobdeburgruine zieht – die Mauern haben auch kunstgeschichtlich einiges zu bieten. Dächer, Treppen

Um ganz Jena lagert sich die Natur mit einer doppelten Welt von Reizen, mit einem weiten Garten und mit hingezogenen weißkahlen Bergen, die wie Gräber von Riesen dastehen.
Jean Paul, 1796

Donnerstag nach Belvedere,
Freitag gehts nach Jena fort,
Denn das ist, bei meiner Ehre,
Doch ein allerliebster Ort.

Samstag ists, worauf wir zielen;
Sonntag rutscht man auf das Land;
Zwätzen, Burgau, Schneidemühlen
Sind uns alle wohlbekannt.

Goethe

Ach Jena! Jena! lieber Sohn,
Sag mal, hört'st Du von Jena schon?
Hast Du von Jena mal gelesen?
Ich bin ein Jahr darin gewesen,
Als ich noch Studiosus war;
Was war das für ein schönes Jahr!
Ach, geh' mir doch mit Mutters Schwan
Und mit des Alten Engeland;
Nein Ziegenhain und Lichtenhain,
Und dann der Fuchsturm wohlbekannt,
Und auf dem Keller die Frau Vetter –
Es war ein Leben, wie für Götter!
Trink' mal, mein Sohn, trink aus den Wein,
Ich schenk' uns beiden wieder ein. –
Und auf dem Markte standen wir,
Zur Hand ein jeder sein Rapier,
Und Terz und Quart und Quartrevers –
Gib mir Dein Glas nur wieder her –
Die flogen links und rechts hinüber!
Ja, ja, da ging es scharf, mein Lieber!
Fritz Reuter

und Decken haben der Zeit nicht widerstehen können, wohl aber romanische Fensterbögen, zierliche Säulen mit Würfelkapitell, die Apsis der Burgkapelle, die wie ein umgekehrt an die Mauer geheftetes Schiff die Ostwand der Ruine prägt, und der Kamin des Rittersaales, dessen direkt in die Wand eingearbeiteter Rauchabzug Zeugnis vom Geschick der Baumeister gibt. Ein Mauerdurchbruch an der Südwand weckt, da man menschliche Umrisse zu erkennen glaubt, absonderliche Assoziationen: Ist da ein Golem durch die Wand gebrochen? Wahrscheinlicher ist natürlich die Annahme eines Fensters, dessen Leibungen lediglich einige Quader eingebüßt haben.
Etwas unterhalb der Burg steht im »baracken« Baustil die Burgklause, die, wenn man sich weigert, das Aluminiummobiliar als gelungenen Verfremdungseffekt anzuerkennen, außer Rostbrätl und Bier nichts Bemerkenswertes parat hält.
Noch überlegend, wie die Zeitgenossen in die oberen Fenster der Burgruine gekommen sind, um sich dort mit Namen zu verewigen, geht man die wenigen Schritte abwärts, bis eine Zäsur kraß Historie von Gegenwart trennt. Vor einem liegt, errichtet aus Stahlbeton und Glas, das vorwiegend elfgeschossige Neulobeda. 9 000 Neubauwohnungen mit einem Blick vom Berg umfassen – die Empfindungen sind zwiespältig. Grandios diese Bauleistung! Bedauerlich die architektonische Eintönigkeit und städtebauliche Ideenarmut. Neubaugebiete solchen Ausmaßes sind Denkmale unserer Zeit – da sollte bei der Projektierung doch der technischen eine gleichgewichtige ästhetische Komponente zur Seite stehen!
Wer wohnt da unten? Jene, die durch ihre Arbeit solche kolossalen Investitionen ermöglichen; jene, die bei Jenapharm Antibiotika herstellen, jene, denen die Welt hochwertige Spiegeltele-

skope und Elektronenmikroskope verdankt, Dozenten der Universität, Spezialglasmacher von Schott, Bauarbeiter – eben viele von den Menschen, denen Jena seinen Ruf verdankt, eine weltbekannte Industrie- und Universitätsstadt zu sein.

Und – lebt sich's denn bene da unten? Gewiß, wenn man bedenkt, *wie* viele von ihnen vorher wohnen mußten. Jetzt, in den fernbeheizten Wohnungen, mit Fahrstuhl und Balkon, für hundert Mark monatlich im Schnitt – das ist schon bene. Bene sind auch die Einkaufs- und Kulturzentren, die Schulen, Kindergärten, medizinischen Einrichtungen und die Verkehrsverbindungen zur Innenstadt. Aber noch ist das Beton-Grau die vorherrschende Farbe, und noch ist es nicht Blüten-, sondern Straßenstaub, den einem der Wind in die Augen weht.

Man wird wiederkommen müssen, nach einigen Jahren, wenn das *Neu* vor Lobeda nicht mehr so grell auf die Sinne wirkt.

Der Autobus, der uns zur Innenstadt zurückbringt, hält am Anatomieturm, jenem Rest der alten Stadtbefestigung, in dem Goethe 1784 den Zwischenkieferknochen des Menschen entdeckte oder, um neuerliches Prioritätsgezänk zu vermeiden: wiederentdeckte.

Die Schillerstraße aufwärts kommt man zum Johannistor, seiner eigenartigen Wasserspeier wegen auch Affenturm genannt, und schließlich beim unweit stehenden Pulverturm wieder auf die historienträchtige Goetheallee.

An ihrem unteren Ende ist das Hotel »Zum Schwarzen Bären«. Ziemlich heftig mag es hier hergegangen sein, als im August 1524 Martin Luther gegen Karlstadt, den rebellischer gesinnten Reformator, polemisierte. Ein Jahr später schon hielt es der Kurfürst allerdings für angebrachter, statt seines Predigers Luther den Scharfrichter »wider die Schwärmer und Aufständischen« sprechen zu lassen. Vom Fazit der Unterredung berichtet der Chronist, daß »das Blut wie ein Bächlein vom Markt beim Röhrkasten« floß. In Jene lebte sich's bene? Die Bauern und Handwerker von 1525 könnten anderer Meinung gewesen sein. Doch weder Kurfürst Hanfried noch seine Nachfolger vermochten es, den Motor geschichtlicher Entwicklung zu zerstören.

Ein großer deutscher Arbeiterführer mußte, wie viele andere, diese Überzeugung mit dem Leben bezahlen: Karl Liebknecht. Drei Jahre vor seiner Ermordung, Ostern 1916, leitete er in Jena eine illegale Jugendkonferenz. Der damalige Tagungsort in der Zwätzengasse – eine Fußwegminute entfernt vom »Schwarzen Bären« – ist heute Karl-Liebknecht-Gedenkstätte. Ich erinnere mich an den älteren Genossen, der uns vor Jahren durch die Räume führte. Er erklärte nicht viel, und das wenige sagte er schlicht, in seiner Alltagssprache. Wir spürten, das, was da auf Schautafeln und Bildern dargestellt wurde, waren Teile der Biographie des Mannes, der im grünen Kittel neben uns stand und leise mit dem Schlüsselbund klapperte. Und wir ahnten, dieser Mann würde seinen Posten gegen keinen im attraktiveren Sanssouci getauscht haben – auch wenn man ihm Schmerzfreiheit bei der Einbringung des Kassettenrecorders in den Kehlkopf garantiert hätte.

Sanssouci assoziiert unvermeidbar Vorstellungen von Rokoko, von Schnörkeln, Gold und chinesischem Porzellan. Zwischen Jena und Potsdam liegen 250 Straßenkilometer; zwischen Jena und Dornburg neun. Der Zusammenhang? Das Rokoko. Weniger Weg, weniger Rokoko? Ja, aber kein schlechteres.

Das »Rokokoschlößchen« ist das mittlere und,

Saale. Wenn die Frühlingswinde bliesen,
Schienen deine Ufer mitzufließen.
Und es war einmal ein Glück, das hieß:
Jena – Landgraf – Saale – Paradies.
Johannes R. Becher

Wir stiegen dann beim herrlichsten Wetter auf einen südwestlich von Jena gelegenen Berg, von dem wir mit einem Blick die ganze liebliche Gegend überschauten, die reizende, buntgeschmückte Stadt, im Kreuzpunkt von vier Tälern liegend, indem das Saaletal, nördlich nach Dornburg, südlich nach Kahla sich verlängernd, in ostwestlicher Richtung von zwei anderen Tälern geschnitten wird. Die großartigen weißgelben, scharf vorspringenden Kalkmassen der Berge kontrastieren lieblich mit dem frischen Grün, das die Täler, namentlich längs der Saale, erfüllt ...
Ernst Haeckel, 1858

Überall ward ich von dem Gefühl durchdrungen, wie mächtig jene Jenaer Verhältnisse auf mich gewirkt, wie ich durch Goethes Naturansicht gehoben, gleichsam mit neuen Organen ausgerüstet worden bin.
Alexander von Humboldt

Kein Ort in Deutschland würde mir das sein, was Jena und seine Nachbarschaft mir ist, denn ich bin überzeugt, daß man nirgends eine so wahre und vernünftige Freiheit genießt und in einem so kleinen Umfange so viel vorzügliche Menschen findet.
Schiller

wie die Verniedlichung andeutet, das kleinste der drei Dornburger Schlösser, die den 90 Meter hohen Muschelkalkfelsen über dem linken Saaleufer zum Ziel zahlloser Ausflüge machen.
Einer Laune des Weimarer Herzogs Ernst August devotest entsprechend, erbaute es Heinrich Krohne 1747. Daß Krohne, um die herzoglichen Wünsche in die richtigen Relationen zur Weimarer Staatskasse zu bringen, dabei verschiedentlich in die baumeisterliche Trickkiste greifen mußte, beweisen Kunstmarmor und Natursteinimitationen, aber gut gemacht!
Man betritt die Innenräume von der Gartenseite, wähnt sich im Parterre, befindet sich aber – die Hanglage des Schlosses erklärt's – bereits im Obergeschoß. Reiche Stukkaturen, Delfter Fayencen, zartes Porzellan und venezianisches Glas schaffen in den hellen Räumen ein Fluidum, als bewege man sich durch ein Watteausches Gemälde. Erklänge plötzlich Musik von Boccherini, man wäre versucht, die hübsche Führerin mit einem artigen Kratzfuß um das nächste Menuett zu bitten. Am Fenster sollte man verweilen – die Rosenspaliere sind eine Augenweide und die verspielt gewundenen Zierhecken gärtnerisches Kunsthandwerk. Alles en miniature, aber von unwiderstehlichem Reiz.
Das »Alte Schloß« wäre mit Burg besser bezeichnet. Im 10. Jahrhundert erbaut, soll es einst Kaiserpfalz gewesen sein. Heute wohnen darin Werktätige eines staatlichen Forstwirtschaftsbetriebes.
Bliebe das dritte, das Renaissance- oder Goetheschloß. An die zwanzigmal weilte *er* hier, und jeder Aufenthalt in seinem »ruhigen, überlieblichen Schlößchen« trug reiche poetische Früchte. Im Schloß, dessen Renaissancestil

durch Um- und Anbauten an Reinheit verloren hat, sind das Wichtigste natürlich Goethes Wohnräume. Im Obergeschoß sind sie im Originalzustand erhalten, so, als könne man jederzeit damit rechnen, daß er sie wieder zu beziehen wünsche. Den Park, um dessen Breite das Schloß von der Stadt Dornburg entfernt steht, würde er freilich kaum wiedererkennen. Seinerzeit dürften Pflänzlinge gestanden haben, wo heute stattliche Bäume die Wege beschatten.

Da zu dem am Nachmittag stattfindenden Dornburger Schloßkonzert bereits die Karten ausverkauft sind, beschließen wir den Rückzug nach Jena. Per pedes – es lohnt sich. Über die Brücke am Bahnhof werden die Saaleufer gewechselt; jenseits liegt Dorndorf.

Gleich hinter dem Ort wird die Straße zu einem reizvollen Wanderweg durchs Saaletal nach Jena. Der Weg führt längs des Saaleufers zunächst nach Golmsdorf, einer Gemeinde am Fuße jenes Berges, auf dessen südlicher Spitze sich die Ruinen der Kunitzburg befinden. Unbequemer Aufstieg über die landwirtschaftlich genutzten Ausläufer des Berges; nur ein schmaler Steg blieb zwischen den Fahrrinnen der Traktorenräder grasbewachsen. Auf halber Höhe beginnt der laubbewaldete Steilhang. Hasen flüchten durch den dicken Teppich aus Vorjahrslaub, wenn man es zugunsten einer Kletterpartie vorzieht, auf den bequemer zur Burgruine führenden Wanderweg zu verzichten. So, zwar schweißnaß, aber mit gewachsenem Selbstvertrauen auf dem Kamm angelangt, erreicht man die Reste der Kunitzburg in einer halben Stunde. Was da noch zu sehen ist – eine Mauer des Palas, ein Teil der Umfassungsmauer, Bruchstücke des Bergfriedes –, stammt aus dem 11. oder 12. Jahrhundert und kann doch, bei allem mittelalterlichen Reiz, kaum ablenken von der einzigartigen Aussicht, die dieses Plateau ins Saaletal ermöglicht. Im Norden die Dornburger Schlösser – von hier aus in der vielleicht reizvollsten Perspektive. Immer noch nördlich vom Blickpunkt: Porstendorf mit dem neuen Jenaer Naherholungszentrum. Am Fuße des Berges, Kunitz, westlich davon Zwätzen – doch das gehört schon zu Jena.

Aus der dunstverhangenen Stadt schlängelt sich, als wäre dort ein riesiges Tuschefaß umgekippt, schwarzglänzend der Fluß. Die Rauchfahnen der vielen Schornsteine biegen sich nach Westen, und der Turm der Stadtkirche St. Michael ist ein Däumling gegen das UHH (wissen Sie noch, was das ist?). Langsam senkt sich die Sonne über die Hochebene, wo 1806 Napoleon die Preußen schlug, und im Himmel über dem Talkessel verknoten sich die Kondensstreifen zweier Düsenjäger.

Ein Schnellzug verläßt die Stadt; am Zwätzener Bahnübergang stauen sich die Lieferfahrzeuge der nahen Großbäckerei. Vielleicht sitzen Sie in diesem Zug und fahren heimwärts – irgendwohin. Weshalb waren Sie doch in Jena? Ach ja! Sie wollten erkunden, ob sich's dort wirklich bene lebt. Nun, da ja für Sie jetzt auch gilt: »Bin ja selber dort gewesen …«, müßten Sie eigentlich Bescheid wissen.

Hans Joachim Malberg

Ansichtskarten aus Weimar

Lieber Freund!
Ein vortrefflicher Gedanke! Du willst also endlich einmal nach Weimar kommen, um Dich selbst davon zu überzeugen, was man sich so alles von dieser alten Stadt und ihrem Erbe erzählt. Recht hast Du! Nicht nur weil das sozusagen zur Bildung gehört, sondern weil man von hier etwas mitnehmen kann, das der lebendigen Erinnerung noch lange wert ist. Womit ich keinesfalls die feilgebotenen »Souvenirs« meine.

Man muß die Sache allerdings vernünftig anpakken. Unter uns gesagt, mir tun immer die Scharen der Touristen, Businsassen, Rentner, Jugendgruppen und Schulklassen ein bißchen leid, wenn sie tagtäglich durch unsere Straßen und Gassen, die Gedenkstätten und den Park geschleust werden. Sie kommen mit so viel Erwartungen, und der Zugang ist auch aufs beste vorbereitet, denn was die Institution mit dem langen Titel – »Nationale Forschungs- und Gedenkstätten der klassischen deutschen Literatur in Weimar« – an geistiger Aufbauarbeit und organisatorischer Hilfestellung geleistet hat, ist beispielgebend. Doch das Übermaß der Eindrücke wirkt bestürzend, und wer in den paar Stunden eines einzigen Ferientages die Eigentümlichkeit dieser Stadt erfassen möchte, bleibt auf der Strecke. Man möchte termingerecht ein Pensum absolvieren, doch schon bald verschwimmen die Konturen, und der landesübliche Duft vom Bratwurstrost am Ende der erschöpfenden Wegstrecke erschließt nur sehr unvollkommen etwas von der unverwechselbaren Atmosphäre.

Gerade auf diese Atmosphäre aber kommt es an und nicht auf den aussichtslosen Versuch, die Unzahl von Bildwerken, Skulpturen, Monumenten und Dokumenten bei einer ersten kurzen Begegnung visuell registrieren zu wollen. Auch Du wirst das nicht schaffen, obwohl Du es nicht bei einem knappen Eintagsbesuch belassen willst, und deshalb möchte ich Dir gern noch vorher ein paar Tips geben, ein paar Standpunkte, von denen aus Du Sicht und Einsichten noch am ehesten gewinnen wirst. Ich werde Dir kurzfristig bis zu Deiner Ankunft ein halbes Dutzend Ansichtskarten schicken und sie so textieren, daß Du sie als klassische Wegweiser verwenden kannst. Fangen wir gleich heute damit an:

Erste Ansicht:
Der Blick vom alten Turm

Auf den alten Schloßturm, wehrhaftes Wahrzeichen der mittelalterlichen Burganlage am Ilmufer, kannst Du zwar selbst nicht hinaufsteigen, aber es genügt, daß Fotografen das für uns besorgten, denn aus der Vogelschau erkennt man erst, warum es der Fremde so schwer hat, sich im Gewirr der willkürlich durcheinanderlaufenden, engen Altstadtgassen zurechtzufinden. Mancher Winkel wirkt auf den ersten Blick noch so, als habe sich hier nichts geändert, seit Goethe, vor nunmehr 200 Jahren, diese Stadt betrat, die damals genaugenommen mit ihren 6000 Einwohnern nicht viel mehr als ein größeres Dorf gewesen ist. Allerdings in ihrer sozialen Struktur recht typisch aufgegliedert in den herzoglichen Herrschaftsbereich mit den verschiedenen Schloßtrakten an der Ilm, in den Marktplatz als Mittelpunkt einer gewissen bürgerlichen Behäbigkeit und in die verschachtelte Zusammenballung engbrüstiger Wohnstätten, in denen die biederen Ackerbürger, die kleinen Handwerker, die Hofbediensteten, aber auch mancher Schöngeist ihr bescheidenes Dasein ohne Wasserleitung, Kanalisation, Straßenpflasterung und Beleuchtung dahinlebten.

Natürlich hat sich inzwischen allerlei gewandelt. Schon damals in jenen fast 60 Jahren, die wir kurz die Goethezeit zu nennen pflegen. Es ist ja nicht so gewesen, daß man anno dazumal in Weimar nur gedichtet und musiziert und philosophiert hätte. Goethe ist bekanntlich Staatsminister in mehreren Ressorts gewesen, und das nicht nur dem Titel nach. Es sind schon unter seiner Einwirkung einige Grundlagen geschaffen worden, die den Typus der heutigen Stadt vorformten. Man wurde hier tätig und auf eine bedachtsame Art selbstbewußt. Zwar schlief man dann im kleinbürgerlichen 19. Jahrhundert erst mal wieder brav ein und begnügte sich mit einem anbetungsvollen Heroenkult. Aber den Anschluß an die Gegenwart haben wir trotzdem nicht verpaßt. Ohne längst abgetane fürstliche Privilegien, sondern aus wachsendem sozialistischem Selbstverständnis und demokratischem Gemeinschaftssinn.

Fertig sind wir damit noch nicht. Wie sollten wir auch, nach zwei Weltkriegen, Bombenterror und Nazibarbarei. Aber es geht kräftig voran. Die Stadt platzt aus den Nähten. Nach allen Himmelsrichtungen, über die längst verschwundene Einschnürung des Stadtmauerrings und auch über den eisernen Halbgürtel der beiden Eisenbahn-Hauptstrecken hinaus. Überall neue, moderne Wohnsiedlungen, bereits bezogen oder in der Projektierung. Hochhäuser gibt es auch und dazu vorbildliche Sportanlagen, Schulen und Kulturhäuser.

Statt der 6000 Seelen von einst zählt man über 63000 amtlich registrierte Ortseinwohner. Sie wollen untergebracht sein, und deshalb übersteigt die Wohnfläche der ausstrahlenden Außenbezirke bei weitem die Winzigkeit des alten Stadtkerns. Draußen vor den Toren liegen auch die Arbeitsstätten, die vor allem im Norden mit dem Weimar-Kombinat VEB Landmaschinen und anderen Betrieben einen ganzen Stadtteil für sich bilden.

Dahin kommt der Fremde nur selten, denn ihn drängt es zum »Klassischen«. Das hat man ihm heutzutage leicht gemacht. Vom Goetheplatz, dem Verkehrsknotenpunkt, wandelst Du ungefährdet auf kraftverkehrsfreier Fußgängerzone mitten in die Altstadt hinein. Unterwegs grüßt Du achtungsvoll, aber kurz vor dem Bau des Nationaltheaters die beiden großen Freunde in Bronze, weil dies der Meister Rietschel schon vor mehr als hundert Jahren so vorgesehen hat, und dann kommst Du, ohne abirren zu können, um zwei Ecken herum zu

Goethe zog im Jahre 1775 in Weimar ein. Dieser junge 27jährige feurige Herr Doktor brachte eine wunderbare Revolution in diesem Ort hervor, der bisher ziemlich philisterhaft gewesen war und nun plötzlich genialisiert wurde. Es war kein Wunder. Man kann sich keinen schöneren Mann vorstellen. Dabei sein lebhafter Geist und seine Kraft, die seltene Vereinigung geistiger und körperlicher Vollkommenheit, groß, stark und schön ...
Christoph Wilhelm Hufeland

Gott sei Dank, hier in Weimar atme ich auf! Ich spüre in der Luft etwas, das mich eine literarische, kunstsinnige Stadt ahnen läßt! Ihr Anblick entspricht vollkommen der Vorstellung, die ich mir gemacht hatte: Sie ist ruhig, hell, luftig, hat etwas Friedliches, Träumerisches; eine reizende Umgebung, schöne Gewässer, schattige Hügel, liebliche Täler. Wie schlägt mir das Herz, während ich sie durchstreif!
Hector Berlioz an Franz Liszt

Nationale Forschungs- und Gedenkstätten der klassischen deutschen Literatur in Weimar, Burgplatz 4 (Schloß), Telefon 29 45–49

Goethe-Nationalmuseum, am Frauenplan
Goethe-Wohnhaus und Goethe-Museum
geöffnet von 9–13 und 14–17 Uhr, montags geschlossen

Schillerhaus mit Schillermuseum, Schillerstraße
geöffnet von 9–13, 14–17 Uhr, dienstags geschlossen

Liszthaus, Marienstraße
geöffnet von 9–13, 14–17 Uhr, montags geschlossen

Goethes Gartenhaus im Park
geöffnet von 9–12, 13–17 Uhr, dienstags geschlossen

Römisches Haus im Park
geöffnet von 9–12, 13–17 Uhr, montags geschlossen

Kirms-Krackow-Haus mit Herder-Museum, Jakobstraße 10
geöffnet von 9–12, 13–17 Uhr, montags geschlossen

Goethe- und Schillergruft, Historischer Friedhof
geöffnet von 9–13, 14–17 Uhr.

Wittumspalais mit Wieland-Museum, Theaterplatz, Eingang Am Palais 3
geöffnet von 9–12, 13–17 Uhr, montags geschlossen

Schiller und Goethe. Dabei wird Dir irgendwie leicht zumute, denn überall, auch aus den Seitengassen, leuchten Dir bunte Farbtupfen entgegen. Diese Stadt ist gar nicht so altersgrau, wie man es erwarten könnte. Sie gibt sich ihm Wechselspiel ihres Fassadenanstrichs geschmackvoll heiter, und ich verrate Dir kein Geheimnis, wenn dieses kleine Wunder sich förmlich über Nacht vollzogen hat, weil eine Urkunde von 975 den Namen Weimar in damaliger Schreibweise bezeugt. Kleider machen eben nicht nur Leute, sondern eine Tausendjahrfeier schafft auch fröhliche Fassaden.
Doch um auf unser Stadtbild aus der Vogelperspektive zurückzukommen: In der Mitte wuchtet da altersgrau mit Turm und überspitzem Schieferdach eine Kirche. Hier scheint sich nichts verändert zu haben. Es ist die Kirche, an der der Generalsuperintendent Johann Gottfried Herder 27 Jahre amtiert hat. Nicht immer zur reinen Wohlgefälligkeit seiner Zeitgenossen, denn er war nicht nur ein Geistlicher, sondern auch ein eigenwillig überlegener Geist. Seine Ideen sind geblieben, aber die Kirche wäre um ein Haar der völligen Vernichtung anheimgefallen, als im Februar 1945 die amerikanischen Bomben fielen. Dachlos klafften die Grundmauern in den Himmel. Heute steilt ein gleichgeformtes Schieferdach wie einst wieder über dem Bau und behütet unter anderem das kostbare Altargemälde, das Menschheitsbesitz ist, auch wenn man nicht genau weiß, wieviel daran der ältere Cranach in seinem Todesjahr noch selbst hat leisten können.
Über das Steildach hinweg erblickt man in der Ferne einen langgestreckten Bergrücken. An seinem Ende ragt ein wuchtiger Turm auf. Ettersberg! Buchenwald! Auch das gehört unabdingbar zur topographischen Atmosphäre der klassischen Stadt, doch es verlangt nach einem besonderen Kapitel.

Zweite Ansicht: Häftlingsgruppe auf dem Buchenwald

Denkmäler sind sichtbare Zeichen der Verehrung. Da steht plötzlich in Stein oder Bronze einer über Dir auf einem Sockel in achtungerheischendem Abstand, und Du stellst fest: So soll er also ausgesehen haben, so makellos und edel. Nimm Dir ein Beispiel an ihm!

Im alten Weimar kann Dir solches an allen Ecken und Enden begegnen. Anno dazumal, sprich im 19. Jahrhundert, war man hier besonders denkmalfreudig, und das hat seine ehernen Spuren hinterlassen. Dazu noch die zahllosen Büsten und Porträts, die die künstlerischen Zeitgenossen von ihren klassischen Mitbürgern liebevoll geformt haben. An Anlaß zur Ehrfurcht der Enkel und Urenkel ist also kein Mangel.

Anders ist das mit dem Denkmal, das der Professor Fritz Cremer geschaffen hat und das vor dem wuchtigen, 50 Meter hohen Glockenturm der Nationalen Mahn- und Gedenkstätte Buchenwald auf dem Ettersberg steht. Das ist ein *Denk*mal zum *Nach*denken. Es verewigt keine Namhaften in steifer Würde, sondern berichtet von den Namenlosen, die dort oben auf dem Berg das Grauen überlebt haben. Es sind, nicht willkürlich herausgegriffen, ihrer elf, und der Künstler zeigt sie jenseits aller starren Pose in Aktion. Damit stehen sie für die mehr als zweihunderttausend, die hier im Ablauf von neun Jahren eingepfercht und erniedrigt wurden, und für die sechsundfünfzigtausend, die in dieser Hölle unerlöst zugrunde gehen mußten.

Studiere ihre Gesichter! Jeder hat auf seine Weise mit der Qual des Häftlingsdaseins ringen müssen. Verzweiflung hat ihre Mienen und ihre Haltung geprägt. Nicht jeder war ein Held, der hart blieb, weil er das Ziel nie aus den Augen verlor. Aber aus der Gruppe ragen der Fahnenträger und die Rufer auf, die die Schwankenden stützten und die Kleingläubigen mit sich fortrissen. Und am Ende der Reihe stapft der Junge, einer von den neunhundert Lagerkindern, dem die Schergen die Kinderjahre stahlen und der noch kaum zu ahnen vermag, in welche Freiheit er hineinwachsen wird.

Doch das Denkmal ist nur Inbegriff und Anruf. Wenn Du an den tief ins Erdreich eingelassenen, steinumrandeten Massengräbern verweilst und die Namen der Nationen in Dich aufgenommen hast, die hier gemeinsam ihre Trauer bekunden, mußt Du hinüber über den Berg ins Lager. Davon darfst Du Dich nicht drücken, denn dort erst, in den Zellen des Strafbunkers, auf dem Appellplatz, in der Genickschußanlage und im Krematorium, wird Dir die Abgefeimtheit eines Systems klar, das die Würde des Menschen brutal zertreten hat. Unter dem gleichen Himmelsstrich, unter dem, eng benachbart, die Stadt im Tale liegt, in der einst das Wort vom hilfreichen und guten Menschen so hoffnungsvoll formuliert worden ist. Buchenwald *und* Weimar muß man gründlich in sich verarbeiten, denn eins ohne das andere ist nur die halbe Wahrheit.

Dritte Ansicht: Drei klassische Behausungen

Diesmal erhältst Du gleich drei Bilder auf einer Karte, und das mit Absicht, denn es ist ja bekannt, daß das Gehäuse, in dem einer lebt, sehr bezeichnende Schlüsse auf seine Lebensart zuläßt.

Da stehst Du nun also vor dem weltberühmten Haus am Frauenplan. Von den fast 57 Weimarer Jahren hat Goethe hier als Hausherr und Eigentümer rund 40 Jahre gewohnt, und vorher schon ein

Schloß Tiefurt, Weimar-Tiefurt, Telefon 38 28
geöffnet von 9–13, 14–17 Uhr, montags geschlossen

Wielandgut Oßmannstedt (10 km)
geöffnet von 10–16 Uhr, montags und dienstags geschlossen

Kunstsammlungen zu Weimar – Schloßmuseum – Galerie im Schloß
Burgplatz 4, Telefon 6 18 31
geöffnet von 9–13, 14–18 Uhr. Einlaß bis 17.30 Uhr, montags geschlossen

Kunsthalle am Theaterplatz
geöffnet von 9–13, 14–18 Uhr, montags geschlossen

paar Jahre als Mieter. In leichtem Schwung sich dem Straßenzug anpassend, wirkt das Haus sehr stattlich, nicht protzig, aber achtunggebietend. Hier wohnte ein Mann, der in der Stadt etwas zu sagen hat, der offensichtlich über genug Raum verfügt, um Gäste zu empfangen und doch ein bißchen auf Abstand hält. Nun ja, Goethe war Staatsminister, wenn auch nur in einem Miniaturstaat, war Dichter, Wissenschaftler, Theaterintendant und noch einiges mehr. Er mußte repräsentieren, und an Besuchern, die die wenigen sanften Stufen zum schlichten Mittelportal hinaufschritten, war nie Mangel, obwohl nicht jeder ohne weiteres angenommen wurde.
Wir Heutigen benutzen einen Seiteneingang im Nebenhaus, aber dann dürfen wir uns im Haupthaus sogleich an der bequemen Gediegenheit der dreigegliederten Treppe erfreuen, die der Hausherr sich, nicht ohne Mühe, hat einbauen lassen, weil er einen praktischen Sinn für künstlerische Formgebung besaß, ein kluger Rechner war und sich zugleich als leidenschaftlicher Kunstkenner mit allem umgab, was echte Harmonie auszustrahlen vermochte. Das wächst zu einer flutenden Vielfalt an, wenn man die Flucht der Räume durchwandert, in denen er seine Gäste und Freunde empfing, mit ihnen tafelte, plauderte und musizierte, doch ich werde mich hüten, jedes Ding, das mit Bedacht an seinem Platz steht oder hängt, mit dem zuständigen Fachausdruck zu klassifizieren. Das kannst Du später mal nachholen. Aber wie dieser sensible Mensch für jeden Raum den bestimmenden Farbton gewählt hat, niemals grell gegen grell, sondern stets der Aufgabe entsprechend, das sollte man nachempfinden, denn das ist verdichtete Atmosphäre. Und dann die bunt leuchtenden Majolikateller! An denen kann man nicht einfach vorübergehen, denn das, was da die alten italienischen Kunsthandwerker im 16. Jahrhundert ge-

staltet haben, was ihnen an sagen- und geschichtsträchtigen Motiven zufiel, und wie sie die Farben prall und warm gegeneinander setzten, ohne den Zusammenhang zu sprengen, das ist beglückend.
Goethe hat an die hundert Stück davon gesammelt, zu einem Zeitpunkt, als diese Kunst schon im Aussterben war. Er hat überhaupt alles gesammelt an Bildern, Abgüssen, Kopien, die sich seinem Sammlerfleiß darboten und vor seinem kritischen Auge bestanden. Scherzend hat er einmal bemerkt, er habe schon bei Lebzeiten sein eigenes Museum im Hause. Aber ist das der ganze Goethe? Das Haus am Frauenplan hat schon von der Anlage her sein Geheimnis, und wenn Goethe dieses Besitztum nicht bereits fix und fertig von seinem herzoglichen Freund als Geschenk erhalten hätte, er selbst hätte sich kein für seine Lebensweise so passendes Anwesen neu erbauen lassen können. Davon ahnt man noch nichts, wenn man vorn auf dem Frauenplan steht, von dem Hinterhaus nämlich, das sich, nur durch einen schmalen Hofgang getrennt, hinter der staatsministerlichen Fassade wie ein armer Verwandter duckt, um nur ja nicht aufzufallen. Der Besucher merkt es erst, wenn er im Hintergrund des Haupthauses ein paar winklige Stufen hinabgeht und alles plötzlich sehr einfach und niedrig und nüchtern wird. Dort hat der Herr des Hauses seinen Arbeitsalltag verbracht, soweit das seine Amtspflichten zuließen. Als Dichter, als Forscher, als Mensch, als Humanist oder wie wir das nun mit klingenden und doch so armseligen Begriffen benennen wollen. Dort in der kargen, gardinenlosen Studierstube hat er, um nur das eine zu erwähnen, den »Faust« vollendet. Nebenan im schmalen Bibliotheksschlauch hatte er das Studienmaterial, 5000 Bände aller Fachrichtungen, greifbar. Davon abgesehen, vermißt man jedoch die bescheidenste Behaglichkeit, selbst in dem engen Geviert mit dem primitiven Bett und dem alten Lehnstuhl, in dem er, mit dem Atem ringend, einschlief, als um die Mittagsstunden des 22. März 1832 ein überreich erfülltes Dasein vollbracht war. Hier erübrigt sich jedes laute Wort als unziemlich angesichts menschlicher Größe.
Schau Dir lieber noch das zweite Bildchen an. Das vom Gartenhaus im Park an der Ilm. Da täuscht schon die Fassade keine Üppigkeit vor, und die war auch weder nötig noch angebracht. Der Sechsundzwanzigjährige, der hier 1776 einzog, stammte zwar aus einem hochansehnlichen Frankfurter Patrizierhause, doch hier draußen suchte er bewußt von Anfang an die Einfachheit und Einsamkeit, um zu reifen. Für sechs Jahre war das zunächst seine ausschließliche Heimstatt, aber er war beileibe kein Einsiedler. Drüben am anderen Ufer forderten der Pflichtenkreis des herzoglichen Beraters und die Vergnüglichkeiten der kleinen Residenz den ständigen Einsatz. Das erstaunlich ausgeprägte Talent, die Zeit zu nutzen, brachte es trotzdem zuwege, daß hier draußen die Prosafassung der »Iphigenie« erwuchs, mit Stift und Feder, Kohle und Kreide die bescheidene Lieblichkeit der umgebenden Natur in Skizzen dokumentarisch festgehalten wurde, und wenn in den Mondnächten sich »Busch und Tal still mit Nebelglanz« füllten, ging das Erlebnis ohne Zwang in Verse ein.
Es hat einen eigenen Reiz, gerade in diesem kleinen, gar nicht »übermütigen« Haus dem Lebensstil des Bewohners nachzuspüren, denn hier spiegeln sich in den relativ überschaubaren Erinnerungszeichen geistige Substanz, praktisches Tätigsein und unverfälschtes Lebensgefühl wider. Nicht nur in den Kuriositäten, wie etwa dem hochbeinigen Reitsitzbock, dem zusammenklappbaren Reisebett oder dem Binsenkorb, in dem der Geologe Goethe seine Gesteinsproben sammelte, sondern auch in der Anlage des Berggartens mit seinen Malven- und

Im ersten Viertel unseres Jahrhunderts machte ein Schriftsteller ätzende Bemerkungen über die spießbürgerliche »Erbe-Rezeption«:

Der Naturschutzpark der Geistigkeit

Es ist für unsereinen recht schön, daß es so etwas gibt wie Weimar: eine ganze Stadt als Reliquie, ein Bezirk als Wallfahrtsziel, weil hier einmal ein Dichterleben war. Immerhin erfreulicher, wenn nicht Generale an den Straßenecken bronzern Posten stehen, wenn statt der Roons, Winterfelds, Derfflingers und übrigen Spitzen der Militärrangliste aus kriegerischen Zeiten ausnahmsweise der Goethe und der Schiller und der Herder und der Wieland in Erz gegossen sind. Selbst den Großherzogen, die auch auf den hiesigen Plätzen versteinert umherreiten, wird diese tributäre Huldigung nicht mit Waffentaten motiviert, sondern mit den von ihnen getätigten Engagements besagter Dichter.

Die heimische Dynastie wird bloß literaturgeschichtlich eingeteilt; jene Großherzogin hat die Sophienausgabe der Goethischen Werke (ein Stammtischeinfall, von Philologenärschen ausgebrütet) patronisiert, jener Großherzog das Goethe-Schiller-Archiv erbaut, jene Prinzessin ist die Prinzessin, die in der Fürstengruft dem Grabe Schillers gegenüberliegt, jene Großherzogin ist die Gattin jenes Großherzogs, der mit Goethe ... Und so. Ganz Weimar ist eine zur Stadt erhobene Dichterbiographie. Wer nicht zumindest einige Werke über das Leben Goethes studiert hat, kann sich in der Stadt verirren.

Bekneiferte Lehrerinnen führen Mädchenpensionate von Vitrine zu Vitrine, Gänse schnattern, manche seufzen vor irgendwelchen Tabellen zur »Farbenlehre« schmelzend ein »Nein, wie niedlich«, manche kichern vor dem Bett im Sterbezimmer, was übrigens ebenso geschmackvoll ist wie pietätvoll-ergriffenes Seufzen. Der Geschäftsreisende erklärt seinem Ehegemahl branchekundig einige Andenken, der Gymnasiallehrer schwelgt vor jedem Zettel. Im Goethehaus am Frauenplan drängt sich die Masse der Besucher von morgens bis abends. Instinktsicher hat der Spießer herausgefunden, daß Goethes Leben komplementär zu seinem Werk war, und so genial dieses ist, so pedantisch, autoritätsgläubig, devot, zeitfremd und egoistisch war seine Privatexistenz. Das hat der Pfahlbürger aller Nationen mit dem lyrischen Genius gemein, das ist es, was ihn zur Wallfahrt nach Weimar treibt, was ihm die Legitimation ausstellt, pedantisch, speichelleckerisch, zeitfremd und egoistisch zu sein und sich dabei goethisch vorzukommen ... Um Schiller kümmert man

Rosenbeeten, dem Schlangenstein und dem »Stein des guten Glücks«. Das alles war und blieb bis ins Todesjahr hinein, also weit über ein halbes Jahrhundert hinweg, erprobte Zuflucht und Ort der Erinnerung an eine zwiefache Glückseligkeit, wie sie sich, zeitlich und temperamentsgemäß wohl dosiert, in den Namen der Freifrau Charlotte von Stein und des Bürgermädchens Christiane Vulpius manifestiert hatte.

Bleibt noch das dritte Bildchen: Das Schillerhaus an der ehemaligen Esplanade am Rande der einstigen Altstadt. Auch hier schaut es schon von außen her nicht übermütig aus, aber das hat in diesem Fall seine sehr realen ökonomischen Gründe. Trotzdem ist der Professor und Hofrat Friedrich Schiller sehr glücklich gewesen, als er 1802 endlich dieses bescheidene Besitztum für sich, die Frau und die zunächst drei, bald schon vier unmündigen Kinder kaufen konnte. Er mußte dazu eine Schuldenlast aufnehmen, aber die hoffte er in absehbarer Zeit aus den etwas besser fließenden literarischen Erträgnissen tilgen zu können.

Drei Jahre danach versagte der ausgezehrte Körper den Dienst, weil er das ihm seit früher Jugend abgeforderte Übermaß an hochfliegendem Geist und verbissenem Arbeitseifer nicht länger zu tragen vermochte. Das muß man sich klarmachen, wenn man, anders als im Haus am Frauenplan, die enge, steile Stiege zum Dachgeschoß hinaufsteigt. Hier oben in den drei einzigen, fast karg eingerichteten Räumen ist noch alles so, wie er es gern selbst um sich haben mochte. Ohne unnötigen Aufwand empfing er hier seine wenigen, aber sehr getreuen Freunde. Abgeschirmt von der Familie und dem Kinderlärm im Stockwerk darunter, konnte er hier in der Stille grübeln und schaffen. Hier am Schreibtisch in der Eckstube wurde als wesentliches Werk der Weimarer Endperiode der »Wilhelm Tell« konzipiert, dessen Uraufführung der Dichter unter der Intendanz des Freundes Goethe noch am Hoftheater erlebte. Unten in der ehemaligen Familienwohnung kann der Besucher in einem museal instruktiven, knapp zusammengefaßten Überblick an den Dokumenten und Bildwerken die Gesamtleistung des Dramatikers Schiller studieren, und sie wiederum ist ja nur ein Teil des auf knapp 30 Schaffensjahre begrenzten Lebenswerkes, dem das Wirken des Poeten, Historikers und Geisteswissenschaftlers Schiller ebenbürtig hinzugerechnet werden muß. Oben in der engen Dachkammer stehen der Schreibtisch und das Sterbelager in engstem räumlichen Kontakt an einer Schmalwand nebeneinander. Der Alltag des hoffnungslos Erliegenden hat dies so zur erschütternden Symbolik zusammengefügt, und auf dem Tisch blieb ein Blatt liegen, Fragmentstück zum letzten, unvollendeten Drama »Demetrius«. Darauf stehen die Versworte: »O warum bin ich hier beschränkt, gebunden, machtlos mit dem unendlichen Gefühl!«

Vierte Ansicht: Wittumspalais, Tafelrundenzimmer

Auf der Ansichtskarte, die heute abgeht, sieht es für den ersten Blick recht feudal aus. Aber sie stammt nicht aus den Prunkgemächern des weiland herzoglichen Residenzschlosses. Das Haus liegt mitten in der Altstadt und war für eine fürstliche Hofhaltung nicht vorgesehen, als 1774 die Herzoginmutter Anna Amalia sich hier einquartierte. Die Gegebenheiten hatten einen eiligen Umzug notwendig gemacht. Weite Teile des Residenzschlosses wurden durch Brand verheert, und außerdem regierte von nun an ihr mündig gewordener Sohn Carl August das Land. Frühzeitig zur Witwe geworden, zog sich die noch verhältnismäßig junge Herzoginmutter auf ihr Altenteil zurück, das von da an das Wittumspalais benannt wurde. Von außen her betrachtet, scheint diese Bezeichnung leicht übertrieben zu sein, und der Haupteingang liegt so versteckt, daß man ihn erst suchen muß. Auch auf die Erfüllung persönlicher Ansprüche hat Anna Amalia nur bedingten Wert gelegt, wie das winzige Schlafkämmerchen mit dem Alkovenbett und der noch winzigeren Waschschüssel, allerdings aus Meißner Porzellan, es ausweisen. Doch gab es in diesem merkwürdig verschachtelten Bau ein Malzimmer und ein Musikzimmer, und beide dienten tatsächlich zur ernsthaften künstlerischen Beschäftigung. Die große Überraschung gibt es im Oberstock, einen richtigen kleinen, in den Maßen und Farben heiter ausgewogenen Festsaal mit erstaunlich hoher Kuppelwölbung, die man, und das ist das ganze Geheimnis, einfach bis unmittelbar unter die Dachsparren emporgezogen hat.

Eigentlicher Mittelpunkt des Hauses war und blieb jedoch unter Anna Amalia im unteren Stock das geräumige Eckzimmer mit dem runden Tisch. Für uns hat dieser Tisch aus Kirschbaumholz Symbolwert. An einem solchen Tisch sitzt keiner zuoberst und keiner zuunterst, und damit hob sich hier von selbst der steife Abstand höfischen Zeremoniells weitgehend auf. In einer Zeit, in der man sich sonst vor Fürstenthronen zu ducken pflegte, plauderte man hier vorurteilsfrei, malte, trug Verse und Geschichten vor, übte sich in allerlei Kunstfertigkeiten und fand zueinander. Wer etwas Ernsthaftes zur heiteren Geselligkeit beizutragen wußte, besaß das volle Bürgerrecht an diesem Musenhof, und das galt keineswegs nur für die berühmten Großen, den Magister Wieland, den Doktor Goethe, den Prediger Herder und später auch für Schiller. Es gab eine ganze Reihe kluger Köpfe, und so bildete sich an diesem Ort unver-

sich bei weitem nicht in diesem Ausmaß, er war kein Staatsminister und kein Bürgermeisterenkel, er wurde verscharrt, so daß man den Schädel gar nicht fand, als man ihm schließlich die verspätete »Ehre« antun wollte, ihn in der Fürstengruft neben leibhaftigen Großherzogen beizusetzen.

Ins Nietzschearchiv oder ins Lisztmuseum kommen wenig Besucher, auch nach Andenken Herders oder Wielands forscht wohl nur der Fachmann. Lächerlich solch ein Geniekult, lächerlich, ein Leben in Spiritus zu konservieren, lächerlich, die Bewohner einer Stadt zu Mitwirkenden eines beständigen Passionsspieles zu machen. Aber unsereiner könnte sich freuen, daß man doch noch irgendwo einen Dichter ehrt, indem man seinen Wohnort zu einem Sanctuarium weiht, wenn das Ganze nicht bloß ein Naturschutzpark wäre. Als in Amerika die Urwälder fast überall dem Erdboden gleichgemacht, beinahe alle edlen Tiere erlegt, die Indianer mit Branntwein und Flintenkugeln nahezu ausgerottet worden waren, zäunte man ein Stückchen ein und schuf den Yellowstonepark. Dann zeigte man ihn der Welt, als Zeichen des pietätvollen Verständnisses, das das angeblich so nüchterne Amerika der Natur entgegenbringt, und konnte ruhig den Rest der Urwälder, der Indianer und der Tiere vernichten. Wir hingegen haben Weimar.
Aus: Egon Erwin Kisch, Hetzjagd durch die Zeit.

Sie sind eingenommen gegen Goethe, den Sie vielleicht nur aus unwahren Berichten kennen oder den Sie von einem falschen Gesichtspunkt beurteilen; wäre ich überzeugt, daß Goethe zu diesen kriechenden Geschöpfen gehört, denen kein anderes Interesse heilig ist als ihr eigenes und die nur aus Ehrgeiz tätig sind, so würde ich die erste sein, gegen ihn aufzutreten. Ich will Ihnen nicht von seinen Taten, von seinem Genie sprechen, ich rede nur von seiner Moral ...
Sie wissen, daß ich meine Leute erst gehörig prüfe, bevor ich über sie urteile, daß die Erfahrung mich in solcher Bekanntschaft vielfach belehrt hat und daß ich dann ohne Vorurteil richte.
Anna Amalia in einem Brief an Minister von Fritsch

Es ist kein bedeutender Mann von Weimar ausgegangen, der nicht in ihrem Kreise früher oder später gewirkt hätte.
Goethe über Anna Amalia

sehens eine kleine Zelle jener humanistischen Gesinnung und Gesittung, in der überständige Dogmen verworfen und neue Ziele angesteuert wurden.
Übrigens, wer noch Näheres über den Ältesten in diesem Kreise, den Dichter und Freigeist Christoph Martin Wieland, erfahren möchte, findet die Zeugnisse seines Schaffens im hintersten Trakt des Gebäudes. 1772 als Prinzenerzieher nach Weimar gekommen, hat er mit seiner vielköpfigen Familie mehrere Behausungen gehabt, aber keine davon ist erhalten geblieben. Um so verdienstvoller, daß man die wenigen Erinnerungen an sein Weimarer Dasein gerade hier im Wittumspalais, wo er ständig ein- und ausging, museal geordnet zusammengetragen hat.

Fünfte Ansicht: Innenhof des Kirms-Krackow-Hauses

Willst Du Dich, was unbedingt zu empfehlen ist, auf Deinem künftigen Weimar-Gang mal beschaulich ein bißchen ausruhen, so suche diesen Hof mit dem anschließenden Blumengärtchen auf. Die meisten finden ihn nur nicht gleich, obwohl er im unmittelbaren Weichbild der Herderkirche liegt. Die mächtige, ziemlich nüchterne Vorderfront, nur unterbrochen von einer hochgewölbten Toreinfahrt, deutet auch mit nichts auf die Idylle hin, und tatsächlich hat auch bereits im 16. Jahrhundert ein wohlhabender Handelsherr dieses Anwesen zu vorwiegend kommerziellen Zwecken erbaut. Später erwarb die Familie Kirms das Besitztum, und in der Goethezeit waren hier die beiden Brüder Carl und Franz Kirms ansässig, beide sehr befähigte, in herzoglichen Diensten erprobte höhere Verwaltungsbeamte, die trotzdem nicht im Aktenkram erstickten, sondern sich und ihr wohlanständiges bürgerliches Haus dem musischen Klima anpaßten. Franz, der vorwiegend unter Goethes Intendanz und darüber hinaus die geschäftlichen Dinge der Weimarer Hoftheaterleitung besorgte, heiratete auf seine alten Tage noch eine sehr viel jüngere Frau, und mit ihr kam zusätzlich der Name Krackow in dieses Haus. Karoline überlebte den betagten Gatten um Jahrzehnte. Ihr ist es zu verdanken, daß das Kirms-Krackow-Haus auch im nachklassischen Weimar zu einer Stätte vielseitiger freundschaftlicher Begegnungen wurde, und etwas sehr Vernünftiges tat Frau Karoline, als sie ihre Nichten zu Erbinnen einsetzte, denn Charlotte, die letztlich Verbliebene, hat bis zu ihrem Tode im Jahre 1915 das Haus wie einen Augapfel behütet und gepflegt. So ist es dann mit all seiner wohlerhaltenen Originalität auf uns gekommen.

Man muß durch dieses Haus mit seinen drei erinnerungsträchtig prall angefüllten Stockwerken geruhsam schlendern. Da gibt es so viel entzückend naiven Krimskrams aus der Wohnkultur von anno dazumal, aber es begegnen uns auch neben vielen anderen der schwärmerische Märchendichter Hans Christian Andersen und seine von ihm scheu geliebte »schwedische Nachtigall«, die Sängerin Jenny Lind. Der greise Franz Liszt war hier, und man bekommt auch endlich einmal ein Exemplar der Zündmaschine zu sehen, die der berühmte Chemiker Johann Wolfgang Doebereiner als Tischfeuerzeug erfunden hat. Besondere Erinnerungsbereiche hat man für den Generalsuperintendenten Johann Gottfried Herder, den großen Kinderfreund und Dichter Johannes Falk und den liebenswerten Märchenerzähler Johann August Musäus eingerichtet, denn sie wohnten alle drei, zum mindesten zeitweilig, in nächster Nähe und stören die traditionell überkommene Harmonie nicht.

Schließlich aber der kleine Innenhof! Mit seinen abgestuften quer- und längslaufenden Außengalerien aus wetterhartem Holzwerk. Mit seiner altertümlichen Schwengelpumpe und dem schiefen Baum. Malerisch ist ein abgegriffenes Wortbild, aber hier trifft es zu. Durch ein Pförtchen geht es in den Garten mit seiner Pavillonanlage. Teegesellschaften werden hier nicht mehr gegeben. Aber der Straßenlärm dringt nur verworren ein, und im Sommer blühen die Blumen noch immer. Du bist hier sehr allein im alten Weimar.

Sechste Ansicht: Der Weg zur Gruft

Den Gräbern kannst Du in Weimar nicht ausweichen. Es sind ihrer sehr viele, und jedes erzählt seine eigene Geschichte. Den Weg hinauf zur Gruft durch die leicht ansteigende Lindenallee kennst Du gewiß von vielen Bildreproduktionen her. Den Baumbestand haben wir allerdings verjüngen müssen, denn auch Bäume haben nur eine zeitlich begrenzte Daseinszeit, und die Allee braucht Nachwuchs. Am oberen Ende erhebt sich der vom Oberbaudirektor Coudray um 1825 gestaltete klassizistische Tempelbau. Im Halbdunkel seiner steinernen Tiefe stehen die beiden schlichten, mit den Namen Goethe und Schiller bezeichneten Eichensarkophage nebeneinander. Carl August ruht in nächster Nähe in seinem fürstlichen Prunksarg.

Weitere historische Grabstätten rings um den Gruftbereich kann und will ich Dir nicht lückenlos aufzählen. Entdecke sie selbst. Du wirst finden, daß der getreue Eckermann auch im Tode sein Plätzchen nahe bei seinem Meister hat und daß man für die aus dem Zarenreiche stammende Schwiegertochter Carl Augusts später eine eigene

Die Beleuchtung war sehr mangelhaft. Der Vater hatte eine kleine Studierlampe, grün lackiert, mit dem Ölbehälter an einer Seite. Auf dem Familientisch standen zwei kupferne Leuchter mit Talglichtern, dazu die nötige Lichtputze, die eins von den anderen handhabte, um es heller zu machen. Man rückte eng zusammen, um besser zu sehen. So war die Familie immer vereinigt.
Auch am Tage mußte sich eins nach dem andern richten, um den nötigen Platz zu finden. Das trug zur Erziehung bei. Die Kinder lernten sich ducken. Die Töchter waren immer da, um der Mutter zu helfen. Nur in wenigen Familien konnte den Mädchen ihr eigenes Stübchen gegeben werden, wo sie allein saßen, um zu arbeiten und zu träumen. Das einzige, was gewöhnlich zur Konfirmation beschert wurde, war ein Nähtischchen und ein fester Platz am Fenster der Wohnstube.
Charlotte Krackow

Er war ein seltener Mensch! der von außen wenig schien, weil er in seinen Gesprächen nie mehr Verstand durchschimmern ließ, als der, mit dem er sprach, ertragen konnte; weil er jedem Toren seine Torheit ließ, den Narren nie an seiner Kappe zupfte; weil er mit dem Witzlinge nicht das gemein hatte, daß er keinen witzigen Einfall verschlucken konnte.
August von Kotzebue über Musäus

»Das poetische Talent im Konflikt mit der Realität«, äußert Goethe am Ende seines Lebens zu Eckermann über seine frühen Weimarer Jahre, und das läßt ahnen, wie wenig einer aufschreibt von allem, was er gedacht, und mit wie vielen Rücksichten er es aufschreibt. So ist das Bild der Klassiker nicht anders zu gewinnen als aus Texten, die von ihrer eigenen Zensur strenger beschnitten wurden als von jeder amtlichen. Es ist wie mit den Bildnissen: Goethe, wie wir ihn durch Stieler, Klauer, Schwerdgeburth, Meyer, Rauch kennen und durch Dutzende andere, aber selten der Tischbein-Goethe, wie er in Unterhosen aus dem Fenster schaut – heitere Klassik, mit Ernst betrieben, vermenschlicht uns die Meister nicht. Die polierte Fläche ist uns zugewandt, die rauhe Seite wird nur noch selten sichtbar: das Weimarer Intrigennest, von sechstausend Seelen mehr als die Hälfte in irgendeiner Form an den Hof gebunden, die verklatschte Schillern, der unglückliche Bräutigam Eckermann, Christiane, die von Bettina als tollgewordene Blutwurst bezeichnet wird, der genasführte Stein, Ideal und Wirklichkeit der Fürstenerziehung, Enttäuschung über halbe Reformen, die Unterschrift unter dem Todesurteil für eine Kindsmörderin …
Richard Christ

Kapelle mit Zwiebelkuppeln an die Südwand der Gruft anbaute. An der Westmauer des klassischen Bezirks ist die Nachkommenschaft Goethes in einem Erbbegräbnis versammelt. Nicht weit davon taucht auch der Name der Freifrau Charlotte von Stein auf. Dicht an der Lindenallee im untersten Teil übersieht man meist den Namen Vulpius; es handelt sich um Goethes Schwager, der mit seinem Räuberroman »Rinaldo Rinaldini« höhere Auflagen erzielte als die »Klassiker« – und doch über ein sehr bescheidenes Dasein nicht hinauskam.
Doch wo ruht Christiane, die geborene Vulpius und Goethes Ehefrau? Dazu noch kurz eine für das klassische Weimar aufschlußreiche Tatsache. Es gibt in der Stadt noch einen kleinen zweiten Friedhof aus mittelalterlichen Zeiten, der von 1818 an nicht mehr belegt wurde. Wer jedoch vor diesem Datum verstarb, konnte nur dort seine Ruhestätte finden. Das gilt für Christiane, die schon 1816 heimging, und deshalb hüten wir dort ihr einsames Grab. Das galt auch zunächst für Schiller, dessen Sarg man 1805 in das sogenannte Kassengewölbe, eine Gemeinschaftsgruft für »Personen vom Stande« verbrachte. Seine Gebeine hat man dann unter großen Mühen rund zwanzig Jahre später exhumiert, und das ist eine Geschichte mit so vielen spannenden Details, daß ich sie Dir besser an Ort und Stelle mündlich erzähle. Überhaupt, die Histörchen zu den Grabmälern auf diesem kleinen vor- und frühklassischen Jakobskirchhof könnten ein ganzes Buch füllen, angefangen beim alten Maler Lucas Cranach und seinen klassischen Künstlerkollegen Kraus und Klauer. Der Märchendichter Musäus, Goethes vielseitiger Tischler- und Theatermeister Mieding und die jung verstorbene, hochbegabte Schauspielerin Christiane Bekker, geborene Neumann, Goethes »Euphrosyne«, schließen sich an.
Doch Schluß jetzt! Ich sehe gerade im Kalender,

daß Du schon in zehn Tagen hier ankommen wirst. Darauf freue ich mich nun doppelt, aber ich ahne auch schon, daß Du mich dann öfters beschimpfen und vorwurfsvoll fragen wirst: Warum hast Du mir unterschlagen, daß es im Anschluß an das Haus am Frauenplan noch einen Sammlungsbau von 24 Räumen gibt, in dem man Goethes Wirkung in seiner Zeit und Gesellschaft studieren kann? Wo blieb auch nur ein einziges Wort über die Bibliothek und das Archiv und die Kunstsammlungen im Schloß? Über das Stadtmuseum und das Museum für Ur- und Frühgeschichte? Über Tiefurt und Belvedere und das Liszthaus? Über ...
Halt, lieber Freund! Mit einer bloßen Registrierung der Erinnerungsstätten ist dieser merkwürdigen Stadt eben nicht beizukommen. Du wirst sie Dir Stück um Stück sehr bedachtsam erarbeiten müssen, wenn Du sie wirklich erschöpfen und begreifen möchtest. Und wirst später wiederkommen müssen. Und Du wirst, ich wette, auch wiederkommen wollen!

Louis Fürnberg
Im Weimarer Park

Im Park unter den Linden und Eichen
gehen die Liebespaare spazieren
wie einst Herr von Goethe und Frau von Stein
und tun so, als wären sie ihresgleichen.

Ausflügler kommen in Gruppenführung,
betrachten entzückt das Römische Haus,
den Schlangenstein und das Borkenhäuschen
und gedenken Carl Augusts voll Rührung.

Hoch zu Roß sitzt er, ein Imperator,
dick und faul, man sieht es ihm an,
vor der Hochschule für Musik
als ritte er eben vom Salvator.

Diese Weimarer Idyllen sind und bleiben
eine Augenweide für jeden Maler
und für auf Nachruhm erpichte Poeten ...
Es wird sie schon die Zeit vertreiben.

Aus: Gesammelte Werke in sechs Bänden.
Berlin 1965

Hansgeorg Stengel

Greiz und quer

Was immer man über diese famose Stadt sagen und schreiben mag: Sie ist unter den thüringischen Städten vergleichbarer Größe und Bedeutung die gewiß unbekannteste. Seinen stiefmütterlichen Rang verdankt das Juwel im Elstertal einer Fülle geschichtlicher und geographischer Umstände, um nicht Handikaps zu sagen. Beispielsweise war noch in den 1920 beginnenden thüringischen Zeiten auf dem Bahnhof der ehemaligen Residenzstadt (Reuß ältere Linie) jahrzehntelang als Ortsangabe »Greiz/ Vogtland« vermerkt. Das klang unthüringisch, denn die Region der Vögte gehörte, von wenigen winzigen böhmischen und bayrischen Ausflüchten abgesehen, zum späteren Sachsenland.

Als ich, glücklicherweise, in Greiz zur Welt kam, war die Herrschaft der Vögte und Fürsten offiziell zwar Vergangenheit, doch im Bewußtsein der einheimischen und erst recht der auswärtigen Bevölkerung blieb Greiz, auch wegen seiner zahlreichen Maschinen- und Textilfabriken, Bestandteil des westsächsischen Industriereviers.

Der Anzug meines Großvaters, mütterlicherseits, ging damals (1922) ins elfte Jahr und sollte wohl auf mich vererbt werden, denn »was Greiz gewebt und Greiz gefärbt, das hält, bis es der Enkel erbt«. Greiz galt als Stoffmetropole und hatte einen nicht minder guten Klang als Forst in der Lausitz.

An der Süd- und Südwestflanke wurde Greiz von den sächsischen Städten Elsterberg, Mylau, Netzschkau und Reichenbach belauert und belagert. Am größten war Greizer Mißgunst gegenüber Elsterberg, das in den Tagen meiner Kindheit und meines Jünglingsalters fußballkünstlerische Spitzenleistungen vollbrachte, während bei den Greizer Kickern anfangs der dreißiger Jahre nur Bonitz, Söllner, Krause I, Krause II, Drechsler, Rausch und Kummerlöwe mit Ach und Krach auf Kreisklassenebene zu brillieren vermochten.

Der große Rivale hat indes nach der Verwaltungsreform 1952 aufgehört, den Greizern Furcht und Komplexe einzujagen: Elsterberg, fußballerisch inzwischen abgesackt, wurde dem Kreis Greiz zugeschlagen und damit gewissermaßen thüringisiert.

Aber reden wir nicht weiter so allgemein vom Greizer Drumherum, und reden wir nicht drumherum. Es wird an dieser Stelle höchste Eisenbahn, die unangreifbarste These aller meiner Thesen auszusprechen: Greiz, das Schmuckstück am Gestade der Weißen Elster, Synthese aus landschaftlichem Idyll und produktiver Dynamik, ist – nun, ich will es mal sehr bescheiden und besonnen ausdrücken – die schönste Stadt Ostthüringens.

Nur ein Schelm wird, den Büchmann bewußt falsch zitierend, die Gegenbehauptung wagen: »Greiz ist die Wurzel allen Übels.« Seriöse Juroren jedoch können gar nicht anders, als meiner Geburtsstätte Greiz die höchsten Noten zu geben.

Ein Couturier mit traumwandlerisch sicherem Gefühl für geologische und botanische Ausgewogenheit hat die Greizer Landschaft zugeschnitten: Das Tal nicht zu eng, nicht zu weit, die Höhen erklecklich, aber sanft unter Mittelgebirgsniveau, üppige Fichtenwälder, hellgrüne Himmelschlüsselwiesen, dazu Bäche und Teiche, wie man sie anmutiger und zahlreicher in Thüringen anderswo kaum finden kann. Ein Bild maßvoller Schönheit und Harmonie.

Ich wurde am Schloßberg geboren, einem im Stadtzentrum fast bizarr aufragenden Kegel, auf dem die alte tausendjährige Burg thront. Der Schloßberg war Schauplatz aller möglichen kindlichen Spiele, und ganz und gar unbedeutende Einzelheiten, die ich als Erwachsener nie beachtet hätte, gehörten zu den nie vergeßlichen Akzenten meines Dreikäsehochparadieses. Neben dem Wohnhaus ein vom Stadtrat installierter öffentlicher Papierkorb mit dem fein gemalten Hinweis: »Je reiner ein Stübchen, je reiner ein Steig, je lichter die Sonne im grünen Gezweig, um so viel froher magst selber du sein, drum halt deine Umwelt wie dich so rein!« Das war ein so einfältig formulierter Spruch eigentlich nicht. Er hatte Rhythmus, Sinn und eine gewisse suggestive Kraft.

Wir, meine gleichaltrigen Freunde und Freundinnen, waren selten zu Hause. Stullen wurden mir von meiner Mutter grundsätzlich aufs Fensterbrett gelegt, bei Bedarf ergriffen und im Freien verzehrt. Wenn die von uns Kindern begangenen Unarten (Klingeltouren, Raufereien oder lautstarke Beschimpfungen ehrbarer Passanten) nicht so arg oder wenigstens nicht ruchbar geworden waren, legte mir meine Mutter einen Fünfer, seltener einen Groschen neben das Wurstbrot. Das Geld ließ sich gegen vorzügliches Speiseeis bei Max Eichelkraut oder Paul Ambach in der Schloßbergstraße ummünzen.

Süßigkeiten hoben weitgehend das Lebensgefühl des Zehnjährigen, und ich kenne noch heute Standort und Namen der damaligen Bäcker und Schokoladenhüter: Heisinger, Künzel, Herold, Carl, Röhler, Argus, Häberlein in der Marienstraße, am Ernst-Arnold-Platz, in der Thomasstraße, am Elsterflußbett und in der Brückenstraße. Aus Veilchenpastillen, Gummimänneln, Wundertüten, Brezeln, Kremhütchen, Eierschecke und dem legendären Kuchen vom Tage vorher (sieben Pfennig) setzte sich das Schleckermahl des naschhaften Frühstengels zusammen.

Nun wird man sich freilich nicht schon deshalb entschließen, meinem Hohenlied auf Greiz beizupflichten oder dorthin zu reisen, weil der Autor dieses Artikels einen rosaverklärten Blick ins Perfekt wirft. Es gilt nachzuweisen, daß Greiz so schön, so stattlich, so attraktiv ist wie ehedem. Nichts leichter als das.

Das Greiz der siebziger Jahre besitzt: erstens einen anmutigen, im englischen Stil geschneiderten Park mit See (in Eichblattform), lieblichen Spazierwegen, dendrologischen Seltenheiten (zum Beispiel Tulpenbäumen) und dem Sommerpalais, das die größte Schabkunstsammlung des europäischen Kontinents sowie ein Karikaturenmuseum namens Satiricum beherbergt; zweitens Elstertal- und Göltzschtalbrücke, zwei Backstein-Eisenbahn-Gigant-Viadukte, in naherholungsnaher Aus-

Über die famose Stadt steht im Brockhaus-Reiseführer DDR: Obwohl die südlich von Gera gelegene Stadt Greiz seit 1918 zu Thüringen und jetzt zu dem thüringischen Bezirk Gera gehört, wird sie im allgemeinen landschaftlich heute noch zum Vogtland gerechnet. Die rege Industrie- und Kreisstadt mit 39 338 Einwohnern liegt in einem landschaftlich reizvollen, vielgestaltigen Talkessel der Weißen Elster. Naturgegebener Mittelpunkt der ehemals kleinen Residenz- und Handweberstadt ist der steil aufragende Felskegel mit dem Oberen Schloß, dessen sechseckiger Turm wohl das älteste Bauwerk der Stadt ist. Um den Schloßberg herum zieht sich die Altstadt mit ihren winkligen, engen und gekrümmten Straßen und Gassen.

In der von der Elster umflossenen Talaue zu Füßen des Berges erstreckt sich eine der schönsten deutschen Parkanlagen, der Leninpark, der aus dem höfischen Lustgarten von 1650 zu dem in englischem Stil von 1800 gehaltenen heutigen Landschaftsgarten wurde. Im Park birgt das 1779 erbaute Sommerpalais eine der bedeutendsten Kupferstichsammlungen mit rund 8000 kostbaren, vorwiegend englischen Schabkunstblättern. In dem reich mit Stuck geschmückten Gartensaal finden im Sommer Abendkonzerte und Ausstellungen statt. Ein sehenswertes Museum befindet sich im Unteren Schloß.

In »Meyers Reisebüchern« von 1908 fand man anderes erwähnenswert: Greiz ist die Hauptstadt des Fürstentums Reuß ä. L. (317 qkm mit 70 590 Einw.), hat 23 114 Einw., außer den oberen Landesbehörden eine Handelskammer, Reichsbanknebenstelle, Land- und Amtsgericht, Gymnasium, Seminar, Landkrankenhaus, Webschule etc. und bedeutende Textilindustrie..., die 12 300 Arbeiter und 10 876 mechanische Webstühle beschäftigt. Am Heinrichsplatz (Anger) das 1888 enthüllte Bronzedenkmal Kaiser Wilhelms I., von Rob. Bärwald. Ferner Denkmal des Fürsten Bismarck (1895), Bronzebüste; Kriegerdenkmal, eine Germania, von Röder (einem Greizer).

flugsentfernung: drittens den geschichtsumwobenen Röhrenbrunnen; viertens die allergeheimsten Rezepte zur Herstellung echter Rostbratwürste und Grüner Klöße; fünftens eine eigene thüringisch-vogtländisch-reußisch-sächsische Mundart, die in dem nur für Greiz zugelassenen Karnevalsruf »Geneerhee!« (hochdeutsch etwa: »Aber nein doch!«) gipfelt. Wer mehr über die Sprache der Greizer erfahren möchte, schlage nach in den subtilen Werken des Heimatdichters Gotthold Roth, den ich persönlich über Fritz Reuter stelle, zumal Reuter in seinen Schriften Greiz überhaupt nicht erwähnte, obwohl die Elstergemeinde fünfmal soviel Einwohner zählt wie diese putzige Reuterstadt Stavenhagen in Mecklenburg (Exkurs beim Stichwort Stavenhagen: Bernhard Stavenhagen, 1895 Hofkapellmeister in Weimar, Klaviervirtuose und Lieblingsschüler von Franz Liszt, wurde 1862 in Greiz geboren. Die nach ihm benannten, jährlich in Greiz stattfindenden Wettbewerbe sind nur einer von zahlreichen musikalischen Greizer Akzenten. Die Namen aktueller aus Greiz stammender Musiker und Musikwissenschaftler wie Bosse, Dillner, Hauschild, Michel und Suske haben nationalen und internationalen Rang und Klang.)
Man denke aber nicht, daß sich die poetische Tradition des Kreises Greiz mit Gotthold Roth erschöpfe! Dem Erforscher Greizer Brauchtums und mythischer Spezialitäten gibt Sagenschatzgräber Franz Weidmann schier unerschöpfliches Material in die Hände. Wenn wir Kinder in der Schule artig waren oder dem Lehrer nichts mehr einfiel, wurde vom Katheder eine dieser Weidmannschen Greizer Sagen zelebriert. Wir hörten sie wirklich gern, denn Weidmann verknüpft Lokalkolorit unweit von Lehmgrube, Teufelskanzel und Elfter Stunde sehr geschickt mit Gruselaffären atemraubender Dramatik.

Es muß endlich Schluß sein mit der landläufigen Ahnungslosigkeit in bezug auf Lage und Würde dieser prächtigen Stadt Greiz. Es genügt nicht mehr, Greiz lediglich als Reim für Dörfer und Städte wie 1821 Baitz, 7520 Peitz, 4401 Schlaitz, 6550 Schleiz, 6571 Staitz und 4900 Zeitz in Reserve zu halten. 6600 Greiz will gekannt und nach Verdienst gepriesen werden.
Nicht jedermann ist es vergönnt zu sagen, er sei in Greiz geboren und gebürtig. Doch jeder Nichtgreizer hat zumindest die Pflicht, Greiz seine Zuneigung zu offenbaren. Sie zeugt, den Bewunderer ehrend, von feiner Bildung und gutem Geschmack.

Über die Elster zum Untern Schloß, der Residenz des Fürsten, vor dem ein Wachtkommando des in Gera garnisonierenden II. Bat. des Inf.-Reg. Nr. 96 den Ehrendienst versieht. – Rathaus mit Turm, 1842 und 1883–84 erbaut. Auf dem Schloßberg das Obere Schloß, die alte obergreizische Residenz, jetzt Sitz der Behörden, einst der Vögte des »Vogtlandes«; 1225 als »castrum« zuerst erwähnt, 1540 abgebrannt und erneuert; von allen Seiten malerischer Anblick. Schöne Aussicht von der Schanze. Ein Aufenthalt in Greiz, das mitten in einem Naturpark liegt, ist sehr zu empfehlen.

Stoßgebet aus der Zeit feudaler Kleinstaaterei:
O Herr, gib Regen und Sonnenschein
für Greiz und Schleiz und Lobenstein!
Und wollen die andern auch was han,
dann mögen sie's dir selber san.

Martin Viertel

Gemessen an der Geraer Elle

Verzeihung, Sie sind neugierig?
Und Sie suchen Schönheit, lieben Harmonie? Sie mögen den rauhen Alltag, Geschäftigkeit und eine herzhafte Küche? Sie sehnen sich ebenso nach erholsamer Ruhe, nach unverdorbenem Grün und einem winzigen Hauch Idylle? Sie wollen dennoch keinen Bogen um die Geschichte schlagen und möchten eine Stadt einmal ganz anders erleben als Sie das bisher tun konnten?
Und Sie fragen, ob Sie denn da zur rechten Zeit an die Tore Geras klopfen?
Jede Zeit ist für solch ein Unterfangen recht. Jede Tageszeit und jede Jahreszeit. Nur die Tore, wissen Sie, die Stadt-Tore sind allesamt nicht mehr zu beklopfen. Das letzte der fünf, das Badertor, wurde bereits 1884 abgetragen. Geblieben ist lediglich eine schlichte Erinnerungstafel. Und eine Kopie. Pfiffig wie die Geraer Stadtleute waren, ließen sie das Portal im neuen Rathausgebäude am Kornmarkt dem Badertor Stein um Stein und sehr getreulich nachbilden. Und was Ihnen da sonst noch so neu und anheimelnd auf dem Kornmarkt erscheint, ist tatsächlich neu. Oder auf neu gemacht. Mit Stil. Mit Akribie. Mit dem ganz gewissen Feingefühl der Heutigen, die um die Historie ihrer Stadt wissen und die sie aufgehoben wissen wollen in ihrem eigenen Tagwerk. Da ist Geschichte nicht zu Stein geworden, da ist Geschichte in den Steinen lebendig. Und daß der Tuchmacherbrunnen unweit des Rathauses zu finden ist, hat schon seine Bewandtnis. Sie, die Geraer Tuchmacher, waren es, die bereits 1401 in Naumburg und seit 1436 in Leipzig zur Messe das Sagen hatten und zu Hause im Stadtrat fest in den Stühlen saßen. Ökonomisch waren sie wer. Oftmals zum Leidwesen von Feudaladel und Patriziat. Hinter dem Kornmarkt aber blieb ein Rest der Stadtmauer orginal erhalten, säuberlich restauriert, Teil der Häselburg, welche sich freilich nicht als Burg, sondern als ein Neualtneubaugebiet inmitten des putzfreundlichen Stadtkerns darstellt.
Und wie es sich darstellt! Nach allen Seiten hin für Licht und Sonne offen. Gewissermaßen ein Kuß auf die Wange Geras ist die Häselburg, das Produkt einer der vielen Sternenstunden hiesiger Bauleute. Und das Stück Stadtmauer darinnen nimmt sich wie die Lachfalte unserer Altvorde-

ren aus, die sich, ein wenig über den Rand ihrer Ewigkeit blinzelnd, dieser großzügigen Veränderung der einstmals stickig-muffigen Wohngegend herzlich zu freuen scheinen. Und der Freude nicht genug. Architektur und bildende Kunst flirteten zum Wohle der Bewohner der Häselburg auf schamlose Weise miteinander, und wenn ein Wunsch offen bleibt, dann der, daß dieser Flirt in eine nie verlöschende, ewige Liebe ausarten möge. Solche Hauseingänge sahen Sie noch nie! So intim mit der Vergangenheit der Stadt läßt es sich wohl nur in der Schuh-, Böttcher- und Rittergasse, in der Greizer Straße und auf dem Kornmarkt sein. Augenblinzelnd werden Sie belehrt, vergnüglich nehmen Sie die Lehre entgegen. Wie lang ist eine Geraer Elle? Wie sah die Schuhmode im 16., 17. und 18. Jahrhundert aus? Wann flog zum erstenmal ein Zeppelin über Gera? Wann lebte Posthumus?

Ganz recht, selbst Posthumus, dem Spitzbärtigen, begegnet man hier von Angesicht zu Angesicht. Posthumus, der nach dem Tod seines Vaters geboren wurde und deshalb zeitlebens diesen Namen trug, Posthumus, der die Gunst aller Chronisten Geras besaß, einer der wenigen klugen und dazu noch unkriegerischen Fürsten, der mit vollem Namen Heinrich der Jüngere Reuß, Herr von Plauen, Posthumus, Herr zu Graitz, Cranichsfelde, Gera, Schlaitz und Lobenstein hieß, der mit seiner zweiten Frau auf die Zahl genau 17 Kinder zeugte, ein Gymnasium bauen ließ und es 1608 eröffnete, der 1595 weitsichtig genug war, dem Holländer Nikolaus de Smit in Gera volle Handlungsfreiheit zu gewähren, alldieweil de Smit »die Wollenzeugmanufaktur in ihrem ganzen Umfange hier einführte, die Kunst- und Schönfärberei begründete, die erste Handlung entwickelte, die Wollkämmerei und Spinnerei vervollkommnete und durch alles dies der Stadt und ihrer Umgegend im Allgemeinen ein Wohlstand verlieh, wie sie ihn außerdem wohl niemals erlangt haben würde.« Posthumus nahm sogar in Kauf, daß sich die längst heimisch gewordenen Tuchfabrikanten dem Aufschwung der Wollenzeugmanufaktur widersetzten. Und bei alledem führte er einen maßvollen Hausstand. Kurzum, wir haben das untrügliche Vorbild für all die edelherzigen Prinzen und Könige gefunden, die durch Großmutters Märchen geisterten und die heute mit Bestimmtheit noch lebten, wenn sie nicht gestorben wären. Aber Posthumus starb, und zwar im Jahre 1635, und gleich ihm starben die, die vor oder nach ihm regierten, der Heinrich der Verwaiste und der Heinrich der Unglückliche, Heinrich der Hinkende und Friedrich der Gebissene, sie alle, alle starben dahin, doch auf der Rittergasse und dem Markt, auf dem Platz der Republik und der Breitscheidstraße pulsiert heute das Leben bewegter denn je. Den Stadtkern werden wir jedoch noch öfter kreuzen, zumal sich auch Ihnen erst mit dem zweiten Blick die unverwechselbaren Details an Haus und Hof erschließen werden.

Torlos liegt Ihnen also die Stadt zu Füßen. Besonders dann, wenn Sie auf der Schloßruine Osterstein stehen und hinter Ihnen auf dem Terrassenkaffee der Geraer Sommer lautstark eingeblasen wird. (Die Geraer lieben Volksfeste und ihre unvergleichlich knackigen Bratwürste, ihre Straßenbahn lieben sie und nicht wenige auch die Plätze, wo geradelt, geboxt und geballert wird.) Den Geraer Sommer also – die klingende Zugabe zu Bier und Wurst, zu Kaffee und Sahne – haben Sie im Rücken, unter Ihnen mukkert die Elster dahin, die weiße, wohlgemerkt. Genießen Sie noch eine Weile den sanften, kühlenden Wind, der vom Hainberg, vom ach so dichten, dunklen Stadtwald herunterweht, genie-

»Als Goethe 1813 auf der Rückreise von Teplitz in Gera übernachtete, trug er am 18. August in sein Tagebuch ein: ›Gera, Grüner Baum, schlimm wegen Nähe einer Schneidemühle.‹
Werter Herr Geheimrat! Das Gemälde vom ›Grünen Baum‹, in dem Sie schlaflos lagen, ist heute im Museum für Geschichte zu sehen. Wenn Sie die Erinnerung nicht schmerzt, können Sie es sich heute oder morgen nebst anderen sehenswerten Exponaten betrachten. Doch wie wir Sie kennen, zögen Sie wohl zu jetziger Zeit einen Aufenthalt in den komfortablen Betten des Interhotels vor, zumal dort das neue Restaurant ›Ganymed‹ eröffnet ist. Dort wird ostasiatische Küche gereicht und Ihnen, Herr Geheimrat, ein heißes Tuch aufs Gesicht gelegt.«
»Volkswacht«, Lokalseite Gera-Stadt, 6. April 1985

Spottvers auf die Kleinstaaterei, die im Landesteil Reuß noch bis Anfang unseres Jahrhunderts bestanden hat:
»Wirft jemand das Petroleum um,
so stinkts im ganzen Fürstentum.«

Am 26. Juni 1673 richtete die Elster großen Schaden an. Sie zerstörte unter anderem die Mauer des Zwötzener Friedhofes und schwemmte acht Särge mit den Leichen weg.

Über einem Hauseingang in der Gutsstraße war einst zu lesen:
»Bauen ist eine Lust,
wenn i gewußt,
wieviel is kust,
i hätt gehust.«

»Auf den sämtlichen Congressen
Wird geredet und gegessen,
Und bei allem was man treibt,
Wird natürlich fest gekneipt.
D'rum viel' Hunderte sich schaaren,
zur Versammlung abzufahren. –«
Aus dem Einleitungsgedicht der Erinnerungsbroschüre zu den XXXII. allgemeinen Verbandstagen der Erwerbs- und Berufsgenossen vom 9.–13. September 1891 in Gera.

ßen Sie den gediegenen Lauf der Elster; so brav und geruhsam benahm sie sich nicht immer. Und genießen Sie die Silhouette der Stadt, die auf eine ungewöhnliche Art plastisch gewordene Vedute mit den weithin leuchtenden Hoch- und Neubauten, und versuchen Sie die Emsigkeit, den Fleiß, den regsamen Geist, der in dieser Stadt, seinen landweit bekannten Betrieben und all über all auf Baustellen und in den Schächten vor der Stadt herrscht, zu erspüren. Hingen wir Geraer all unser Messegold an den Himmel, uns würde eine zweite Sonne scheinen. Von Bieblach bis nach Lusan drehen sich die Kräne, und alles dreht sich um die, die Kräne und Maschinen steuern, die hier zu Hause sind im wörtlichen und im moralischen Sinn.
Vieles, was des Aufmerkens wert ist, können wir nur beiläufig in Augenschein nehmen, obwohl die Geraer selbst nur allzu gern zielgerichtet darauf losgehen. Auf ihr Theater zum Beispiel, das Musterstück für dekorativen Jugendstil, und ein Musterstück an progressiver Kunstbeförderung. Mehrere hundert Jahre reicht seine Geschichte zurück und ist verknüpft mit der des 1608 eröffneten Gymnasiums Rutheneum, dessen Lehrplan schon die Aufführung von Schuldramen vorsah, bei denen oftmals bis zu 70 Gymnasiasten auf der Bühne agierten. Wie theatralisch es die Mimen trieben, weiß heute keiner mehr zu sagen, aber daß der Geraer Bürger im 19. Jahrhundert Stücke von Schiller, Shakespeare und Körner erleben konnte, ist so gewiß, wie Albert Lortzing 1850 Gastspiele in Gera gab. 1902 schließlich wurde das neue Theatergebäude eingeweiht und vereint unter seinem Dach sowohl den Bühnen- als auch den Konzertsaal und stellt damit heute etwas Einmaliges unter den Theaterbauten unseres Landes dar. (1977 wurde eine 3982 Pfeifen zählende Orgel in den Konzertsaal eingebaut. Die

reichen Stuckornamente erhielten nach kostspieliger Restaurierung ihre ursprüngliche Farbgebung wieder. Jetzt erstrahlen sie im Schein der Kronleuchter in grünen, goldenen und Ockertönen. Der Saal hat eine hervorragende Akustik und bietet auf jedem seiner 920 Plätze einen gleich großen Genuß.) In den zwanziger Jahren erlebte Gera Erstaufführungen von Ostrowski und Lope de Vega, von Bertolt Brecht und Carl Zuckmayer, von Georg Kaiser und Ernst Barlach, von Walentin Katajew und Friedrich Wolf. Eduard von Winterstein war hier engagiert und für zwei Spielzeiten Hans Otto, der 1933 wegen seiner aufrechten kommunistischen Haltung in den faschistischen Folterkammern zu Tode gequält wurde.

Nun denn, sagen Sie, Bieblach und Lusan seien vorgemerkt, der Stadtwald und der Osterstein, der Kornmarkt und das Theater, und links liegen gelassen würde auch das Haus der Kultur nicht, dieser imposante Bau im Mittelpunkt der Stadt, der sich allerdings selbst eine Idee zu dickhäutigsteif und gespreizt als »Zentrum der Arbeiterklasse und aller Werktätigen, als eine Stätte der Begegnung, der eigenen künstlerischen und kulturellen Betätigung, eines vielseitigen Klublebens und ein Ort attraktiver Veranstaltungen der Unterhaltungskunst und niveauvoller Geselligkeit« vorstellt. Dabei läßt es sich ungezwungen frei und leichtfüßig in seinen geräumigen, lichten Foyers flanieren, die Flips und Shakes werden temperiert und nach Art des Hauses freundlichflott serviert, man sitzt im Saal bequem bei Shows und Referaten (auch bei etwas zu lang geratenen), genießt wie nebenbei Kunst an Wänden und aus Vitrinen, und weiß, daß am Ende immer noch der Thüringengrill, die Milchbar und die Imbißbar den Besuchern bietet, was die Besucher bedürfen. Auch das Galeriecafé gehört zu diesen Einrichtungen, wohlgemerkt, Café mit einem vornehmen C am Anfang und mit dem noch vornehmeren Accent aigu über dem e.

Die Verbeugung vor dem Gefranzösel vormaliger deutscher Kaffeehausbesitzer mutet schon deshalb etwas burlesk an, dieweil sich die Franzosen unter Napoleon Bonaparte nicht gerade als die grand cavaliers in Gera aufspielten. Kaum wandte seine kaiserliche Majestät am 11. Oktober 1806 den Rücken, um mal kurz im nahen Auma zu nächtigen, schon plünderten seine Messieurs Soldaten alles, was in Töpfen und Truhen, Kisten und Kästen steckte. Die Reußischen Lande hatten zwar das Banner der Neutralität gehißt, aber in den französischen Ohren klang Reußen wie Preußen, und so taten sie sich gütlich, als wären sie in Feindesland. (Die Preußen übrigens, die zum Zwecke einer siebenjährigen Kriegsführung ausgezogen waren und die mit ihrem großen Fritz im Dezember 1762 Gera heimsuchten, trieben es indes nicht weniger brutal als die Napoleoniten 1806.)

Bevor aber in Gera am 18. und 19. Oktober 1814 die Sieges- und Friedensfeier anhub, klapperten in der Weidaer Vorstadt bereits die ersten Spinnmaschinen. 1815 trieb Wasserkraft die Wollmaschinenspinnerei gegenüber der Orangerie. Und Spinnereimaschinen ratterten am Mühlgraben, der über Jahrhunderte hinweg noch des öfteren neue Fabriken an seine Ufer zog. Im Hof der heutigen Betriebsschule »Willi Strobelt«, Talstraße 5, können Sie die älteste in der DDR erhaltene Bockdampfmaschine betrachten. 1855 dampften dann schon 24 Maschinen in Gera, im Jahre 1879 waren es 83 und im Jahre 1903 bereits 114. Die Entwicklung und Verbreitung des Webstuhls ging in gleicher Intensität vor sich.

Es webte und spann sich in diesem Jahrhundert allerhand zusammen im feudal-kapitalistischen

Am 28. Oktober 1873 schrieb der Maler Ludwig Richter an seinen Verleger Wiegand:
»Danke aus vollem Herzen ist alles, was ich habe. Leute wie ich, die nicht die Gabe besitzen, sich ›schön‹ auszudrücken, müßten es machen wie einst mein neunjähriger kleiner Bruder in seinem kindlichen Tagebuch, das mir einmal in die Hände fiel. Auf einer ganzen Quartseite stand da, von oben bis unten, nichts anderes als immer wieder das eine, einzige Wort: ›O *Glück*, Glück, Glück, Glück, Glück ...‹ und ganz unten, am Fuße des Blattes, die Zeile:
›... Mutter macht heut' Thüringer Klöße!‹«

Die Orangerie wurde 1729/32 erbaut, bot 1780 nach dem großen Stadtbrand Asyl für Obdachlose, diente 1805/06 als Lazarett, 1841/43 als Garnison des Reussischen Kontigentes, im Winter 1843 als Turnsaal, 1848 als Pferdestall und um 1900 als Galerie für Ausstellungen. 1947 zog das Theater- und Musikmuseum ein. Von 1957 bis 1963 war die Orangerie Museum der revolutionären Arbeitergeschichte und ab 1964 wurde sie »Kunst- und Kultur-Ausstellungszentrum für Gera«. Ab 1973 »Kunstgalerie der Stadt Gera«.

»Der Martinsgrund wird von den Enkeln noch ebenso gern, als einst von den Voreltern besucht. Die sanfte Waldeinsamkeit, der Naturfrieden, der auf dieser Stelle ruht und auch selbst dann nicht gestört wird, wenn oben die Baumwipfel sich im Sturme beugen, ist anziehend genug, um Jedem es als einen Festtag erscheinen zu lassen, wenn ihm die Zeit gestattet, im trauten Freundes- oder Familienkreise einige Stunden dort zu verweilen.«
Ferdinand Hahn, Geschichte von Gera, 1850

Am 22. Februar 1892 fuhren die ersten elektrischen Straßenbahnen in der Stadt. Gera besaß damit als zweite deutsche Stadt nach Halle dieses moderne Verkehrsmittel.
Während der Inflation – eine Fahrt mit der Straßenbahn kostete 12 Milliarden Mark – mußte der Verkehr zeitweilig eingestellt werden.
Heute zahlt jeder Fahrgast für eine Fahrt zwölf und einen halben Pfennig.

»Ein anständiges Theater erkennt man von Vorstellung zu Vorstellung nicht wieder. Das schlechteste, was es heute gibt, ist das, was gestern gut war«, schrieb Bert Brecht Ende der zwanziger Jahre an die Bühnen der Stadt Gera.

Elstertal. Mit der Industrie wuchs das Proletariat, und seine Kampfaktionen bestimmten mehr und mehr das politische Leben der Stadt. 1867 nahm August Bebel am IV. Vereinstag Deutscher Arbeitervereine in Gera teil, 1871 schließlich formierten sich Geraer Proletarier im ersten sozialistischen Arbeiterverein. Organisiert vervielfachte sich die Kraft der Klasse und organisiert vermochte sie nachdrücklich ihre Rechte anzumelden und zu fordern. 6000 Textilarbeiter streikten 1890 vom 24. April bis zum 21. Mai – eine Klassenschlacht, die viele revolutionäre Kämpfer erzog.
1920 zwangen der Generalstreik und das militant-revolutionäre Vorgehen der Geraer Arbeiterschaft die Kapp-Putschisten zur Kapitulation und halfen mit, die drohende Errichtung einer offenen Militärdiktatur abzuwehren. Ein unübersehbarer, straßenfüllender Zug von Geraer Bürgern gab 13 gefallenen Kämpfern für Demokratie und sozialen Fortschritt das letzte Geleit.
Das Leben und der Kampf von Antifaschisten aus unserer Stadt bleiben für immer unvergessen. Viele unserer Genossen konnten den Sieg ihrer Klasse und das Werden unserer Republik nicht mehr erleben, viele wurden zu Aktivisten der ersten Stunde und legten den Grund für eine menschenwürdige Gesellschaft, für eine erblühende und wahrhaft sozialistische Großstadt. Erwin Panndorf, Magnus Poser, Helene Fleischer, Erich Wilke, Eugen Selbmann, Rudolf Scheffel, Otto Trillitzsch, Curt Böhme, Walter Erdmann – nahezu endlos ist die Zahl der bekannten und namenlosen Helden, deren Vermächtnis sich heute und hier in unserem Land, in unserer Stadt erfüllt.
Dort in Bieblach Nord, sagen Sie, und ich stimme Ihnen zu und verweise auf den Zschochern und den Steinweg, auf die Baugruben und Gerüste, hinter denen sich wiederum ein ganz neuer Zug

in das Antlitz der Stadt prägt. Tag für Tag foppen die Bauleute die Kartographen: der Stadtplan von heute war praktisch schon gestern überholt. Übrigens Stadt- und Verkehrsplanung, war es denn nicht gefährlich, fragen Sie, als die Elektrische noch auf der ständig überlaufenen Hauptgeschäftsstraße fuhr? Konnte es da nicht zu Unfällen kommen? Na ja, die Straßenbahn ist ja die Sorge los. Und die Sorge ist die Straßenbahn los. Was schließlich all denen zugute kommt, die auf der Sorge bummeln und spazieren, einkaufen oder sich nur mal kurz auf einen Kaffee niederlassen, die Frauen mit den Taschen in den Händen, die Männer mit den Händen in den Taschen.

Was blicken Sie denn so erschrocken auf die Uhr?

Sie sind doch noch nicht einmal zu Thüringer Klößen gekommen, nicht ins Schreibersche Haus, in das liebevoll ausstaffierte Naturkundemuseum, Sie konnten nicht die Kunstgalerie aufsuchen (Otto Dix, Sohn und Ehrenbürger der Stadt!), nicht das Museum für Geschichte, nicht die Ausstellung Plastik im Park, nicht den Martinsgrund und nicht das Antiquariat, das sie gewöhnlich in keiner Stadt ungeschoren lassen, wie Sie mir versicherten. Sie ahnen ja nicht, was sie bislang alles übersehen haben an Sehenswertem! – Beim nächsten Mal, sagen Sie? Wie Sie wollen. Dann eben beim nächsten Mal.

Geraer Zeitung im November 1918:
»An die Einwohnerschaft von Reuß jüngerer Linie!
Der Arbeiter-und-Soldatenrat hat die öffentliche Gewalt des bisherigen Bundesstaates Reuß jüngerer Linie übernommen. Auf seine Aufforderung hin hat Fürst Heinrich XXVII. für sich und seine Dynastie auf den Thron verzichtet.«

Zu den Wunden, die der zweite Weltkrieg in Gera hinterließ, gehören auch die Folgen von zwölf Luftangriffen anglo-amerikanischer Flieger zwischen dem 12. Mai 1944 und dem 13. April 1945. Sie kosteten 548 Menschen das Leben, zerstörten 846 Häuser mit 1895 Wohnungen ganz oder teilweise.

»Millionen gab unser Staat in den letzten Jahren für den Umbau und die Rekonstruktion der Bühnen der Stadt Gera aus. Ein altes Stück im neuen Haus blieb die Drehbühne. Sie wurde vor 30 Jahren gebaut. Findige Köpfe kamen damals auf die Idee: Warum soll das, was einst dem Krieg, der Vernichtung diente, nicht für die Kultur nutzbar gemacht werden? So bildet auch heute noch das Mittelstück der Drehbühne ein umgedreht eingesetzter Flakturm, und die Bühne selbst läuft auf 40 Panzerrollen.«
»Volkswacht«, Gera, 1. Oktober 1979

Paul Elgers

Liebeserklärung mit Vorbehalten

Es ist schon so: Man erklärt sich ihr bestimmt – ob's beim ersten Anblick oder später geschieht, hängt davon ab, aus welcher Sicht wir die Schöne bewundern. Sie hat nämlich ihre besonders guten, aber auch ihre besonders schlechten Seiten, wie wir noch erfahren werden; abgesehen von ihrer Eigenart, sich Verehrern »oben ohne« darzubieten. Sie – die Landschaft um die Hohenwartetalsperre – kennenzulernen gibt's drei Möglichkeiten: zu Wasser, zu Fuß oder epochegemäß motorisiert. Wir entscheiden uns, der vielerorts Gerühmten schlicht zu Fuß zu nahen.

Der Omnibus bringt uns von Saalfeld bis nach Bucha. Von dort laufen wir wacker die hohe Straße fürbaß bis zu einem leider ehemaligen Gasthaus, das sich »Kalte Schenke« nannte. Ein Feldweg führt uns in guter Viertelstunde zum Waldgürtel. Die Stille nimmt uns in die Arme, die Füße federn leicht auf Tannennadel- und Laubpolstern. Aber bald wird der Weg steinig. Es geht allmählich abwärts. Wir schauen hinunter, rechts und links erstreckt sich das Laubdach, aus dem in unregelmäßigen Abständen kerzengerade Fichten in den seidigen Himmel ragen. Zwischen schwarzgrünen Wacholdersäulen schimmert es blau. Noch ein paar Rutscher über Schiefergrund, den dünner Humus bedeckt, und wir bremsen auf einem kleinen Plateau. Freier Blick jetzt. Unter uns liegt das aufgestaute Meer der Saale. Die sich nach Westen neigende Sonne legt über das Wasser eine goldene Brücke, die ihre Reflexe bis hinauf zu dem uns fern gegenüberliegenden Waldberg wirft. Winzig kleine Segelboote sind weiße Tupfer im Tiefblau.

Die Landschaft breitet ihr Kleinod vor uns aus: die Bucht, genannt das Alter. Ostwärts treten die Ufer ganz zurück, graue Felsklippen bewachen die Einfahrt von Stausee zum Alter. Wir stehen in stummer Bewunderung, können uns nicht sattsehen an diesem einzigartigen Panorama.

Es gibt Leute, die schon hier ihre Liebeserklärung an diese Landschaft vorbringen, ein schönes Plätzchen ausfindig machen, den Campingbeutel auspacken und es sich erst einmal bei Essen und Trinken wohl sein lassen, um anschließend, auf gleicher Höhe bleibend, die Bucht zu umwandern. Diese Leute, die sogenannten Ruhesucher, besitzen einen untrüglichen Instinkt. Sie ahnen jederzeit, wo und wann sie auf Menschen treffen könnten, die

Ja ich
liebe
Dich

50/51 Kernberge bei Jena	52 Durchgang am Jenaer Rathaus	53 Jena, Johannis-Tor	54/55 Markt in Jena mit Rathaus und Hausberg

9
10
1

56
Jena,
Alter Friedhof

57
Leuchtenburg
bei Kahla

58/59
Dornburger
Schlösser

60
Bürgel

61
Keramische Werkstatt
in Bürgel

62/63
Geraer Stadtzentrum mit
Museum und Salvatorkirche

64
Fußgängerpassage
in Gera

65
Kulturhausfassade

66 und 67
Kirchstraße und
Marktplatz in Gera

68/69
Burg Ranis

70
Hohenwartetalsperre

71
Kulmberg bei Saalfeld

72/73
Tanzfest in Rudolstadt

Hotel zum Löwen
12
Tanzfest
der DDR

76/77
Schloß
Kochberg

78/79
Bibergrund
oberhalb Fehrenbachs

80
Kamm des Thüringer Waldes
mit Inselsberg

eine gegensätzliche Einstellung zu dem haben, was man unter dem schlichten Wort Ruhe versteht. Die Landschaft erwidert die Liebe dieser Ruhesuchenden ohne zu zögern, und stets »oben ohne« – nämlich ohne Lärm.

Das tut sie vorerst auch bei uns, doch wir Neugierigen und leider nicht mit dem gewissen untrüglichen Instinkt Begabten wollen erkunden, was sie da unten noch zu bieten hat, und steigen frohgemut abwärts. Bald nimmt uns der Hochwald wieder auf. Wir müssen einen Weg überqueren und gehen den Hang schräg an, mit lockeren Knien, mehr rutschend als laufend. Vor uns links und rechts Motorräder und Autos. Hübsche Bungalows, einer neben dem anderen, kehren uns ihre Rückfront zu. Wir suchen und finden den Durchschlupf, dürfen dann allerdings nicht mehr geradeaus, sondern müssen brav seitwärts trotten. Gummiseile sind gespannt, hier ein Hinweis: »Durchgang verboten!« Und von den zum Teil überdachten Terrassen tönt Musike. Die Zivilisation hat uns wieder ... Wer *seine* Radio-Musike und nicht die des Nachbarn genießen will, muß schon sehr laut aufdrehen.

Wir sind eingehüllt in Schlagerfetzen, gucken in den Himmel und würden uns nicht wundern, wenn man uns auch von dort droben beschallte. Staub wallt empor, wird zum grauen, fürs Auge fast undurchdringlichen Vorhang. Der Fahrweg dicht am Ufer! Da stehen wir nun, und in dichter Folge knattern Motorräder, brummen Autos vorbei. Am Baum ein Schild, doch wer kümmert sich schon um die Geschwindigkeitsbegrenzung auf zehn Stundenkilometer? Sprung auf und hinüber ins Gestrüpp – und gegen eine Karosserie gerammelt. Den ganzen Fahrweg entlang pressen sich die Wagen ins Gestrüpp, und wir schlußfolgern richtig: Hier gibt's nirgends einen Parkplatz. Der See lockt, jedoch wie zu ihm gelangen, wenn ein Riegel von Wohnwagen aller Größen den Zugang sperrt? Nein, hier dürfen wir uns nicht durchzwängen, Seile, Holzzäunchen verhindern es. Ein netter Mensch, den wir fragen, antwortet: »Zwei Durchgänge, da vorne ist der eine.« Er blickt uns mitleidig an, hustet den Staub aus und balanciert mit seinen vollgestopften Taschen auf dem Feldrain voran. Der Durchgang erweist sich als Bohlentreppe. Warum stinkt es so bestialisch? Weil die zwanzig überquellenden Müllkübel noch nicht abgefahren worden sind. Die Hütten- und Wohnwagenbesitzer haben es sich einfach gemacht und ihren Müll neben die Kübel geschüttet. Der Staub deckt erst einmal alles zu. Rätselhaft bleibt, wie die Insassen der knapp drei Meter vor dem Stinkberg stehenden Wohnwagen mit ihrer speziellen Situation fertig werden. Nase zu, wir stürmen zum Wasser. Pause. Rundblick. Frontal entzückt er. Die weite glitzernde Wasserfläche, auf ihr viele Paddel- und Segelboote. Jenseits wächst der Waldberg in den Himmel. Rechter Hand zieht sich das Ufer gradlinig einige hundert Meter hin und beult dann zur Bucht aus. Oben am Waldrand, wo der Fahrweg einmündet, grüßen weißgetünchte Fachwerkhäuser. Auf dem Uferhang nur Wohnwagen und drum herum jahrmarktähnliches Treiben. Die Bucht scheint eingeschlossen, verriegelt durch die Unzahl dieser Behausungen.

Der See lockt, wir sind verstaubt und verschwitzt und wollen schwimmen. Gedacht ist in unserem Falle noch längst nicht getan. Vom Uferrand bis zur Wohnwagenkette sind es vielleicht fünf Meter. Die Hohenwartetalsperre ist fast randvoll! Und auf diesem fünf Meter breiten, steinigen Uferstreifen stehen Motorräder und Autos herum. Die gehören zu den Wohnwagen oder zu den Besuchern der Wohnwagenbesitzer.

Wir sind nicht allein. Da stehen sie neben uns oder laufen traurig weiter, die Unglücklichen, die hier-

her gekommen sind, um ruhige Stunden am Wasser zu genießen, zu baden und sich einen sonnigen Tag lang zu erholen. Wo kann man sich entkleiden, wohin die Sachen legen? Hier gibt's kein Freibad, Kollegen! Außerdem Pech gehabt, weil das Wasser leider hoch steht, sonst wäre mehr Raum – auf dem ausgetrockneten Schlamm, dem Geröll ...
Wohin also vor lauter Wohnwagen!? Aber sind das eigentlich noch welche? Zu einem Wagen gehören doch Räder, sonst ist's keiner mehr. Seit Jahren ruhen sie hier auf fester Unterlage: Zementsteine, Stahlstreben. Man hat emsig gebaut. Zweckentfremdeter Wohnwagen plus Veranda = Eigenheim. Im Oktober wird winterfest gemacht. An anderen Seen soll's üblich sein, daß man im Spätherbst seinen Wohnwagen wegfahren muß. Am Alter ist man großzügig, und deshalb hat man ja seinen Bienenwagen herschleppen lassen – und der bleibt stehen! Man wird ihn seinen Kindern vererben. Stammplatz!
Also noch einmal: Wie es anstellen, hier zu baden? Vielleicht sollte man einen der vielen Bootsstege benutzen, um ins Wasser zu kommen? Jeder Wohnwageneigentümer hat wohl seinen individuellen Steg, so viele sind es. Es gibt auch große breite Stege mit gestrichenen Brettern und ausladenden Stahlbeinen. Die gehören den Eigentümern von Motorbooten. Von fern angereister Besucher des Alter, wage nicht, auf einem der Bootsstege Platz zu nehmen und dich zum Baden zurechtzumachen! Mit dem Gebrüll: »Gehen Sie gefälligst von meinem Steg herunter!« könnte man dich zur Ordnung rufen. Wirf deine Sachen in den Dreck, zieh dich schamlos aus, die Augen der gemütlich auf ihren Veranden Sitzenden im Nacken oder sonstwo. Stürz dich ins Wasser, es ist deine Angelegenheit, wie du nachher wieder in deine Klamotten kommst. Und mach den Planern oder Verplanern dieses Landschaftsschutzgebietes (es ist eins!) keinen

Zahlen und Daten der *Saaletalsperren:* Die größte, die *Bleilochtalsperre,* faßt 215 Millionen m³ Wasser und ist 28 km lang. Breiteste Stelle: 2 km. Maße der Staumauer: 65 m hoch, am Fuß 47 m breit und an der Krone 7,2 m. Länge der Krone: 205 m. Krümmungsradius 300 m. 180000 m³ Beton wurden bei ihrem Bau verarbeitet. Gestaute Wasserfläche: 9,2 km².

Das Ausgleichbecken Burgk ist 6,5 km lang und hat eine Fläche von 0,78 km². Das Wasser wird gestaut durch eine Staumauer – 22 m hoch, 14,4 m Fußbreite, 3,1 m Kronenbreite, Länge 122 m – und einen Erdstaudamm – 22 m hoch, 75 m lang, 60 m Fußbreite und 4 m Kronenbreite.

In der Nähe Ziegenrücks ist das etwa 0,5 km² große Ausgleichbecken Grochwitz (Stausee Saale), das Unterbecken für das Pumpspeicherwerk Wisenta.

Vorwurf. Die haben halt nicht an alles denken können und schon gar nicht daran, daß jemand zum Wochenende daherkommen könnte, der weder ein Zelt noch einen Bungalow noch einen Wohnwagen (ohne Räder) besitzt und »frei« baden möchte. Soll der doch in den Wald gehen, sich dort umziehen und die Viertelstunde runter zum Wasser laufen, die Kleidung im Arm. Und nach erfrischendem Bad klitschnaß wieder retour in den Wald. Übrigens, im Hochsommer tut's auch ein Kornfeld. Ein paar Meter rein, und man wird nicht mehr gesehen. Improvisation ist alles!

Wir setzen uns auf einen Steg, werden zur Ordnung gerufen, nehmen es wortlos hin, wechseln mutig den Steg und haben Glück, dieweil der Eigentümer nicht anwesend ist.

Die ersten fünf Meter ist das Wasser aufgewühlt, schlammig. Weiter draußen im klaren Wasser liegt eine Boje in kurzer Entfernung zur nächsten. Zum Glück sind die Boote unterwegs. Im regionalen Erholungsgebiet »Obere Saale« sind etwa 1400 Motorboote registriert.

Keinen Blick zurück, bitte! Die Häßlichkeit des zersiedelten Ufergeländes könnte dir den zum Schwimmen notwendigen Atem nehmen. Zu den Waldbergen hinaufgeschaut, wo du die Landschaft »oben ohne« erlebt hast! Schwimm zurück, kannst ja die Augen zumachen. Die Ohren bedauerlicherweise nicht. Finde dich damit ab, daß du die Landschaft nunmehr »unten mit« kennenlernst, nämlich mit Lärm, der dich überfällt, wohin du dich auch wenden magst.

Wir haben die Haut an der Sonne getrocknet, haben uns unter eine Veranda gehockt und uns angezogen. Wir haben uns gegenseitig Mut zugesprochen und sind die Fahrstraße entlanggetippelt, mußten oft wegen der Autos ins staubgraue Gras hüpfen.

Diese »Straße« besteht hauptsächlich aus Löchern, und an der Biegung prunkt sie mit einer Sehenswürdigkeit: einer Art Seenplatte en miniature. Vor drei Tagen gab's ein Gewitter, und die breiten und tiefen Lehmlöcher halten dicht wie ein Regenfaß. Hinter der Biegung ein fünfundzwanzig Meter langer zweigeschossiger Betonklotz, Objekt eines großen Werkes, wohl zukünftiges Bettenhaus für Wassersportler. Der Architekt wird sich irgendwann überlegen müssen, wie er nachträglich diesen vielfenstrigen Klotz der Landschaft anpaßt. (Hier gestatten wir uns zu bemerken, daß Baugenehmigungen im *Landschaftsschutzgebiet* nur unter dieser Voraussetzung erteilt werden!) Doch was soll's, passen etwa die schier ineinander verklumpten Wohnwagen aller – und höchst eigenartiger – Typen in die Landschaft?

Diese Frage drängt sich auf, als wir knapp zehn Meter neben dem Betonklotz derartige Wagen zum Wohnen näher in Augenschein nehmen. Diese Enge! Wir wollen es genau wissen! 93 Meter in der Länge und 33 in der Breite schreiten wir ab. Und auf diesen nur ca. 3000 Quadratmetern zählen wir 46 Behausungen, darunter ein Dutzend mächtige Wagen (ohne Räder). Die grün angestrichene Omnibuskarosserie auf Hohlblocksteinen ist erfreulicherweise einmalig. Das gilt auch für den ausrangierten Zirkuswagen. Eisenbahnwaggonähnliche Monstren werden wahrscheinlich mehr als nur eine Familie beherbergen. Doch hier – hurra – ein Omnibus, an dem noch die Räder dran sind. Ein Mensch hat Humor und nennt sein Hüttchen »Villa duck dich«, was der Wahrheit entspricht. Die kleinen ducken sich unter die großen Kästen, die durch Stahlstützen in der Waagerechten gehalten werden, damit sie nicht umkippen. Diese Behausungen bleiben also den Winter über stehen ...

Was spielt sich hier ab, wenn man sich morgens waschen, die Zähne putzen will? Wo denn? Am Wasser, auf dem Steg? Gut, aber wohin mit dem

Der Stausee der *Hohenwartetalsperre* erstreckt sich 27 km flußaufwärts. 185 Millionen m^3 Wasser mit einer Seefläche von 7,3 km^2 werden gestaut. Die Staumauer ist 75 m hoch, hat eine Fußbreite von 54,7 m, eine Kronenbreite von 6/7 m, eine Kronenlänge von 412 m und besitzt einen Krümmungsradius von 400 m. 501 500 m^3 Beton wurden bei ihrem Bau verwendet.

Das Ausgleichbecken Eichicht ist 0,7 km^2 groß und zieht sich 4,3 km flußauf bis zur Hohenwartetalsperre. Die Sperrmauer ist 19,5 m hoch, 215 m lang und hat eine Kronenbreite von 4,7 m.

Das Oberbecken des Pumpspeicherwerkes Hohenwarte II liegt 300 m über der Talsohle und hat eine Staufläche von 0,22 km^2. Bei einer Stauhöhe von 18 m werden fast 4 Millionen m^3 Wasser durch einen 680 m langen Erddamm und eine fast doppelt so lange Staumauer eingefriedet. Fuß der Staumauer: 19,5 m breit, Fuß des Staudammes 140 m breit.

Seifenwasser, und womit werden Teller und Bestecke gespült? Wohl kaum an der Trinkwasserzapfstelle. Uns graut's bei der Vorstellung der Szene nach mehreren Regentagen. Zwei Toilettenhäuschen, davor die übliche Schlange.

Ein ständiges Kommen und Gehen läßt keinen Zweifel: Wir haben das Versorgungszentrum, die HO-Verkaufsstelle, erreicht. Wir gehen hinunter. Eine Brause würde jedem von uns guttun. Menschentrauben vor dem Eingang. Wer dort schwitzend steht, weiß bald, ob sein Blutkreislauf noch funktioniert. Nein, keine Brause, weiter aufwärts gestapft. Autos, Motorräder, Staub, müder Blick über die Zeltstadt des Alter. Jetzt entdecken wir das Schild »Baden auf eigene Gefahr«. Ist doch klar, daß man auf eigene Gefahr baden muß, wenn es überhaupt keinen abgegrenzten Bereich zum Baden gibt. Und wer rausschwimmt und von einem kreuzenden Segelboot oder einem Motorboot überrollt wird, trägt selbst die Schuld. Der Hinweis dünkt uns nicht vollständig. Da fehlt noch: »... *und Erholung* auf eigene Gefahr.«

Kreuzung – rechts biegt der Weg ab nach Bucha, dorthin wollen wir. An der Ecke ein Kiosk. Konsum. Ein schöner Kiosk, die Urlauberschlange vor ihm ist auch schön lang. Teerdecke, ein neues Gehgefühl beschwingt uns. An einem Pfahl ein verblichenes Schild: »Zum Zeltplatz Alter«. Ein Schalk hat mit Filzstift darüber geschrieben: »Urlauberintensivhaltung.«

Bevor der Weg in den Wald stößt, noch einen Abschiedsblick über die Bucht. Herrlich der See und rundum die Waldberge! Nur Schönheit, das Häßliche verbirgt sich. Die Wohnkästen säumen das linke Ufer und sehen alle so hübsch und harmlos aus. Vorteil der Fernsicht. Blau und gewaltig füllt der See die Bucht aus. Der Wind schlägt Fächer übers Wasser und spielt mit den Segeln.

Nun wäre es Zeit für unsere Liebeserklärung an die

Landschaft. Aus dieser augenblicklichen Sicht, jawohl! Aber nicht übereilen. Wir werden noch die zweite Möglichkeit wahrnehmen und uns der Schönen auf dem Wasserwege nähern. Nach dem heutigen Erlebnis »unten mit« könnte »auf dem Wasser ohne« eine besondere Überraschung sein, die wir uns nicht entgehen lassen sollten.

Eine halbe Stunde noch bis Bucha auf glatter Straße. Einmal überrascht der ganz tiefe Blick zur spielzeugkleinen Sperrmauer.

An der Omnibushaltestelle treffen wir nun die Badeausflügler wieder. Sie sehen mürrisch und abgehetzt aus. Einen gar nicht mürrischen, sondern recht vergnügten Eindruck macht eine Gruppe der Wartenden. Gesichter, die Zufriedenheit ausstrahlen, in deren Augen noch die Erinnerung an einen köstlichen Sommertag lebt. Es sind die Wanderer, die Abenteurer des Bergwaldes, die im weglosen Dickicht die Richtung nach Kompaß und Karte peilen, es sind die »Ruhesucher«, die wir schon eingangs erwähnt haben. Ihre Campingbeutel sind gefüllt mit Pilzen.

Tags darauf, am Sonntagvormittag, steigen wir an der Sperrmauer Hohenwarte aus dem Omnibus. Der erste Eindruck: kolossal. Die Staumauer hat die stattliche Höhe von 74 Metern und bremst den Lauf der Saale so rücksichtslos ab, daß 184 Millionen Kubikmeter Wasser auf einer Länge von 27 Kilometern stillstehen müssen und erst wieder ins Flußbett dürfen, nachdem sie ihre aufgestaute Kraft an den Turbinen innerhalb der Mauer ausgetobt haben. Diese Mauer ist übrigens 412 Meter lang, und auf ihrem sieben Meter breiten Rücken dürfen Kraftfahrzeuge fahren und Besucher stehen bleiben und über den See gucken. Und es gibt einen Parkplatz in der Nähe und einen Kiosk und eine Terrasse mit Tischen und Stühlen, Abfallkörben und prächtiger Aussicht rundum. Wir stellen fest, daß es auch Bockwurst und Kaffee gibt und genießen beides.

Das weiße Motorschiff biegt um die Landzunge, wir schlendern zur Anlegestelle und bezahlen für die kleine Rundfahrt. Es warten schon viele auf die Ankunft des Schiffes. Nachdem seine Passagiere alle an Land sind, ruft der forsche Kapitän: »Zuerst die 50 Mann vom Baukombinat Erfurt!« Das Gedränge lichtet sich. Dann wieder der Kapitän: »Bitte, die 47 Personen vom Reisebüro in Jena.« Das Schiff ist nun voll bis obenhin, aber der Kapitän beruhigt uns. Ein zweites käme gleich um die Ecke. Es kommt auch, und es ist ein schlankes kleines Schiffchen mit Freideck, und bald sitzen wir vorn am Bug, und es tuckert los. Kleine Rundfahrt also: über den Stausee zum Alter und wieder zurück.

Die Wasserfläche wirkt vom Boot aus viel größer, unmittelbarer als von der hohen Staumauer. Die Landschaft begrüßt uns. Steil aufragende bewaldete Berge mit kahlen Felsnasen. Schwarzgrüne Fichten stehen bis dicht ans steil abfallende Ufer heran. Langsam gleitet unser Schiffchen dahin. Wohin wir auch vom See aus blicken, immer werden unsere Augen von der unberührt wirkenden Schönheit dieser Landschaft eingefangen. Stets neue Ausblicke, neue Farben, auch wenn sich eine Wolke vor die Sonne schiebt. Wasser, Berge, Himmel – eine Dreiheit und doch ein Ganzes.

Inmitten des Sees haben wir unsere Liebeserklärung abgegeben.

Das Schiffchen kurvt um eine felsige Ausbuchtung, die Preßwitzer Ecke, so geheißen, weil sich dort weit unten einstmals das Dorf Preßwitz befand. 1938 verließ der letzte Einwohner das Dorf, nur die Toten, deren Gräber mit Betonplatten beschwert wurden, blieben zurück. Die »großdeutsche Wehrmacht« nutzte flugs die Gelegenheit, veranstaltete ein Manöver, die Artillerie hatte ein ihrem Vernichtungszwecke gemäßes Ziel und zer-

Nahe der Saaletalsperren liegt die *Wisentatalsperre* mit einer Fläche von 0,28 km^2, Länge des Staues 2,5 km. Der Stausee liegt 60 m über dem Spiegel der Saale. Die Staumauer ist 16 m hoch und 148 m lang.

Das *Heimat- und Schloßmuseum Burgk* ist ein beliebtes Ziel der Urlauber an den Saaletalsperren. Zu seinen bedeutenden Stücken zählt die Silbermann-Orgel in der Schloßkapelle.

Wer auf noch mehr Wasser aus ist: Ganz in der Nähe befinden sich die *Plothener Teiche.* Auf einer Kreisfläche mit einem Radius von 5 km sind etwa 1600 Teiche anzutreffen. Der größte und bekannteste ist der Hausteich; er ist stellenweise über 5 m tief und hat eine Fläche von 32 ha.

schoß Preßwitz so gründlich, daß kein Stein mehr auf dem anderen stand. Und dann stieg das Wasser der Saale hoch und höher aus dem Tal und überflutete das Dorf.

Jetzt freier Blick in die Bucht, genannt das Alter. In dem weitgezogenen Rund des Uferbogens reiht sich Behausung an Behausung. Der bunte Fleck: Die Zeltstadt! Je näher wir kommen, desto deutlicher sind die Wagen-Häuser, Hüttchen und Buden auszumachen. Motorboote rasen knatternd vorbei. »Auf dem Wasser ohne«? Nein, leider auch »mit« – mit Lärm. Hier draußen dürfen sie sich abreagieren, die stolzen Eigentümer der Kajütboote und der brüllenden Außenborder über 2,5 PS. Allerdings nur in der Zeit von 9–12 und von 15–19 Uhr. – »Der Verkehr« für Sportmotorboote mit mehr als 250 ccm Hubraum ist ab 1. Januar 1980 (!) verboten. – Und sie kurven gischtschäumend dahin. Keinesfalls zum Vergnügen der vielen Paddel-, Ruder- und Schlauchboote, die von einem Dutzend dieser jaulenden Flitzer umkreist oder auseinandergetrieben und mit harten Wellen überschüttet werden.

Vor der Einfahrt ins Alter wird's ruhiger, denn die Motorbootkapitäne müssen Schrittempo fahren, eine schimmernde Ölspur hinter sich lassend. Unser Schiffchen hält an der Anlegestelle unterhalb des Erholungsheims des Porzellanwerkes Könitz. Wer möchte aussteigen? Wir nicht, haben ja bereits gestern das Alter auf uns einwirken lassen.

Ein älteres Ehepaar hinter uns streitet sich. Er: »Ich steige nicht aus, nein, es ist zu entsetzlich!« Sie: »Aber schau mal dort, erinnerst du dich noch? Da stand das Brombeergebüsch, daneben haben wir immer gezeltet, und morgens bist du runtergegangen ans Ufer und hast geangelt. Nur die große Tanne haben sie stehengelassen.«

Doch er will auf dem Schiff bleiben, er will sich nicht an die glücklichen Urlaubswochen vor vielen

Jahren erinnern, will nicht oben auf dem Weg spazierengehen. Er ist böse und sagt, man habe das Alter verschandelt, und wer sich auf diesem Rummelplatz erholen wolle, sei selber daran schuld.
Verschandelt – ein hartes Wort. Trifft es zu, wenn Hüttchen an Hüttchen klebt und nur ein schmaler Durchgang bleibt für die vom Schiff an Land Gehenden? Hier ist nichts geplant, hier hat jeder seine Behausung hingesetzt, wo noch Platz war. Mit viel Fleiß planiert, gebaut, ein Mäuerchen drumherum. Vordach, Veranda, ein winziges Gärtchen. Der Abstand zum Nachbarn beträgt oft nur zwei Meter. Ach, hätte doch jemand rechtzeitig ein großes Schild hingestellt: »Wegen Überfüllung für weiteren Eigenbau gesperrt.« Aber das Schild hätte nicht nur hier stehen müssen ...
Das Schiffchen schaukelt ein Stück in die Bucht und dreht gemächlich den Bug zur Rückfahrt. Wir haben immer aufs Wasser geguckt und den Paddlern zugewinkt. Ein letzter Augengruß hinauf zur Waldhöhe. Haben sie dich verschandelt, Landschaft, und haben dir doch das Prädikat »Schutzgebiet« zugesprochen? Wo beginnt denn nun das Gebiet deines Schutzes? Die Frage bleibt offen.

Eine andere Frage bleibt jedoch nicht offen: »Sieht's denn überall in den Buchten der Hohenwartetalsperre derart gräßlich aus?« Die Antwort lautet nein, und ihr folgt gleich die Begründung, die allerdings eine Besichtigung an Ort und Stelle mit einschließt. Denn was das Herz glauben soll, muß das Auge sehen.
Lassen wir uns verführen, die Wilhelmsdorfer Bucht per Boot anzusteuern. Erste Überraschung: Kein wüst zersiedeltes Ufer. Kleine, schmucke Typenhäuser in gemäßem Abstand voneinander. Was da am linken Ufergelände an Eigenbauten und Wagen steht (darunter die bekannten Bienenwagen – irgendwann wird sich der wohllöbliche Hersteller Gedanken machen über die plötzliche Intensivierung der Imkerei in der DDR), protzt nicht mit wunderlichen Anbauten, ist der Landschaft angepaßt und bildet keinen Sperriegel zum Wald. Saubere Wege, Anpflanzungen.
Zweite Überraschung: Ein breiter Uferstreifen ist den Badenden vorbehalten. Ein Schild verbietet das Anlegen von Booten! Wohin man auf den festen Wegen läuft – eine ordnende Hand ist unverkennbar.
Dritte Überraschung: Eine Bungalow-Siedlung zieht sich bis zum Waldrand. Typenbauten. Büsche, Sträucher, schräg abgesetzt die Bungalows, keiner bedrängt den anderen.
Vierte Überraschung: Knapp hundert Meter weiter eine Bungalow-Stadt. Jawohl, eine Stadt, und eine schöne! Die kleinen und größeren Bungalows aus Fertigbauteilen sind hell gestrichen. Im Gelände wird noch gebaut. Eine kluge Planung des Ganzen ist nicht zu übersehen. Versorgungszentrum: ein Flachbau aus Fertigteilen, davor freier Platz. Müllgrube, gemauert! Weiter oben am Weg Müllkübel auf gemauertem Podest. Abseits die Toiletten. Aus Brettern zusammengenagelte, mit dem Herz-Ausblick in der Tür, wird man vergebens suchen. Ein Freilichtkino: Alu-Stahlgerüst. Vor dem Kino der Parkplatz. Am Uferhalbrund der ersten kleinen Bucht stehen die Zelte.
Nein, sie ist nirgends zu übersehen, die ordnende Hand. Und sie hat auch dafür gesorgt, daß die ominösen Buden, aufgeblockten Omnibuskarosserien und dergleichen »Urlauberunterkünfte« mehr verschwunden sind. Wohin wohl? Ach, Freunde, man soll sie Wochen später am Alter wiedergesehen haben! Bis dorthin reicht nämlich die ordnende Hand nicht.
So nebenbei bemerkt: Wilhelmsdorf gehört zum Kreis Pößneck, das Alter hingegen zum Kreis

Die Geschichte der *Burg Ranis* führt zurück bis ins 10. Jahrhundert. Heute befindet sich in ihr unter anderem das Heimatmuseum des Kreises Pößneck.

Tip für Regentage: Einige besuchenswerte Städte, Städtchen und Gemeinden an den und nahe der Sperren: Lobenstein, Ebersdorf, Saalburg, Gräfenwarth, Schleiz, Ziegenrück, Ranis, Saalfeld, Leutenberg.

Saalfeld. (Es soll ins Hohenwarte-Gebiet einreisende Urlauber geben, die zuerst herumhorchen: Wo beginnt die Zuständigkeit des Kreises Pößneck?)

Hinter der ordnenden Hand stehen im Falle der Wilhelmsdorfer Bucht der Bürgermeister und der Rat der Gemeinde. Deren Verdienst: vorausschauende Planung unter Hinzuziehung von Fachleuten. Regie führte der Erholungsverband »Oberland« Ranis. Das Urlaubsgebiet um die Wilhelmsdorfer Bucht ist zuerst auf dem Reißbrett entstanden. Dann wurde zur Tat geschritten. Das Ergebnis kann sich sehen lassen.

Das Beispiel Wilhelmsdorf hat Schule gemacht. Die ordnende Hand hat auch an der Drognitzer Ecke zugepackt. Sämtliche Behausungen – mit oder ohne Räder – mußten fort vom Ufer. Neuer Platz oben am Waldrand. Typen-Bungalows, Anpflanzungen, übersichtliche Wege, Versorgungszentrum, Toiletten ... Am Ufer jetzt nur Zelte. Badewiese! Rechtzeitige Planung also gleichfalls beim Rat der Gemeinde Drognitz. Und wenn da einige Verwegene geglaubt hatten, sie könnten am Ufer stillheimlich in der Nacht ihre Häuschen hinstellen, durften sie es sich in ihren vier Hartfaserwänden nur bis zum Sonntagabend wohl sein lassen. Am Montag rückten die Männer der Gemeinde Drognitz an, bauten die Häuschen sachkundig wieder ab und stapelten die Einzelteile oben im Dorf. Die Besitzer mußten sie abholen und außerdem den Arbeitslohn zahlen.

Lassen Sie sich getrost in die »Drognitzer Ecke« verführen, auch nach Neidenberga oder zur sonnigen Schäferwiese, wo wetterharte Zeltler bis zum Spätherbst ausharren, wo sagenumwobene Meister des Angelsports ihre Kämpfe mit sechzehnpfündigen Hechten siegreich beenden. Nicht zu vergessen die »Droschkauer Landenge«, die ein besonderes Erlebnis schenkt, wenn man zum so-

genannten Drachenschwanz hinüberschwimmt. Auch eine Landzunge, aber eine sich ins Wasser hineinschwänzelnde. Eldorado für Sonnenhungrige – und Liebende. Und wollen Sie sich exquisit verführen lassen, dann besuchen Sie die »Linkenmühle« mit ihrer modernen, allen Ansprüchen gewachsenen Gaststätte. Spazieren Sie zum Internationalen Zeltplatz, da kündigt sich Camping-Weltniveau an. Und wenn Sie Lust haben, können Sie von der »Linkenmühle« mit dem Motorschiff bis zur Sperrmauer Hohenwarte fahren.
Die Landschaft dort wartet mitnichten auf Ihre Liebeserklärung. Das hat sie nämlich nicht nötig. Wenn Sie sich ihr aber erklären sollten (und demnach nicht einer jener Zweibeiner sind, die ohne Kofferheule in der Hand nicht auf Pilzsuche gehen und eine Urlauberintensivhaltung für eine großartige Sache halten), dann sind Sie der Schönen verfallen, und Sie werden sie immer wieder besuchen.

Nachbemerkung, im Juni 1981

Vier Jahre sind seit der ersten Auflage dieses Buches vergangen, und in der von mir liebeserklärten Landschaft sind meine damaligen Vorbehalte neuerdings nicht mehr zutreffend. Denn Erfreuliches hat sich im »Alter« getan: Ein zentraler, befestigter Parkplatz ist vorhanden. Die Uferstraße wurde aufgeschüttet und sogar asphaltiert. Zwei neue Toilette-Häuser aus Hohlblocksteinen stehen den Zeltlern und Tagesbesuchern zur Verfügung. Eine Trinkwasserleitung führt zum Zeltplatz, und das elektrische Kabel ist bis zur dortigen Parkstelle verlegt. Die Gemeinde Goßwitz hat dem Zeltplatzwart ein komfortabel möbliertes Häuschen hingestellt. Darin hat er sein Büro, der ABV beansprucht auch eins, und ein Zimmer ist für das »Rote Kreuz« eingerichtet. Auf dem Zeltplatz hat nun alles seine Ordnung.
Von der Hälfte des mittleren Uferstreifens sind die »Eigenheime« zum größten Teil verschwunden. Die Besitzer durften sich auf der breiten Wiese, zum Wald hoch, Bungalows errichten. 81 Typen-Bungalows sind's im ganzen, die diese Fläche bedecken; im guten Abstand von wenigstens drei bis fünf Metern zum Nachbarn. An das Toilette-Haus droben im Wald hat man leider zuletzt gedacht, doch 1982 soll es stehen. Bis zum Jahre 1985 – wohl nach dem Motto »Eile mit Weile« – möchte man den Uferstreifen ab HO-Verkaufsstelle zum Bootshaus gänzlich frei haben: Eine Liegewiese für sonnenhungrige und badelustige Besucher des »Alters«.
Die Bucht ist für die Erholungssuchenden restlos ausgelastet. Nur absoluter Baustop – ohne irgendwelche Sondergenehmigungen! – kann diese Landschaftsschutzgebiete einigermaßen bestehen lassen.

Martin Wendl

Auf weißem Pferd durchs Schwarzatal

»'s giht doch nischt iber Rudelstadt!« – die Behauptung des 1888 verstorbenen Garnisonspredigers und Mundartdichters Anton Sommer, siebenmal wiederholt und mit anschaulichen Belegen untermauert in seinem Gedicht »Hämwieh«, hat sich breitgemacht, eingenistet, festgefressen im Unterbewußtsein nahezu eines jeden Einheimischen. Liebe zur traditionsreichen Stadt, zur überaus reizvollen Landschaft, zur ererbten Mundart – und Hochschätzung der Heimatdichter wie Sommer und Klinghammer –, das sind liebenswerte Züge des Kleinstädters, die mit Provinzialismus nichts zu tun haben, wohl aber mit einem starken Lokalpatriotismus, dessen kleine Schwächen leicht zu verzeihen sind, richtet er sich doch aufs ganze Gemeinwesen rundum und nicht – wie in manch größerer Stadt – fast ausschließlich auf die Fußballmannschaft.

Hierher nun soll gerade ich die Leser verführen, ein Zugereister, der Rudolstadts Eigenart und die Eigenarten der Rudolstädter nicht schon von der Wiege aus betrachten durfte, bedauerlicherweise, der demnach die subtilen Empfindungen der Ureinwohner ihrer engeren Heimat und deren Geschichte gegenüber nicht in vollem Maße teilen kann, ein Anempfinder also, und noch nicht einmal aus innerem Antrieb zum Schreiben gekommen. Freundlich abwehrende Gesten, geistvolle Ablenkungsmanöver, charmante Rückzugsgefechte, bereitwillige Zusagen, über eine andere Stadt zu schreiben als gerade die Heimstatt des Verlages, mehr war nicht zu erreichen bei der aufgebotenen Autorenschar, und keiner, keiner von den erfahrenen, weitblickenden, instinktsicheren, alle Fettnäpfchen kennenden Skribenten wollte die schmerzhafte Textlücke schließen.

Die rettende Idee hatte ein Vorgesetzter, meiner, und ich mußte, wie nunmehr zu lesen, einige Zeit mit der Rettung dieser Idee verbringen. Die Schuldfrage ist somit geklärt, die Verantwortung wurde nahezu elegant auf breite Schultern gebürdet, autobiographische Bemerkungen zum Thema »Wie ich zum Schreiben kam« bleiben der Nachwelt erhalten, Thema zwei steht ins Haus: »Schwierigkeiten beim Schreiben der Wahrheit« – oder: »Schreiben und doch wohnenbleiben«.

Also: Geht wirklich nichts über Rudolstadt? Zur Verführung braucht's zwar nur gute Worte, und die würde so schnell niemand übelnehmen, doch eine rosarote Brille verfälscht das Bild wohl gar zu sehr.

Was findet nun der Tourist, wenn er in das einstige Residenzstädtchen kommt? Zuerst einmal und vor allem die Heidecksburg, die unübersehbare. Das mächtige, durch seinen langgestreckten Südflügel mit dem ausgewogenen, von einer barocken Haube gekrönten Turm jedoch nicht schwerfällig wirkende Schloß thront geradezu auf einer Anhöhe über der Stadt. Zu seinem Besuche zu verführen ist wohl kaum noch nötig, eine Viertelmillion Touristen klimmt jährlich die Treppen zum Schlosse hinan. Doch was für Treppen! Beurteilte man das Schloß voreilig nach einigen der acht Aufgänge, müßte droben eine Ruine stehen. Um so angenehmer die Überraschung. Ganz gleich, ob man den Zugang im Norden oder Westen benutzt oder durch den Tunnel kommt, der unter dem Südflügel hindurch bis mitten auf den Schloßhof führt, der erste Eindruck ist überwältigend.

Von Johann Christoph Knöffel, Baumeister Augusts des Starken, stammen die Entwürfe zur Fassadengestaltung und zum Umbau des 1735 durch Brand stark beschädigten Renaissancebauwerkes in ein Barockschloß. Nachdem viele Jahrzehnte lang Fassaden und teils auch die Innenräume nur oberflächlich repariert worden waren, erhält in unseren Tagen durch grundhafte Restaurierung Schloß Heidecksburg sein ursprüngliches Aussehen zurück. Die freundliche, leuchtend gelbe Fassade wird zwischen den Fenstern gegliedert durch weiß abgesetzte rechteckige Putzfelder. Weiße Lisenen geben dem spätbarocken Bau eine strenge vertikale Gliederung; Turmhaube, Balkon und plastischer Giebelschmuck lockern diese Strenge wieder.

Auf dem Schloßhof lohnt ein längeres Verweilen. Schloß und Marstallgebäude sind von späteren Anbauten verschont geblieben, die Pferdeschwemme im Hof ist noch vorhanden, ein Brunnen, neben dem Westflügel meistfotografiertes Motiv, beschließt den Schloßkomplex im Osten. Was Wunder, daß Film und Fernsehen häufige Gäste sind, wenn es gilt, einen historischen Streifen zu drehen.

Die Vertreter der Massenmedien reisen nach getaner Arbeit wieder ab, ständig präsent ist jedoch das Rudolstädter Theater, als ehemaliges Residenztheater traditionsreich, wie könnte es anders sein. Seine teils beachtenswerten Aufführungen finden nicht nur im baulich erweiterten Stammhaus am Anger statt, zur Sommerszeit benutzt man auch die Freilichtbühne auf der östlichen Schloßterrasse, und dann hallt die Heidecksburg wider vom Kriegsgeschrei einheimischer Indianer, oder es rösselt weiß und laut.

In diesen Wochen sollte man zur Schutte, dem westlichen Vorplatz des Schlosses gehen, um sich die Stadt in Ruhe von oben zu besehen – oder sich einer Schloßführung anschließen, um in dicken Filzpantoffeln die Barock- und Rokokoausstattung zu bewundern.

Die Waffensammlung des Schwarzburger Zeughauses, die Schillergedenkstätte und das Naturhistorische Museum gilt es zu besuchen und die Gemäldegalerie. Doch das tut ohnehin ein jeder, der sich den Weg hierher gemacht hat. Und es war ein lohnender Weg.

Blicken wir von der Schutte oder aus einem der Schloßfenster auf die 220 Stufen tiefer liegende Stadt, so kommt sie uns anheimelnd vor, spitzwegisch verträumt, und Anton Sommers zum geflügelten Wort erhobene Refrainzeile scheint verständlich.

Altstadtgeschachtel zu Füßen des Schloßberges, die Saale als glitzernder Streifen, parallel dazu die Schienen der Saalebahn, Brücken, Park, auf nun wieder ansteigendem Gelände die Gebäude des

Anton Sommer
Hämwieh

Ech bön off meiner Wanderschaft
Nur allerwend gewasen,
Ech ha mer alles angegafft,
In Stuckert on in Drasen;
Ech bön bis nein nach Ungarn gang,
War in d'r Schweiz zahn Wochen lang.
Ha in d'r Lausitz Arbeit g'hatt –
's giht doch nischt iber Rudelstadt!

Bald warn de Barge mir ze huch,
Bald sah mer gar känn Höckel;
Bald war'n de Leite mir ze klug,
Bald warn's grobe Nöckel;
Bald ging's in Sande bis an Knorn,
Bald ha'ch in Drack de Schuh verlorn;
Da ha ech allemal gesaht:
's giht doch nischt iber Rudelstadt!

Zwä Reih'n Bämchen in Berlin
Die häßen se de Linden,
Ech blieb d'r vor Verwonn'rong stihn,
Betracht se vorn on hönten.
»Packt eire Kripel doch zesamm
On kommt off unsern Wasserdamm!«
Ha ech salt für änn Mann gesaht –
's giht doch nischt iber Rudelstadt!

Was mer am merschten ande tat
On's Schlimmste war von Dönge –
Daß ech in käner änzgen Stadt
Konnt änne Bratworscht finge.
Ech kröcht ä Döng on Brih derbei,
Das sollte änne Bratworscht sei! –
Ech hatt schonn an Geroche satt –
's giht doch nischt iber Rudelstadt!

Ortsteiles Cumbach, als kleines optisches Gegengewicht zur Heidecksburg die Orangerie, bewaldete Kuppe mit Marienturm, im Südwesten das Tal entlang regelmäßige Straßenzeilen mit Bauten der Jahrhundertwende, Verbindung schaffend zum Ortsteil Volkstedt.

Doch bei näherem Hinsehen, beim Blick hinter die Fassaden oder auch nur in die Höfe der kleinen Altstadtbauten wird deutlich – und die Stadtväter wissen es zur Genüge –: der Ort ist zwölfhundert Jahre alt, und man sieht ihm sein Alter an – wenn auch nicht das volle, aus den Jahren der Ersterwähnung ist natürlich kein Bauwerk erhalten; doch Jahreszahlen um 1500 oder 1600 findet man hin und wieder in Torbögen und an den alten Sitznischenportalen.

Die Altstadt ist weder von Kriegseinwirkungen noch von wenig einfühlsamen Architekten geschändet worden, die alte Hauptstraße – Hauptgasse müßte man wohl heute sagen – längs des Schloßberges mit Stift, Altem Rathaus, Bibliothek, Pfarrhaus und der kunsthistorisch bedeutsamen Stadtkirche ist noch intakt, doch ihre Sanierung ist – wie die fast aller Altstadthäuser – längst überfällig.

Behutsam will man nun beginnen, das Erhaltenswerte modernisierend zu bewahren, doch mancher morsche Fachwerkbau wird durch ein dem Charakter des Stadtkerns angepaßtes neues Gebäude ersetzt werden müssen.

Was gibt es noch an Reizvollem außer malerischen Winkeln? Für die Damen gewiß die Thälmannstraße, Rudolstadts Einkaufsboulevard, auf dem oder in dessen Nähe man all das findet, was man zum Beispiel in Jena in entfernten Stadtvierteln suchen muß. Doch drängen wir den Hang zum prosaischen Alltagsgetriebe etwas zurück, noch haben wir nicht der Klassik Tribut gezollt, denn natürlich ist Rudolstadt eng mit ihr verbunden –

wie fast jede größere Kleinstadt Thüringens, möchte man meinen. Nein, nun kommt nicht schon wieder Goethe, obwohl er selbstverständlich hier war, mehrmals sogar. Doch Schiller kam öfter und blieb länger, deshalb wandeln wir diesmal in seinen Spuren, wenn auch nur mit großen, schnellen Schritten.

»Die Gegend um Rudolstadt ist außerordentlich schön. Ich hatte nie davon gehört und bin sehr überrascht worden. Man gelangt durch einen schönen Grund dahin und wird von dem weißen großen Schlosse auf dem Berge angenehm überrascht.« Das schrieb er nach seinem ersten Besuch an Körner, und da Rudolstadt darin gelobt wird, findet sich dies Zitat in jeder Veröffentlichung über das Städtchen – und so auch hier.

Schiller lernte bei diesem Besuch am 6. Dezember 1787, sozusagen auf der Durchreise, seine spätere Frau kennen, Charlotte von Lengefeld, die ihre Kindheit im Heißenhof verlebt hatte, einem stattlichen Gebäude unmittelbar neben der Stadtkirche und gegenüber der Ludwigsburg gelegen, einem barocken Schloß, das heute von der Kulturakademie des Bezirkes Gera genutzt wird. Wilhelm von Wolzogen, ein Freund aus der Karlsschule, begleitete ihn auf dieser Reise und stellte ihm seine »superklugen Cousinen« Charlotte und Karoline vor, die zusammen mit ihrer Mutter außerhalb der Stadtmauern Rudolstadts in der Neuen Gasse wohnten, heute Schillerstraße 25. Hier traf er am 7. September 1788 durch Vermittlung der Lengefelds das erste Mal mit Goethe zusammen, wie bekannt, ohne große Freude auf beiden Seiten.

In dem einstigen Gasthof zur »Güldenen Gabel«, ein paar Häuser weiter, heute Schillerstraße 1, hat er am ersten Abend seines Rudolstädter Aufenthaltes und dann später mehrfach übernachtet. Während seines ereignisreichen »Rudolstädter Sommers« 1788 wohnte er im Haus des Kantors Unbehaun in Volkstedt. 1945 wurde es durch Bomben zerstört und ist 1956 wieder aufgebaut worden. Häufig hielt Schiller sich im Lengefeldschen Garten auf (zwischen Großer Allee und August-Bebel-Straße gelegen), machte Spaziergänge in die benachbarten Dörfer, so nach Cumbach, Schaala, Zeigerheim, holte sich, wie die Überlieferung besagt, Anregungen zu seinem »Lied von der Glocke« in der einstigen Glockengießerei (heute Jenaische Straße 1), am Schloßturm und im Glockenturm der Stadtkirche.

Es gibt in der Stadt noch zahlreiche weitere Stätten, die mit Schiller in Verbindung zu bringen sind, doch falls Sie nicht so gern in den engen Straßen herumlaufen, sondern hinaus in die freie Natur wandern möchten, so sollten Sie sich unbedingt auf den Weg zur Schillershöhe machen, einer Gedenkstätte nahe der Volkstedter Wohnung, malerisch am Berghang gelegen und mit Gedenktafeln und einer Kopie der von Dannecker geschaffenen Schillerbüste versehen.

Von hier aus hat man einen reizvollen Blick auf Volkstedt und – vom Gipfel der Anhöhe – auf Rudolstadt. Beim Weitergehen saaleaufwärts längs der Sandsteinfelsen kommen die Häuserreihen und Neubaublocks des Stadtteils Schwarza mit dem Stammbetrieb des Chemiefaserkombinats »Wilhelm Pieck« ins Blickfeld, und wenn man weiterwandern möchte, gelangt man bis nach Unterpreilipp. »Rudolstädter Riviera« wurde dieses Landschaftsschutzgebiet von den Einheimischen getauft.

Auch auf dem Schloß weilte Schiller einige Male als Gast; in den Wirtschaftsbüchern wurden die Besucher genau verzeichnet, besonders, wenn sie zu Tische blieben. Der Kontakt zum Erbprinzen war recht freundschaftlich, er führte den Dichter der »Räuber« auf den Schloßturm und war häufiger Gast bei den Lengefeldschen Damen.

A racht gutes Geschäfte
Vör Jahr'n gab's ä Schlomperliedchen, das ös äsu gang:
»Sehn se, das ös ä Geschäft,
Das bröngt noch was ein« –
Das ös m'r etze widder eingefall'n, wie ech neilich änne Geschöchte gehiert ha von zwä Mannern aus Döttrichshötte, die war'n met Basen (Besen) in Königsee off'n Marchde gewasen. Ongerwags hat d'r äne fer'n annern gemänt: »Horch, Andreas, ech muß d'r ämal was sah. Ech mause doch 's Basenreis'g abensugut wie du, aber su wuhlfäl, wie du, kann ech meine Basen nech verkafe.«

Da hat d'r annere droff gesaht: »Du böst on bleibst aben ä Driehnöckel. Gucke, ech mause aben gleich de fart'gen Basen!«
Hugo Greiner

Vor d'r Wache
Wie mei Grußvater noch ä Jonge ös gewasen, ar hat mersch wuhl merre als honnertmal erzöhlt, da ös vor d'r Hauptwache off'n Marke ä hölzerner Esel offgestellt gewasen, on wenn nachen ä Soldate änn dommen Sträch gemacht hatte oder sonst ä Tagenischt war, da mußt'r off dan Esel sötze, manchmal änn halben Tag lang, on de Leite huzten (foppten ihn) aus, daß'r sich schame mußte, da ös ä alter Bauer aus Zarm (Zeigerheim) vär'n höngetraten on hat'n onverwendt angeguckt. Das hat dan Soldaten ludermaß'g gewormt, daß'r 'n endlich angeblökt hat: »Karl, was glotzt'r mich su an?« D'r Bauer ließ sich aber nech erre mache on sahte fär'n: »Wenn's öhn nech racht ös, da reit ar doch in änne annere Jasse.«
Anton Sommer

Ä zerstreiter Professer
In Jane hat ämal ä beriehmter Gelehrter gelabt, der jeden Stern gekennt hat on de schwierigsten Exempel ausrachne konnte, als wenn's gar nischt weiter weer. Weil'r käne Fra hatte, da hat'r sich änne dreifarbigte Katze gehalten, die off'n Buden genacht'gt hat on ahmds allemal durch ä rondes Loch in d'r Budentier noffkroch off ihre Lagerstätte.
Wie di nune ämal da uhm in de Wochen gekomm war on fönf kläne Katzchen gekröcht hat, da ließ dar Professer d'n Tischler komme, on dar mußte met d'r Stichsage nab'n das gruße Loch noch fönf kläne Lächer in de Budentier 'nein mache, daß die klänn Katzen a raus on 'nein könnten!
Waldemar Klinghammer

Doch nun adieu, Herr Rat Schiller, die Landschaft ruft, die Landschaft lockt, und man ist nicht im Rudolstädtischen gewesen, wenn man nicht auch das Schwarzatal gesehen hat, das vielgerühmte. Aber zum Laufen ist es zu weit, für eine Lustfahrt ist das Dienst-Benzin nicht da, wie man mir eindringlich vor Augen hält, was tun, um vom Fleck zu kommen? »Ein Pferd! ein Pferd! mein Königreich für'n Pferd!«
Kaum habe ich das Traumangebot für Roßhändler seit König Richards III. Zeiten über die Lippen gebracht, fällt mir die Mähre ein, die im hintersten Winkel des Marstalls vom Verlag als eine Art literarisches Not-Vehikel mit trockenem Gnadenbrot über die Planjahre gefüttert wird. Ich tappe durch dunkle Nebengemächer, bis mir von einer Tür das Schild entgegenschimmert: »Jeder, der sich in dem hiesigen Fürstlichen Marstalle umzusehen wünscht, hat die nöthige Erlaubniß dazu durch die Stallwache von dem Herrn Reisestallmeister von Beust einzuholen.« Doch der Friedhof ist weit.
Hinter dieser Tür steht er, der gute alte Pegasus, Sattel und Zaumzeug neben ihm an der Wand sind schon etwas schimmlig, aber er läßt sich geduldig satteln. Los geht's, schimmliger Schimmel, aber behutsam, solcherart Ausflüge hoch zu Roß bin ich nicht gewohnt. Ihm ist's nur recht, und während er gemütlich die Schloßstraße entlang zur Stadt und weiter Richtung Schwarza klappert, bleibt Zeit, Ihnen zu erzählen, wie auch in Rudolstadt die Republik einzog.
Im Jahre achtzehn war's, als das geschah. Aber nicht am 9. November etwa wie in Berlin! Ex-Wilhelm II. hatte sich in Holland schon fast eingelebt, da dankte auch der Rudolstädter als letzter der in Deutschland regierenden Fürsten ab, am 23. November für Schwarzburg-Rudolstadt und am 25. für Sondershausen.
Obwohl nach Aufhebung des Sozialistengesetzes

das Reichstagsmandat Schwarzburg-Rudolstadt von der SPD errungen wurde und der Rudolstädter Landtag seit 1909 eine sozialdemokratische Mehrheit besaß, wurde der Fürst nicht etwa »hinweggefegt«, wie man landläufig zu formulieren pflegt. Er berief den Landtag ein, und die Abgeordneten vernahmen – wie es damals üblich war – stehend die Abdankung als fürstliches Dekret. Zugleich verkündete er, daß er große Teile seines Vermögens einer von ihm ins Leben gerufenen »Fürst-Günther-Stiftung« zugeführt habe. O reizvoller Anachronismus der Geschichte, o braves, verträumtes Rudolstadt.

Noch ehe wir vollends zur Stadt hinausgezockelt sind, kommen wir an einer kuriosen Villa vorüber, die der Begründer des Ankerwerkes um die Jahrhundertwende erbauen ließ. Kommerzienrat Richter war ein Fabrikant, dessen Produktionsprogramm von Schokolade, Medikamenten, Orchestrions, Christbaumständern mit Spieluhr und Spieldosen mit Papp-Lochkartenbüchern bis hin zu den Anker-Steinbaukästen reichte, aus denen man ähnliche turmreiche Phantasieschlößchen bauen konnte wie das, was der Herr Kommerzienrat damals bewohnte. Doch Richter hatte einiges für Rudolstadt übrig in des Wortes zweifacher Bedeutung: sein Bemühen, im Ort ein »Rudolsbad« zu etablieren, war zwar nicht lange von Erfolg gekrönt, aber den Grundstock für das heute den Staatlichen Museen Heidecksburg angegliederte Freilandmuseum »Thüringer Bauernhäuser« im Heinrich-Heine-Park haben wir ihm zu verdanken.

Pegasus, der liebe, setzt unermüdlich Huf vor Huf, wir sind auf der Schnellstraße nach Schwarza, links die Häuser des Stadtteils Volkstedt, scharfer, anerkennender Blick des Porzellansammlers zum VEB Älteste Volkstedter Porzellanmanufaktur, einst begründet von Heinrich Macheleid, der unabhängig von Böttger das Geheimnis der Porzellanherstellung entdeckte.

Doch dann ist Schwarza erreicht, seit 1950 Stadtteil von Rudolstadt, Sitz des Stammbetriebes des Chemiefaserkombinates »Wilhelm Pieck«, dem die Chemiefaserfabriken in Guben, Premnitz, Pirna, Elsterberg, Glauchau, Wittenberge und Plauen angehören. Er ist der bedeutendste Industriebetrieb im Kreis Rudolstadt, und selbst er schafft Verführung, hilft er doch vor allem den Damen, mit leuchtenden und pflegeleichten Stoffen größtmögliche Verführung auszuüben.

Dem Pferdchen scheint es in Schwarza nicht recht zu gefallen. Die verkehrsreiche Hauptstraße verengt sich zum Nadelöhr, eine geschlossene Bahnschranke ruft einen endlosen Stau hervor, die Abgasschlucht wird gesäumt von Fußwegen, die stellenweise nur so breit sind wie ein Kinderwagen. Und so rafft sich Pegasus zu einer bestaunenswerten Leistung auf. Er setzt an zu einem gewaltigen Sprung, hinweg über Autos, Busse, sich drängende Menschen, ja sogar über die Spitze des Kirchturms, so daß ich die Nachbildung jenes Pfeiles mit einem Blick erhaschen kann, den ein Baschkire 1814 in den Turmknauf schoß. Mein Rößlein scheint doch noch nicht so verkalkt zu sein, wie ich erst annahm. Es landet durchaus in der vorgesehenen Richtung und hat sich nicht durch die Abzweigung nach Saalfeld beirren lassen.

Ja, es landet, doch ich falle – auf die Grünanlagen des neben der Molkerei neu entstandenen großen Fleischverarbeitungsbetriebes. Doch weiter, weiter, wir haben ja ein Ziel vor den Augen, und das ist greifbar nahe. Schon sind wir in Bad Blankenburg, zwischen den beiden Orten liegen nur wenige Hektar Feld, vorbei am Transportgummiwerk, am Bahnhof, Pegasus wirft einen freudigen Blick auf die kleinen Sightseeing-Busse des »Schwarzatal-Tourist«, warum, wurde mir erst später klar, wir

Off'n Marke
»Jo, da ös ju Möllersch Hantöffel!«
»Böst enn a hönne in d'r Stadt?«
»Ech war wuhl zu'n Marke nech in Rolscht jesei!«
»Böst enn 'rein geloffen?«
»Nä.«
»Böst 'rein gerötten?«
»Nä.«
»Böst gefoahrn?«
»Nä, ooch nech.«
»No, zun Henker, wie böst'n reinkomm?«
»Jucke, ech ha ä Kibichen (Kalb) 'reinjetrieben.«
Anton Sommer

De Blutigel
»Hamm Se en nech ä rachtes jutes Mettel jejen Zahnschmarzen?« frahte Engelmanns Karline aus Katternaa (Catharinau), wie se grade in d'r Stadtaptheke Sießholz, Laderzocker on Lackritzen fer ihre Könner hollte, daß die a rachtzeit'g hohle Zähne sollten kriege, »mei Alter, der kanns derhäme vor Schmerzen kaum noch aushalte on ös in Jesöchte schonne janz viereck'g jeschwolln!«
»No«, sahte d'r alte Provieser Krebehahn, »da namm S'n ämal a halbes Dutzend Blutigel (Blutegel) met, die warn'n schonne halfe.« – Ar tat se in Karlin'n ihre leere Botterstonze, on die sockte a dermet ab.
Acht Tage droff, wie se wedder salt einkaafte, frahte Krebehahn Karlin'n, ob die Wärmer bei ihrn Manne a ihre Schuld'gkät getan hötten? »Ech dank Sie a scheene fer jiet'ge Nachfrage«, sahte Karline, »seit jestern hat mei Alter käne Schmerzen merre. Aber sie glaab'n jar nech, Herr Provieser, was das fer ä Döcknischel ös, on wie'r sich jejen Ihre Arznei gestraibt hat ehrersche nahm. De erschten zwä von dan Blutigeln hat'r jo a roh nönger, aber de letzten viere, die ha ech'n mißt brate!«
Waldemar Klinghammer

Der Zugereiste
In den erschten Jahren nach fünfundvierzig war das sehr schlacht mit'n Verkehr. Alles fuhr per Anhalter ...
So auch eines Nachts e Rudelstädter, der von Kahla heeme wollte. Er stöffelt über de Landstraße, da kommt endlich e Lastwagen. Er winkt, der Lastwagen hält. »Steig auf!« spricht der Fahrer. »Nur ferchten derfste dich nich ... ich ho Särge geladen.« – »I wo werd' ich mich ferchten!« spricht der Rudelstädter, klettert über die Wand hinauf, setzt sich auf einen Sarg, und weiter geht die Fahrt durch die Nacht.

überqueren die Schwarzabrücke, biegen nach links, und dann, gegenüber dem Krankenhaus, hören wir die Schwarza am Wehr das erste Mal so laut rauschen, daß sie auch den Lärm der vorbeifahrenden Autos übertönt.
Hier beginnt das Urlauberparadies, das Freiluftsanatorium für Streßgeschädigte, der Familien-Gesundbrunnen, der Kinderhimmel auf Erden. Hier sollten Sie spazierengehen, möglichst bis nach Schwarzburg. Sie werden dabei nicht ganz allein sein, noch andere haben die gleiche Idee, sie wissen ebenfalls um die Schönheit des unteren Schwarzatals. Immerhin ist Bad Blankenburg eines der größten Urlauberzentren im Bezirk Gera. Doch die Landschaft ist so weitläufig, es gibt derart viele Ausflugsziele, die Burgruine Greifenstein zum Beispiel, einst eine der größten deutschen Feudalburgen, auch im Rinnetal, auf den umliegenden Höhen, so daß sich die Menge der Urlauber verläuft und Sie stellenweise doch allein sein werden – so wie jetzt Pegasus und ich, nachdem wir ein paar Schritte flußauf gegangen sind, jeder für sich.
Während er die heimische Flora auf seinen Magen wirken läßt, sammle ich Steinchen im Flußbett. Und das sollten Sie auch tun, wenn Sie hierher kommen. Es gibt da ganz interessante Dinge zu finden. Beileibe nichts Wertvolles, obwohl die Schwarza goldführend ist und in früheren Jahrhunderten eine rege Goldwäscherei betrieben wurde. Aber Rätselhaftes, Spaßiges, Überraschendes, besonders für Ihre Kinder. Nach einer knappen Viertelstunde spielerischen Suchens kann ich vor Ihnen ausbreiten: sechs Porzellan-Puppenärmchen, teils noch mit Hand; vier verschiedenfarbige, vom Wasser rundgeschliffene Glasscherben, dazu ein Henkel aus grünem Glas, ein abgeschliffenes Stück Ofenkachel mit grüner Glasur, ein Stück Ziegelstein, rundgeschliffen wie ein Kiesel, ein Dutzend lustig geformte Steine und ein halbes Dutzend

interpretationsoffene Stücke. In unserer vom Nützlichkeitsdenken befangenen Zeit sollten Sie Ihren Nerven einmal diese Entspannung gönnen – und Ihren Kindern die Freude.

Wenn Sie weiter flußauf wandern, dann benutzen Sie nicht die Fahrstraße, sondern – so wie wir – die bequeme Promenade am jenseitigen Ufer. Sie führt stellenweise dicht am Fluß entlang, dann verläuft sie auf halber Höhe des Berges, immer neue Ausblicke eröffnend auf das steinige Bett der Schwarza, auf die steilen, waldbestandenen Hänge.

Gegenüber dem großen FDGB-Erholungsheim »Albert Hähnel« mündet die Werre, von Dittersdorf herabkommend, in die Schwarza. Und hier braucht's nicht viel Verführungskünste, Sie mitzulocken zu einem Abstecher ins schmale, romantische Werretal, wenn Sie etwas für kleine, steil herabstürzende Wildbäche übrighaben, für die Wolfsschlucht in Taschenformat, die Steinerne Renne en miniature.

Doch Pegasus hält witternd die Nase gen Schwarzburg, das Jagdhaus Eberstein werden Sie also bei Ihrer Wanderung selbst entdecken müssen. Ich steige auf, schwinge mich in den Sattel, wie es wohl zunftgemäß heißt, doch dem bisher braven Reittier sind anscheinend die frischen Pflanzensäfte nicht bekommen, nach einer Weile gehorcht es den Zügeln nicht mehr, beginnt, behutsam den Fluß zu durchwaten, und klappert auf der Fahrstraße weiter, nun wieder lammfromm.

Die Ursache wird bald klar: Von einem Pferd gezogen, kommt ein Kremser um die Biegung an der Gaststätte »Schweizerhaus« gefahren – mit etwa fünfzehn Urlaubern besetzt. Die beiden Rösser wiehern und beschnuppern sich, nicken heftig, reiben ihre Köpfe aneinander. Aber Pegasus hält den Verkehr auf, die Autos stauen sich hinter dem Gefährt, und traurig zockelt er mit mir weiter. Ich weiß, was ihn trübselig stimmt, ich habe es auch bemerkt: Ein einzelnes Pferd muß so viele Leute ziehen, und die, die in der Kutsche sitzen, sind fast immer die Dicksten des Durchgangs. Die Dünnen gehen spazieren. Aus tierischer Nächstenliebe also hatte er den kleinen offenen Bussen des »Schwarzatal-Tourist« in Bad Blankenburg freundlich zugenickt.

Die waldgesäumte Straße gewinnt an Höhe, die Schwarza bleibt tief im Tal zurück, und bald ist das Schwarzburger Plateau mit Parkplatz, Gaststätten und Schloß erreicht.

Der Ort selbst liegt im Tal, seine schmucken Häuser beherbergen zu jeder Jahreszeit Feriengäste, und auch hier gilt das gleiche wie für Bad Blankenburg: Es gibt so viele Möglichkeiten, sich zu erholen, daß gewiß jeder auf seine Kosten kommt.

Der Schimmel möchte etwas Ruhe haben, und ich führe ihn für eine Weile an ein schattiges Plätzchen in die Nähe des Schlosses. Ja, das Schloß, ein wunder Punkt, ein leidiges Thema. Das einstige Stammschloß der Schwarzburger war bis zum Jahre 1940 noch gut erhalten, bis die Nazis auf die Idee kamen, es in ein »Reichsgästehaus« verwandeln zu wollen. Der Umbau gedieh nur bis zu den Abrißarbeiten und kam dann mit der sich verändernden Kriegslage zum Stillstand. Nach der Befreiung konnten nur die nötigsten Dach- und Mauerschäden behoben werden, so daß das Bauwerk heute den Anblick einer Ruine zeigt. In den nächsten Jahren sollen jedoch die Restaurierungsarbeiten am Hauptgebäude wieder aufgenommen werden. Bereits fertiggestellt und 1971 zur 900-Jahr-Feier Schwarzburgs der Öffentlichkeit übergeben wurde der Kaisersaal, ein separat stehendes, zum Schloßkomplex gehörendes turmartiges Gebäude. Es wurde benannt nach den Bildern und Fresken von Kaisern und Königen, die die Wandflächen des

Da beginnt es zu regnen. Erst langsam, dann kräftig.
Mei Rudelstädter, nicht dumm, kriecht in den Sarg, auf dem er gesessen hat, und macht den Deckel zu.
Kurz vor Hasel will noch einer mit. Der Fahrer hält, der Fremde – er kam von einer Sitzung, trug eine Aktenmappe – steigt gleichfalls über die Hinterwand ein, obwohl es ihm ein bißchen unheimlich ist, auf einem Sarg heimzufahren. Der Regen rauscht, die Nacht ist schwarz, er schlägt den Mantelkragen hoch, starrt geduldig vor sich hin. Man ist ja bald zu Haus.
Da plötzlich bewegt sich der Deckel des Nebensargs – eine weiße Hand fährt durch den Spalt, und eine dumpfe Stimme fragt: »Regnet's noch?«
Da ist der Mann, wie er war und mitsamt seiner Aktenmappe vom Wagen gepurzelt und hat sich doch dabei das Been gebrochen. Der Fahrer hält, mei Rudelstädter klettert aus seinem Sarg, besieht sich den Mann auf der Straße und spricht: »Sie sind bestimmt e Zugereister!«
Aus: Inge von Wangenheim, Die hypnotisierte Kellnerin

Burgen und Schlösser bei Rudolstadt:

Schloß Kochberg, das in den letzten Jahren grundhaft restaurierte einstige Wasserschloß der Frau von Stein, mit Goethegedenkstätte, Park, Liebhabertheater.

Schloß Hirschhügel in der Nähe von Großkochberg, 1835 erbaut, heute Feierabendheim.

Burg Schauenforst. Die Ruine, oberhalb des landschaftlich schönen Hexengrundes gelegen, ist über Dorndorf oder Rödelwitz zu erreichen.

Schloß Weißenburg, ursprünglich eine Anlage aus dem 13. Jahrhundert, wurde in den folgenden Jahrhunderten häufig um- und neuaufgebaut; sein kantiges Gesicht erhielt es im wesentlichen beim Neuaufbau 1796. Gegenwärtig genutzt als Heilstätte.

Burg Ehrenstein, oberhalb des gleichnamigen Dorfes nahe Remda gelegen, bietet auch heute noch als Ruine einen imposanten Anblick.

Bedeutender als das kleine Jagdschloß *Paulinzella,* heute als Kinderheim genutzt, ist die Ruine der Klosterkirche aus dem 11. Jahrhundert, eines der wertvollsten Baudenkmale romanischer Kunst in Thüringen.

Oberbaus dieses eigenwilligen architektonischen Kunstwerkes schmücken. Im Saal selbst findet man in Vitrinen wertvolle Stücke der Waffensammlung des ehemaligen Schwarzburger Zeughauses.
Vom Talsporn, auf dem das Schloß und einige weitere Gebäude stehen, hat man eine schöne Aussicht hinab auf die Häuschen des Ortes und auf die Schwarza, die sich an den Fuß des Berges schmiegt. Doch die weiteste, die beste Sicht auf die Landschaft genießt man vom Trippstein, von dem aus auch fast alle Postkarten und Erinnerungsfotos geknipst werden.
Oberhalb des Ortes liegt die Fasanerie, in der einst Fasanen für die fürstliche Tafel gezüchtet wurden. Doch das war ein solch kostspieliges Vergnügen, daß es 1813 wieder aufgegeben wurde; das Gebäude richtete man als Jagdschlößchen her, und als der Aufseher eine Schankgenehmigung bekam, war der erste Schritt zur jetzigen HO-Gaststätte getan. Um dem Namen gerecht zu werden, hält man heute wieder in Gehegen die farbenprächtigen Fasanen zur Freude der vielen Besucher.
Pegasus ist merklich unruhig, ich fasse ihn behutsam am Zügel, laufe nebenher und lasse mich von ihm führen. Aha, dachte ich mir's doch. Ein Pferd kommt uns entgegen, und noch ein Pferd, und noch ein Pferd ... Er steht ganz verzückt und nimmt die Haflingerparade ab: Zwei Dutzend davon stehen den Urlaubern zur Verfügung, dazu, neu erbaut, eine Reithalle und in den Sommermonaten auch Reitercamps, komplett eingerichtete Zelte für Leute, die hier ihren Urlaub verbringen und dabei reiten lernen möchten.
Mein Schimmel treibt mittlerweile regen Erfahrungsaustausch mit seinen Artgenossen, während ich mich geduldig wartend ins Gras lege, sinnend, wieviel bequemer es doch ist, die Schöpfungen anderer zu kritisieren, sprich, zu lektorieren, als selbst am Bleistiftstummel zu nagen (so schreibt

man wohl, eine zeitgemäßere Wendung für die Schreibmaschine harrt der Findung). Diese Gedanken erscheinen mir immer verlockender, ich setze mich auf, um Pegasus das Resultat meiner Überlegungen zu eröffnen, da steht er schon vor mir und erläutert, daß er sich als Reittier geeigneter fühle denn als literarisches Vehikel und den Dienst aufkündigen wolle. Wir sagen einander adieu, versichern uns unserer gegenseitigen Wertschätzung, und ich sinke erleichtert ins Gras zurück, blinzele müde in die Sonne, und beim Einschlafen träume ich von einem großen Rotstift, mit dem ich viele Striche in dicken Manuskripten machen darf.

Der gepfefferte Esel

Die gute Karoline aus Cumbach hat in alter Zeit die Milch mit dem Esel ausgefahren. Eines Tages nun, wie sie eben unter der Stadtkirche vor dem Pfarrershaus gehalten hat und nun weiterziehen will mit ihrem Milchkarren, rückt und rührt sich der Esel nicht von der Stelle. Sie kann machen, was sie will – sie zerrt, sie tritt, sie schlägt ... der störrische Kerl rührt sich nicht, als wollte er haben, daß erst sollte der Herr Pfarrer kommen. Der kam aber nicht.

Wie sie nun hilflos dasteht, kommt eben der Paule aus Cumbach daher und sieht, daß seine Frau Nachbarin ihre liebe Not hat mit dem Esel.

»Paß auf, Karoline«, spricht er, »du gehst gleich hier vor durch die Badergasse zum Drogisten Sonnekalb, holst dir für'n Fünfer e Tütchen Pfeffer und streust'n dan störrischen Biest ungern Schwanz. Da werschte mal sieh, wie der Kerl gleich abhaut!« »Uch hee«, spricht die Karoline, »da haste racht, daran ho'ch noch nech gedacht.«

Wie sie alsbald ihr Tütchen Pfeffer hat, denkt sie: Tust nur die Hälfte ungern Schwanz, im Falle daß er noch emal stehenbleibt ... Gedacht – getan!

Schwanz hoch, de Halfte Pfeffer drunger, den Schwanz scheen faste druffgedrückt, und der Esel schwirrt sozusagen wie e Pfeil vom Bogen geschnellt ab und davon.

Ehe die Karoline sich's versieht, ist er schon vorne beim Gerichte rum, kratzt die Kurve, daß bloß noch e Staub von ihm übrigbleibt.

Da wurde der guten Frau doch Angst um ihren Esel. Er war schließlich ihr einzig Hab und Gut. »Wart nur, du Hund«, spricht sie zu sich, »dich werd' ich schon kriegen ...«

Abermals gedacht und getan!

Karoline hebt die Röcke hoch, de annere Halfte Pfeffer drunger ... und draußen bei der Post hatte sie ihn.

Aus: Inge von Wangenheim, Die hypnotisierte Kellnerin

Zum Weiterwandern:

Eine der schönsten Autorouten führt von Schwarzburg aus über Sitzendorf (Freibad), Unterweißbach (Freibad), Oberweißbach (Fröbelturm, Meuselbacher Kuppe) nach Neuhaus, der höchstgelegenen Kreisstadt der DDR, und von dort weiter über Lauscha (Museum für Glaskunst) und Steinach nach der Stadt der Spielzeugindustrie Sonneberg (Deutsches Spielzeugmuseum).

Georg Menchén

Ilmenau

In Ilmenau, da ist der Himmel blau ... Auf Kindersprüche von dazumal ist heute kein Verlaß mehr. Von Erfurt her komme ich mit der Bahn, über Arnstadt, Plaue, es ist früher Morgen im späten Herbst, an gelben Lampen saugt blasser Morgenschein. Nun der letzte, ein wenig asthmatische Anlauf von Martinroda durch den regendunstigen Wald, rostbespritzte Blätter im frostklammen Astwerk, und über den Bergen erstes schütteres Licht. Noch drei Kilometerchen bis Geraberg, 450 m hoch im Tal der Zahmen Gera, Thermometer, Koffer, Pharmazie, und eineinhalb Kilometer dazu bis Elgersburg vor den Toren der nahen Kreisstadt, nun schon 500 Meter über Normalnull, Kurgäste und Nadelwälder, Ausflug zur Hohen Warte mit Aussichtsturm. Massenmühle im Körnbachtal und Ehrengast Goethe, dazu eine 900jährige Burg. Dunst, auf dem Bahnsteig dunkle Blattflecken, vorbei, vorbei und hin zum himmelblauen Ziel mit Zwischenstation in Roda, wo um diese frühe Tageszeit ein Grünrock und etliche Schichtarbeiter einsteigen, Sieben-Kilometer-Schwung um die Hohe Warte nach Ilmenau. Hauptbahnhof.

Da ist sie also, die drittwichtigste Goethestadt nach Weimar und Frankfurt/Main, wie die Freunde von der Goethe-Gesellschaft und vom Kulturbund ausgerechnet haben. 26mal Gastgeber für Goethe für insgesamt 220 Tage. Na, das ist doch etwas, ein bißchen Tradition und etwas fremder Ruhm. Vielleicht aber auch Alibi für allzuviel nüchterne Hochschulprosa und industrielle Sachlichkeit? So greife ich denn seufzend zu »Wilhelm Meisters Lehrjahren«, der unbenutzten Reiselektüre, in die mir ein guter Freund sorgsam einen Zettel gelegt hat: »... Da nun auch unglücklicherweise Regentage einfielen und eine Reise zu Pferd in diesen Gegenden mit unerträglichen Beschwerden verknüpft war, so dankte er dem Himmel, als er sich dem flachen Lande wieder näherte und am Fuße des Gebirges in einer schönen und fruchtbaren Ebene, an einem sanften Flusse, im Sonnenscheine ein heiteres Landstädtchen liegen sah, in welchem er zwar keine Geschäfte hatte, aber eben deswegen sich entschloß, ein paar Tage daselbst zu verweilen ...«

Landstädte dieser Größenordnung sind launenhaft wie Frauen. Sie ducken sich hinter einem Hügel oder kokettieren breit dahingelagert vor einem Hang, recken neugierig ihre Kirchtürme in den Himmel und blinkern mit den Fenstern der Neubauten. Manchmal sieht man sie buchstäblich im letzten Moment – und andere wieder winken schon aus weiter Ferne. Bei Ilmenau ist von allem ein bißchen, und das verwirrt zunächst.

Ja, wäre ich wie Goethe dem Lauf der Ilm von Weimar aufwärts über Bad Berka, Kranichfeld auf der F 87 gefolgt, die historischen Schlaglöcher in Hettstedt nicht fürchtend, dann hätte sich mir diese Stadt ganz anders in die Hand gegeben. Oder wäre man, was noch reizvoller ist, von der Höhe herabgestiegen, auf dem Goethe-Wanderweg von Stützerbach über Manebach, wo sich die Ilm rechtwinklig zwischen Spiegelsberg und Hangeberg auf der einen und dem Kickelhahn auf der anderen Seite nach Osten durchschlägt, dann käme man als ein erwarteter Gast durch den grünen Vorgarten hindurch ins Haus, willkommen nach so viel poetischer Einstimmung im sich weitenden Talkessel. Doch so stehe ich vor dem Bahnhof und halte vergeblich Ausschau nach einem Taxi. Im Nu haben sich die Reisenden um mich verlaufen, und so wende ich mich an einen Alten, der ohnehin schon ein neugieriges Auge auf mich geworfen hat, um von ihm Kunde von einer gastlichen Stätte nebst Bett zu erhalten. Denn ich habe mich nun einmal auf das Wagnis einer Übernachtung eingelassen und will es auch tapfer durchstehen. »Na, dann gehn Sie mal zum ›Löwen‹«, deutet der Alte mit einem kräftigen Stock stadteinwärts, und ein winziges Schmunzeln huscht über sein Wäldlergesicht. Ja, er bemüht sich sogar um ein klares Hochdeutsch, so fremd muß ich ihm vorkommen, wiewohl die Reise von Weimar nach Ilmenau nun weiß Gott keine Weltreise mehr ist.

Nun, ich blieb mit Wilhelm Meister nicht ganz hoffnungslos allein. Da war eine Philine, und wenn das auch nicht zu einer theatralischen Sendung meinerseits für die drei kurzen Tage in Ilmenau ausreichte, so war doch ursächlich Anlaß gegeben, die klassische Lektüre späteren Einsichten aufzubewahren und in der Gegenwart anzukommen. Mária hieß sie, mit Akzent auf dem a und seltsamerweise blond, eines von den dreiundachtzig ungarischen Mädchen, keines älter als 22 und fast alle mit Abitur, die in dem neuen Porzellanwerk althergebrachte Thüringer Geschicklichkeit erlernen wollen, um sie nach dreijähriger Lehrzeit im heimatlichen Porzellanwerk von Pécs zu erproben. Eigentlich hatte der Alte wohl auch mehr nach dem schönen Kinde geblinkert, das zielbewußt das neue Wohnviertel Am Stollen ansteuerte, wo sie alle – »wirklich säährr schöehn!«, wie sie erklärte – untergebracht waren. Ein solcher Einstieg erleichtert den Kontakt zu Großblockbauweise und kommunaler Planung, ohne die ja heutzutage keine Stadt mehr denkbar ist. Was nützt schließlich der Reiz einer großen Vergangenheit, wenn er wie ein Schatten auf dem Alltag liegt und ungelöste Probleme bedeutet, wenn nicht neue Wohnungen entstehen, die alten saniert werden, wenn nicht die tagtägliche Versorgung der Einwohner mit den materiellen und geistigen Gütern des Lebens gesichert ist.

»Wir haben recht schöne große Sachen entdeckt, die der Seele einen Aufschwung geben und sie in der Wahrheit ausweiten«, schrieb Goethe am 7. September 1780 an Charlotte von Stein, und er fügte hinzu: »Könnten wir nur auch bald den armen Maulwürfen von hier Beschäftigung und Brot geben.«

Um Brot ging es in diesem Armenhaus Thüringens eigentlich immer, und auch der Staatsmann Goethe und bürgerliche Reformplaner bemühte sich vergeblich. Ein Reiseführer von 1839, als der Kurbetrieb gerade losging, gesteht den zahlenden

Aus Briefen Goethes an Frau von Stein, in Ilmenau geschrieben:

Ilmenau Sonnabend d. 4. May 76.
Eilf Uhr Vor Mittag.
Um diese Zeit sollt ich bey Ihnen seyn sollte mit bey Kalbs essen und sizze aufm Thüringer Wald wo man Feuer löscht und Spizbuben fängt, und bin, bey beydem entbehrlich aber doch da. Die Gegend wie die Kochberger! – Der Weeg hierher ganz herrlich – Und mir ist lieb daß ich weg bin. Ich weis nicht gestern früh! was es machte mir ward weh bey Ihnen – Nun weis ich nicht wann ich wiederkomme! Vielleicht Montag. Adieu Beste grüssen Sie mir Ihre Grasaffen, und auch den Grasaffen im Schatten. Und dencken Sie an mich und schreiben Sie mir was das Sie mir geben wenn ich zurückkomme. Ade.

Dem Schnee, dem Regen,
Dem Wind entgegen,
Im Dampf der Klüfte
Durch Wolkennebeldüfte
Immer zu! immer zu!
Ohne Rast und Ruh!

Lieber durch Leiden
Möcht ich mich schlagen
Als alle die Freuden
Des Lebens zu tragen.

Alle das Neigen
Von Herzen zu Herzen,
Ach wie so eigen
Schaffet das Schmerzen!

Wie? Soll ich fliehen?
Wälderwärts ziehen?
Alles vergebens!
Leitstern des Lebens
Glück ohne Ruh,
Liebe bist du!

 Ilmenau d. 6. May 1776.

Fremden vorsichtig ein: »Ohngeachtet der mannichfachen Erwerbszweige fehlt es in der Stadt Ilmenau nicht an Armen, welche der Unterstützung bedürfen, deren Anzahl vorzüglich in den letzten Jahren sich vermehrt hat, weil da einige Gewerbe ins Stocken gerieten und zugleich die Lebensbedürfnisse im Preise stiegen. Die Stadt selbst aber thut alles, was sie vermag, zur Unterstützung der Armen, und das lästige und sittenverderbliche Betteln zu verhüten.«
Die Geschichtsstationen in diesem landschaftlich zwar reizvollen, aber sonst doch sehr abgelegenen Gebiet sind Stationen ständigen Kampfes um den Lebensunterhalt. Kurbetrieb zwischen 1838 bis zur Jahrhundertwende, beginnende Industrialisierung, Glas und Porzellan. Zum Justieren, Beschriften und Schleifen der technischen Gläser bedurfte es vieler Hände, Präzisionsarbeit sicherte den Unternehmern das Monopol, Krisenjahre, eine relativ starke Arbeiterbewegung, 1945 völliger Ruin, veraltete Betriebe, überholte Denkweise, Zersplitterung in viele Einzelunternehmen, Neubeginn.
Um Brot geht es auch heute, wenngleich in anderen Dimensionen und bei gesicherter Grundlage des gesellschaftlichen Lebens. So bedeutet der beziehungsreiche Name »Am Stollen« – auf Ilmenaus schwere Bergwerkzeit ebenso hinweisend wie auf Goethes tätiges Bemühen darum – ein ganzes System von Wohnen, Arbeiten und Leben, von Fortschritt und Zukünftigem. Ja, dieser Besuch abseits von Kleinstadtidylle und klassischer Vergangenheit lohnt, und das um so mehr, als diese Stadt erst aus dem Kontrast von Alt und Neu wirklich kennenzulernen ist. Was da oben fast zweitausend polnische Bauarbeiter beim Aufbau des Glaswerkes und des VEB Henneberg-Porzellanwerk in den siebziger Jahren hinstellten, hat internationales Niveau. »Budimex« heißt das Zauberwort, und es bedeutet die Vereinigung von

dreizehn polnischen Betrieben, die hier engagiert waren und ein praktisches Beispiel sozialistischer Integration gaben.
Am Anfang war der Plan. Ein Kombinat war zu gründen, in dem sie alle, die Glasmacher, Apparatebläser und Röhrenzieher – seit Menschengedenken zerstreut in vielen Einzelbuden, Kleinbetrieben – künftig unter einem Dach arbeiten sollten. Korrektur geschichtlichen Werdens, das auch. Vor allem aber Platz für Wachstum, und den gab's nur draußen vor den Toren der Stadt. Als es sich herumsprach, daß die Polen kommen, begannen manche Familienväter, sich plötzlich für die Freizeit ihrer Töchter zu interessieren. Und als die Männer mit den Baskenmützen auch in den Geschäften auftauchten, kursierten die ersten Gerüchte. Bis dann der Lärm der Lastwagen und der Bagger alles dröhnend verschlang. Als die neuen Wohnblocks für die Bauarbeiter entstanden, wurde es noch einmal unruhig. Doch da kannte man sich schon untereinander, die aus Poznan und Warschau und die aus Ilmenau, und man sprach bereits miteinander. In Deutsch, denn jeden Dienstagabend gab es zwei Stunden Sprachunterricht in der Bibliothek der HO-Gaststätte »Gastronom«, und die Maurer, Betonbauer und Schweißer waren lernwillig, das steckte schließlich auch die Gastgeber an, die sich in ihrer Provinzidylle plötzlich gefordert sahen. Zu diesem Zeitpunkt fing der Porzellanwarenhändler in der Hauptstraße an, seinen geschäftsfördernden Aufheiterer auch in Polnisch an den Mann zu bringen: Eine Tasse für Rechts- oder für Linkshänder ... Und es gab bereits junge Erdenbürger, deren Geschwister Ausländer waren.
Hier oben Am Stollen ist mit den vier neuen Industriekomplexen – Porzellanwerk, ein Werk für Technisches Glas, eines für Laboreinrichtungen und eines für Stromdurchführungen – ein neues Wohnzentrum entstanden, in dem heute 10000 Menschen, fast ein Drittel der im Stadtgebiet beheimateten Einwohner, leben werden – zusammen mit den Bürgern der anderen Neubaugebiete ist das fast die Hälfte aller Einwohner, die neue Wohnungen besitzen. Ein umweltfreundliches Heizwerk, imposanter Schornstein und neues Wahrzeichen der Stadt, bedient nicht nur die Technische Hochschule und die neuen Werkanlagen, sondern auch das neue Wohngebiet. Straßen sind entstanden, Kanäle für Wasser und Gas wurden gezogen. Noch immer wird eifrig auf der Pörlitzer Höhe nahe dem neuen Industriegelände an einem weiteren neuen Wohngebiet für 5000 Menschen gebaut; abgeschlossen sind die Arbeiten am Hüttenholz. Ilmenau hat innerhalb eines Jahrzehnts seit jener Begegnung sein städtisches Gesicht vollkommen verändert, man muß schon genau hinsehen, um die altvertraute Himmelblaustadt wiederzuerkennen. Fast 30000 Einwohner (ohne die Studenten), vier neue Wohngebiete – der Wappenhenne auf dem Dreiberg reichen die Flügel nicht hin, um das alles noch zu beschirmen. Längst bezogen ist das neue Feierabendheim; hinzu kamen in den letzten Jahren Kaufhallen und Schulen, Kindergärten und Dienstleistungseinrichtungen. Den meisten gefällt es hier, gute Arbeit und moderne Wohnung und Nähe zum Wald. Eine Stadt also zwischen Studenten, Glas und Porzellan, und Ilmenaus Stadtoberhaupt sagte mir: »Mit dem Wachstum der Stadt werden alle Versorgungszweige verbessert, das Handelsnetz spezialisiert, die Geschäfte und ihre Auslagen attraktiver. Am Stollen entstanden 2200 Wohnungen. Aber ganz zufrieden sind wir nicht; für die moderne Industrie haben wir jahrelang alle örtlichen Reserven genutzt, jetzt müssen wir uns der Attraktivität der Stadt zuwenden.«
Gute Aussichten also auch für den Gast, den so viel

Nur eine gute Nacht! Treff ich dich noch wenn ich zurückkomme! – Mir gehts zu wunderbaar. Hab mich nur ein bissel lieb. Ich erzähl dir auch viel und hab dich lieber als du magst.
d. 6. May 76

Ich hab auf der andern Seite angefangen was zu zeichnen es geht aber nicht drum will ich lieber schreiben in der Höhle unter dem Hermannstein meinem geliebten Aufenthalt wo ich möcht wohnen und bleiben. Liebste ich habe viel gezeichnet sehe nur aber zu wohl, daß ich nie Künstler werde. Die Liebe giebt mir alles und wo die nicht ist, dresch ich Stroh. Das malerischste Fleck geräth mir nicht, und ein ganz gemeines wird freundlich und lieblich. Es regnet scharf im tiefen Wald. Wenn du nur einmal hier seyn könntest es ist über alle Beschreibung und Zeichnung. Ich hab viel gekrizzelt seit ich hier bin, alles leider nur von Auge zur Hand, ohne durchs Herz zu gehen, da ist nun wenig draus worden. Es bleibt ewig wahr: Sich zu beschräncken, einen Gegenstand, wenig Gegenstände, recht bedürfen, so auch recht lieben, an ihnen hängen, sie auf alle Seiten wenden, mit ihnen vereinigt werden, das macht den Dichter den Künstler – den Menschen – Addio, ich will mich an den Felsenwänden und Fichten umsehen. – Es regnet fort –

Hoch auf einem weit rings sehenden Berge. Im Regen sizz ich hinter einem Schirm von Tannenreisen.
Warte auf den Herzog der auch für mich eine Büchse mit bringen wird.
Die Thäler dampfen alle an den Fichtenwänden herauf.
NB. Das hab ich dir gezeichnet.
den 24.

Ach so drückt mein Schicksal mich
Daß ich nach dem unmöglichen strebe.
Lieber Engel für den ich nicht lebe
Zwischen den Gebürgen leb ich für dich.

Bauenergie zunächst verwirrt und der vielleicht mehr Kleinstadtruhe mit Waldesrauschen, quellklaren Bächen und lustwandelnden Kurgästen erwartete, von Altmeister Goethe und Charlotte von Stein und von »Über allen Gipfeln ist Ruh ...« einmal ganz abgesehen.

Jetzt, wo die Sonne wieder ein wenig Kraft hat, wäre es gut, mit Mária oder Philine oder irgendeiner anderen Freundin nach draußen zu wandern, den Goethepfad entlang oder die Waldstraße hinauf zum Kickelhahn. Man geht zunächst an Gärten vorüber, rote Äpfel drängen sich auf muskelkrummen Ästen; es sinkt das Jahr, die Hecken sind gelichtet, und schon ist da die Stille am Saum des Waldes. Man bleibt stehen, sieht sich um, schickt den Blick hinüber zum Lindenberg und geht versunken weiter. Die sanften Flöten des Herbstes, rostfarbene Male des Abschieds auf fallenden Blättern. Das Bewußtsein der nahen Stadt erlischt in dem feuchten Geruch des Waldes, ein Hauch von Verfall zittert leise nach.
Über allen Gipfeln ist Ruh ... Am 6. September 1780 war hier hinauf ein Mann gestiegen, der »dem Wuste des Städtchens, den Klagen, den Verlangen, der unverbesserlichen Verworrenheit der Menschen« ausweichen wollte, der sich schwer über die Bürokratie des 36-Quadratmeilen-Herzogtums, das sind etwa 2000 km^2, geärgert hatte und sein Bemühen um Arbeit für die Ilmenauer nicht vorankommen sah. Ein früher Herbstabend war es, den Goethe auf der Bank vor der Jagdhütte am Kickelhahn genoß, der sein Herz löste und aus der Natur tiefe Lebensahnung brachte:

»Über allen Gipfeln
Ist Ruh,
In allen Wipfeln
Spürest du
Kaum einen Hauch,

Die Vögelein schweigen im Walde,
Warte nur, balde
Ruhest du auch.«

Er schrieb an diesem Abend das kleine Nachtlied auf die Holzwand der Hütte, und es wurde eines seiner berühmtesten Gedichte, viele Male vertont und heute selbst in Japan in den Schulen gelehrt. Mancher liest's und spürt sie nicht, die Poesie, reagiert vielleicht sogar gereizt: »Muß es denn immer Goethe sein?«

Nein, muß nicht, doch auf seinen Spuren ist hierzulande nicht nur gut wandern – er kannte sich aus in den Schönheiten der Natur und der Menschen –, hier lernt man ihn von seiner allerbesten Seite kennen: in seiner Sorge um die Menschen.

Die Jagdhütte steht noch, eine andere natürlich, und Inschriften gibt es auch, neue, von jenen, die später kamen und es nicht besser zu sagen wußten. Eine Tafel – gestiftet von den Eisen- und Metallgießereien Ilmenau – bringt das ganze Gedicht in Erinnerung, aber man hat es besser für sich im Ohr, wenn man zum Turm hinaufwandert.

33 Jahre später war Goethe wieder hier oben, einen Tag nach seinem 64. Geburtstag, und zog die verblaßte Schrift auf dem Holze sorgfältig nach. Er wußte schon, was ihm damals den Sinn so nachhaltig anrührte, und bei seinem letzten Ilmenauer Besuch im August 1831 zog es den 82jährigen Greis erneut mit magischer Gewalt an die alte Stelle, sich der Zeit zu erinnern, da er der Natur mit Studien und dichterischer Ahnung auf den Fersen war und in ihrer Wirklichkeit dem eigenen Sein nachspürte. Nun hatte sich alles erfüllt: »Warte nur, balde ruhest du auch!«

Der Fremdenführer rühmt die gute Sicht vom Kickelhahnturm bis hin zum Brocken. 107 Stufen hinauf, 21 m hoch, Blick über die schweigenden Wipfel, aus denen die erste Dunkelheit tropft, Wolken an den Dämmerhängen drüben, verhangener Ausblick ... Zeit zur Rückkehr. Eine selbstbewußte Vorzeit gab diesem steinernen Wächter 1855 sogar einen eigenen Turmwart, den Forstaufseher Kilian Merten. »Der kundige Thurmwart explicirt und zeigt mit Hülfe eines festgeschraubten Fernrohrs die nahen und ferngelegenen Punkte ...« Kundendienst anno 1873, das waren noch Zeiten mit Meister Kilian. Ihm verdankt die Nachwelt eine hölzerne Reliquie, die Originaltür der 1870 abgebrannten Jagdhütte, die Kilian Merten 1867 nach Reparaturen an der Hütte käuflich erwarb und sorgfältig aufbewahrte. So steht sie denn heute 20 Wanderminuten weiter im Jagdhaus Gabelbach, Station 8 des Goethe-Wanderwegs. Der Nebel steigt, es fällt das Laub ... Abendlicht auf dem Kickelhahn, hinab zur Stadt durch Zeit und Raum, wo die Aussicht auf ein Bett im »Löwen« wartet.

In einer Kulturlandschaft, wo selbst kleinere Gemeinden auf eine tausendjährige Geschichte verweisen, reichen blanke 700 Jährchen noch nicht zur Besonderheit. Den Ilmenauern genügten sie jedoch, 1973 mit großem Aufwand eine ganze Festwoche zu inszenieren, was nicht zuletzt dem freundlichen Aufputz der Häuser und Straßen diente. Die Himmelblaustädter stützten ihren gesunden Geburtstagsanspruch auf eine lateinische Urkunde der Grafen von Käfernburg und des Abts Heinrich von Hersfeld vom 1. Februar 1273: »... Insuper omnes monetas villarum nostrarum, ut promisimus deponemus ad incrementum monete in Arnstede preter monetam in Ilmina, que sub jure nostro sicut hactinus permanebit ...« Was bei so viel auffälliger Verwendung des auch uns nicht unbekannten Wortes »moneta« in etwa bedeutet: »... Darüberhinaus versprechen wir (die Käfernburger), zum besseren Gedeihen der Münzstätte in Arnstadt alle

Ich habe mit Zittern deinen Zettel aufgemacht, in Freude, daß du mir wieder nah bist. Ich dachte du wärst in Weimar. Liebste Frau wir sind wohl noch in Ilmenau komm nur. Hunderttausendmal bist du um mich gewesen ich hab nur für dich gezeichnet. Zwar wenig, aber mein Herz drinne. Adieu, Engel. Ich geh nach Stüzerbach um für dich eine Zeichnung zu endigen. Liebe du giebst mir ein neues Leben daß du wieder kommst. Ich kann dir nichts sagen. den Herzog freuts. Addio.

d. 2. Aug. 1776

Deine Gegenwart hat auf mein Herz eine wunderbaare Würckung gehabt, ich kann nicht sagen wie mir ist! mir ist wohl und doch so träumig. Zeichnen konnt ich gestern nicht. Ich saß auf Witzlebens Felsen, die herrlich sind und konnt nichts hervorbringen da schrieb ich dir:
Ach wie bist du mir,
Wie bin ich dir geblieben!

Nein an der Wahrheit
Verzweifle ich nicht mehr.
Ach wenn du da bist,
Fühl ich, ich soll dich nicht lieben,
Ach wenn du fern bist
Fühl ich ich lieb dich so sehr.

(anderen) Münzstätten in unseren Ortschaften aufzulösen, außer der Münzstätte in ›Ilmina‹, die ebenso wie bisher unter unserem Vorrecht verbleiben wird. ...«

Also ein durchaus handfester ökonomischer Vertrag der Altvorderen, was vielleicht nicht gerade die poetischste Geburtsurkunde, wohl aber ein direkter Hinweis auf die weitere Geschichte des Bergbauortes Ilmenau ist und auch auf diesem Wege dann zu Goethe führt. Die erwähnte Käfernburg aber, gegen 1250 im Stadtgebiet zwischen Graben, Güldener Pforte und Karl-Zink-Oberschule erbaut, wurde als Raubritternest 1290 von den Kriegern Kaiser Rudolfs von Habsburg ausgeräuchert und niedergelegt. Im Erfurter Rathaus zeigt eines der historischen Gemälde von Professor Janssen die Gefangennahme der räuberischen Käfernburger, 29 nach der Legende und allesamt hartgesottene Kerle, denen die hauseigene Münzstätte offenbar nicht zum Bestreit der Haushaltskosten reichte. Und um Geld ging es die ganze Geschichte hindurch, die Akten bezeugen es. 1343 konnte man die ganze Stadt samt Schloß und Amt für 2000 Mark Silber erwerben. Die Grafen von Henneberg hatten daran nicht lange ihre Freude, sie veräußerten, unter Vorbehalt der Wiedereinlösung, schon 1351 den sauren Besitz für 570 Mark Silber an den Grafen von Schwarzburg. Die Schwarzburger verpfändeten die Stadt hundert Jahre später weiter: 1498 – Savonarola wird verbrannt, Dürer malt sein Selbstbildnis und Vasco da Gama entdeckt den Seeweg nach Ostindien um Südafrika – löst ein Henneberger wieder alles ein, womit Ilmenau bis zum Aussterben dieser Feudalsippe 1583 in deren Herrschaft verbleibt, woran noch heute der Name des Porzellans erinnert. 1661 schließlich fällt das Amt Ilmenau endgültig an das Herzogtum Weimar, dem es bis zur Gründung des Landes Thüringen 1920 angehörte.

Keine freundliche Chronik für Ilmenau. Mißwirtschaft der Henneberger, Kriegskosten, Reichslasten, Verschuldung der Stadt, 1739 geht der Bergbau ein, 1752 verbrennt der Ort bis auf wenige Häuser. Steuerhinterziehung und schließlich die Rebellion 1768. Zehn Bürger-Abgeordnete mit einer Beschwerdeschrift an Anna Amalia über Beamtenkorruption werden in Weimar verprügelt und eingesperrt, erneute Beschwerde und dann die Antwort im Marschtritt von zwei Kompanien regulärer Landmiliz: Türen werden eingeschlagen, Frauen niedergetreten, die Stadt wie Feindesland erobert und drangsaliert. Auf dem Marktplatz wird der zusammengetriebenen Einwohnerschaft Ruhe und Ordnung befohlen. Das war das Erbe, das Goethe mit seinem Amtsantritt 1776 als Geheimer Legationsrat im Geheimen Consilium unter der Regierung des befreundeten Herzogs Carl August antrat.

Nein, so gesehen ist Goethe kein schöner Spruch an der Wand des »Löwen«, keine Gedenktafel, kein Museumsprogramm, sondern ein aufregendes Kapitel Geschichte, aus dem heraus sich die Gegenwart klarer zu erkennen gibt. Blättern wir, aufmerksam geworden, in dem seltsam langen Gedicht »Ilmenau«, um weitreichende gesellschaftliche Hintergründe zu erkennen:

»Es wird der Trug entdeckt, die Ordnung kehrt zurück,
Es folgt Gedeihn und festes ird'sches Glück ...«

Am 3. Mai 1776 kam der junge Goethe mit zwei Husaren von Weimar im scharfen Galopp durch das Südtor in das rauchende Ilmenau. Tags zuvor war in der oberen Stadt wieder einmal ein Feuer ausgebrochen, und es galt, notfalls Hilfe zu organisieren. Glücklicherweise war die Gefahr bereits gebannt, doch dem jungen Doktor aus Frankfurt ging die Begegnung mit der großen Not der Leute tief unter die Haut. Er blieb eine ganze Woche, sah sich genau um und vergaß nicht, daß er helfen wollte. So prüfte er sehr genau die finanzielle Lage der Stadt und übernahm dann selbst die Leitung einer von ihm beim Herzog angeregten Steuerkommission.

Jahre später hatte Goethe – seit 1782 Leiter der Weimarer Kammer, der Finanzbehörde des Herzogtums, und nunmehr auch im Besitz aller offiziellen Berichte – das Durcheinander im Ilmenauer Steuerwesen beseitigt, der Steuereinnehmer Gruner saß wegen 5000 Taler Unterschlagungen im Zuchthaus, das Amt war neu vermessen und katastriert, damit auf dieser Grundlage die Grundstücke neu besteuert werden konnten. Eine Riesenarbeit, bei der Goethe der Geheime Assistenzrat im Geheimen Consilium Christian Gottlob Voigt ganz entscheidende Hilfe leistete. An ihn schreibt er im September 1786 tief befriedigt über das gelungene Werk: »Die Ordnung bey der Casse dauert fort und wir sehn zwar einer langsamen doch gewissen Geneßung entgegen.«

1805 scheidet Goethe aus der Kommission, die 1818 dann aufgelöst wird, der einzige Fall, wo eine Kommission, der der Dichter angehörte, ein offizielles Ende fand.

Ilmenau – Stützerbach – Gabelbach: In das Erinnerungsdreieck sind eine Vielzahl kolportierter und tatsächlich passierter Geschichten aus der Vergangenheit gespannt. Mit Vorliebe berichten frühere Geschichtsschreiber von den Schnurren und Possen, die Karl August und Goethe hier trieben. »Tags über Thorheiten« vermerkt der junge Dichter. Dem Handelsmann Glaser in Stützerbach rollten sie die Fässer den Berg hinunter. Auch das gab es, es rankt sich heute als Schnurre um eine tatenerfüllte Zeit, die ganz andere Aufgaben bereit hatte. Den Ilmenauern fehlte Arbeit, Goethe sah

Heut will ich auf den Hermannstein, und womöglich die Höhle zeichnen hab auch Meisel und Hammer die Inschrift zu machen, die sehr mystisch werden wird. Ihr Zettelgen hab ich kriegt, hab mich viel gefreut – Ich schwör dir ich weis nicht wie mir ist. Wenn ich so dencke, daß Sie mit in meiner Höhle war, daß ich ihre Hand hielt indeß sie sich bückte und ein Zeichen in den Staub schrieb!!! Es ist wie in der Geisterwelt, ist mir auch wie in der Geisterwelt. Ein Gefühl ohne Gefühl. Lieber Engel! Ich hab an meinem Falcken geschrieben, meine Giovanna wird viel von Lili haben, du erlaubst mir aber doch, daß ich einige Tropfen deines Wesens drein gieße, nur so viel es braucht um zu tingiren.
Dein Verhältniß zu mir ist so heilig sonderbaar,
daß ich erst recht bey dieser Gelegenheit fühlte: es kann nicht mit Worten ausgedrückt werden, Menschen könnens nicht sehen. Vielleicht macht mir's einige Augenblicke wohl, meine verklungenen Leiden wieder als Drama zu verkehren.
Adieu liebe.
d. 8. Aug. 76, Ilmenau

Auf dem Gabelbach. Es ist bald 3. der Herzog ist noch nicht von der Jagd er wird hier essen. Von meinem Morgen auf dem Hermannstein sollst du was sehen, vielleicht auch was lesen. Addio Du bist immer bey mir.

in der Wiedereröffnung des Bergwerks einen Ausweg.
Selbst die Ilmenauer waren nicht wenig erstaunt, als sich die Vergangenheit ihrer Stadt zwei Tage vor Weihnachten 1966 auf ziemlich ungewöhnliche Weise erneut zu Wort meldete. Am Westrand der Stadt sackte plötzlich ein großes Stück Erde in die Tiefe, gerade dort, wo sich einst der Schacht »Neuer Johannes« befand. Damit wurde auf eindrucksvolle Weise ein wissenschaftlicher Report bestätigt, den die Lehrgruppe Elektroenergietechnik der Technischen Hochschule Ilmenau unter Leitung von Prof. Dr. Walter Furkert verfaßt hatte. Der Lehrgruppe war es gelungen, mittels moderner geoelektrischer Messungen den verschütteten Schacht genau zu lokalisieren. Ganz offensichtlich war unter dem Druck der Erde eine der Radstuben zusammengebrochen, in denen riesige Holzräder das andrängende Schachtwasser in den höher gelegenen Martinröder Stollen ableiten sollten.
Ein Silbertaler des Jahres 1697 aus der Ilmenauer Münze zeigt eine seltsame Landschaft: Von bewaldeten Berghängen führen hochbeinige hölzerne Stege hinab zu größeren Holzbauten, im Tale unten scharen sich im Schutze der Kirche die Häuser. Aufwendige Wasseranlagen zum Betreiben der Fördermaschinen und Pumpen sind hier sehr genau abgebildet, ein historisches Zeugnis für den weit zurückreichenden Bergbau. Im Dreißigjährigen Krieg verfielen die teuren Anlagen auf der Sturmheide, neue Stauteiche wurden oben in Stützerbach angelegt, Berggräben gezogen, viel Mühe aufgewendet, um die Kupfer- und Silbererze zu brechen und zu verhütten. 1715 werden die Rodaer Schächte stillgelegt, das mexikanische Kolonialsilber ist billiger. 1739 bricht der Damm des unteren Freibachteiches, das Aufschlagwasser für die Pumpen bleibt aus, und die Schächte auf der Sturmheide ersaufen. Das war das Ende des

Ilmenauer Bergbaus, aber auch Goethes Hoffnung, den arbeitslosen Knappen erneut zum Broterwerb zu verhelfen, zerstört.

Der zum Staatsmann des kleinen Herzogtums avancierte Dichter, den Kopf voller bürgerlicher Reformpläne, nahm seine Aufgabe ungeheuer ernst, studierte die Technik und die Vorschriften, entwarf Verträge, ließ sich von erfahrenen Steigern technisch unterweisen, begann, sich für Mineralogie zu interessieren, und sein Elan steckte bald die ganze Stadt an. Zunächst sollte der 80 m tiefe eingestürzte Schacht »Alter Johannes« wieder freigelegt und bis zum silber- und kupferhaltigen Flöz hinuntergetrieben werden. Diese Pläne wurden zugunsten der Aushebung eines neuen Schachts, des »Neuen Johannes«, aufgegeben, für dessen Vorbereitung man immerhin acht Jahre brauchte, bis endlich am 24. Februar 1784 Bergbaudirektor Goethe in Knappentracht mit einer »zierlichen Keilhaue« die Abteufstelle markierte.

Ja, das war ein denkwürdiger Tag der wissenschaftlich-technischen Revolution sozusagen, von jedermann lang ersehnt: »Halb neun morgens versammelten sich die hiesigen Standespersonen und Honoratioren bei Fürstl. Bergwerkskommission, die Knappschaft vorm Zechenhaus. Letztere zog dann mit fliegender Fahne und klingendem Spiel zum Posthause und stellte sich dort auf. Im Versammlungszimmer eröffnete Herr Geh. Rath von Goethe die feierliche Absicht des Tages durch eine Rede ...« Bei der er sogar steckenblieb: »Ich freue mich mit einem jeden, der heute sich zu freuen die nächste Ursache hat ...« Und seltsamerweise spielte das Geld eine Rolle auch in seiner Rede, die er mit dem Wunsch schloß, daß »endlich das zweideutige Metall, das öfter zum Bösen als zum Guten angewendet wird, nur ... zum Nutzen der Menschheit gefördert werden möge«. Bis April 1785 war man erst 84 m tief, im August schließlich bereits 230 m. Doch nun wurden wiederholt wasserführende Schichten angefahren, die gewaltige Kunstzeug- und Wasserkunstanlagen erforderten, das Wasser abzuleiten, eben jene erwähnten Radstuben, vier insgesamt mit drei Rädern von fast 13 m Durchmesser und einem von etwa 9 m, technische Höchstleistungen dieser Zeit und doch vergebliche Liebesmüh. Die ersten Tonnen Gestein, die im September 1792 gefördert wurden, waren fast taub. Neue Strecken wurden in das Flöz getrieben, Goethe ließ als Leiter der Bergwerkskommission keine Gelegenheit vorüber, sich zu informieren, manchmal war er bis zu acht Stunden unter Tage. Er überwachte selbst den Schmelzvorgang und entdeckte ein neues Verfahren der Erzgewinnung durch Pochen und Schlämmen. Alles umsonst. In der Nacht vom 24. zum 25. Oktober 1796 erfolgte ein so schwerer Wassereinbruch, daß der Betrieb eingestellt werden mußte. Bis 1812 wurden die Anlagen in befahrbarem Zustand gehalten. Goethe bemühte sich bis zuletzt um finanzielle Mittel für die Arbeit der Bergleute. Dann blieb er lange dieser Stätte vergeblichen Kampfes fern. Die beiden Hauptschächte »Neuer Johannes« und »Getreuer Friedrich« wurden übermauert, in der Tiefe schlummern bis heute technisch höchst interessante Anlagen, die vielleicht einmal als Schaubergwerk erschlossen werden, wie eine Expertise der Untersuchungsgruppe der Technischen Hochschule ausweist.
Erst im August 1813 kehrte Goethe hierher zurück, vierundsechzigjährig, im Gespräch mit von Müller und Soret das Fazit ziehend: »Ilmenau hat mir viel Zeit, Mühe und Geld gekostet, dafür habe ich aber auch etwas gelernt und mir eine Anschauung der Natur erworben, die ich um keinen Preis umtauschen möchte ...«

Stüzzerbach Nachts bey Tisch. Ich hab heute den ganzen Tag für dich gezeichnet, nicht immer glücklich, aber immer warm. Heut aber saß ich wieder hier auf dem Schloßberg und hatte einen guten Augenblick. Wie erwünscht lag eben der Sonnenblick den Moment da ich aufstieg im Thal wie ich ihn auf's Papier fesseln mögt. – Ich muß nur für dich zeichnen, du thust das dazu was ich nicht machen kann. –
Von heut früh, von heut den ganzen Tag! kann ich nichts sagen! Engel – Geh nur in die Schweiz – Gute Nacht. gute Nacht. – Liebste Frau. Ich schick Ihnen die Stüzzerbacher Zeichnung unvollendet, denn ich fürcht ich verderb sie. Gestern versuchte mich ein böser Geist, daß ich in liebeleerem Augenblick drüber kam, und um ein Haar war sie verpudelt, und ich wäre rasend geworden. Auch haben Sie da noch ein ander Stück, das ich nur in Ihrer Gegenwart auszeichnen kan. Legen Sie beydes in eine leere Comod Schublade, daß es sich linde von selbst aufrollt, daß es nur keine Brüche kriegt. Adieu Engel ich mag dir nichts weiter sagen, du hast alles was ich gethan habe von dir loszukommen wieder zu Grunde gerichtet. Die Rolle schick mir wieder.
Addio.
d. 10. Aug. 76

d. 6. Sept. 80. Auf dem Gickelhahn dem höchsten Berg des Reviers den man in einer klingendern Sprache Alecktrüogallonax nennen könnte hab ich mich gebettet, um dem Wuste des Städtgens, den Klagen, den Verlangen, der Unverbesserlichen Verworrenheit der Menschen auszuweichen. Wenn nur meine Gedancken zusammt von heut aufgeschrieben wären es sind gute Sachen drunter.

Meine beste ich bin in die Hermannsteiner Höhle gestiegen, an den Platz, wo Sie mit mir waren und habe das S, das so frisch noch wie von gestern angezeichnet steht geküsst und wieder geküsst, daß der Porphyr, seinen ganzen Erdgeruch ausathmete um mir auf seine Art wenigstens zu antworten. Ich bat den hundertköpfigen Gott, der mich so viel vorgerückt und verändert und mir doch Ihre Liebe, und diese Felsen erhalten hat; noch weiter fortzufahren und mich werther zu machen seiner Liebe und der Ihrigen.

Spaziergang am Vormittag. Ein klarer Herbsttag. Über den Karl-Marx-Platz durch die Liebknechtstraße in Richtung Bahnhof, wieder mal stauen sich die Autos am Bahnübergang, ein Stück Langewiesener Straße, dann hinter dem Bahnhof in Richtung Teiche. Septembertag mit Sommergold und Knabenherz um die Mittagszeit und bittersüßem Welken danach, ärmliches Gras am Straßenrand, das in den Winter geht. Ein Wandertag. Zuerst die flache Senke der Ilmenauer Teiche, ein Stück alter Landstraße von Weimar her auf einer Dammkrone, Blick hinüber zum Ehrenberg mit den Gebäuden der Technischen Hochschule, Heckenrosen und Schlehen zur Seite, Sumpfvegetation näher zum Wasser, gelbes Waldfingerkraut noch um diese Jahreszeit, weiter hinauf zur neuen Straße nach Weimar. Wiesenlandschaft mit Buschwerk und Disteln, ein Schwarm Stare stiebt auf, dünne Lehmdecke über Karstboden, schmaler Weg hinauf zum Ehrenberg, nun endgültig, einst die alte Landesgrenze markierend. Östlich Schwarzburg-Sondershausen, westlich Sachsen-Weimar-Eisenach. Oben der Knebelblick auf den Thüringer Wald, elegante Kurve der Bahnlinie im Tal, dahinter die beiden Pörlitzdörfer, ganz nach Norden die Reinsburg auf einem hellen Gesteinsband, ein Raubritternest, weiter links das Schieferdachgrau von Manebach. Ja, hier läßt's sich verweilen, man kann Pfeifenschmaucher Karl Ludwig von Knebel schon verstehen, daß er – des Weimarer Hoflebens überdrüssig – 1798 mit der einundzwanzigjährigen Kammersängerin Luise Rudolf in die Stille dieser Landschaft übersiedelte. Von hier oben läßt es sich über die Häuser im Tal hinweg in die Weite sehen:

»Dies ist ein Herbsttag, wie ich keinen sah!
Die Luft ist still, als atmete man kaum …«

»Die Gebäude der Technischen Hochschule fügen

sich harmonisch in das Bild ein«, heißt es im kleinen Brockhaus-Wanderheft von 1969. Ich kann das nicht finden. Der Komplex ruht zu sachlich und etwas isoliert in sich, ganz Konzentration auf die Wissenschaft, wie ja auch den Studenten nicht viel Zeit und Gelegenheit bleibt, Ilmenaus geistig-kulturelles Leben, wie das so schön heißt, mit ihrer Jugend zu beleben.
Ilmenau, kleinste Hochschulstadt der DDR. Nun auch noch das, nach Bergstadt und Goethestadt. Reiseführervokabular, es scheint unvermeidlich. 1953 erst Hochschule für Elektrotechnik, drei Jahre später Grundsteinlegung für die umfangreichen Neubauten am Ehrenberg, heute TH mit Promotionsrecht, 2500 Studenten, 100 Hochschullehrern, FDJ-Jugendklub, Internaten – eine Stadt für sich.

Sonntagmorgen in der Kleinstadt. Ein paar Kinder ziehen mit großen Papierdrachen stadtauswärts. Lindenstraße, beinahe Stadtende noch immer. Linden stehen hier seit mindestens zweihundert Jahren, ein Teil der Verschönerungen der Stadt nach den fürchterlichen Bränden. 1782 wandte sich ein unbekannter Bürger Ilmenaus an den Floßverwalter Grübel mit der Bitte, »welche darin besteht, es will mein gnädigster Herr die hiesige Vorstadt in etwas verbessern, daher Sie auch bereits chauseé verfertigen lassen, woran Höchstdieselben alléens von jungen wohlgewachsenen Linden gesetzt zu haben wünschen ...« Und so stehen die Linden noch heute, freilich kaum dieselben.
Ja, eigentlich steht der Kontrast von Neubau und Altstadt diesem quirligen Städtchen recht gut, man muß nur erst hinter seinen Lebensrhythmus kommen, der kaum mit einem anderen Ort dieser Größe im Thüringer Land zu vergleichen ist.
Ich habe Zeit, diesen Vormittag in aller Ruhe auszuschreiten. Mit der vergnüglichen Aussicht auf echte Thüringer Klöße bei Köhlers, den Eltern eines Studienfreundes von vor weißnichtwieviel Jahren, den es gleich mir immer wieder zurück ins alte Nest zieht.
Noch ist es still in den Straßen. Ein Augenblick Verweil auf der Ilmbrücke. Spuckt man, spuckt man nicht? Ein Blick aufs trübe Wasser, dann weiter durch die Naumannstraße zur Festhalle, Kreiskulturhaus, kulturelles Zentrum, ein wenig abgelegen. »Das HO-Parkcafé bietet bei Konzert und Tanz einen angenehmen Aufenthalt, die anschließenden Parkanlagen, durch farbenfrohe Blumenbeete und den Springbrunnen geziert, laden ein zu erholsamen Stunden ...« Brockhaus-Wanderheft-Verführungen anno 1969. Jetzt, im Herbst 1974, ist von der Blumenpracht nicht viel übrig. Ein paar Astern halten sich aufrecht, nachts gibt es schon Frost. Es fehlt an Gärtnern, auch hier. Da hat die freie Natur mehr zu bieten, gerade jetzt, wo die Sonne langsam hochkommt und durch den Pullover sogar Wärme spürbar wird. Kränkelndes Birkengelb über den Weg hinauf auf den Hang, rückwärts leuchtet das Rot der Dächer.
Zurück in weitem Bogen in die Stadt durch die alten Gäßchen bis zum Markt. Man kann sich nicht verlaufen, alles mündet irgendwann mal auf der Achse Lindenstraße – Straße des Friedens – Marktstraße. Häuschen, meist zweistöckig, keines viel älter als hundert Jahre. Es gab zu viele Brände.
Die Henne auf dem Brunnen – Wappentier der Henneberger – gackert nicht, sie zielt hochmütig mit dünnem Wasserstrahl gen Himmel und ist damit schon sehr lange beschäftigt. Da war doch noch etwas? Natürlich: Goethe und »Wilhelm Meisters Lehr- und Wanderjahre«, der Marktplatz dort gleicht diesem hier, und da drüben war es wohl, wo die Seiltänzer auftraten und aus den Fenstern

Es ist ein ganz reiner Himmel und ich gehe des Sonnen Untergangs mich zu freuen. Die Aussicht ist gros aber einfach.

Die Sonne ist unter. Es ist eben die Gegend von der ich Ihnen die aufsteigenden Nebels zeichnete, ietzt ist sie so rein und ruhig, und so uninteressant als eine grose schöne Seele wenn sie sich am wohlsten befindet.
Wenn nicht noch hie und da einige Vapeurs von den Meulern aufstiegen wäre die ganze Scene unbeweglich.

Nach 8. – Schlafend hab ich Provision von Ihnen erwartet, sie ist angekommen auch der Wein von Weimar, und kein Brief von Ihnen. Aber ein Brief von der schönen Frau ist gekommen mich hier oben aus dem Schlafe zu wecken. Sie ist lieblich wie man seyn kan. Ich wollte Sie wären eifersüchtig drauf, und schrieben mir desto flüssiger.

d. 7. Sept. Die Sonne ist aufgegangen das Wetter ist hell und klar. Diese Nacht war ein Wenig Wind und ich werde heut zu meinem Weeg schöne Zeit haben. Es geht auf Goldlauter und auf den Schneekopf. Eh ich aufbreche einen guten Morgen.

Ilmenau d. 7. Abends. Meine Wanderung ist glücklich vollendet und ich sizze und ruhe, indeß Sie im Geschwirre der Menschen umgedreht werden, und Illuminationen zubereitet sind. Wir sind auf die hohen Gipfel gestiegen und in die Tiefen der Erde eingekrochen, und mögten gar zu gern der grosen formenden Hand nächste Spuren entdecken. Es kommt gewiß noch ein Mensch der darüber klaar sieht. Wir wollen ihm vorarbeiten. Wir haben recht schöne grose Sachen entdeckt, die der Seele einen Schwung geben und sie in der Wahrheit ausweiten. Könnten wir nur auch bald den armen Maulwürfen von hier Beschäftigung und Brod geben. Auf dem Schneekopf ist die Aussicht sehr schön. Gute Nacht. Ich bin müde. Dencken und schwäzzen ginge noch an, das schreiben will nicht mehr fort. Es sind hübsche Vorfälle – gute Nacht ich kan doch nichts einzelnes erzählen.

der alten Gasthäuser »Sonne« und »Adler« sich Philine und Wilhelm zärtlich in die Augen sahen. Nur wenige Schritte bis zum Rathaus, 1768 bis 1786 erbaut, und nun die Oberthorstraße aufwärts zum Friedhof. Sonntagvormittagsbesuch bei Corona Schröter, der schönen, allzuschnell vergessenen Schauspielerin des Weimarer Hofes.

»Ein Schatten an der Mauer
Von Ästen, bewegt im Mittagswind ...«

Wieder eine Liebesgeschichte, die in Einsamkeit und Trauer endete. Der Wind raschelt in bunten Blättern, hierher verirrt sich selten ein Besucher, der kleine Friedhof scheint der Mühe nicht wert. Corona Schröter, gestorben in Ilmenau am 23. August 1802, Goethes erste Iphigenie am 6. April 1779 im Liebhabertheater Ettersburg. Schon in Leipzig erlag er ihrem Zauber, später – so das Tagebuch vom 6. Januar 1777 – konnte er, bis zehn Uhr abends ihr Gast, »wegen Herzklopfen und fliegender Hitze« nicht schlafen.

»Ihr kennt sie wohl; sie ists die stets gefällt,
Als eine Blume zeigt sie sich der Welt ...«

Sie hatte viel Zeit, in der ländlichen Stille dieser herbstlich melancholischen Landschaft über die glänzenden Weimarer Jahre nachzudenken. An das nächtliche Ilmufer bei Tiefurt, wo sie in Goethes Wald- und Wasserspiel »Die Fischerin« in einer Julinacht des Jahres 1782 die Hauptrolle spielte, die Volkslieder dazu komponiert hatte, oder an Iphigenie mit Goethe als Orest und Knebel, der guten alten Haut, Träumer wie sie und letzter vertrauter Freund in Ilmenaus Einsiedelei, als Thoas. Iphigenie:

»So manche Jahre wohn' ich
Hier unter euch verborgen,
Und immer bin ich, wie im ersten, fremd ...«

Und seltsam, daß sie ihre letzten Jahre gerade hier verbrachte, wo ganz nahe der 4. Akt der »Iphigenie« an einem einzigen Tage entstanden war. Das war am 19. März 1779, und damals war es bereits die Hofdame Anna Amalias, die sieben Jahre ältere Charlotte von Stein, die den Dichter immer neu anregte. Am 5. August 1776 hatte sie ihn in Ilmenau besucht, und er war mit ihr hinauf zum Großen Hermannstein gewandert, dem »erwählten Fels«, wo er so oft saß und zeichnete.

Als Corona – 51 Jahre alt – einsam und vergessen in Ilmenau starb, war keiner von denen da, die sie mit ihrem Spiel einst in Weimar faszinierte. »Es ist sündlich«, schrieb empört Knebel an seine Schwester Henriette, »wie man in Weimar mit den Toten umgeht«, und kümmerte sich selbst um einen würdigen Grabstein.

Der Frost hat ihn zersetzt, und ein neuer wurde aufgestellt. »Die Zeit geht nicht, sie stehet still, wir ziehen durch sie hin ...«

Zeit, zu gehen. Die Oberthorstraße zurück, dann die Marktstraße hinunter bis zur Stadtkirche. Ein paar gotische Fenster auf der Ostseite, Reste des alten Doms vor dem großen Brand 1752. Drinnen verwitterte Wappentafeln, ein Barockaltar, wenig Sehenswertes. Noch zwei-, dreimal um die Ecke, dann ein niedriges Häuschen wie hier viele.

Köhlers wohnen in der Altstadt, so lange sie zurückdenken können. Sie wollen da auch nicht raus, trotz Goethe-Klo und klappernden Schieferplatten an den Außenwänden. Die Kinder sind ausgeflogen, eine Tochter, verheiratet, zwei Kinder, gutes Einkommen bei Elektroglas, wohnt draußen Am Stollen. »Eine schöne Wohnung«, sagt Mutter Köhler, »aber wir bleiben lieber hier unten ...« Wegen der Erinnerungen, aus Bequemlichkeit? Ich weiß es nicht.

Mir gefällt es in dieser wie ein ausgetretener Hausschuh bequem gewordenen Wohnung mit dem Biedermeier-Sofa in der guten Stube und der Blümchentapete an den Lehmwänden, niedrige Decke und alles gut durchgeheizt, auf dem ausgezogenen Tisch richtige Zwiebelmusterteller aus Mutters Mitgift. Den kleinen Fenstern gegenüber ein Monstrum von Glasschrank, schweres Holz und Messinggriffe, darin ein paar Täßchen, die neugierig machen, eine Kanne mit farbiger Blumenmalerei, vielleicht noch 18. Jahrhundert, der Boden gezeichnet mit einem Kleeblatt, eine alte Ilmenauer Marke. Das bedarf keiner Werbung, das spricht mit seiner klaren Formgebung und feinen Bemalung für sich, und es ist schön, daß solche alten Stücke noch in solch alten Haushalten zu finden sind, wo sie auch hingehören.

Fast zweihundert Jahre wird nun in Ilmenau Porzellan hergestellt. Ein Christian Zacharias Gräbner aus Großbreitenbach fing 1777 zunächst an, und Gotthelf Greiner, der Vater der Porzellanindustrie des Thüringer Waldes, verhalf dem Unternehmen zwischen 1786 und 1792 zu jener überzeugenden Qualitätsarbeit, wie sie sich hier als Erbstück im Glasschrank präsentiert. Heute gehen die Modelleure und Formgestalter des großen Porzellanwerks »Graf von Henneberg« bei den Meistern des Altthüringer Porzellans wieder in die Lehre.

Ein kühler Herbstmorgen, grauverhangen. Nicht alle Geschäfte öffnen pünktlich, ein Pferdefuhrwerk rollt polternd die Schleusinger Straße stadtauswärts. Lindenstraße, Marktstraße, Markt. Noch läuft der Brunnen, leise plätschert der silbrige Strahl ins Becken, Morgengruß der Henne. Breit dahingelagert gegenüber die Barockfassade des Amtshauses, den ganzen Platz beherrschend. Einst Verwaltung, dann Heimatmuseum, seit 1976 Goethe-Gedenkstätte.

Langsam wird eine Konzeption erkennbar: Goe-

Ihr Brief und Zettelgen kam recht willkommen. Verlieren Sie den Glauben nicht daß ich Sie liebe sonst muß ich einen grosen Bankrut machen.
Wie lieb ist mirs daß ich den Ball und die Illumination nicht mit gelitten habe. Zwar wenn Sie artig waren hätt es doch gehalten ...
Jezt leb ich mit Leib und Seel in Stein und Bergen, und bin sehr vergnügt über die weiten Aussichten die sich mir aufthun, diese zwey lezten Tage haben wir ein gros Fleck erobert, und können auf vieles schliessen. Die Welt kriegt mir nun einen ungeheuer Ansehn ...

d. 1. Jul. 81. Illmenau.
Dein Andencken hat mich stille bey Tag und Nacht begleitet, ich wollte dir nicht eher schreiben als bis ich ganz ruhig wäre. Heute ist der Valetschmaus, Morgen gehn unsre Freunde weg, und ich auch mit Knebeln nach Rudolstadt. In Schwarze will ich dir zeichnen wenn ich nur das rechte Fleckgen treffe. Diese Tage her hab ich auch etwas für dich gearbeitet das ich dir mitbringe du sollst ihm hoff ich ansehn daß ich dich liebe. Was es ist sag ich noch nicht. Daß deine Empfindung durch den letzten Abend gestört ward, nimmt mir von meinem freudigen Andencken an dich die schöne Beleuchtung, doch hoff ich du sollst mich mit lebendiger Liebe empfangen. Leb wohl. Grüse Steinen und was gut ist. Ich befinde mich wohl. Mehr kan ich nicht schreiben, ich bin in mich gekehrt und liebe dich. Gib dem Boten etwas für mich mit, man weis mich zu finden. Noch leg ich eine Sudeley von gestern Abend hierbey.

Die Tasse die beykommt hab ich dir gemahlt, ich wünschte die Masse des Porzellans wäre besser, ich habe eine kindische Freude dran gehabt und besonders in der Hoffnung daß dichs auch freuen soll. Wenn ich einmal Rothbergisches Porzellan haben kan, und nur noch ein wenig Übung, so soll auch das bessere dein seyn. Ich dencke drauf dir ein Paar Blumenkrüge zu mahlen. Die Füllhörner werden auch noch fertig eh ich hier weggehe. Ernstens husten beunruhigt mich, sorge doch auch für Frizzen, der auch einen Ansatz hat. Grüse Steinen. Wenn ich zurückkomme, lad ich euch alle auf eine Geschichte ein, die euch gewiß rühren und gefallen soll.

thes Wirken im Thüringer Wald, naturwissenschaftliche Studien und literarisches Bekenntnis, Einsichten in gesellschaftliche Zusammenhänge. Erbe-Rezeption in der Praxis. So sind das Amtshaus in Ilmenau, das Goethehaus in Stützerbach und das Jagdhaus Gabelbach als Gedenkstätten genau aufeinander abgestimmt. Die Leistung der Museologen vom Weimarer Goethe-Nationalmuseum nötigt Achtung ab, fand internationale Anerkennung und wurde zum Anziehungspunkt für viele Urlauber.
Schwarzes »g« in gotischer Schrift auf kleinem Plasteschild: Goethe-Wanderweg mit Erholungseffekt und Bildungsabsichten, 25 km lang, von Zeit zu Zeit wie Stationen einer Prozession Orientierungstafeln in der Art einer Wildraufe. Der Weg führt vom Autohaus durch die Oberthorstraße zum Grab der Sängerin und Schauspielerin Corona Schröter auf den Friedhof, von da vorbei am Zechenhaus, dem ältesten Gebäude der Stadt und einstigem Sitz der Bergbauverwaltung, zum mittleren und oberen Berggraben. Hier wurde einst das Wasser von Stützerbach zum Betrieb des Ilmenauer Bergwerks herabgeführt, worauf ausführlich die Dokumente im Amtshaus und im Goethehaus Stützerbach hinweisen.
Weiter dann zum Schwalbenstein. Hier entstand 1779 die Prosafassung des 4. Akts der »Iphigenie«: »Sere die, quieta mente (an einem heiteren Tag, mit froher Seele) schrieb ich nach einer Wahl von drei Jahren den vierten Akt meiner Iphigenie an einem Tage.« Die entsprechende Markierungstafel zeigt ein Faksimile des ersten Manuskriptblattes sowie die Fotografie eines zeitgenössischen Zylindertäßchens mit der Abbildung des Schwalbensteins.
Vorbei am Emmastein-Felsen führt der Weg nun direkt nach Manebach zum Haus des Kantors, wo Goethe zwischen 1776 und 1777 wiederholt einkehrte und uns – auf der Schautafel zu sehen – eine

Naturzeichnung des Tales hinterließ. »Nach Tische allein nach Manebach«, schrieb er am 29. August 1776 ins Tagebuch, »unterwegs geschlafen an der Ilm, angekommen beim Kantor, auf seiner Wiese den Grund hinauf gezeichnet.«

Die nächste Station ist der Große Hermannstein, ein steiler Porphyrfelsen, den einst eine Burg krönte. Weit geht hier der Blick ins Land, wo »die Täler an den Fichtenwänden heraufdampfen«. An Charlotte von Stein beschrieb Goethe diesen Ort als »geliebten Aufenthalt, wo ich möcht wohnen und bleiben«. Weiter führt der Weg zur Jagdhütte Kickelhahn, der Zuflucht des Dichters, von wo aus er der Freundin nach Weimar schrieb: »Es ist ein ganz reiner Himmel, und ich gehe, mich des Sonnenuntergangs zu freuen.«

Von hier aus ist es zum Jagdhaus Gabelbach keine 20 Minuten weit. Ein spätbarocker Zweckbau, 1783 im Herbst in aller Eile zusammengezimmert, weil Carl August den Herzog von Kurland zur Jagd erwartete. Keine geringen Sanierungsprobleme für die Erbe-Verwalter, die es sich in den Kopf gesetzt hatten, alle von Goethe einst genutzten Räume möglichst ursprünglich zu erhalten. Jagdtrophäen, Geweihe, Vogelbälge, alte Stiche mit Jagdszenen von Ridinger im unteren Flur, Treppenhaus und oberer Diele. »Der Jäger aus Kurpfalz, der reitet durch den grünen Wald...« Man kann schon verstehen, was die hohen Herren hierher zog. In der sogenannten Schreibkammer wird Freund Knebel gewürdigt, sein altes Arbeitspult – ramponiert im Magazin des Ilmenauer Heimatmuseums aufgefunden – wirkt ein wenig verloren in der kühlen Strenge ehrenden Gedenkens. In den ehemaligen Wohnzimmern des Herzogs schließlich ein Museum zu Goethes naturwissenschaftlichen Arbeiten und der Schlüsselsatz zu allem: »Hier tat sich nun der Thüringer Wald in Länge und Breite vor uns auf.« Ein paar junge Leute betrachten interessiert die forstwirtschaftlichen Studien und schlendern dann hinüber in den Festsaal. Grün und weiß herrschen vor, ein Spieltisch in der Ecke deutet verschämt an, daß man dereinst die Freizeit auch anders zu verbringen wußte.

Weiter auf Goethes Spuren durchs Schortetal zum »Auerhahn« und von da zum Stützerbacher Schloßberg, um endlich – die Klassik nun gewaltig in den Waden – kurz vor dem Goethehaus in Stützerbach in Aussicht auf einen heißen Grog die Segel vollends zu streichen. Zuviel Goethe auf einmal. Ein andermal, weniger müde auch noch dieses museale Schmuckkästlein, für das man Zeit und Muße mitbringen muß, Zeit für die ganz eigentümlich anheimelnde Arbeits- und Wohnatmosphäre, für die sorgfältige Kunst der Restauratoren, für die alten Schränke und Öfen, für die Bauernmöbel und das Geschirr in der schwarzen Küche. Zeit auch für das kleine Glasmuseum im Erdgeschoß, wo vor Jahren noch Otto Kesselring, wenn er gute Laune hatte, seinen Besuchern über der Gasflamme kleine Glasfläschchen aus roten und grünen Glasstäben blies. Ja, eigentlich kann ich mir dieses Haus auf der Höhe ohne Kesselrings Otto gar nicht vorstellen, wie er schnell und gründlich aus dem Augenwinkel seine Besucher einschätzte und je nachdem die Führung knapp hielt oder ausdehnte, bis man bei ihm am Werktisch stand und seinen geschickten Fingern zusah, um dann selbst mal pusten zu dürfen und natürlich das Glas an irgendeiner Stelle aufblähte, wo es nicht sein durfte. Wie er sich dann über das Ungeschick der Gäste amüsierte und stolz die eigene Kunst zelebrierte, der alte Glasbläser, der alle Kollegen der Zunft in Stützerbach kannte und grob wurde, wenn einer der Fremden das Handwerk gering achtete. Dieser große Könner seines Fachs und Kenner der Landschaft fehlt mir heute viel zu sehr. Vor Jahren führte er mich hinauf auf die obere Diele und

Ein Regen und Nebelwetter hat uns abgehalten auf den Inselsberg zu gehn, indessen habe ich dir, meine beste beykommende zwey Blumentöpfe gemahlt, und hoffe sie werden dich freuen. Ich werds immer besser machen und du sollst auch das bessere haben.
Knebel ist gar gut und brav, wenn du es leiden magst, will ich ihm auch so einen Blumentopf mahlen ...

d. 6. Jul. 81.
Leider ist einer von den Blumentöpfen im Feuer verunglückt und ich kan dir also nur einen schicken. Adieu liebste ich will dir gleich einen neuen mahlen.

Jeden Abend grüs ich das röthliche Gestirn des Mars, das über die Fichtenberge vor meinem Fenster aufgeht, es muß dir über meinem Garten stehn und bald seh ichs mit dir in Einem Fenster. Gute Nacht meine beste, entfernt von seiner Liebe ist nicht zu leben.
Illmenau, d. 8. Jul. 81

deutete auf ein altes Schriftstück, wo vor knapp zweihundert Jahren eine Anzahl Stützerbacher Glasbläser den Herzog um billigeres Holz baten, und meinte lakonisch: »Obwohl ich ein alter Stützerbacher bin, habe ich meinen Urgroßvater erst hier kennengelernt.« Damit hatte er seine Meinung über das gerade neu geschaffene Goethe-Museum im ehemaligen Gundelachschen Hause formuliert. Zum Wohl, Otto Kesselring!

Wieder am Hauptbahnhof. Ein anderer Alter sieht neugierig-gelassen dem Treiben zu. Der Wind peitscht die Tauben über die Dächer, der Schreckensschrei einer Diesellok flattert zerfetzt herüber. Abschied. Nichts mehr von »anmutigem Tal« und »immergrünem Hain«, der Regen erstickt alles Zurückdenken, Tropfengitter vor der Erinnerung. Ist's noch Nachmittag, schon Abend? Hinten am grauen Strand der Wälder liegt die Stadt, schon fern und nicht mehr faßbar. Waren's nur drei Tage, nicht mehr? Beim nächsten Mal werde ich's wissen.

Roger Nastoll

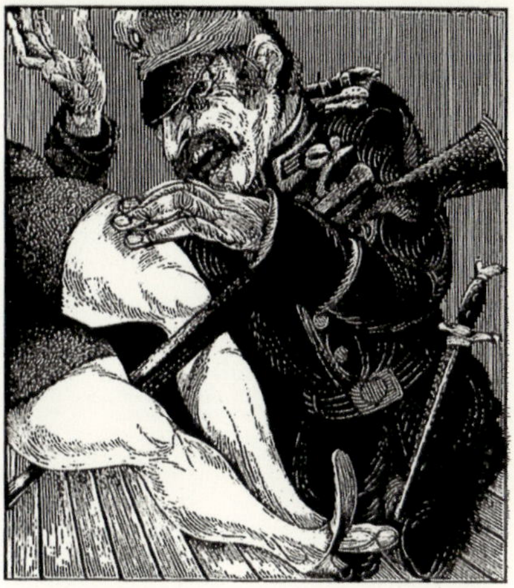

Mögliche Gründe für einen neuerlichen Arnstadt-Besuch

Kennen Sie Eugenie John? Nicht? Und Eugenie John-Marlitt oder *die Marlitt*? Auch nicht?
Aber »Die Gartenlaube kennen Sie?! Nein, ich meine nicht den Bungalow Typ »Party 3«, den sich Ihr Klempnermeister auf Rügen hat bauen lassen, sondern die Familienzeitschrift mit selbigem idyllischem Namen, die im letzten Drittel des vergangenen Jahrhunderts keinen unwesentlichen Einfluß auf die Meinungsbildung ihrer immerhin 300 000 Abonnenten ausgeübt haben dürfte. Ein Redakteur dieser Zeitschrift – Ernst Keil – zeigte 1866 ein außerordentlich feines Gespür für einträgliche Geschäfte, als er der Autorin des in seinem Blatt erschienenen Romans »Goldelse« sofort das vereinbarte Honorar verdoppelte und ihr ein Jahresgehalt von 800 Talern zusicherte für den Fall, daß sie für weitere Bestseller sorge. Und das tat sie denn auch stracks, die immer noch hübsche, blondgelockte Arnstädterin Eugenie John-Marlitt. Und schrieb »Das Geheimnis der alten Mamsell«, »Die Reichsgräfin Gisela«, Das »Heideprinzeßchen« und viele ähnliche Rührseligkeiten. Wenn unser Schriftstellerlexikon mit Inhalt und Form der Marlittschen Werke auch hart ins Gericht geht, so sei – aus Höflichkeit einer Dame gegenüber – wenigstens erwähnt, daß die Marlitt seinerzeit nicht nur in Deutschland, sondern fast auf der ganzen Welt gelesen wurde. Eine Tatsache, von der mancher heutige Autor nicht einmal zu träumen wagt.
Die Bücher der Marlitt sind heute aus unseren Bibliotheken verschwunden. Aber sicherlich nicht deshalb, weil ihr Inhalt in den Köpfen der Leser noch irgendwelches Unheil anrichten könnte, sondern eher, weil das geschilderte Milieu, die darin agierenden Menschen und deren Konflikte mit ihrer Beziehungslosigkeit zur heutigen Welt uns tödlich langweilen würden. Und das können wir ja schließlich auch von Zeitgenossen haben.
Doch wenn man in Arnstadt ist, darf man ruhig mal an die Marlitt denken; denn hier wurde sie 1825 geboren, und hier begrub man sie 1887.
Wenn man in Arnstadt ist ... Erst muß man mal hinkommen!
Arnstadt ist zwar, da schon 704 erstmalig urkundlich erwähnt, die älteste, aber bei weitem

Arnstädter Splitter:

Die Kreisstadt im Bezirk Erfurt hat heute etwa 30000 Einwohner. Sie liegt an der Schwelle zwischen dem Vorland des Thüringer Waldes und dem Thüringer Becken.

Die Stadt an der Gera gehört zu den drei ältesten urkundlich genannten Orten der DDR.

Seit dem Jahre der Ersterwähnung 704 bis zum Jahre 954 stieg die Bedeutung Arnstadts derart, daß Kaiser Otto I. einen Reichstag hierher einberufen konnte.

Im 11. und 12. Jahrhundert ging der Ort durch Gütertausch in den Besitz des Klosters Hersfeld über.

keine der größten Städte unseres Landes. Ergo kommt man als KFz-freier Bürger nicht auf dem Flughafen, sondern auf dem Bahnhof an. Mit einem Schnellzug. Das geht hier noch, denn Arnstadt ist eine Station an der besonders für Dienstreisende so wichtigen Nord-Süd-Verbindung Berlin–Meiningen.
Weshalb man gekommen ist? Nun, vielleicht nur mal so. Jedenfalls wird man bei der Abreise sagen können, weshalb man wiederkommt.

Vielleicht wegen der Bäume

Sind es zweitausend? Oder viertausend? Es sind sehr viele. Linden, Ahorn, Buchen, Pappeln, Kastanien und immer wieder Linden. Gemischte Gruppen in den Parks, einzeln aufgereiht längs der Straßen, bunt in den Gärten der Südstadt und waldig auf den Hängen zur Alteburg und zur Eremitage. Schaut man vom Alteburg-Turm auf die Stadt und läßt der Phantasie ein wenig mehr als sonst die Zügel, dann liegt vor einem ein verzauberter Teppich, in den Gärten, Parkanlagen und Alleen eingewirkt sind; sie geben ihm je nach Tages- und Jahreszeit ein anderes Bild.
Die Verliebten haben es gut in Arnstadt. Und die Hunde viel zu tun beim Rundgang durchs Revier.
Willibald Alexis lobte 1851, ein Jahr, bevor er für immer hierher kam: »... selbst in den Neubauten vermeidet man die Monotonie, welche kleinere Städte, wenn sie nach einem Brande sich wieder aufrichten – ein Haus regelrecht wie das andere, als ein fader Abklatsch der letzten Mode in der Hauptstadt, aber mit mesquinen Mitteln – fürs Auge so widerwärtig, für das ästhetische Gefühl so langweilig macht. Ältere und neuere Häuser schmücken sich hier mit Rebengeländen, am Spalier gezogenen Akazien und hoch getriebenen Rosenbäumen von seltener Schönheit ...«

Vielleicht Bachs wegen

Arnstadt hat einen Bachchor. Das will nichts besagen? Bei Arnstadt schon. Wenn der Fremde vom Einkaufs- und Bummelzentrum an der Erfurter Straße zum Marktplatz hinaufkommt, fällt ihm gewiß sogleich ein junger Mann auf, der linker Hand auf einem Stein sitzt. Seinen Rock hat er sich als Kissen untergelegt, die Beine in den engen Hosen lässig von sich gestreckt. Das weitärmelige Hemd spannt über der kräftigen Brust, läßt Hals und Schlüsselbeine unbedeckt. Der Jüngling schaut sinnend über den Markt und tut mit seinen Händen irgendetwas, was wohl mit dem, worüber er sinniert, zusammenhängt. Ein Ballettänzer in der Probenpause? Aber nein, diese klobigen Schnallenschuhe! Der junge Mann sitzt noch nicht lange dort, aber es ist abzusehen, daß er lange sitzen bleiben wird; denn er ist aus Bronze gegossen – sein Name: Johann Sebastian Bach. Professor Goebel hat dieses heitere unkonventionelle Bachdenkmal jüngst geschaffen, und er hat sich, so wird erzählt, damit in Arnstadt nicht nur Lorbeer errungen. Bach ohne Allongeperücke, ernstes Kantorsgesicht und Notenblatt in der Hand – ein Sakrileg! Ach, diese Tugendwächter; fast scheint es, sie stammen in direkter Linie von jenen Konsistorialräten ab, die dem zweiundzwanzigjährigen Bach 1767 das Leben in Arnstadt vergrault haben. Wie es so weit gekommen ist, kann, wer Arnstadt besucht, in der neueingerichteten Bach-Gedenkstätte im Haus zum Palmbaum erfahren – der bronzene Jungbach schaut direkt auf den Eingang dieses schönen, alten Patrizierhauses. Man trete also ein und nehme zur Kenntnis, daß Bach von 1703 bis 1707 an der »Neuen Kirche« – heute heißt sie ihm zu Ehren Bachkirche – als Organist wirkte, und wie es anfing mit den Bachs in Arnstadt: »1629 kam Caspar Bach nach Arnstadt und trat als Türmer und Hausmann auf Schloß Neideck in den Dienst des Grafen ...« Johann Sebastian hatte es da mit 18 Jahren doch schon etwas weiter gebracht. In Arnstadt legte er die Grundsteine für sein unvergängliches Tongebäude. Und wenn die Hohen Herren vom Arnstädter Konsistorium diesen unüberhörbaren Vorboten künftigen Ruhmes auch gebührende Anerkennung zollten (keiner von J. S. Bachs Vorgängern erhielt eine gleich hohe Besoldung wie er), so schienen sie sich da doch ein recht zweischneidiges Schwert angeschafft zu haben.

Nicht nur, daß es Bach unter seiner Würde fand, die säumigen Chorschüler aus den umliegenden Brauhäusern zum Unterricht zu holen – er hatte auch »... ohnlängst eine frembde Jungfer auf das Chor biethen und musicieren lassen«. Die Stirnen der Herren Konsistorialräte umwölkten sich, und der junge Bach war gut beraten, die Präludien, Fugen und Choräle an den folgenden Sonntags- und Donnerstagsgottesdiensten besonders meisterlich zu spielen, um die gestrengen Vorgesetzten wieder zu Laune zu bringen. Als er dann jedoch von einer »Dienstreise« zu Dietrich Buxtehude aus Lübeck mit zweimonatiger Verspätung zurückkam, wich alles Verständnis für die Künstlergrillen des Orgelspielers den ehernen Gesetzen von »Pflichtbewußtsein« und Obrigkeitsgehorsam. Es kam zu einem peinlichen Verhör des pflichtvergessenen Musikus, der daraus die Konsequenz zog, sich um eine Organistenstelle in der Freien Reichsstadt Mühlhausen zu bewerben. Freilich wurde er dort mit offenen Armen aufgenommen – im Juni 1707. Schade für Arnstadt. Glück für Mühlhausen und – für Dornheim, eine kleine Gemeinde, wenige Kilometer östlich von Arnstadt. Von den Arnstädtern brüskiert, ließ er sich in der dortigen Dorfkirche und

Die Grafen von Käfernburg zwangen am 1. Februar 1273 das Kloster, ihnen das Schloß zu Lehen zu übertragen. Sie verlegten ihre Residenz hierher und erwarben nach und nach Mitbesitz an der Stadt.

Die Grafen von Schwarzburg, Nachfolger der Käfernburger, kauften 1332 von Hersfeld den Rest des Arnstädter Besitzes. Bis 1920 blieb die Stadt schwarzburgisch.

Arnstadt, eine frühe Konferenzstadt:
1198 Versammlung der Reichsfürsten, Philipp von Schwaben wird zum König erkoren. 1208 wird hier beschlossen, Philipps Gegner Otto IV. zum König auszurufen. 1309 Beratung zwischen dem Schwarzburger Grafen und dem Herzog Heinrich von Braunschweig, wie der Streit zwischen Landgraf Friedrich von Thüringen und den Erfurter Bürgern beigelegt werden könnte. 1482 Fürstenkongreß. Vom 19. November bis zum 16. Dezember 1539 Beratungen des Schmalkaldischen Bundes. Und so fort durch die Jahrhunderte, allerdings immer weniger auf »Königsebene«, bis hin zu den Sitzungen von heute.

nicht etwa in der Stätte seines einstigen Wirkens mit der frembden Jungfer, seiner Base Maria Barbara, der Tochter des Gehrener Organisten Michael Bach, trauen.
Dies ist einiges und möglicherweise nicht einmal das Wichtigste, was man im Haus zum Palmbaum erfährt und was man sicherlich auch über andere Quellen in Erfahrung bringen kann. Aber eines kann man sicherlich nur dort erfahren: das Gefühl, wenn man verstohlen und sachte den Spieltisch der Orgel berührt, deren Tasten, Register und Pedale Johann Sebastian selbst bedient hat …

Vielleicht wegen des Wollmarktes

Der ist nun gar nichts für sensible Menschen, weil sehr laut. Da strömen jährlich einmal für einige Tage die Arnstädter und ihre Nachbarn (zu denen sich in besagter Zeit sogar die Ilmenauer noch zählen) in hellen Scharen zu dem lindenumsäumten Platz an der Badeanstalt, und dabei ist dort »bloß Rummel« … Nein, es ist eben nicht »bloß Rummel«, auch wenn die Schausteller und deren Vergnügungsmaschinen dieselben sind, die man bei ähnlichen Anlässen in anderen Städten findet. *In Arnstadt ist Wollmarkt!* Und der hat Tradition. Am 1. Mai 1850 verlieh Fürst Günther Friedrich Carl dem Magistrat zu Arnstadt das Recht, »alljährlich im Monat Junius einen Wollmarkt zu halten«. Daß diesem Gnadenakt ein Gespräch des Fürsten mit seinen höfischen Beratern vorausging, wobei man zu der Überzeugung kam, daß ein Volk, das ab und an feilschen und feiern darf, nicht revoltiert, ist nicht verbürgt, aber durchaus denkbar.
Vom Feilschen hielten die Arnstädter denn doch nicht so viel – wohl aber vom Feiern. Schon bald machten die Schausteller auf dem Wollmarkt bessere Geschäfte als die Pudelmüt-

zenrohstoffhändler, und die Mehrzahl der Besucher zog es vor, sich bei der »Darstellung moderner Salonmagie, aus dem Reich der Physik, Optik, Chemie und des Magnetismus, produziert von dem Escamoteur H. Lorch«, für 1½ Silbergroschen Gruseln zu holen als die Geldbeutelschwindsucht beim Spekulieren mit Rohwollepreisen.

Apropos Schausteller. Auf dem Denkstein eines schlichten Grabes nahe der Himmelfahrtskirche liest man: »Hier ruhet Frau von Linsky, geb. 1806 in Kopenhagen, getötet durch einen Flintenschuß am 8. Nov. 1829 zu Arnstadt.« So war sie also doch nicht kugelfest, wofür sie ihr Mann, ein trickreicher dänischer Taschenspieler, allabendlich dem atemberaubten Publikum ausgab. Dabei war bisher alles so gut gegangen: Soldaten wurden bestellt, gegen ein Schweigegeld in den Trick eingeweiht, die Patronen entschärft, es knallte laut, und als sich die Rauchschwaden lichteten, stand Frau von Linsky unverletzt und anmutig lächelnd vor der Zielscheibe. Doch am 8. November 1829 machte einer der Soldaten beim Entschärfen seiner Flinte einen folgenschweren Fehler …

Es ist gut, daß diese traurige Schaustellergeschichte nicht in den Annalen des Wollmarktes steht, sondern nur auf dem Grabstein angedeutet ist, bei dem ein dornenloser Rosenbusch wächst, eine botanische Absonderlichkeit, in der die Arnstädter weiland eine pietätvolle Geste der Natur gegenüber der Verunglückten sehen wollten.

Und noch einmal apropos Schausteller: Wenn es der Zufall einrichtet, begegnet man in Arnstadt am hellichten Tage mitten im Gedränge der Altstadt einnem älteren Mann, der, obwohl den Einheimischen kein Unbekannter, diese doch immer wieder an die Fenster oder auf die Straße lockt, wenn er vorbeikommt. Was Wunder – er kommt nicht allein. Neben ihm, an einer Leine, watschelt schimpfend ein Ganter. Das wahrhafte Tier heißt Hansi und sein Herrchen Peter Finke, der, wenn er sich nicht als Gänsebändiger betätigt, ein Schaustellergewerbe mit Zuckerwatte und kandierten Äpfeln betreibt.

Vielleicht wegen der Geschichte

Eine Stadt muß nicht 1270 Jahre alt werden, um eine bewegte Geschichte zu haben, aber wenn sie es wird, dann hat sie eine. Und wenn ihr zum Beweis dessen noch eine Vielzahl Zeugnisse gut erhalten blieben, kann sie sich glücklich schätzen wie Arnstadt.

Deren älteste Zeugnisse – Feuersteinwerkzeuge in großer Menge – wurden auf der Alteburg gefunden. Standort und Anlage der Alteburg kann das ungeübte Auge des ortsfremden Besuchers heute nur noch ahnen, und das nimmt nicht wunder, wenn man liest, daß ein Arnstädter Chronist in den Alteburggründern Zeitgenossen des Hamilkar Barkas (gest. 228 v. u. Z.) und des Hannibal (gest. 183 v. u. Z.) vermutet.

Doch was nützen den Stadtvätern späterer Jahrhunderte die wahrscheinlichsten Vermutungen, wenn sie damit die genauen Zeitpunkte ihrer Jubiläumsfeiern nicht berechnen können? Also muß eine älteste, datierte Urkunde her, in der die Stadt zum erstenmal erwähnt wird. Für Arnstadt ist dieses Datum der 1. Mai 704. Just an diesem Tage nämlich war der fränkische Herzog Hedan mit seiner Gattin Theodrada und seinem Sohn Thüring in Geberlaune und verschenkte *Arnestati* nebst Menschen, Vieh und Gegend an den Bischof Willibrord. Von da ab lassen sich eine stattliche Reihe politisch und kulturgeschichtlich bedeutsamer Ereignisse, die in und um

Die Hersfelder gründeten um 1100 auf dem Walpurgisberg ein Benediktinerinnenkloster und Gothaer Barfüßermönche 1246 an der südlichen Stadtmauer ein Franziskanerkloster. Beide gingen nach der Reformation ein.

Im Jahre 1266 bekam Arnstadt von den Hersfeldern das Stadtrecht verliehen.

Um die Mitte des 13. Jahrhunderts hatte Arnstadt etwa 3000 Einwohner. Die Stadt war Umschlagplatz für Holz, Holzkohle, Getreide, Gemüse, Waid und Wein.

Arnstadt die Geschichte in Bewegung hielten, urkundlich belegen. Jahreszahlen sind nüchtern, und ihre Aufzählung durch Prospektemacher ist nicht selten schuld am kulturgeschichtlichen Desinteresse mancher Zeitgenossen. Dann doch lieber einen Spaziergang durch Arnstadt …

Hat man das Neutor stadteinwärts passiert und geht nach rechts, dann steht man nach wenigen Schritten in der herrlichsten Spitzwegidylle. Ein lauschiger Weg führt zwischen den bedeutenden Resten der zweifachen Stadtbefestigung erst eben, dann steil abfallend hinunter zur Stadt. Die kleinen Häuschen, die da noch stehen, sind schief und sehr alt – kaum aber so bejahrt wie die äußere, die »Hohe Mauer«, an deren immer noch stabile Innenseite sie sich anlehnen.

Von dort ist es nicht weit bis zum »Ried«, dem alten Handelszentrum der Stadt. Nur das Riedtor mit seinem hohen Turm trennte die Kaufleute hier noch von der Handelsstraße nach Nürnberg und den Gefahren, die mit dieser Reise jedesmal verbunden waren. Die Käfernburger Grafen und deren Gefolge hatten längs der Straße ihre Raubnester, von denen aus sie den Waid, Wein, Holz und Tuch führenden Kaufleuten oft arg mitspielten. Da mögen auch die Gebete zum »Heiligen Christoph«, dem Schutzpatron der Reisenden und Fuhrleute, wenig geholfen haben. Wahrscheinlich war der nur für kleinere Wünsche wie gutes Reisewetter und gesunde Pferde zuständig, denn das monumentale Bild dieser christlichen Sagengestalt am »Haus zum großen Christoph« entstand erst 1574. Die Stadtväter der nachfolgenden Säkula hielten kunstbewußt auf die Werterhaltung des Freskos und gaben dies auf einem Spruchband unterhalb des Bildes mit der entsprechenden

Jahreszahl auch stets zu Protokoll. Der Brunnen am Ried ist Glied einer erfreulich vielköpfigen Brüderschaft, deren anderen man in Arnstadt allenthalben begegnet. Sie sind schlicht, mit achteckigen Becken, einfachen Brunnenfiguren – meist Wappenträger oder Stadtherolde darstellend –, wenn sie nun noch fließen würden …
Man muß schon hin und wieder ein bißchen steigen in Arnstadt.
Vom Ried hinauf zum Marktplatz. Das Renaissancerathaus hat die Jahrhunderte schadlos überdauert. Auch für die Kunst am Bau gilt das, die es an der Südfassade reichlich zu sehen gibt. Zwei Uhren am Rathaus machen den Betrachter neugierig. Die mechanische am Ostgiebel wegen der sie flankierenden Figuren. Solche Figuren machen zur Mittagsstunde meist eigenartige Bewegungen – das weiß man von anderen Kunstuhren. In Arnstadt schlägt 12 Uhr mittags ein Adler mit den Flügeln, und zwei blecherne Männer zählen mit den Händen die Stunden. Beim Betrachten der Sonnenuhr am Westgiebel entgeht niemand der Versuchung, das Angezeigte mit dem vom eigenen Chronometer zu vergleichen.
Im Schatten der Arkaden an der Ostseite des Platzes kann man verweilen, sei es, um sich abzukühlen, sich an der kunstvollen Schlichtheit der Säulen zu erfreuen oder der vierzehn Bauernführer zu gedenken, die 1525 auf diesem Marktplatz enthauptet wurden.
Ein gewagter Sprung durch die Jahrhunderte, aber rechtens aus gegebenem Zusammenhang: Wie die Bauernführer von der ihrigen, wurde Karl Liebknecht von der seinerzeitigen Reaktion ermordet. Vorher – 1905 – sprach er im »Güldenen Greif« zu den Arnstädter Arbeitern. Fünf Schritte sind es von den Arkaden bis zu diesem Haus …

Geschichte, das bedeutet in Arnstadt fast immer *Geschichten*. Über die Liebfrauenkirche gibt es mehrere. Von Spuk und verborgenen Schätzen und vom tödlichen Neid eines Baumeisters auf die Kunstfertigkeit seines Gesellen. Das ist die traurigste, aber leider auch die wahrhaftigste; denn sie könnte Gerichtsakten entnommen sein: Während des Baus der Kirche (1180–1330) übertrug der Baumeister die Errichtung des vorderen Turmes seinem Gesellen, während er die Ausführung des hinteren selbst übernahm. Nach Vollendung beider Türme verglich der Meister das Geschaffene und mußte sich eingestehen, daß des Gesellen Werk kunstvoller geraten war als das eigene. Neid und tödlicher Haß waren die Folge. Der Geselle verlangte nun nichtsahnend vom Meister seinen Lohn, den dieser auch zusagte, mit der Maßgabe allerdings, erst noch einmal mit ihm auf den Turm zu kommen – dem Gesellen sei ein Fehler unterlaufen, den es zu bereinigen gelte. Oben beugte der Geselle sich weit aus einem der Fenster, um den vermeintlichen Fehler an seinem Kunstwerk zu suchen. Doch statt eines Hinweises vom Meister hörte er nur dessen haßerfüllten Schrei: »Hier hast du deinen Lohn«, als er ihn in die schwindelnde Tiefe stürzte. Das Hündchen des Gesellen, Zeuge des Mordes, soll sein Schicksal mit freiwilligem Sprung geteilt haben. In zweien der Wasserspeier am vorderen Turm der Liebfrauenkirche ist dieses Drama steinern verewigt.
Auch wenn man dieser Geschichte nur sagenhafte Bedeutung beimißt, lohnt es, ins nahe Pfarrhaus zu gehen und um eine Führung durch die Kirche zu bitten; denn neben dem Naumburger Dom findet man in Thüringen keinen bedeutenderen Kirchenbau aus der romanisch-gotischen Übergangszeit. Je nach Mentalität

wird man mehr beeindruckt sein von den kostbaren Resten mittelalterlicher Glasmalerei, dem gegen Ende des 15. Jahrhunderts entstandenen Flügelaltar oder der Tumba für den Grafen Günther XXV. und seine Gattin aus der Werkstatt des Prager Meisters Peter Parler.

Was den Bildhauern, Steinmetzen und Maurern des Mittelalters recht war, dürfte den thüringischen Zimmerleuten späterer Jahre durchaus billig gewesen sein. Mit der Papiermühle und den schönen Fachwerkhäusern am Pfarrhof trugen sie sich ebenbürtig ein in die große Liste deutscher Baukünstler.

1506 und 1508 war Martin Luther in der Stadt, 1537 besuchte er sie zusammen mit Philipp Melanchthon.

Vielleicht wegen der Kinder

Nein, nicht die Arnstädter Gören sind gemeint – die sind hier nicht anders lieb und frech als sonstwo. Die eigenen Kinder betrifft's.

Denen war der zweistündige Rundgang durch die Puppenstadt »Mon Plaisir« natürlich viel zu kurz. Es gibt kultur- und kunstgeschichtlich bedeutendere Städte als Arnstadt – aber es gibt weltweit keine Puppensammlung, die sich mit der Arnstädter vergleichen könnte. 50 000 in- und ausländische Besucher jährlich weist die Statistik aus.

Im Bauernkrieg solidarisierte sich der Rat der Stadt mit den Bauern und stellte 27 Forderungen auf. Nach der Niederlage des Bauernheeres bei Frankenhausen wurden neun Bauernführer, unter ihnen mehrere Arnstädter, am 16. Juni 1525 auf dem Marktplatz enthauptet. Fünf weitere erlitten diesen Tod am 2. August.

Gräfin Auguste Dorothea von Schwarzburg-Arnstadt, kinderlos und seit 1716 verwitwet, war einsam. Und da sich solche Gemütskrankheit am besten durch eigenes Betätigen vergessen läßt, schuf die Gräfin »Arnstadt in Arnstadt«. An 26 Puppenhäusern, deren 82 Stuben und den 450 Puppen hatten Frau Gräfin und mehr noch die eigens dazu abgestellte Schar von Handwerkern 35 Jahre lang zu tun. So entstand ein lebenswahres Spiegelbild höfischen, bürgerlichen und ländlichen Lebens der Rokokozeit, das jede Geschichtsbuchdarstellung in den Schatten stellt. Die von zwei Franziskanermönchen aus Draht

Durch Leichtsinn des Bürgermeisters Nebel kam es am 7. August 1581 zu einem verheerenden Brand, dem 378 Häuser, das Rathaus und die Bonifatiuskirche zum Opfer fielen.

und Wachs modellierten Puppen stehen nicht nur in der für ihr Leben typischen Umgebung, sondern auch Kleidung, Haartracht und Gestik sind getreu den lebendigen Vorbildern nachgebildet. Alle bürgerlichen Stände sind vertreten – die Handwerker in ihren Werkstätten, die Händler auf dem Markt, der Gelehrte in seiner Studierstube und das Gesinde in den Kellerräumen des Schlosses. Der Müßiggang bei Hofe ist genauso detailgetreu dargestellt wie die Menschen auf einem Gehöft und deren landwirtschaftliche Tätigkeit. So hat die Gräfin bei allem Plaisir doch einen sicheren Blick für die sozialen Verhältnisse ihrer Zeit bewiesen – ein nicht eben charakteristischer Zug für feudalabsolutistische Obere.

Vielleicht wegen der Umgebung

»Wo man hinschaut – überall Gegend ...«, soll verzückt ein Tourist gesagt haben, als er die Aussichtsplattform des Alteburgturmes betreten hatte. Andere nannten Arnstadt das »Tor zum Thüringer Wald«. Das ist ein bißchen Metapher und sehr viel geographische Realität.

Nach Süden hin fällt dem Wanderer die Entscheidung schwer: Jonastal oder Plauescher Grund?

Neben anderen geologischen Formationen ist in der Arnstädter Gegend der Muschelkalk recht häufig anzutreffen. Eine besonders attraktive Wand aus solchem Gestein ist der am Eingang des Jonastales, nahe der Stadt gelegene »Jungfernsprung«. Der Sage nach soll sich hier ein Mädchen durch den Sprung in die Tiefe vor einem sie verfolgenden Ritter gerettet haben.

Der Ausblick vom Jungfernsprung entschädigt für die Mühe der Besteigung. Zu beiden Seiten des Tales steigen die Berge allmählich an, und das Mischungsverhältnis ihres Baumbestandes ändert sich immer mehr zugunsten der Nadelhölzer. Am oberen Taleingang liegt das Dorf Crawinkel, von wo es nicht mehr allzu weit ist zu der in zwei Talkesseln des Hochwaldes gelegenen Ohra-Talsperre. Zusammen mit der Talsohle windet sich das Bett der »Wilden Weiße« hinauf zur »Ohrdrufer Platte«.

Die Wilde Weiße ist heute allerdings sehr zahm. Ihr Bett ist ausgetrocknet und meist schon mit Moos und Gras zugewachsen. Das Wasser zieht es vor, unterirdisch nach Arnstadt zu gelangen – bei Crawinkel im Muschelkalk versickernd, tritt es erst am Arnstädter Ausgang des Jonastales als dünnes Rinnsaal wieder zutage.

Anders die »Wilde Gera«. Sie ist weniger lichtscheu und bringt seit Jahr und Tag die Qellwasser des Thüringer Waldes übertags nach Arnstadt. Ihr entgegen in den Plaueschen Grund hineinzuwandern ist sehr reizvoll und kann zum Ziel haben, die bei Plaue gelegene Ehrenburg zu erreichen, die weiland die Grafen von Schwarzburg auf dem Hausberg erbauen ließen. Als Residenz hat sie nie gedient, wohl aber als Zollburg, denn auch Plaue lag an der Handelsstraße Erfurt–Nürnberg. Heute kommt man nicht nur zollfrei in die Stadt, sondern kann auch ohne Eintrittsgeld die Burgruine besteigen. Bis zur zweiten Etage – dort allerdings *kann* es teuer werden. Je nachdem, wie lange man in der originellen Ritterstube bleibt. Neben Bier und scharfen Sachen gibt es da natürlich auch Wein. Nur leider nicht mehr von jener Sorte, deren 12000 Eimer die Bürger von Plaue letztmalig im Jahre 1635 gekeltert haben.

Mit Burgen ist die Arnstädter Gegend reich gesegnet, auch wenn nicht mehr alles Burg ist, was sich so nennt. Wie von der Alteburg nichts mehr zu sehen ist, kann man sich auch die Käfernburg auf dem Schloßberg bei Oberndorf nur noch vorstellen. Aber der Ausblick von dort

Geheimtip für Bücherfreunde: Die mehr als zweitausend Bände und Handschriften zählende Kirchenbibliothek der Oberkirche. Ältestes Stück ist eine lateinische Bibelübersetzung, auf Pergament geschrieben und mit Initialen verziert, aus der Zeit um 1300. 53 Inkunabeln. Erstdrucke Luthers, Melanchthons.

Die kostbaren Bildteppiche im Schloßmuseum gehörten zum Brautgut der Katharina von Nassau, der Schwester Wilhelms von Oranien, die 1560 Graf Günther den Streitbaren von Schwarzburg heiratete. Neun der elf Gobelins stellen biblische Szenen dar, auf den beiden anderen Stücken sind – die Lebensgewohnheiten der Hofgesellschaft kritisierend – die Menschen als Affen dargestellt.

Gesegnete Stätte, gastlicher Ort,
Arnstadt, du Anmutbeglückte!
Dich preist, wer dich schaute. Blüh fort und fort,
Arnstadt, die Lindengeschmückte!
Ludwig Bechstein

Luther wurde beim Anblick der rotgiebeligen Stadt an »ein Gericht rotgesottener Krebse garniert mit Petersilie« erinnert.

Zum Weiterlesen: Fritz Kühnlenz, Durchs Tal der Wilden Gera, Rudolstadt 1971.
Wolfgang Leber, Die Puppenstadt Mon Plaisir, Leipzig 1965.
Brockhaus-Wanderheft Arnstadt.

oben über das Arnstadt-Drei-Gleichen-Panorama belohnt für die Mühen des Weges ebenso wie eine Besichtigung der romanischen Dorfkirche von Oberndorf.
Arnstadt besucht zu haben, ohne auf den Drei Gleichen, wenigstens aber auf der Wachsenburg, gewesen zu sein – da könnte man nach Dresden fahren und den Zwinger ignorieren. Von den Drei Gleichen ist die Wachsenburg Arnstadt am nächsten gelegen. Ihren Träger, den Wassenberg, erreicht man über das südliche Holzhausen per Bus; mit der Bahn über das östlich gelegene Haarhausen.
Die Bergbesteigung selbst wird einem nicht wie in Eisenach auf einem Eselsrücken erleichtert und ist auch gar nicht so mühsam, daß dies wünschenswert wäre. Nach gemächlicher Überwindung von 420 m Höhenunterschied wird einen niemand nötigen müssen, über den hohen Grad der Erhaltung dieser Bergfeste zu staunen. Freilich sind es nicht mehr die Urbauten, denen man da Bewunderung zollt, doch entsprechen die »Neubauten« aus dem 17. und dem Anfang unseres Jahrhunderts zumindest in der Anlage sicherlich noch immer den baumeisterlichen Vorstellungen der Gründer.
Zur Turmbesteigung wird die Kraft noch ausreichen – der Verzicht auf den einzigartigen Thüringen-Rundblick hinterließe ein schwer auszugleichendes Erlebnisdefizit. Bei sehr gutem Wetter und mit Augen, denen die Ärzte das Prädikat »o. B.« ausstellen können, erkennt man die Wartburg, das Kyffhäuserdenkmal, das Mahnmal auf dem Ettersberg, den Schneekopf und natürlich vieles mehr, nämlich was dazwischen und somit näher liegt.
Von hier aus mögen auch die verschiedenen feudalen Herren der Wachsenburg ins Thüringer Land geblickt haben, teils besorgt, teils

triumphierend – je nach politischer Lage. Und die war oft sehr brenzlich (durchaus im Wortsinne). Der berüchtigte »Brandmeister von Thüringen«, Ritter Apel von Vitzthum, dürfte wohl zur zweiten Gruppe gezählt haben, wenn er von hier aus mit diabolischem Lächeln das von einem seiner Helfershelfer angezündete Erfurt lodern sah oder einen neuerlichen Raub- und Mordzug in die Umgebung plante.
Nun könnte man ja gehen ... Man kann aber auch bleiben – im Interhotel »Wachsenburg« nämlich. Vorausgesetzt, man kann. Aber es war ja von Drei Gleichen die Rede. Nach Westen, über die mischbewaldete Schloßleite, kommt man zur Ruine der Mühlburg, die nicht zum Interhotel avancierte, deren runder Bergfried aber noch heute in seiner frühmittelalterlichen Form vollständig erhalten ist. – Von der dritten, der Wanderslebener Gleiche, trennt einen jetzt nur noch die von der Dresden–Eisenacher Autobahn durchzogene Gleichensenke. Man könnte nun, um dorthin zu gelangen, das Dorf Mühlberg durchaus links liegen lassen, vergäbe sich damit aber die Möglichkeit, eine Vorstellung vom bäuerlichen Handwerk im alten Thüringen zu bekommen. Waid, ein in der Arnstädter Gegend rege gehandeltes Blaufärbemittel, wurde seinerzeit in Waidmühlen aufbereitet. Die Größe der dazu verwendeten Mahlsteine veranschaulicht der Waidstein auf dem Mühlberger Marktplatz. Wenn man Glück hat, ist in Mühlberg gerade Heimatfest. Dann geht man – Neugier kann wie Hunger treiben – den Klängen der Blasmusik nach und kommt zum Mühlberger Spring, einer über sechs Meter tiefen Grotte, aus der sich täglich eine Million Liter kalkhaltiges Wasser ergießen. Früher von sechs Müllern sachkundig genutzt – im Zeitalter elektrisch betriebener Mühlen Sehenswürdigkeit.
Daß man die Reste der Wanderslebener Gleiche oder, was auch richtig ist, der Burg Gleichen heute wieder besichtigen kann, verdankt man nicht zuletzt den 15 000 freiwilligen Aufbaustunden, die bis 1969 von Mitgliedern eines Erfurter Arbeitskreises des Kulturbundes der DDR dort geleistet wurden. Diese einst größte und stärkste der Drei Gleichen war seit dem Dreißigjährigen Krieg mehr oder weniger dem Verfall preisgegeben – nur langsamer als das Geschlecht ihrer Herren, deren von Gleichen, das 1631 ausstarb. Zuvor noch ließ Philipp Ernst von Gleichen die Burg in ein Renaissanceschloß umbauen, von dessen ehemaligem Aussehen uns die Ruinen des Herrschaftshauses heute noch einen Eindruck vermitteln. Das Museum im Turmzimmer gibt Auskunft über die Entwicklung der Burg und die Sage über einen seltsamen Fall mittelalterlicher Bigamie. Danach war Graf Ernst von Gleichen während eines Kreuzzuges in Gefangenschaft eines sarazenischen Sultans geraten, woraus ihn dessen Tochter befreite, nachdem sie ihm ihre Liebe eingestanden hatte. Aus Dankbarkeit und in verständlicher Bedrängnis versprach ihr der bereits verheiratete Graf, sie mit in die Heimat und dort zur Frau zu nehmen. Der Papst in Rom ließ sich rühren von beider Geschichte und bewilligte mit seinem Segen die Doppelehe. Unweit der heimatlichen Burg Gleichen wurde es Graf Ernst bei dem Gedanken an seine daheimgebliebene Angelika von Orlamünde doch etwas mulmig zumute – aber ganz zu Unrecht, wie sich herausstellte. Die treue Burgfrau dachte: Schlechter Witwe als den Gatten zur Hälfte – und teilte fortan in Frieden des Grafen Tisch und Bett mit der Morgenländerin. – Wahrheit oder Legende? Nach Ansicht der Historiker nicht mehr als eine hübsche Geschichte.

Der Tag neigt sich – Zeit zurückzukehren nach Arnstadt. Am Abend spielt das Ensemble des Rudolstädter Theaters im Haus Arnstadt. Ich will noch zu Karten kommen.

Vielleicht dienstlich

Dienstreisen nach Arnstadt führen in der Mehrzahl der Fälle zum Bierweg oder zur Ichtershäuser Landstraße.

Um einer zwar naheliegenden, aber falschen Vermutung von vornherein zu begegnen: Am Bierweg werden keine Verhandlungen mit Vertretern der volkseigenen Getränkeindustrie geführt, und es gibt dort auch keine Möglichkeit, Dienstreisespesen zu verflüssigen. Aber man erreicht über den Bierweg den VEB Fernmeldewerk, wo man sich zu vielen Fragen der drahtgebundenen Nachrichtentechnik eine Antwort holen und sich beraten lassen kann. Die Werktätigen dieses größten Arnstädter Industriebetriebes haben für ihre Fernmeldeausrüstungen und automatischen Telefonzentralen zahlreiche Exportpartner im sozialistischen und kapitalistischen Ausland gefunden. Also, wenn Ihr Telefon mal nicht geht, rufen Sie doch einfach beim FMA an!

Sollte man dienstlich zum VEB Chemieanlagenbau Erfurt-Rudisleben müssen, ist es, wenn man per Bahn reist, ratsam, ein Dienstfahrrad im Gepäck zu führen, denn vom Arnstädter Hauptbahnhof (und das ist der nächste) ist es eine gute halbe Fußstunde bis zur »Chema«. Verlaufen kann man sich nicht; vom Bahnhof kommt man geradewegs zu dem ausgedehnten Industriekomplex nördlich der Stadt. Hier werden jährlich komplette Chemieanlagen für die Gas- und Luftzerlegung entwickelt und produziert, die nicht nur in Buna, Leuna und Piesteritz, sondern auch in der Sowjetunion und den anderen sozialistischen Ländern Kunden gefunden haben.

Vielleicht wegen der Leute

Es wäre ein böser Trugschluß, zu glauben, daß Leute, die in einer eintausendzweihundertundachtzig Jahre alten Stadt wohnen, von gestern wären. Nein, das sind sie wirklich nicht, die Arnstädter. Aber sie legen das, was man gemeinhin mit Heimatgeschichte oder territorialer Tradition bezeichnet, auch nicht ungesehen beiseite und sagen: Geht uns heute nichts mehr an, basta! Sie pflegen, was der Erhaltung wert ist, und vermehren es um Eigenes. Man sehe, wie sie ihre Fußgängerzonen um Erfurter Straße und Holzmarkt hergerichtet haben, und man bestaune die in moderner Plattentechnologie errichteten Lückenbauten in der Rankestraße – es müssen eben doch nicht immer Quader entstehen, wenn bei uns gebaut wird! Oder man höre und sehe das Volkskunstensemble des VEB Chemieanlagenbau … Ein paar Enthusiasten? Enthusiasten bestimmt, aber nicht nur ein paar. Denn wer kennt die vielen freiwilligen Helfer, die den Arnstädter Heimattierpark erbauten; wer schrieb die Namen derer auf, die mithalfen, daß die Arnstädter Neubaugebiete nicht wie die an manchem anderen Ort zu steinernen Enklaven erstarrten; wer war es, der dafür sorgte, daß man in Arnstadt der Gera noch heute bis auf den Grund schauen kann …?

130
Bei Schmiedefeld
am Rennsteig

131
Inselsberg

132/133
Von Stützerbach
zum Bahnhof Rennsteig

134
In Stützerbach

135
Heuberghaus am Rennsteig

138/139
Mahn- und Gedenkstätte Buchenwald bei Weimar

REISEBÜRO

Anger
23

141
Zwiebelmarkt in Weimar

142/143
Am Anger in Erfurt

144
Gildehaus in Erfurt

1584

Otto Ludwig

Der Rennsteig im Fluge

Eine dünne Nebeldecke liegt über dem Saalfelder Becken. Nur die Türme der Kirchen und des Hohen Schwarms ragen aus dem blaugrauen Schleier. Der Verlauf des Flusses ist ungefähr zu erkennen. Links der Propellernase pustet Max rostrotes Gewölk in die Bläue. Drohend rückt die Gebirgswand näher. Doch ich drücke die Maschine in die Kerbe, die durch die Saale in die uralten Rümpfe des Schiefergebirges gegraben wurde, und folge den Schlingen des Flusses. Hinabzutauchen in die Fjorde der Hohenwarte- und Bleilochtalsperre warnen mich Masten der kaum erkennbaren Hochspannungsleitung. In Blankenstein dampft die Feinstpapierproduktion. Dort in etwa 450 Meter NN am Anstieg nach Kießling steht als Denkmal ein Thüringer Wanderer mit Rucksack und Stab und »schreitet« schon seit Jahr und Tag zum Rennsteig, der wie der Gebirgszug nach Nordwesten strebt.

Tief fliege ich über blauschwarze Fichtenwälder, Rodungsinseln setzen helle Tupfen. Buschige Reste einstiger Buchenbestände umarmen geschlossene Siedlungen. Wipfel und Giebel streben mir entgegen. Leicht ziehe ich den Steuerknüppel an und plätschere über einen Basaltbuckel. Lobensteiner Culm, Wasserscheide zwischen Thüringischer und Fränkischer Moschwitz, zwischen Saale und Main, zwischen Elbe und Rhein. Die Turmruine des Moorbades wird zum Mittelpunkt meines luftigen Kreises. Dann drossele ich den Motor und schwebe dicht über dem feuchten Wiesengehege, dem Lieferanten des Rheumaheilschlammes, wieder zum Rennsteig hinab.

So dicht über Grund fliegend, entrücke ich den Dingen noch nicht allzusehr, noch bleibe ich ein wenig verbunden mit der Schönheit der Landschaft. Flächenhaft abgetragen erscheint dies Gebirge. Hier und da – für Paläontologen erkennbar – zeichneten Urmeere ihre Zeiten auf, wie versteinerte Krebse, Arm- und Kopffüßler. Ich nähere mich mächtigen Gruben – als ob Riesenhände den Kamm aufgerissen hätten, der Schieferbergbau von Lehesten. So tief und breit wurde von Terrasse zu Terrasse abgebaut, daß nach und nach ein ganzes Arsenal von Schuppen, Geräten, Gruben, Lokomotiven und Geleisen die Räume des Großtagebaues und Zugänge der Stollen belegte. Zwischen Halden in der Nähe des Ortes sehe ich die Lehrwerkstatt der Dachdeckerschule. Nied-

Auch um die Jahrhundertwende wollte man Reisende nach Thüringen verführen; die damals durchaus ernstgemeinten Texte sind für uns heute eine Quelle der Heiterkeit: »Eine Natur von seltener Lieblichkeit und Mannigfaltigkeit, eine bis in die ältesten Zeiten des Germanentums zurückreichende, vielfach von dem Schleier der Sage umwobene Geschichte, dazu eine Bevölkerung von schlichtem, geradem Wesen und tiefem Gemüt, begeistert für Kunst und Wissenschaft und dabei eifrig bemüht, durch Erzeugnisse regen Gewerbefleißes an dem Wettbewerb der Völker in hervorragendem Maße teilzunehmen – das sind die Eigentümlichkeiten, die nicht nur dem Thüringer selbst seine Heimat so lieb und wert machen, sondern auch bewirken, daß Thüringen von Fremden gern und immer wieder aufgesucht wird.«
Thüringen in Wort und Bild. Herausgegeben von den Thüringer Pestalozzivereinen, 1900

liche, völlig schieferumkleidete Häuschen, Amtsgebäude, Kirchen und Schlösser. Millionen von Tonnen Dachschiefer verfrachteten Lehesten und Probstzella. Dome und Kaiserburgen deckte das ehrfurchtsvoll stimmende, natürlich gepreßte Gestein. Eher verrostet der Nagel, als daß an Dach, Giebel und Wand die Schieferplatte unserer Bauernhäuser verwittert.
Über dem Bergstädtchen ändere ich den Kurs um 90 Grad nach Norden. Noch während die linke Fläche in den Himmel schwingt und der westliche Horizont tief absinkt, erhasche ich die weitere Führung des Rennsteigs nach Nordwesten. Als helle Bahn in dunkelgrünen Fichtenbeständen schneidet er den bajuvarischen Zipfel, den historische Entwicklung über thüringisches Land hängte. Ich folge dem breitgewölbten Rücken zwischen Loquitz und Sormitz. All die vielen »itz« westlich der Saale zeugen von sorbischen Siedlungen in der einst karolingisch-fränkischen Grenzmark. Rechts meiner Flugbahn überragt auffällig ein Berg die Rumpffläche, dessen Westseite bis auf den Fels aufgebrochen ist. Der fernsichtige Hennberg, ein granitischer Tropfen aus dem Glutstrom der Unterwelt, den jetzt der Mensch aus der älteren Schale schält, um hier das feinkörnige Gestein für Bauzwecke zu nutzen. Ich fliege der alten Hochstraße gen Leutenberg nach. Wie bunte Tupfen in goldenen Erntefluren verknüpft sie stattliche Höhendörfer. Links, tief in das Loquitztal eingepfercht, liegt Probstzella. Hier bauten die Saalfelder Benediktiner ein kleines Klostergut, das lateinisch »cella« hieß. Da ihre »Pröbste« für Ordnung sorgten, wurde daraus der Name des Ortes. An der Staatsgrenze steht ein Zug, mit der Lok nach Süden gerichtet. Wahrscheinlich fährt er von Berlin nach Nürnberg, vielleicht hat er Anschluß von Stockholm über Warnemünde, nach München und Rom. Vor tausend Jahren schon karrten Händ-

ler von der Bernsteinküste über den Kamm, um in Mittelmeerländern Ware zu tauschen.
Wo die Zopte in die Loquitz mündet und die Talsohle verbreiterte, wechsele ich den Kurs nach West und schwebe über Gräfenthal. Auch dieses Städtchen scheint aus den Nähten zu platzen. Der Schatten meiner Maschine huscht über die Wächte der alten Nürnberger Handelsstraße, die von der »Kalten Küche« herunterkommt und unter den Mauern von Burg Wespenstein zum Saalfelder Gesteige keucht. Die Mulde wird schmaler, die Talwände höher und scheinen von einem Querrücken abgeriegelt. Zur Linken zerschneiden Bergnasen, Wald- und Wiesenhänge die Bahnstrecke nach Sonneberg, eine der aussichtsreichsten und reizvollsten Thüringens. Die anscheinend unzugänglichen Fichtenbestände zur Rechten steigen steil an und machen selbst aus der Vogelperspektive einen recht zerzausten Eindruck. Auch die Talsohle verliert ihre Anmut durch zunehmenden Schutt, Abraum und Geleisanlagen. Seit dem Mittelalter schürften die Saalfelder Bergleute in den Schwefel- und Eisenlöchern unterhalb von Schmiedefeld. In jüngstvergangener Zeit wurde die Arbeit wieder aufgenommen, ein langer Stollen durch die Talwand getrieben, um Erze zum Röstwerk am Rauhhügel zu fördern und die Hochöfen Unterwellenborns mit ergiebiger Speise zu füttern.
Backbord unter mir verschwindet eben ein Zug in den Berg. Seinen Fahrgästen wechselt die Szenerie wie im Film. Viadukt vor Tunnel und wieder Viadukt, Licht und Dunkel bis zum Kamm. Mitunter überbrückt die Strecke Täler und Dörfer so schwindelerregend hoch und schmal, daß man beim Blick aus dem Fenster vermeint, Seiltänzer zu sein. In Ernstthal am Rennsteig verschnauft die gesamte Last, um dann bremsend und knirschend nach Lauscha, an die Basis der Mutterglashütten, zu rollen.
Wo jetzt südlich und nördlich des Kammweges rußige Rauchsäulen aufsteigen, werden meistens Glaswannen geheizt und Keramiken gebrannt. Glas, Glas und nochmals Glas hieß seit Anfang des 17. Jahrhunderts das Produktionspanier der Wäldler. In Hunderten von Häuschen wurde die Schmelze geblasen, geformt, gepreßt und bemalt. In unseren heutigen modernen Anlagen kann man es sogar wie Wolle verspinnen oder daraus Bauelemente fertigen.
Glas und Porzellan bestimmten den Siedlungstrend. Immer dichter kriecht die Häuserschlange nach dem Rennsteig, verdickt mit der von Neuhaus und züngelt wieder hinunter in das Lichtetal. Welch hohe Entwicklungsstufe die Verwertung von Porzellanmassen erreicht hat, beweisen südöstlich meiner Flugbahn die Rauchfahnen der elektrokeramischen Werke im Sonneberger Spielzeugland, wo Höchstspannungstransformatoren für alle Welt gefertigt werden.
Mein Leitpfad wird zur Zeile der jüngsten und höchstgelegenen Kreisstadt unserer Republik. Neuhaus am Rennweg – und nicht am »steig«, denn horizontal verläuft der Kamm. Plötzlich knickt er nach Südwesten. Die Abtragung an den Wasserscheiden bewirkt dieses Hin- und Hergezacke. Hier gewann die Schwarza einige Quadratkilometer Einzugsgebiet. Die zusammenhängenden Wälder werden von den Größten des Schiefergebirges überragt, weil sie als Härtlinge der Abtragung am längsten widerstanden. Am Kieferle kurve ich der langgestreckten, leicht gekrümmten Häuserzeile von Steinheid nach: der Ort ist einer der rauhesten und schneesichersten des Gebirges. An der »steinernen Heid« ließen die Bergbaubeauftragten der sächsischen Kurfürsten nach Gold schürfen, doch die Ausbeute war gering. Heute verspiegeln Steinheiderinnen golden die Glaskugeln für den Weihnachtsbaum und lösen dadurch tausendfach

Thüringens Schönheit preisen hieße Eulen nach Athen tragen: hundertfach ist sie in Poesie und Prosa verherrlicht worden. Wer ein offenes Auge und ein empfängliches Herz hat, kann dieses Land nicht schauen, ohne entzückt davon zu sein. Ebenso fühlt sich aber auch der nach Thüringen hingezogen, der da weiß, welches Kulturleben sich hier seit Jahrhunderten entwickelt hat...
Thüringen – ein Berater für Wanderungen, bei Auswahl von Sommerfrischen, Winteraufenthalts- und Kurorten sowie bei dauernder Ansiedlung in Thüringen. Um 1900

mehr Freude und Nutzen aus als ihre Urahnen während des Thüringer Goldrausches.
Nach Südwesten steigt die Südkante des Gebirges allmählich zur Höhe des Eisfelder Bless, steil abfallende Wetterwand über der Wasserscheide zwischen Itz und Werra. Wild tosen nach Schneeschmelzen die Bäche aus dem Bergsaum! Die größte Flußdichte Thüringens wühlten sie in das Urgestein. Wie ein Wellenbrecher stemmt sich die Bleßwand den vorherrschenden Südwest- und Westwinden entgegen, eine Gleitbahn für regenschwere Wolkenbäuche, dann rutschen sie über die Hochflächen, regnen an der Nordkante ab und heben sich über dem Thüringer Becken wieder an.
Auch jetzt wieder scheint der Rennsteig Bergsiedlungen zu verbinden. Aus dem Theuerengrund und von Siegmundsburg her zielen Wohnstätten zum Kamm, wo der Pionier der Porzelliner, Gotthelf Greiner, mit kaolinhaltigem Sand vom Rennsteig sein erstes brauchbares Porzellan herstellte, das sogar den Neid der Meißner erregte. Vom Paß nach Norden hinunter wächst Limbach mit Scheibe-Alsbach zusammen, dessen Kirchlein am Fuße des Wurzelbergs steht. Über diesem urigen, wohl waldreichsten Brocken zwischen Katze und Schwarza, dem dritten der Schieferrecken, nehme ich Gas weg, weil ich mir einbilde, 900 Meter über NN noch einige Tannen zu entdecken. Verdammt nahe kommen die Fichten. Über der Südwand und dem blitzenden Stausee ziehe ich einen Kreis und äuge nach dem Badegetümmel. Der Wasserspiegel kippt mir entgegen, ich gebe Verwindung nach rechts und rausche aus dem schönen Schwarzaquellgebiet, dessen wundersame Stille schon durch Baulärm zerrissen wird, weil das hier noch reich zufließende Wasser zur Erzeugung von Elektroenergie für die Niederung dienen soll.
Dann peile ich einen Punkt am Rennsteig zwischen

Siegmundsburg und Friedrichshöh an, wo die breitgebuckelte Waldfläche durch eine rundliche Blöße unterbrochen ist. Mittendrin ein steinerner Obelisk, der Dreistromstein! Von hier aus träufeln die Wässerchen nach Nordost in die Schwarza, Saale, Elbe; nach Südost in die Grümpen, in den Main und Rhein; nach Südwest in die Saar, Werra, Weser. Von hier aus raubt der Wiesenfluß, der Namensgeber der Weser, zwei Drittel aller Wasser des Thüringer Waldes. Nicht allein die Wasserspende der Südseite genügt der Werra; ihr Schwesterchen im Nordwesten, die Hörsel, und weiter nach Norden die Nesse saugen das befruchtende Naß sogar noch aus den Fluren der thüringischen Blumenstadt. Ohne die Abflüsse aus thüringischen Bergen und Becken wäre die Weserschiffahrt nicht denkbar.

Der Kamm wird markanter. Wie Steinmetze haben die stürmischen Abflüsse zur Werra und Schwarza einen First aus der Abdachung modelliert, der wieder zielstrebig nach Nordwesten streicht. Den alten hölzernen Leitturm auf dem Eselsberg zerflammte der Blitz, aber die emsigen Masserberger setzten ihm ein steinernes, noch höheres Epitaph, wie sie auch mit viel Geschmack das Gedenken an Professor Dr. Lenz durch Pflege der von ihm gegründeten Augenheilanstalt hochhalten. Kaum ein Platz der Rennsteigwanderungen ließ mich das Glück, gut sehen zu können, so dankbar empfinden wie hier, wo Tragik geminderter Sehkraft den gesunden Besucher berührt.

Die Terrassen längs der tiefeingeschnittenen Schwarza waren einst der Kräutergarten der thüringischen Laboranten und Balsammacher, deren Pflanzendrogen Buckelapotheker weit über die Landesgrenzen verhökerten. Braunrote Felsen tauchen aus den Mischwäldern über der Südkante auf. Trümmergestein aus einst alpinischen Sätteln, die während des Erdaltertums, etwa von Südwest nach Nordost gerichtet, den thüringischen Raum überwölbten. Ihre kümmerlichen Reste überqueren als schmale Bergriedel den weit jüngeren Kamm. Wie ein Tausendfüßler erscheint mir aus der Vogelperspektive der Thüringer Wald. Weil ich den Übergang vom Schiefergebirge in das Kammgebirge überblicken möchte, ziehe ich bis 1000 Meter über Grund. Ich sehe die Trennungslinie, den in der Tat »Langen Berg«. Doch nur der Wanderer erkennt, wie hier – auf den Quadratmeter sichtbar – magmatisches an sedimentäres Gestein stößt.

Tief zerschneidet an der Nordseite der Quellfächer der Gera porphyritische Decken. Breit liegt der Große Beerberg. Ich überfliege die Höchsten des Thüringer Waldes. Dicht nördlich daneben: der Schneekopf. Steil fällt nach Süden die Waldwand in eine gelbgrün getüpfelte Schüssel, aus deren Mitte die Kirche von Goldlauter spitzt. Im natürlich ausgeräumten Granitkessel liegt heute das ständig wachsende, von Suhl bis bald nach Zella-Mehlis reichende Industriegelände.

Von unbeirrbarer Energie getrieben, rückt der schaffende Mensch seine Bauten von Suhl herauf bis an die Waldgrenze. Bäche werden in Stahlbeton gepreßt. Umgehungsstraßen in Waldhänge geschnitten. Die von Bergen gesäumte Bezirksstadt muß um jeden Quadratmeter Bauland ringen. Die Stadt wurde einst bekannt durch ihre Waffen, bereits ihre weltberühmten Plattner und Harnischschmiede lieferten Eisen für Kampf und Verteidigung.

Von einer der letzten Wiesen löst sich ein motorisierter Kollege, aber mit einem Segler im Schlepp. Rasch gewinnen sie Höhe. Auch ich bemerke bockige Aufwinde am größten Höhenunterschied Thüringens. Das Seil fällt, und im gekonnten Turn schwingt das Schleppflugzeug zum Sportplatz zurück, während der Segler, wie ein

Gasthöfe gibt es in Thüringen viele, in denen es sich ganz gut weilen läßt, wenn man es mit den einzelnen Anforderungen nicht zu genau nimmt. Legt man jedoch den Maßstab des modernen Gasthofs an, so sind, wenn man etwa von den größeren Städten und Badeorten absieht, viele Gegenden von Thüringen noch weit hinter dem zurück, was der Reisende gegenüber den geforderten Preisen billigerweise verlangen dürfte. Einrichtung und Verpflegung lassen da oft viel zu wünschen übrig, und es wäre den Gastwirten, die ihre bescheidenen Häuser als »Hotels ersten Ranges« ankündigen, im eigenen Interesse anzuraten, erst einmal einen gut geführten Gasthof kennen zu lernen und danach ihr Haus umzugestalten.
Thüringen. Meyers Reisebücher, 1908

Bussard höher und höher kreisend, zum Ruppberg schwebt.
Am »oberen Hof«, so nannten Nürnberger Kaufleute die Zoll- und Geleitstation an der hessisch-kursächsischen Grenze, ragen seltsam geformte Gebäude auf, die neuesten Hotels, Bettenhäuser und Ferienheime. Rund 6000 Urlauber täglich soll Oberhof versorgen.
Am nördlichen Gebirgsrand kann ich den Lauf der Bäderstraße verfolgen: Ilmenau – Elgersburg – Luisenthal – Georgenthal – Friedrichroda – Tabarz – Winterstein, um hier nur die besuchtesten Ferienorte zu nennen. Der Südsaum ist mehr industrialisiert, eine einzige schmiedende, pochende, stanzende Siedlungsreihe: Viernau, die Schönau- und Stilledörfer, Rotterode, Asbach, Trusetal u. a. m., doch alle Orte sind gepflegt und landschaftlich schön gelegen, so daß sie auch Urlaubern viel Reizvolles bieten.
Ich umkreise das hohe Gebäude der Fernseh- und Wetterstation auf dem Inselsberg. Die Meteorologen werden stutzen, denn die Flugvorschrift heißt »dreihundert Meter über Grund im Umkreis von 50 km!«, und demzufolge müßte mein Grobhöhenmesser mindestens 1217 Meter über NN zeigen. Aber bei solcher Hochdruckwetterlage habe ich ja Sicht bis in die kuppenreiche Rhön. Backbord unten verlockt wieder ein Kessel, durchzogen vom stattlichen Ort, hineinzustoßen. Hier ungefähr ließ der Erfurter Weihbischof Brunwart einige Hütten an der Drusanda errichten und taufte seine Gründung Brotterode.
Unwillkürlich schaue ich auf meine Armbanduhr, denn in dem nach Norden auslaufenden, engen Tal fügen die Ruhlaer Feinmechaniker solche präzisen Zeitgeber zusammen. Dahinter sehe ich die Hörselberge blinken – hell von der Mittagssonne angestrahlte Muschelkalkwände. Dicht unter mir huscht ein reizendes, zweigiebliges Häuschen hin-

weg. In der Waldschenke, je eine Wegstunde von der Ruhl, von Steinbich und Brottero, wird dem Wanderer Zehrung geboten.

Backbord und backbordvoraus fallen die Wälder in die bloßen, seit Jahrhunderten emsig durchschürften Eisenerz- und Flußspatlagerstätten. Verfallen sind die Schleifknoten der Messerklingenschmiede. Rationeller nutzen heute die Steinbacher die seit Generationen ererbten handwerklichen Fähigkeiten.

Ganz in der Nähe werden »Herzmaschinen« repariert, ist der Weg zum Rennsteig sozusagen in balneologische Dienstleistungen eingefügt. Wem im Volksbad Liebenstein seine Lebenspumpe wieder in Takt gebracht wurde, der darf bei strenger Selbstdisziplin nach oben wandeln.

Um Schweina steigen aus mattgrünen Grassteppen grauweiße Zechsteinklippen und bilden ein Halbrund vor Schloß Altenstein und seinen Parkanlagen. Dies Tusculum schenkte der Meininger Theaterherzog seiner zweiten Frau, einer bürgerlichen und soliden Schauspielerin. Unsere Gegenwart bot Handwerkern Gelegenheit, daraus ein Erholungsheim für strapazierte Kollegen zu machen. (1982 ausgebrannt, Rekonstruktion.)

Anschließend baut der Kissel seine Waldwand über die Möhrasenke. Aus dem gleichnamigen Dorf stammten Martin Luthers Eltern. Sein Vater war Bergmann und verdiente sein kärglich Brot im nahen Kupferschieferbergbau.

Die große, runde Rodungsinsel Etterwinden leuchtet aus dem leicht bewegten Waldmeer, das gegen den Hauptrücken schwingt. Ein langes, parallel zum Rennsteig verlaufendes Tal unterbricht das hellgrün bis blaugrün getönte Gewoge. An den Teichen der Elte tummelt sich die Jugend. Der Bach trennt Rotliegendes vom Salzhang, der uns die Kalisalze spendet. Am südwestlichen Horizont türmt Merkers Dampfgewölk in milchige Bläue. Dort glitzern Abraumberge des Kalikombinates. Tausende Tonnen Düngesalze rollen täglich aus dem Salzbogen der Werra.

Aus dichten Buchenbeständen über jäh einfallenden Erosionsschluchten ragt die Landgrafenveste, das Asyl des geächteten Reformators, die Wartburg. Noch streift mich am Paß über der Tunnelschneise die Rauchfahne der Lok, ehe der Zug nach Salzungen unter dem Rennsteig verschwindet. Die Station Förtha zur Linken wird überragt von einem dicht bewaldeten Buckel – der Stoppelskuppe, in der Erdneuzeit von Basaltschmelzen aufgeworfen. In der gefritteten Kaminwand waren vulkanische Bomben eingebettet, bis das Naturdenkmal dem Straßenbau um Opfer fiel. Die Kanten des Gebirgskeiles rücken näher und näher zusammen. In seine Spitze zielt der Rennsteig.

Wie ein Relief liegt vor mir die Nordwestecke des Thüringer Waldes über den Auen der Werra und der Hörsel. Die Luftreise geht zu Ende. Die Spitze des Gebirgskeiles scheint eine doppeltürmige Ruine zu sichern, die Brandenburg über der Werraschleife. In Hörschel, wo der fast gleichnamige Fluß in seine fülligere Schwester drängt, taucht unser Leitpfad unter und wird nie mehr gesehen. Doch wie mit liebender Gebärde, als wollte sie uns den Wasserraub vergessen machen, umschlingt die Werra die Nordwestecke des Waldes, ehe sie nordwärts die Staatsgrenze bildet.

Mit aller Kurverei dauerte der Flug nur etwas mehr als eine Stunde. Die Altrenner traten in Hörschel oder Blankenstein an, und nach einem »Gut Runst« überwanderten sie die 168 Kilometer lange Kammstrecke in etwa 5 Tagen. Wer sie in kürzerer Zeit bewältigte, der wurde als Spitzenrenner mit der Rennsteigbowle aus Milch, Sekt und Rum geehrt. »Im Fluge« vermochte ich heute nur einen Hauch der Schönheit jener Berglandschaft zu erhaschen, durch die ich oft gewandert bin.

Chris Hornbogen

Sehfahrt zu Superlativen

Die Verführung kennt mannigfaltige Mittel. Oberhof hat keine Barockportale, kein Renaissance-Rathaus, keinen Marktplatz mit gotischem Brunnen. Und der »Oberhofer Bauernmarkt« war lediglich ein Späßchen aus Adlershofs Unterhaltungskiste. Also will und werde ich den Kompaß freundlicher Winke ansetzen zwischen Blaubeerweiden und Weihnachtsbaumplantagen, Rennschlittenbahn und Rennsteighöhe.

Dazu jedoch müssen wir erst einmal vollends auf der Höhe sein! Um nicht nur wortgauklerisch die steigende Tendenz, deren sich Oberhof in vielerlei Hinsicht rühmen kann, ins Spiel zu bringen, beginnen wir den Weg zum Dachgarten des Thüringer Waldes in der Tiefe. Unterirdisch. Im Tunnelschacht der großen Brandleite. So kann ich zwar Ihrem Blick nichts bieten, aber doch Wissenswertes mitteilen.

Vom Februar 1881 bis zum Juli 1884 sprengten, bohrten und gruben Spezialarbeiter sich durch den Porphyrblock, durch Schieferschichten, Letteeinlagerungen und Sandsteinbänke. Und wenn wir heute durch die 3 039 Meter Finsternis mit unserem Zug in stetiger Steigung südwärts stampfen, dann können wir rekapitulieren, daß der Simplontunnel zwar mehr als die sechsfache Länge hat, der Karawankentunnel fast dreimal so lang ist, aber der Brandleitetunnel eben doch zu den zehn längsten Europas gehört und unbestritten *der* Tunnel der DDR ist. Womit wir des ersten Oberhofer Superlativs Erwähnung getan hätten.

Ganz diesem Gefühl von Größe hingegeben, rollen wir aus dem Bauch des Berges und stehen in der nächsten Minute schon, bei 639,44 Meter ü. M., auf dem Bahnhof unseres Wanderkurortes und Wintersportzentrums.

Schon als er eben fertig war, der neue Nord-Süd-Schienenstrang, brachte er dem damaligen gothaischen Dörfchen die erste große Welle des Tourismus. Das war allerdings ein vornehm dosiertes, vornehmlich nach dem Geldbeutel sortiertes Probeschlückchen, verglichen mit dem vollen Maß der werkenden und tätigen Nah- und Fernerholer unserer Tage! Mit ihnen steigen wir in den neuen gelben Bus – Baujahr 1974 –, der uns die neue Bahnhofstraße – Baujahr 1931 – hinaufbrummt in das Oberhof von heute.

Wir haben auch die Möglichkeit, unmotorisiert, den

sanften Serpentinen des alten Fahrweges folgend, die knapp zweihundert Meter Steigung zu bewältigen. Schritt für Schritt, wie es vor vierundvierzig Jahren noch die Zwei-PS-Kutschwagen oder die Pferdeschlitten taten.

Als dritte Variante bleibt der steilschmale Fußweg unterhalb des Bärensteinfelsens, oberhalb des glasgrünen kleinen Pfanntalsteiches, dessen Quellwasser – das Sie als Kaskade schon zur Gleisebene des Bahnsteigs heruntergischten sahen – alle Lokomotiven auf dieser Strecke speisen darf, weil es kalkarm ist.

Welchen Weg auch immer wir wählen, wir finden uns wieder am Rondell, da also, wo Oberhof ganz bestimmt schon anfängt, obzwar das Ortsschild erst gute fünfhundert Meter weiter steht. Wir finden uns da, wo der Rennsteig die Straße überspringt und wir ohnehin die Inschriften der gegossenen Platten an der Sandsteinsäule des »Monuments« hätten lesen müssen.

Von allen vier Seiten weiß der Obelisk uns etwas mitzuteilen. »Heil dem schaffenden Sinn, der zum freundlichen Garten die Wildniß umschuf, und der Natur Schrecken in Lieblichkeit kehrt.« Das ist für mich Seite eins. Gegenüber, auf meiner Seite zwei, ist zu lesen: »Wie sich die Straße so sicher und leicht zu den Höhen herauf schwingt, Länder mit Ländern verknüpft, Handel und Künste belebt.« Auf Seite drei finden wir verzeichnet: »Ernst Herzog zu Sachsen erbauete diese Straße zur Höhe des Gebirges 2572 Par Fuß in den Jahren 1830–1832.« Und bevor in uns noch die Brechtschen »Fragen eines lesenden Arbeiters« munter werden können, gibt uns die Seite vier schon Auskunft. »Entworfen, geleitet und ausgeführt: Die Straße durch F. v. Wangenheim, Geh. Rath / F. v. Erffa. Regierungsrath / N. la Nicca. Ing. Capt. / J. v. Plaenkner. Capitaine / A. Heimberger. Chaussee Inspekt. / C. Rodemann. Ingenieur / A. Eberhard. Bauingenieur. / Das Denkmal durch C. Eberhard. Hofbaumeister.« Nun kennen wir zwar nicht die vielen schaffenden Hände, aber um die vielen denkenden Köpfe wissen wir.

Und wüßten dies gar zu gern eigentlich auch von all den modernen, das Gegenwartsgesicht unserer Städte prägenden Bauten! Was Komponisten und Literaten recht ist und den Malern billig, sollte endlich auch durch namentliche Nennung den Architekten treffen: Lob oder Tadel der Nachwelt ...

So ist das Monument als Chronik und Denkanstoß gleicherweise eine gute Sache. Die Straße *war* eine gute Sache und ist eine bessere noch geworden, seitdem sie nicht mehr die engbrüstige Ortszeile durchlärmt, sondern Oberhof in schöner Schwingung umspannt und den Autostrom nur gezielt einsickern läßt zu Heimen und Parkplätzen.

An blauen Februartagen allerdings, wenn Tausende Wochenendausflügler die Sonnenintensität der Schneebleichen schmecken möchten, dann platzt alle Ordnung aus den Fugen. Für solche Stunden gilt der Rat: Rechtzeitig das Auto abstellen – und dann Rucksack und weiter Radius! Denn schlägt man den Bogen groß genug um die gastronomischen Anlaufpunkte, bleiben einem Areale von Wald und Stille kilometerweit.

Aber wir stehen noch immer am Rondell. Was tun? Den Leser nach diesem Rucksack-Hinweis nun überraschen mit der Einladung zu delikatem Rehrücken, Thüringer Klößen und Preiselbeeren? Oder zu einem Gericht aus waldfrischen Maronen? Und das Ganze garniert mit Zahlen und Daten? Es sind imponierende Zahlen, und es steht viel Positives dahinter. Auch Negatives. Das muß sich verwachsen. Bald. Doch ich meine, erst sollten Sie Oberhof *sehen*! Und das neue Oberhof offenbart seine Reize am sichtbarsten aus den Rennsteigperspektiven. Später – das verspreche ich Ihnen –

Oberhof, Dorf im Landratsamt Ohrdruf des Herzogtums Sachsen-Gotha, in 800 m Höhe, auf dem Thüringer Walde, an der Linie Neudietendorf-Ritschenhausen der Preuß. Staatsbahnen, hatte 1890:305, 1895:381 E., Post, Telegraph, herzogl. Jagdschloß. O. wird als Sommerfrische viel benutzt.
Brockhaus-Konversationslexikon 1896

Oberhof (Kr. Suhl, Bez. Suhl; 2062 Einw., etwa 95000 Feriengäste jährl.) ist einer der bekanntesten Höhenluftkurorte unserer Republik (800–835 m ü. d. M.). Im Sommer bietet die waldreiche Umgebung mit ihrer ozonreichen Luft viele Wander- und Ausflugsmöglichkeiten, im Winter alle Arten des Wintersports. Die intensive ultraviolette Strahlung, die in dieser Höhenlage nicht von Staubschichten behindert wird, besitzt gute Heilwirkung. Die Sonneneinwirkung, die Reinheit der Luft und das im allgemeinen förderliche Reizklima der Wetterscheide sind Kranken und Genesenden dienlich ...
Brockhaus-Reisehandbuch Thüringer Wald 1975

werden wir das gute Gebäck und die beste Zentralsicht genießen, wie sie nur das Höhencafé im dreizehnten Stockwerk des FDGB-Heimes »Rennsteig« bietet.

Jetzt möchte ich mit Ihnen noch morgenwärts gehen.

Nicht ganz genau steht die Kompaßnadel Richtung Ost. Aber das hölzerne »R« des Rennsteigs bestimmt unseren Weg. Und dieser Scheitel des Gebirges ist nicht nach der Schnur gezogen, torkelt vielmehr links und rechts die Stiege hinauf, läßt uns – bei den Sommerwiesen etwa – das Gefühl genießen, nun über den Tunnelschacht zu spazieren, und schiebt immer neue Bilder in unseren Blickwinkel.

Um uns – sommertags – allenthalben Heidegestrüpp, Heidelbeerbüsche rotbeblüht oder blaubekugelt, trockene Graspolken und lackgrünes Preiselbeerlaub, zerzauste Krüppelfichten, einige verfilzte Birkenbäumchen, einzelne Ebereschen stakelig und ungebeugt.

Ziehen wir im Winter hier unsere Skispur, hügeln sich meterhoch die Schneewächten, wachsen die bizarren Eisnadelgebilde des Rauhfrostes windseitig an Zweig und Astwerk, werden zu hartem Panzer, der die Bäume beugt, daß sie den Rücken ewig krumm behalten oder die Wipfel ausbrechen. Schönheit birgt Schaden. So bleibt der Wuchs schütter in dieser Kammhöhe, bleiben die Mansardenfenster offen für die Weite ...

Und nun bitte eine Wendung um einhundertsechzig Grad. Ja – so, genau so wollte ich Oberhof präsentieren!

Vor zwanzig Jahren noch war die Gruppe der schwarzgeschieferten Häuser kaum auszuspähen im dunklen Nadelgrün der Forsten. Dann schob der quaderige Kirchturm seinen Vierkant sichtbar in die Höhe. Ausrufezeichen. Ortsmarkierung. Jetzt überragt der weiße Block des »Rennsteig«-Heimes

als Koloß die hellen Langfronten der Wohnneubauten, zeigt die eigenwillige Schönheit des »Panorama« ihr architektonisches Wechselbild, den Doppelbau mit den Schanzendächern stets anders geschachtelt. Der Kirchturmfinger ist winzig geworden und spielt Verstecken. Oberhof aber – funkelnder, leuchtender Komplex, Ferienoase im schraffierten Grün-Grün der Waldungen – ist nicht mehr zu übersehen. Nicht bei Tage und nicht nachts.
Aber noch ist erst Mittag. Und so sehen wir – nordwärts den Blick wieder – Gehlberg, Dorf der Glasmacher und Glasbläser, nahebei auf den rasigen Hang hingehügelt. Der Schornstein des Werkes, Zweigbetrieb von VEB Schott und Gen. Jena, piekt in die Luft. Technisches Glas wird hier fabriziert. Aber ein Schlot kann gegen so viel Sauerstoff nicht anräuchern. Folglich ist Gehlberg auch gesuchte Ferienidylle und, mit mehr alpinem Gelände und Liften, von den Oberhofer Skihangjägern fast ein wenig beneidet.
Gesuchtes Wanderziel von Oberhof aus ist Gehlberg zudem. Und nicht nur auf einer Route zu erreichen. Da lockt im Herbst der Weg zwischen dompfeilerhohen Graustämmen unter dem schon transparenten Blattgewebe der Buchenwipfel. Ihretwegen trägt dieser Bergrücken den schönen Namen »das große Buch«. Es sind stille Wege, die über das Buch führen. Man kann an der Südflanke im dichten Grasfilz lagern, das Massiv des Schneekopfs als wuchtiges Gegenüber, und sonst nur Himmel, der hier allein sich selbst und uns gehört.
Aber heute gehen wir ja den Rennsteig. Und dies nicht weiter als zum Großen Beerberg. Schnell also einen Blick über Gehlberg hinaus in die Ferne: Kulisse hinter Kulisse in mattierten Farben. Die Kalkfelsen der Reinsberge bei Plaue. Der Steigerwald vor Erfurt. Bei guter Sicht – oder objektivverstärkt – der Glockenturm von Buchenwald am Hange des Ettersberges. Und nun sind es nur noch wenige Meter zum Haupt aller Thüringer Höhen. Kein Gipfelkreuz. Kein Gipfelbuch. Kein Gipfel mit Steilwand und Kletterhang. Dieser Mugel soll der höchste Berg Thüringens sein, neunhundertzweiundachtzig – also fast tausend – Meter hoch?
Vergessen wir nicht: Hoch ragt nur, was über viel Niederem steht! Und hier ist nur Weniges niederer als das Höchste. Zudem – wem Verführung ohne den Nervenkitzel der Gefährdung nicht schmeckt, der probiere einmal aus, wie absolut ungemütlich und absolut nicht gefahrlos es um diesen »Mugel« sein kann bei Nebel, Schneetreiben, Kälte und Schneidwind.
Allerdings können solche Experimente den Einsatz unseres Oberhofer Bergunfalldienstes kosten. Und wir sollten die wohlgeschulten Männer mit den brandroten Anoraks – und zumeist mit dem Skilehrerdiplom in der Tasche – doch nicht um eines Leichtsinns willen alarmieren.
Der Beerberg bietet uns Attraktionen ganz anderer Art. Schätze können wir finden! Schneekopfkugeln nennt sie der Laie. Ein Geologe wird uns erläutern, daß sich im sogenannten Rotliegenden diese Kristalldrusen bildeten. Er würde vom regen Vulkanismus jener Zeit vor zirka zweihundertfünfzig Jahrmillionen sprechen, von glühenden Lavaströmen, von Malaphyr und Quarzporphyr, von Gasblasen im brodelnden Magma, von deren Erkalten und Rotbräunebildung. Von der Verbindung der eingeschlossenen Gase mit Quarz, vom erdgewaltigen Druck, der die so entstandenen Kugelgebilde dann oft vierteilte oder halbierte. Er würde vom Perm sprechen – der letzten Periode des Paläozoikums – die Schneekopfkugeln als ein Geschenk des Erdaltertums deklarieren, zehnmal älter als der Bernstein.

Vor- und frühgeschichtliche Funde zeugen davon, daß die Hochfläche von Oberhof schon in der Jungsteinzeit als Gebirgsübergang benutzt worden ist.

Die ersten Gebäude waren Gutshöfe, von Gothaer Kreuzklosterbrüdern im 13. Jahrhundert errichtet.

Durch Straßenräuberei wurde der Geleitschutz notwendig, der jedoch bald von den Territorialherren zu einem recht guten Geschäft, zur Räuberei auf Raten ausgenutzt wurde.

Die Geleitgebühren mußten sofort in bar oder in Waren entrichtet werden; besonders hohe Gebühren wurden für Wein, Nüsse und Apfelsinen gefordert.

Und wir würden verschüttetes Schulwissen in uns ausgraben, während wir mit Wonne den Fund betrachten. Da gibt es – eingebettet in das konkave Innere unscheinbarer Kugeltorsos – Kristalle gelb wie Honig, violette, blauschimmernde, helle klar wie Glas – und dunkelfarbene Rauchquarze. Und wir halten den zweiten Oberhofer Superlativ in Händen: Ein Stück Schneekopfkugel ist das älteste Souvenir, das Sie von einer Thüringenreise je mitbringen könnten!

Verwahren Sie Ihren Schatz gut, denn wir wollen nun über das kleine Hochmoor, auf dem das scheidige Wollgras seine Watteschöpfchen plustert, sonnenseitig gehen. Ich wünschte Ihnen dazu einmal einen Spätsommer- oder Frühherbstmorgen mit der vollen Klarsicht hinunter zu der südwärts sich dehnenden Bezirksstadt Suhl, die sich nicht mehr in die Talenge am Fuße des Domberges duckt, sondern großblöckig aufstaffelt an den Hügeln, wo die Straßen nach Schleusingen und Schmiedefeld bergwärts steigen.

Aber ich würde Sie auch gern hinaufführen an einem Wintermittag, wenn alles um uns her in Talnebeln ertrunken ist. Wenn man – Superlativ Numero drei – das absolut blaueste Blau des Himmels wie einen Madonnenmantel um die Schultern spürt, wenn die Firnblätter des Schnees wie Facetten blinken. Wenn – gleich gewaltigen Eisbergen – über ein Meer von weichwelligem Wolkengrau die weißen Rhönhöhen von Wasserkuppe und Geba, Dolmar und Kreuzberg auf uns zuschwimmen und nahebei nur der Gebrannte Stein seine braunen Felshöcker wie Riffe zeigt.

»Plänckners Aussicht« heißt der Punkt, von dem wir diesen besten Weitwinkelblick haben. Und es gibt viel mehr noch zu betrachten, als ich hier andeute. Aber nicht der verführt, der von *allem* redet!

Zu Julius von Plänckner kann ich indes noch einige

Sätze schreiben. Wir sind seinem Namen schon an der Tafel des Monumentes begegnet. Er machte sich durch Höhenmessungen des Thüringer Gebirges verdient; er war es, der als erster den Rennsteig in seiner Gesamtlänge von 168 Kilometern erwanderte, das Territorium erforschte und 1830 eine umfassende Beschreibung publizierte. Ein Gedenkstein für Plänckner bezeichnet zugleich – bei 973 Meter ü. M. – den absoluten Gipfelpunkt, den der gebuckelte Kammweg eben hier erreicht.

Ob nun Rennweg oder Rinestig, ob Botenpfad, Herrschafts- oder Jagdrechtsgrenze, immer wieder werden wir um Oberhof dem »R« begegnen. Am Stein 16 oder Grenzadler, an der Suhler Ausspanne – und, als kupferne Riesenletter, droben an der Nordfront unseres neuen FDGB-Heimes, das architektonisch die Formgebung eines alten Gemarkungssteines, wie deren viele am Rennsteig stehen, haben soll. Nur stürzen von kniehohen Steinen wintertags keine Eiszapfenbärte herab! Auch moderne Architektur muß sich an die strengen Gesetze halten, die ein Ort wie Oberhof diktiert. Wie exponiert der Platz ist, den es da mitten auf dem Sattel hat, können wir aus allen Fenstern sehen. Denn jetzt ist das Versprechen eingelöst: Der Lift hat uns hinaufgeschnellt in das kleine Café mit der großen Sicht. Dreizehntes Stockwerk beim Nabel des Ortes.

Bitte lassen Sie sich den Kuchen schmecken, den Kaffee und alle Zahlen, mit denen ich Sie nebenbei sattfüttern werde.

Wieso ich von einem Ort der Superlative gesprochen habe? Nun – keinesfalls aus Hurra-Lokalpatriotismus. Aber es ist schlechthin nicht zu leugnen, daß Oberhof außer einer erdgeschichtlich eruptiven Vergangenheit eine ortsgeschichtlich explosive Gegenwart aufzuweisen hat. 1967 noch konnten nur vierzigtausendeinhundert Menschen im Jahr – Sommer plus Winter – ihr Ferienziel bei uns finden. 1975 ist die Zahl, die die Statistik aufweist, bei über neunzigtausend zu suchen.

Es wuchsen seit 1969: Das Interhotel »Panorama«. Das Restaurant-Vielerlei »Oberer Hof«. Superlativ! Größter Gaststättenkomplex der drei Thüringer Bezirke. Es wuchs der FDGB-Riese »Rennsteig«. Es wuchsen die komfortablen Bettenhäuser zu den Heimen »Dimitroff« und »Solidarität«. Es wuchs der Supermonumentalbau des »Weineck« für die bergluftungrigen Arbeiter aus Leuna, Schkopau und Bitterfeld.

Es wuchsen die Nachfolgeeinrichtungen: Eine neue polytechnische Oberschule. Kindergartenbungalows. Ein großes Einkaufszentrum mit zu kleinem Angebot. Es wuchsen zweihundertneunzig Familien-Wohneinheiten. Und zweihundertachtundachtzig Einraum-Wohnungen modernen Stils. Es wuchs die Bevölkerungsziffer in diesen fünf Jahren von 1400 auf 3200. Es wuchs den Gemeindevertretern manch graues Haar.

Und nun kommt Ihre Frage, die ich erwarten muß nach solchen Offenbarungen: »Sind Spitzenleistungen dieser Art denn auch Superlative von *verführerischem* Reiz?«

Testen Sie es selbst!

Ich aber habe – dies sei gesagt – noch weitere Farben für mein Ortsporträt auf der Palette.

Da ist die künstlich vereiste Rennschlittenbahn: Superlativ! Einzige ihrer Art in der sozialistischen Staatengemeinschaft, eine von drei in Europa bestehenden. Und die Meister der stählernen Doppelkufen bei nächtlicher Trainingsfahrt über die neonbeglänzten Kurvensteilwandungen steuern zu sehen – das kann schon einmaliges Ferienerlebnis sein.

Dann die »Schanze am Rennsteig«: Superlativ! Es ist die größte der DDR. Der offizielle Sprungrekord liegt bei 116 Metern. Ein Wettkampftag bei trockenem Winterwetter und stillem Wind ist

Vom Geleithaus »ufn oberhof« hat das heutige Ferien- und Wintersportzentrum seinen Namen.

Die Wagenlenker von damals klagten nicht nur über Schlaglöcher, sondern auch über »enge Geleise«, böse Straßen, faule Löcher, dreckige Gassen, Schweißgründe, Henkersgraben, Galgengassen, Krotten und Höllen.

Die Kärrner durften nur vorgeschriebene Geleitstraßen benutzen; abkürzende Strecken ließen die Fürsten verhauen.

Die alte Handelsstraße von Crawinkel hinauf nach Oberhof war so eng und steil, daß sie zur mittelalterlichen Einbahnstraße werden mußte. Die Pferdekarren durften von Crawinkel aus nur vormittags bergan fahren, und die Oberhofer Karawane durfte sich erst ab mittags 12 Uhr in Marsch setzen. Nachts wurde die Hohle durch eine Kette gesperrt.

immer wieder faszinierend. Zu anderer Zeit können wir selbst hinaufklettern auf den Anlaufturm und uns vorstellen, nun – ganz im eigenen Stil – mit D-Zug-Tempo die Steilvertikale hinunterzuspuren und über den Bakken zu sprungsegeln ...

Wir können es uns auch im Café des Kampfrichterturms wohl sein lassen und mit der Sesselliftgondel die Halbhöhe des Schützenberges erschweben, wenn dies mehr den Kategorien unseres Sportgeistes und Mutes entspricht, was fast mit Sicherheit anzunehmen ist.

Von dort und da sehen wir allenthalben hinüber zum Grenzadler und damit zum Stammsitz des ASK Vorwärts Oberhof. Superlativ! Allerdings, denn elf Weltmeistertitel, neunzehn Europameisterschaftssiege, zwei olympische Goldmedaillen und eine solche bronzene errangen die Oberhofer Sportler bereits bis zum Jahre 1975 in den Disziplinen Biathlon, Spezialsprunglauf, Rennrodeln und Skilanglauf.

Auch das gehört zum Bild unseres Ortes. Eigentlich sogar zu seinem Alltag, denn Oberhofs Kinder lernen das Skilaufen fast schon vor dem Laufen.

Womit wir wiederum zur jüngeren Historie überwechseln können: 1931 wurde das erste FIS-Rennen in Oberhof gestartet – 1973 die Weltmeisterschaft im Rennrodeln. Zwischen beiden Jahreszahlen liegt die Summe der – hier nicht aufzuzählenden – nationalen und internationalen Wettbewerbe und Spartakiaden. Auf jeden Fall Superlativ! Und auch das sollten Sie sich merken: Oberhof bietet die schneesichersten Loipen im weiten Thüringer Wald. Doch genug vom Wintersport. Sie möchten sich vielleicht zu ganz anderen Ferienfreuden verführen lassen?!

Wozu kann ich Sie sommertags verlocken? Zu einer Wanderung mit Wasserziel? An Quellen mangelt es wahrlich nicht. Mit jeder Straße und vielen Wegen springt irgendwo ein Bach zu Tal, umwuchert von den Blattschirmen der Pestwurz oder den Wedeln des Königsfarns. Unser Waldschwimmbad ist kühl wie ein Jungbrunnen, sogar die hohen Samenfichten baden sich spiegelnd darin!

Wenn Sie die größere Wellenfläche einer Talsperre mögen, dann könnte das Ziel die »Lütsche« sein. Wir nehmen den Weg über den Schloßberg, ruhen vor dem Abstieg auf den Bänken am Pirschhaus. Ausblick in die Felderebene, welche in der Wanne der dunkelnadligen Fichtenhänge eingebettet liegt. Steilblick hinab auf Zeltkunterbunt und Badegewimmel am Ufer des kleinen Stauweihers.

Viel, sehr viel Wasser – genau zweiundzwanzig Millionen Kubikmeter – habe ich auch noch für Sie! Die Strecke zur Ohra-Talsperre ist zwar etwas weiter, aber gut gängig. Zum Teil die alte, von Kastanienbäumen eingeschattete, nun in den See absteigende Straße nach Gotha. Dann neuer, besonnter, den Buchtungen des Sees folgender Weg, gesäumt von rotem Fingerhut.

Schwimmen allerdings dürfen wir nicht in dem Riesen-Quellsammelbecken von Silbergraben, Kernwasser, Hasel und Schmalwasser. 1970 wurde sein Bau – mit dem einzigen Steinschüttdamm der Republik – vollendet. Und wer uns diesen Superlativ absprechen will mit dem Argument, daß Luisenthal ja schon jenseits der Suhler Bezirksgrenze liege, der sei erinnert, daß ohne die Bäche von Oberhofs Höhen hier ein »leeres Faß« wäre. Und den Weimaranern und Erfurtern, den Apoldaern und Jenensern weiterhin das gute Naß knapp.

Baden also ist verboten aus Gründen der Hygiene. Aber gondeln dürfen wir. Und auf zweikufigen Tretern wie große Wasserlaufkäfer über die glatte Fläche rutschen. Und die Sonne Lichtstreifen malen sehen. Und staunen, wie schnell die Schatten in die schmalen Talgründe sinken.

Noch ein Wasser habe ich anzubieten. Ein winziges allerdings im Vergleich zu den Kubikmillionen. Darum hebe ich es für den Winter auf: das Hallenschwimmbecken des »Panorama«. Wie Fische im Aquarium fühlen wir uns im wohltemperierten Raum, vergnügt im Geviert des Kachelbeckens planschend, wenn von draußen frostrote Nasen unter Pelzmützen sich gegen die raumhohen Glasscheiben drücken, wenn wir am Gegenhang des Schützenberges die weiß-weiß-grau-schwarze Grafik verschneiten Fichtenbestandes sehen.

Merken Sie es – immer wieder neigen alle Aspekte meines Verführungswillens sich dem Winter zu ...

Ja – *er* ist Oberhofs große Zeit und viel länger als ein normales Jahresquartal. Er rekelt sich von Ende Oktober bis zur Schwelle des Mai. Seine Spanne reicht von der flaumigen Schneepuderdecke, die wie ein Bilderbuch alle Fährten des Wildes für jene aufblättert, die darin lesen mögen, bis hin zum Bergfrühling, wo wir – bloßärmelig skilaufend – die ersten deftigen Sonnenbrände einhandeln können.

Jetzt aber, und um nicht vollends als Winter-Fetischist gezeichnet zu werden, jetzt muß ich dem Oberhofer Herbst noch ein Loblied anstimmen. Blasen sollte ich es! Das paßt besser zu rotem Hirsch und Brunftzeit, zu dem sterngespickten Himmel der kalten Nächte. Und zu den urigen Schreien, denen wir lauschen, wie den wenigen nicht zivilisationsgestörten Tönen im phonüberlasteten Geräuschzelt unserer Alltage.

Das Ziel des Abends also ist fixiert. Greifenberg.

Um die Mittagsstunden möchten wir dort wandern, wo sich die wilden Versuche im Malsaal der dritten Jahreszeit am besten begutachten lassen, in den Laubrevieren.

Wenn wir südlich den Eckardtskopf halb umrunden, können wir zunächst noch hinaufklettern zum

Hohen Stein. Der zwar so hoch nicht ist, daß es des Wortes klettern eigentlich bedarf. Aber er hebt uns doch den Blick über das nahe Tal und zu weiterer Sicht mit dem Kickelhahn bei Ilmenau als Ausrufezeichen.

Bis ins 17. Jahrhundert standen neben dem Zoll- und Geleitshaus nur ein paar Hütten von Köhlern und Holzhauern.

Und dann – bergab – der Weg zum Ausgebrannten Stein. Im Dunkel von Felsgestürz und Fichtenwildwuchs scheint das Kehltal tief, tief unten an der Stelle zu unserer Rechten. Schwärzestes Schwarz aber ist das Ziel der Wanderung. Tappend suchen wir uns hinein in das Mundloch des Berges, in welches – wie im Märchen – der Pfad plötzlich und unausweichlich führt.

1616 ließ sich der Weimarer Herzog in Oberhof ein kleines Jagdschloß erbauen, das 1634 im Dreißigjährigen Krieg von Kroaten zerstört wurde.

Doch hier gibt es keine imaginäre Zauberformel! Brandharte Arbeit ist das Geheimnis unseres Felsganges. Nach dreißig Metern – an der nördlichen Bergseite – entläßt er uns wieder ans Licht. Als Flößschacht wurde er 1691 auf Geheiß des Gothaischen Herzogs gebaut – durch den Porphyr »gebrannt« –, als Teil eines dreiundzwanzig Kilometer langen, ausgeklügelten Holztransportsystems. Dessen Ursache lag in einem Streit zwischen den Herrschaften Gotha und Schwarzburg. Siebzehn Jahre lang zogen die Holzknechte – tief im Kaltwasser der Schneeschmelze stehend – die Langstämme durch den Felskanal!

1836 wurde das sinnlos gewordene Geleit aufgehoben. Das ehemalige Zollhaus wurde zum Domänengasthof.

Nach so viel Finsternis ist das Zinnober der gefleckten Fliegenpilzschirme roter als rot, leuchten die blutfarbenen Brombeerblätter intensiver. Wir greifen nach der bunten Bordüre unseres heutigen Ferientages.

Und nun will ich des Oberhofer Sommers, des kurzen – für den Sie allenfalls auch mit Wollmütze, Handschuhen und dickem Anorak ausgerüstet sein sollten – nochmals Erwähnung tun. Eben weil er so kostbar ist, wurde ihm ein Reservat geschaffen. Superlativ! Der »Rennsteiggarten« – 1971 mit wissenschaftlicher Beratung durch Experten der Jenaer Universität in der Anlage begonnen – ist der

höchstgelegene Botanische Garten unseres Landes. Und somit prädestiniert für das, was er zeigt: europäische und außereuropäische Gebirgs- und Hochgebirgsflora.
Südhang des Pfanntalskopfes – imposante Szenerie – beste Gegebenheiten, auf relativ großer Hektarfläche Vegetationsstufen der Bergwelt natürlich darzustellen mit Latschengürtel, Gesteinsrasen, Schotterstufen. Von den ersten Blüten, der weißen Pelzanemone und dem rosa-violetten Seidelbast, bis zum letzten Herbstenzian, dem blauen gentiana sino ornata, reichen Ansiedlungsversuche und -erfolge. Und fünfzehn Edelweißarten können wir in unserem Freilichtmuseum bestaunen: von zwergwüchsig schneeweißen bis zu zwanzig Zentimeter hohen, kaum pelzigen, grünblütigen.
Edelweiß aus Sibirien? Ja – in Oberhof!
Aber nicht an den Hut zu stecken ... Nichts von der Blütenfülle – Felspflanzen aus aller Welt, wohlgeordnet und dekorativ in einer Schauanlage zur Nahbetrachtung und Anregung den Blicken geschenkt – möchte als Dörrpflanze im privaten Reisealbum irgendwo enden.
Wir Oberhofer haben kein Renaissance-Rathaus und keine Barockportale, keinen Marktplatz mit gotischem Brunnen. Was die Künste anbelangt, haben wir nichts als Nachholebedarf in allen Genres. Wir wissen es.
Wie schnell wachsen am Baum des Wissens die Früchte?
Primäres Attribut der Verführung bleibt uns derzeit die unverstellte Weite der Wälder zwischen Knüllfeld und Mordfleck, zwischen Donnershaugk und Veilchenbrunnen.
Verführung sind dem Sehenden die sommerbunten Wiesen mit allem Arzneigewüchs von Augentrost bis Arnika, vom blätterfaltigen Frauenmantel bis zum Digitalis purpurea an den Waldsäumen.
Wem aber doch der Winter Wahlzeit ist, dem schenken wir zur Augenweide fünftausend Hektar schneedekorierten Fichtenbestandes. Allein im Radius eines Normalwanderers. Und da – nach forstamtlicher Auskunft – je Hektar mindestens tausend Bäume ihre Wipfel tragen, so bleiben pro Urlauber, selbst bei unseren Superlativzahlen noch immer ...
Ach, bitte, rechnen Sie selbst! Ich bin ein schlechter Statistiker. Und zudem ist meine Sicht absolut subjektiv.
Eines jedoch möchte ich hoffend – in voller Objektivität – sagen können: Als Ort wurde Oberhof 1556 erstmals urkundlich genannt; wenn es im Jahre 2000 das vierhundertvierundvierzigste Jubiläum dieser Erwähnung von »des Weghalters Behausung ofn Oberhoffe« begeht, möge es – mit allen Zweigen aufgewachsen zur neuen, noch ungewohnten Dimension – in anderer Wortdeutung und bester Bedeutung sein, was es zu Anbeginn war: Eine Ausspanne zur Höhe des Gebirges!

Landolf Scherzer

Die Quelle der Wahrheit

In dieser Geschichte erfahren Sie, was bislang kaum ein Suhler, geschweige denn ein Fremder weiß: die Wahrheit über die jahrhundertealte Ottilienquelle.

Die thüringische Bezirksstadt hat zwei alte Wahrzeichen. Da wäre erst einmal der Waffenschmied vor dem Rathaus. Von ihm wird später die Rede sein, zumal er uns selber keine Geschichten erzählen kann, denn er ist bei seiner hammerschwingenden Arbeit inzwischen eingeschlafen und versteinert. Das zweite Wahrzeichen, wie schon erwähnt, die Ottilienquelle, altehrwürdig, aber immer noch geschwätzig und munter.

Als links und rechts von ihr die alten Häuschen abgerissen und moderne Häuser montiert wurden, erhielt auch die Quelle eine schönere Heimstatt. Bildhauer Wurzer meißelte eine neue Brunnenfigur für sie: ein langhaariger, spitzbärtiger Gnom und ein Frosch leisten der leider nur im Sommer Fließenden Gesellschaft.

Allen Vorübergehenden verrät die in Stein gehauene Schrift etwas von der Tradition des blanken Rinnsals:

»Das Wasser hier an dieser Stelle
Von einem Gnom bewacht.
Man nennt es die Ottilienquelle,
In Sagen hat's das Volk erdacht.«

Dieses am Fuße des Domberges plätschernde Wasser soll heilkräftig sein, und andächtig koste ich vom frischen Naß der alten Ottilie. Es schmeckt wie ... wie Leitungswasser. Ich tadle mich einen Skeptiker und ewigen Nörgler, denn schon auf vergilbten Ansichtskarten hatte ich gelesen, daß Suhl vor 1945 wegen dieser Quelle sogar »Solbadstadt Suhl« genannt worden war und Heilbedürftige aus vielen Städten ins Chlorkalzium-Ottilienbad kamen. Also koste ich noch einmal – und wieder der Geschmack wie vom häuslichen Wasserhahn.

Sollte der Gnom das Wasser doch nicht treulich bewacht haben? Aber dann hätten die Stadtväter darauf verzichtet, vor drei oder vier Jahren eine neue Figur samt dokumentarischem Spruch in Stein hauen zu lassen.

Ich frage Suhler, die in den neuen Häusern neben der Quelle wohnen. Der erste: »Nee, kann ich nisch helfen, ich bin aus Dresden, baue hier nur an eurem Industriegelände.« Der zweite: »Keine Ahnung, ich arbeite zwar schon fünf Jahre im Rechenelektronik, aber stamme aus Rostock.«

In der Gegenwart ist also kaum etwas über das nasse, traditionsreiche Wahrzeichen von Suhl zu erfahren. Vielleicht, so denke ich, berichten alte Geschichtsbücher mehr. Den ersten Hinweis finde ich dann auch im historischen Gelehrtenstreit, woher die Stadt ihren Namen habe. Während die einen behaupten, Suhl sei von Suhle – Sumpf – abzuleiten, schwören die Vertreter der anderen Theorie, der Ortsname sei aus dem slawischen Sul – Salzwasser – entstanden, denn früher hätte man aus den ergiebigen Quellen besonders am Domberg (das erste Aha!) reichlich Kochsalz gewonnen. Die letztgenannte Version scheint zuzutreffen, denn die Suhler ernährten sich anfangs von der Salzsiederei, bevor sie später mit Mopeds und Küchenmaschinen Geld verdienten. Mehr Quellenhinweise sind allerdings in der Historie nicht zu entdecken, denn bei einem stadtfressenden Feuer am 1. Mai 1753 verbrannten außer 541 Wohnhäusern, 220 Nebengebäuden, 490 Ställen, 161 Scheunen, Hauptkirche, Gefängnis, Rathaus und dem Spritzenhaus auch alle Akten und Urkunden der Stadt. Übrigens hatte die Suhler Religionsfanatikerin Dorothea Triebel das große Unglück rechtzeitig vorausgesagt. Über dessen promptes Eintreffen waren die Suhler dann allerdings so fassungslos, daß sie erst ihre Feuerwehrspritzen in den Flammen stehenließen und dann die schuldlose Dorothea Triebel wegen ihrer erfolgreichen Gerüchtemacherei ins Zuchthaus nach Waldheim verfrachteten. Das allerdings konnte auch nichts wiedergutmachen. Die Häuser waren weg, die Akten ebenfalls – und ich erfahre kein weiteres Wort über die Ottilienquelle.
Also lasse ich es vorerst mit der Geschichtskramerei gut sein, zumal selbst der Suhler Superintendent Joachim Zehner 1593 in seiner Bergpredigt über die Historie der Stadt nichts weiter zu vermelden weiß, außer »... daß es bald hernach im Jahre 1241 zu Suhla unter der blosen Leuten, oder Leuben in der Herrschafft-Henneberg stück fleisches zu 10 und 12 Pfunden geregnet habe, welche folgends an der Sonnenhitze zerschmoltzen. Und aus andern gegründeten Documenten hat man nachrichtung, daß Suhla Ao. 1359 Frawen Elisabeth Fürst Johanneßen von Henneberg hinterlaß ener Wittwen, gebohrnen Landgrävin von Leuchtenberg, Leibgeding gewesen ... Außerhalb desselben ist nichts besonders denkwürdiges von Suhla verzeichnet worden.«

Doch, inzwischen ist besonders Denkwürdiges von Suhl zu verzeichnen. Runde 600 Jahre nachdem die Stadt ein Witwengeschenk wurde, erfuhr ich unter anderem diese aufschreibenswerte Geschichte. Sie handelt vom alten August Ansorg. Er ist schon über 70 und arbeitete fast 60 Jahre in einer Gewehrfabrik. 1930 hatte er sich ein Häuschen gleich neben der Ottilienquelle gebaut. Dafür sparte er zehn Jahre lang den halben Lohn, den er vom Fabrikanten für das Drehen der Gewehrläufe erhielt. Manchmal, wenn sie Ziegenmilch günstig verkaufte, konnte seine Frau noch etwas dazugeben. Er baute das Haus aus Steinen, Lehm, selbstgehauenen Balken und am Fluß geschnittenen Weidenruten. Die Fenster waren klein, so daß er nur den Kopf, aber nicht die Schultern durchstecken konnte. Das Spülwasser schütteten sie in die Lauter. In den drei kleinen niedrigen Zimmerchen zog er vier Kinder groß, zwei starben im Säuglingsalter. Als August Ansorg Rentner wurde, verabschiedeten ihn die anderen Gewehrmacher. Am übernächsten Morgen stand er wieder an der Drehbank. Er blieb noch, bis er 70 wurde. Dann

Suhl
1318 zum ersten Mal urkundlich erwähnt. 209 Jahre später verleiht Graf Wilhelm IV. von Henneberg die städtischen Privilegien. 8 Jahre danach siedeln in Suhl Büchsenschmiede aus Augsburg und Nürnberg. Seitdem ist die Historie der Stadt eng verknüpft mit der Geschichte der Handfeuerwaffen. Die wichtigsten Erzeugnisse der heutigen Südthüringer Metropole: Jagd- und Sportwaffen, Mopeds, elektrische Haushaltsgeräte, Feinmeßgeräte, chirurgische Instrumente.

6 km von Suhl entfernt: Goldlauter
Gold förderten die Bergleute der 1546 gegründeten Siedlung nie, nur Kupfer und Silber. Als das Erz weniger wurde, bemühte sich 1780 im Stollen »Goldene Rose« auch Goethe um Goldlauters Bergbau. Hundert Jahre danach mußte allerdings die letzte Grube endgültig stillgelegt werden. Aber der Besuch des Weimarer Ministers schien doch noch fruchtbringend für den heute allbekannten Ferienort gewesen zu sein, denn im Jahre des Goethebesuches wurde in Goldlauter Ernst Anschütz geboren, der – wohl inspiriert von des Dichterfürsten Verweilen – später solch bekannte Volkslieder wie »Fuchs, du hast die Gans gestohlen« und »O Tannenbaum« schuf.

7 km von Suhl entfernt: Albrechts
1956 wurden in Albrechts zum erstenmal Feriengäste aufgenommen. Im 450 m über dem Meeresspiegel liegenden Ort kommt noch heute jeder Urlauber auf seine Kosten, der stille Wälder und einsame Wanderwege liebt.

verabschiedete er sich, wie er sagte, für immer. Der Frau war's nur recht. Er konnte sich jetzt um den Garten kümmern. Seine alte blecherne, verbeulte Brotbüchse, die er über fünfzig Jahre zur Arbeit mitgenommen hatte, legte er in die unterste Schublade des Schrankes, dort, wo er die Urkunden von der Gewerkschaft und seine Hochzeitsbilder aufbewahrte.

Nach einer Woche ging er täglich für drei oder vier Stunden aus dem Haus. Seiner Frau sagte er, er würde sich mit alten Freunden beim Bier treffen. Als eines Tages Kollegen aus der Fabrik kamen, um eine einstürzende Wand des Ansorgschen Lehmhauses zu flicken, erfuhr die Frau die Wahrheit. Tag für Tag sei er für ein paar Stunden in der Werkhalle gewesen, habe sich nützlich gemacht, die Drehspäne zusammengekehrt...

Ich erlebte, daß dieser alte, abgearbeitete Gewehrmacher hemmungslos weinte. Er stand ungläubig wie ein Kind in seiner Neubauwohnung und drehte den Warmwasserhahn auf, fummelte völlig unmotiviert an der Leitung der Fernheizung und fuhr dann mit den Fingern über die großen Fensterflächen, so, als ob er die Glätte von poliertem Stahl prüfen wolle. Die anderen Gewehrmacher, die seine Möbel aus dem Ansorgschen Häuschen gebracht hatten, standen verlegen an der Tür. Das war 1972.

Fast die Hälfte aller Bürger von Suhl, jener Stadt, in der sich früher die armseligsten Häuschen der Metallarbeiter zu Füßen der umliegenden Berge duckten, erhielten nach 1949 eine neue Wohnung.

Der alte Ansorg rät übrigens, als ich ihn wegen des Wassers der Ottilie fragte: »Beschaue dir doch oben auf dem Domberg den Felsen und die Kapelle, sie haben den gleichen Namen wie die Quelle.«

Also mache ich mich auf den Weg. Zwar trennen neue Umgehungsstraße und Eisenbahnlinie den

Berg resolut von der Stadt, aber unter beiden haben die Tiefbauer einen Tunnel gegraben, so daß ich nach 10 Minuten Fußweg schon mitten im schweigsamen Buchenwald stehe. Sein Blätterdach gewinnt jeden Farbwettbewerb mit den Großblockbauten rings um die Altstadt. Lockendes Pastellgrün mit dunklen Fichtentupfen im Frühjahr und sattes Grün im Sommer. Im Herbst verwandelt sich der Berg in den überdimensionalen Farbkasten des gewaltigsten Malers, und im Winter balancieren die nackten Äste zitternd ihren weißen Tüll, filigrane Schwarz-Weiß-Fotografie. Über all dem steht ein Turm, früher nach Bismarck benannt. Heute nennt er sich schlicht Dombergturm. Er ist besteigbar. Auch am Ottilienfelsen, der dem Berg wie eine Nase aus dem Antlitz wächst, kann man, zwar mit einiger Mühe, hochklettern.
Unter der Nase – gleich einem verlorenen Tropfen – befindet sich die kleine Ottilienkapelle. Sie hat ihren uralten Namen behalten, obwohl sie doch richtiger die »Dreimalgeborene« heißen müßte. Sie ist Suhls ältestes Gotteshaus, denn anfangs kamen der Missionare Worte bei der Christianisierung oft aus solchen kleinen, versteckten Bergkapellen. Als Gott jedoch so gut bei Kasse war, daß er auch in der Stadt Suhl größere Kirchen bauen lassen konnte, verfiel die Kapelle. 1843 wurde sie zum zweitenmal geboren, allerdings kam nur noch die verkitschte Nachahmung des Urbildes heraus. Am 3. April 1945 trafen amerikanische Granaten Kapelle und nebenstehende Restauration. Die Kapelle bauten Freunde des Kulturbundes der DDR in Suhl 1953 wieder auf, die Gaststätte daneben nicht (da behaupte noch einer, im Sozialismus würden kirchliche Traditionen nicht sorgfältig bewahrt).

Den Namen Ottilie für Felsen, Kapelle und Quelle borgten sich die Suhler übrigens aus dem Elsaß, denn besagte Dame ist die Schutzheilige von Straßburg. Als Kind heidnischer Eltern, so berichtet die Sage, ward sie blind geboren und erst im zwölften Jahr nach ihrer christlichen Taufe sehend. Der wütende, ungläubige Vater verfolgte die bekehrte Ottilie, und überall, wo sie bei ihrer Flucht auftrat, entsprang eine Quelle. (Zweites Aha!) Schließlich barg sie ein Fels vor dem grausamen heidnischen Vater. Seitdem gilt sie als Fels- bzw. Quellheilige, und bei Augenverletzungen (damals eine Berufskrankheit der Bergleute) baten die Verletzten um ihre Hilfe.
In Suhl gab es in der Vergangenheit viele Bergleute. Noch im 17. Jahrhundert grub fast jeder sechste Einwohner in den Suhler Bergen nach Eisen. Die Löcher schütteten sie jedoch nicht zu, und der Hirt fiel mit seinen Viechern daher von einer Grube in die andere. Er beschwerte sich bei der Stadtverwaltung bitter – und diese befahl, daß jeder Bergmann, der einen »Schacht« gegraben hatte, denselben gefälligst bei Strafe wieder zuschütten müsse. Schon an diesem Detail ist deutlich zu erkennen, daß die Suhler das Erz nicht sehr produktiv aus der Erde holten und trotz der geborgten Schutzheiligen bald der Konkurrenz in Westdeutschland (auch der elsässischen Erzgruben in Ottilies Heimatland) unterlagen. Sie bestraften deshalb die unschuldige Quelle, indem sie eine neue Sage von ihr erfanden, und noch heute erfährt der Neugierige anhand der Wandgemälde in der Ottilienkapelle folgende Lovestory:
Der edle Ritter Conrad von der Suhler Steinsburg liebte Ottilie, die wunderschöne Tochter eines Bergmannes, der am Domberg nach Erz grub. Allabendlich stand sie auf dem Felsen des Berges, und er winkte von seiner Burg zu ihr herüber. Ottilie war ungewöhnlich hübsch, und noch einer – der rote Hinz, er war Knappe bei ihrem Vater – hatte sich in sie verliebt. Ottilie jedoch wollte nur ihren Ritter, und als der eines Tages eine fündige

Im 15. Jahrhundert kamen dagegen vor allem die Besitzer der Brauneisensteingruben auf ihre Kosten, denn die Funde dort waren verhältnismäßig ergiebig. Als sie nachließen, machten sich die Einwohner an die Produktion von Kleineisenwaren. Heute arbeiten die meisten in den großen Suhler Metallverarbeitungsbetrieben.

8 km von Suhl entfernt: Dietzhausen
Das an dem Flüßchen Hasel gelegene Dorf wurde schon 810 urkundlich erwähnt. Nach der vollständigen Zerstörung im Dreißigjährigen Krieg kehrten lediglich 20 Einwohner in den Ort zurück. Heute sind es wieder 1200.

Interessante Wanderungen kann man ins Seßlerstal unternehmen; das fast 3 km lange Tal gehört zu den noch nicht mit Bungalows »verzierten« malerischen Tälern in der Umgebung von Suhl. Seit 1974 gibt es in der Gemeinde ein Freibad. Für historisch Interessierte: Bronzezeitliche Hügelgräber im Süden von Dietzhausen.

9 km von Suhl entfernt: Hirschbach
Früher gab es rings um den sich am Fuße des Friedberges duckenden Ort sehr viel Wild. Inzwischen sind Hirsch und Reh seltener geworden, dafür steht heute oben auf dem Friedberg die modernste Schießsportanlage Europas. In Hirschbach zweigt das Tal der Finsteren Erle ab. Dort wurde von 1964 bis 1967 die Erletor-Talsperre gebaut; sie speichert 450000 m^3 Trinkwasser, hauptsächlich für die Bezirksstadt.

Silberader entdeckt hatte, versprach der Vater ihm dafür die Hand der Tochter. Der rote Hinz bat in seiner Liebesnot verzweifelt die Domberghexe um Hilfe, und die vermachte ihm eine Goldader. Flugs änderte daraufhin der Vater die Hochzeitspläne und gab dem roten Gold-Hinz seine Ottilie. Sie aber stellte sich weinend auf den Felsen, um ihrem geliebten Conrad noch einmal zu winken. Und der edle Ritter, der ihr Elend von seiner Burg aus nicht mit ansehen konnte, erschoß das schöne Kind.

Eine viel bessere Liebesgeschichte, nämlich ein Stück seiner eigenen, erzählte mir unweit der Kapelle in der Gaststätte »Alte Burg« ein junger Suhler Datenverarbeiter. Er war drei Jahre bei der Armee gewesen, anschließend vier Jahre im Rechenzentrum von Leipzig. In der Messestadt lernte er sie kennen: eine zierliche Studentin aus Guben, deren Haare ihn immer an die Farbe des kiefernbestandenen Sandbodens ihrer Heimat erinnerten. Er wollte sie mit nach Thüringen nehmen und hatte ihr von seinem Suhl (in dem er, abgesehen von einigen Stippvisiten, selbst 7 Jahre nicht mehr gewesen war) tüchtig was vorgeschwärmt. Er hatte erzählt von schattigen Wäldern, weichem Moos, auf dem es sich gut lieben ließ, Pilzen und Beeren im Überfluß, den kulturhistorisch wertvollen alten Fachwerkhäusern und den lukullischen Spezialitäten ... Sie allerdings wollte nur wissen, ob sie in seinem Suhl auch eine Neubauwohnung bekämen, sonst sei es ihr egal, ob sie unter stachligen Kiefern oder auf weichem Moos liege. Da beteuerte er ihr, daß die Bauarbeiter in den letzten Jahren in Suhl eine Unmenge aus dem Boden gestampft hätten: Neubauviertel in allen Himmelsrichtungen, ein Interhotel, ein CENTRUM-Warenhaus, die modernste Schießsportanlage Europas, eine Miniausgabe der Leningrader Sport- und Kulturhalle, das erste Appartementhaus der DDR für ältere

Bürger ... Gut, sagte sie, zeig mir dein Suhl, und fuhr mit ihm nach Thüringen. Von Kind auf war sie allerdings ein wenig voreingenommen. Damals hatte sie in den Ferien bei einer Tante in Meiningen gewohnt, 24 Kilometer von Suhl entfernt, die ihr immer wieder einhämmerte: »Die würdigste Residenzstadt ist und bleibt Meiningen!« Hier gäbe es einen großen herzoglichen Park, in Suhl nichts dergleichen. In Meiningen stände seit Jahrzehnten eine Schwimmhalle, in Suhl existiere sie nur auf dem Papier. Außerdem besäße Meiningen ein Theater und eine richtige Einkaufsstraße, nichts davon in Suhl. Und: »Wer hatte den Herzog, wir oder die Suhler?« Nun, Suhl hatte wahrhaftig keinen Herzog, aber Arbeiterklasse. Und außerdem lag die Stadt nicht in Steinwurfnähe zur BRD. Also wurde Suhl damals Bezirksmetropole. Zumindest nannte es sich so ...

Derart unterschiedlich von ihm und der Tante manipuliert, fuhr sie nach Suhl. Schon in der Bahn, als sie von Oberhof nach Zella-Mehlis und später in die Bezirksstadt ratterten, schaute sie sich aufmerksam und mit wachsender Begeisterung Bäume und Berge an, verschwendete aber an die Neubauten lediglich drei Blicke und bemerkte dann beiläufig: »Die sehen ja wie in Cottbus aus, ich dachte, wir sind hier in Thüringen.« Und war fortan nicht mehr sonderlich für die Großblockarchitektur rings um die Suhler Altstadt zu interessieren. Auch gut, sagte er, dann zeige ich dir ein paar romantische Winkel, wo wir allein sind. Zum Himmelreich, einer Wiese am Kopfe der Stadt und zu Füßen des Ringberges, seinerzeit Tummelplatz für violette Herbstzeitlose und andere verliebte Zeitlose, ging er vorsorglich nicht. Er wußte, daß sich dort Suhls größter Bauplatz (3000 Wohnungseinheiten) breitgemacht hat. Er wollte ihr statt dessen das Rimbachtal zeigen, dort habe er oft mutterseelenallein am Bach gelegen. – Den Weg zum Tal hatten inzwischen Raupen und Bagger gefressen. Weil sie in ihren neuesten Schuhen, für Suhls Promenade gedacht, herumlief, maulte sie. Als er sie endlich trug, versöhnte sie sich wieder mit seiner Stadt. Dann standen sie auf der Anhöhe und konnten in sein ruhiges Tal schauen. Er stotterte verlegen: »Das war früher nicht so.« Und sie lachte. Hunderte von Menschen drängelten sich auf dem Weg zur Talsohle. Dort standen Zäune, Käfige, Koppeln. In den Gehegen Wisente, Bären, Rehe, Mufflons ... Also schauten sie sich die Tiere an, und als Ersatz für die verlorengegangene romantische Zweisamkeit erzählte ihnen der Tierpfleger des neuen Suhler Heimattierparkes eine ganz und gar nicht ernste, aber wahrhaftige Geschichte vom Anfang der Tiergehege im Rimbachtal.

Als Naturfreunde dort lediglich ein paar Rehe, Füchse und Vögel eingesperrt hatten, kam die Suhler Bezirksleitung auf die Idee, einen Bären nach Suhl zu holen. Zwar hatte ein Jäger hier in der Gegend schon um 1790 den letzten frei umherlaufenden erschossen, aber im Gebiet der sowjetischen Partnerstadt Kaluga gibt es heute noch 60 wilde Braunbären, und die Suhler baten die Freunde so lange, bis sie versprachen, ein besonders gutmütiges Tierchen nach Thüringen zu schikken.

Es war ein Riesenvieh. Als erstes mußte der Bär drei Wochen in Quarantäne. Nach umfangreichen Recherchen fand man endlich im Bezirk einen Mann, der vor Jahren von einer durchziehenden Zirkustruppe einen ausgedienten Tanzbären gekauft, ihn als Haustier gehalten und dann zu Schinken verarbeitet hatte. Schnellstens verstärkte der Schmied die Gitter am Käfig des Zirkusbären, denn der Kalugaer Goschka sollte aus seinem transportablen Quartier in diesen Käfig umziehen. Als der Bärenhüter die Eisentür öffnete – alle Beteiligten standen respektvoll in gebührender Ent-

10 km von Suhl entfernt: Zella-Mehlis
Rund acht Jahrhunderte brauchten die Marktflecken Zella St. Blasii und Mehlis, bis sie am 1. April 1919 zur Stadt Zella-Mehlis vereint wurden. Seitdem wuchs die Einwohnerzahl um mehr als 10000. Heute wohnen in der von Bergen (im Osten der Große Beerberg, mit 982 m ist er der höchste Berg des Thüringer Waldes) umgebenen Stadt rund 20000 Menschen. Traditionelle Produktion: Eisenverarbeitende Industrie, Pfefferkuchenherstellung. Neu dazugekommen: Elektronische Kleinrechner.
Wandervorschläge: Ruppberg, Rennsteig, Oberhof, Regensberg, Domberg.

14 km von Suhl entfernt: Rohr
An der Fernverkehrsstraße Suhl-Meiningen gelegen, ist Rohr die älteste noch bewohnte Siedlung des Kreises Suhl. Schon um das Jahr 1000 war Rohr oftmals kaiserliche und königliche Residenz (heute noch zu sehen: die Wehrkirche des Dorfes, erbaut über der noch erhaltenen Krypta eines im 10. Jh. verfallenen Klosters; die Krypta zählt zu den ältesten Bauwerken unseres Landes). Am 29. Juni 984 trafen sich die Herrscher aus Deutschland und Italien in Rohr zur Reichsversammlung. Wichtigster Tagesordnungspunkt: Rückführung des jungen Otto III. an seine Mutter.

fernung –, schaute der Mann an sich herab, bemerkte entsetzt, daß seine edelsten Körperteile in Reichweite der Tatzen waren, schnappte sich deshalb ein großes Kuchenbrett, das zum Trocknen am Zaune lehnte, und hielt es sich wie einen Schutzschild vor den Bauch. Seine Frau, das sehend, stürzte aus dem Hintergrund schreiend auf ihn zu, riß ihm mit »Mann, bist du ganz und gar verrückt geworden, das ist mein bestes Kuchenbrett!« den Ersatzschild aus der Hand, so daß er wieder bloß vor dem Bären stand. Alles ging jedoch gut. Der Bär tat niemandem etwas zuleide, nur dem Rat der Stadt. Denn der wußte nun, es wird ernst mit Bär und Tierpark, in drei Wochen mußte ein Bärenhaus im Rimbachtal stehen. Es stand, und mittlerweile ist der Heimattierpark eine rechte Attraktion. Man hat inzwischen auch eine DDR-Braunbärin für Goschka organisiert, und wenn es Nachwuchs gibt, wird man wieder anbauen müssen. Aber weshalb soll es den Bären anders gehen als den Leuten. Denn die haben in und um Suhl wegen fehlender Einsamkeit neuerdings, wie unsere zwei, sogar mit dem Lieben Schwierigkeiten.
Der junge Mann überredete sein Mädchen, mit ihm auf den Ringberg hinaufzusteigen. Es werde zwar eine beschwerliche Kletterei, aber der Berg sei einsam und wie geschaffen für die Liebe, kaum ein Mensch zu sehen.
Als sie fast oben waren, erschraken sie vor einem Mann, der ihnen plötzlich aus einem niedrigen Lärchenwäldchen entgegenkam. Er trug einen weißen Schutzhelm, hatte dreckverschmierte Gummistiefel an und sagte etwas wie »Betreten verboten« ... Sie gingen trotzdem weiter. Auf der Bergkuppe war alles verändert: statt der zwergwüchsigen Fichten und des seidenweichen kniehohen Grases Bagger, Baracken und Betonteile.
Die Bauarbeiter erzählten den Sprachlosen, was bisher in keiner Zeitung gemeldet wurde: Auf dem

Gipfel des Ringberges entsteht ein Ferienhotel für Genossenschaftsbauern und andere Beschäftigte der Landwirtschaft.
Es wird nicht nur idyllisch gelegen sein, sondern auch viel Komfort bieten; beispielsweise Bowlingbahnen, eine Schwimmhalle, Bars, eine Eisfläche, Parks, einen Reitstützpunkt ... Die Suhler und ihre Gäste können ebenfalls einige der Restaurants besuchen.
Beim Abstieg sinniert das Mädchen, ob wir es uns auf die Dauer leisten können, so entscheidend ins Gefüge der Natur einzugreifen ...
Aber Schluß jetzt, heute hätte sie die Nase voll von der unberührten Suhler Natur, sie wolle in der Stadt wenigstens noch ein bißchen tanzen gehen. Eine Stunde später standen sie vor dem Jugendklubhaus. Es war geschlossen. Als sie klopften, schlurfte ein Alter zur Tür. Nein, woanders sei auch kein Tanz, da könne er nicht helfen. Was Wunder, da in der Stadtordnung von Suhl steht: »Es sollten durchaus keine heimlichen Winckel-Täntze verstellet werden, wann aber ehrliche Gesellen zu unverbotenen Zeiten einen öffentlichen ehrlichen Tantz anzustellen gemeynet, sol bey dem Amptmann und Bürgermeister darümb gebührlich angehalten und Bewilligung erlanget, aber keiner biß in die Nacht verzogen werden. Beym Tantzen soll alles leichtfertige und unziemliche Verdrehen, Zanken, Schelten, Tumultiren und dergleichen Unfug eingestellet ...«
Verzeihung, das war natürlich die Stadtordnung von 1664.
Die beiden strichen also auch Musik und Tanz vom Ausflugsplan, und er nahm sie mit in die »Alte Burg«, eine kleine Gaststätte, in der er oft als Lehrling gesessen hatte. Von dort kann man auf die Stadt schauen. Unter der Schenke liegt beruhigend nahe die Bierbrauerei. Zwar recken sich die neugierigen Hochhäuser, um zu linsen, doch sie bleiben hinter dicken Bäumen verborgen. In der Gaststätte gab es wenig freie Plätze. Sie setzten sich zu zwei älteren Männern in Arbeitsanzügen. Elektriker und Schlosser, Eisenbahner und Gewehrmacher trinken hier ihr Feierabendhelles. Rhöntropfen und Klare. Thüringer Bratwürste. Fußball. Politische Witze. Skat. Schichtarbeit. Urlaubsplatz im Interhotel. Alles im Klartext. Eine Runde auf die junge, hübsche Frau ... Die Rostbrätl müßt ihr versuchen ... Kommen Sie doch nächsten Sonntag mal zu uns, kleines Fräulein, meine Frau zeigt ihnen, wie man Hütes kocht ...

Als sie nachts im Gras am Domberg lagen und die Stadt unten nur für sie ihre Festbeleuchtung eingeschaltet hatte, sagte sie ihm: »Mir gefällt deine Stadt.« Und viel später: »Ich mag in keine Wohnung ziehen, in der die Architekten sogar schon die Gardinen ausgesucht und aufgehängt haben ...«
Inzwischen sind sie verheiratet. Er sitzt abends oft in der »Alten Burg«, denn sie studiert noch in Leipzig. »Sie schreibt jetzt ihre Diplomarbeit«, erzählt er. Das Thema: »Soziologische Aspekte, die bei der Umgestaltung einer alten Stadt beachtet werden müssen, damit sich die Leute in der neuen wohlfühlen.«
Vielleicht findet sie bei der Materialsammlung auch Wahrhaftiges über die Ottilienquelle und ihr geheimnisvolles Wasser. Ein in Suhl geborener Parteiveteran, den ich danach fragte, sagte mir: »Hier war sie früher auch, und wenn die Genossen vom Rat der Stadt auf den Stein schreiben ließen, daß es die alte Ottilienquelle ist, dann hat das allemal seine amtliche Richtigkeit. Was die Obrigkeit geschrieben hat, mein Junge, kannst du getrost nach Hause tragen ...«
Nicht immer. Manchmal sind es nur halbe Wahrheiten. Da verfaßte der Superintendent Johann Wagner 1634 nach der Plünderung der Stadt im

15 km von Suhl entfernt: Breitenbach
Wer das sich fast 3 km streckende Dorf durchwandert hat, wird den Ortsnamen Langenbach wohl für zutreffender halten. Darüber hinaus ist von der schon 1141 durch die Klosterbrüder aus Veßra bewirtschafteten Gemeinde heute vor allem zu vermelden, daß sie mit ihrem Waldschwimmbad und sich dem darum gruppierenden Campingplatz zu einer beliebten Ausgangsbasis für Wanderungen in das romantische, naturgeschützte Vessertal, auf den Adlersbergturm oder zum Stutenhaus geworden ist.

16 km von Suhl entfernt: Schleusingen
Sehenswertes Städtchen mit rund 6000 Einwohnern. Zeugen der Vergangenheit: Die Bertholdsburg, ein von vier Türmen begrenzter Renaissancebau. Von 1245 bis 1583 war sie Sitz der Fürstgrafen von Henneberg. Heute beherbergt sie u. a. Exponate des Sonneberger Spielzeugmuseums. – Der fast quadratische Markt mit Brunnen und »Brönnjongfer« und das aus dem 16. Jahrhundert stammende Rathaus. – Gut erhaltene fränkische Fachwerkbauten.
Zeugen der Gegenwart: Glaswerk, ein Zweigbetrieb des Suhler Elektrogerätewerkes – und jährlich 3000 FDGB-Urlauber, die bezeugen, daß der Ort beste Ferienqualitäten bietet.

30jährigen Krieg durch die Kroaten ein 115 Verse langes Klagepoem. Vers 15: »Ingleicher Furie flog einher der Feind voll Grimm und Wüten, Bestien wildt! o grausam Thier! Satan sie mag ausbrüten! Mit großem Getümmel und großem Geschrey, bundfärbig, als Raupn, bekleidet frey, anrollten die Höllenhunde.«
Aber in keiner der 600 Zeilen steht: Auch dieser Krieg hätte wie fast alle seit 1500 in Europa nicht so lange und so verheerend funktioniert, hätten nicht die Suhler an alle kriegführenden Parteien gar fleißig die in der Stadt gefertigten Gewehre zu Hunderttausenden verkauft, tüchtig daran verdient und wohl jeden Abend zu Gott gebetet, er möge das segensreiche Morden noch lange währen lassen. Daß am Gallustag 1634 die Kroaten unter Isolani (besaßen die auch Suhler Gewehre?) die Stadt schleiften, war für die Verdiener am großen Waffengeschäft lediglich so etwas wie ein Betriebsunfall oder Gewinnrisiko. Für Millionen Menschen bedeutete von 1500 bis 1945 Suhler Gewinnrisiko allerdings: erschossen zu werden. Erschossen zu werden mit Suhler Waffen, die für die Fabrikanten im Thüringer Wald gutes Geld brachten. 1916 z. B. lieferten die Waffenbosse aus Suhl täglich 1300 Infanteriegewehre, im Jahr also 475500 Stück. Statistisch nicht belegt ist, wieviel Menschen in diesem Kriegsjahr durchschnittlich mit einem Gewehr getötet wurden. Rechnet man pro Infanteriegewehr nur zwei Menschen ... Nachweisbar dagegen sind die zahlreichen Villen, die sich die Suhler Waffenfabrikanten vom Erlös des ersten Weltkrieges bauen konnten. Bedauerlich sei nur, so schreibt der bürgerliche Chronist Parkow, daß der Suhler Waffenkonstrukteur Schmeißer die MPi erst 1918 erfand. »Vielleicht wäre es vorteilhafter für Deutschland gewesen, wenn man diese Maschinenpistole in den ersten Kriegsjahren hätte ins Feld führen können ...«

Vorteilhafter wohl nur für die Suhler Waffenfabrikanten.
Die allerdings erhielten gerade in diesen Jahren zur ersten dialektischen Lehre – wer Waffen mit großem Gewinn für den Krieg produziert, kann durch einen »Betriebsunfall« manchmal selbst Opfer des Krieges werden – eine zweite Lehre. Und die war für sie furchtbarer als der Kroatenüberfall am Sankt-Gallus-Tag. 1920 nämlich bemächtigten sich die Produzenten der Gewehre, die Suhler Arbeiter der Waffen, um sie gegen die Besitzenden zu gebrauchen. Sie verjagten die putschenden Kapp-Leute aus Stadt und Rathaus. Aus dieser Zeit stammt auch der Spruch am städtischen Amtsgebäude: »Im grünen Land die rote Stadt, die ein zerschossen Rathaus hat.« Womit wir wieder bei Texten wären, die stimmen. Und ich könnte eigentlich mit diesem positiven Schluß aus der Suhler Arbeiterbewegung unsere Geschichte beenden. Denn ich erfahre trotz aller Nachforschungen nicht, was es mit dem Wasser der Ottilie auf sich hat. In Stein gehauener Schwindel? (Darf ein Stadtrat im Sozialismus überhaupt so viele Leute auf diese Art und Weise beschwindeln?) Ich koste wieder und wieder. Kein anderer Geschmack als vordem. Der Gnom schweigt, der Frosch auch, die alten Akten sind verbrannt. Nicht mal eine eindeutige Sage existiert, ganz zu schweigen von einem Quellenlageplan. Ich passe als Reise*ver*führer ...

Eines hätte ich fast vergessen. Der verstorbene Leiter dieses ehrwürdigen Verlages (er war Thüringer, wurde 30 Kilometer von Suhl entfernt geboren!) hatte mir geraten, in dieser Geschichte auch etwas über die urwüchsigen Thüringer zu schreiben. Die seien kerngesund und kräftig, gesellig selbstverständlich, naturverbunden, wetterhart – allesamt ganz prächtige Menschen ...
Also gut, stelle ich zum Schluß noch einige richtige Suhler vor. (Und vielleicht stoße ich bei der Suche nach solchen urwüchsigen Einwohnern auch auf jemand, der zufällig über die vermaledeite Quelle Bescheid weiß.)
Wie sind sie, die kernigen, kräftigen, wetterharten Suhler? So *waren* sie:
1664: »... hiermit nochmals das Nächtliche Herumbschwärmen, Gassatengehen, Schreyen, Jauchzen, Zancken, Fluchen, Schelten, Tumultiren, Fenstereinschlagen, und ander leichtfertiges Wesen, dadurch ehrliche Leute offt mercklich molestiert, und an ihrer Ruhe verhindert werden, gäntzlich abgeschafft und verboten seyn, und die Verbrecher, es seyen Frembde oder Einheimische, wie auch die jungen Wirthe und Bürger, die solche Bursch über zehn Uhr des Abends auffhalte, und durch Verstaltung übermäßigen Sauffens hierzu nicht geringe Ursach geben, nach Befindung mit harter Gefängniß oder unnachläßiger Geldstraff beleget werden.«
1708: »Wenn die Rohre net durchaus, sondern nur hinten und vorn gebohrt, soll der Rohrschmiedt als Bohrer, von jedem Stück zwey Groschen als Strafe erlegen ...«
1753: Die Bewohner Suhls seien »... einer übermäßigen Freiheit gewöhnt, zögen alles ohne Ansehen der Person durch und raissonierten wie die Matrosen oder die polnischen Edelleute ...«
Und wie *sind* sie?
Einer aus meiner Nachbarschaft, die Leute rufen ihn Theo, ist Bauingenieur, er besitzt so ziemlich alle Eigenschaften, die meiner Vorstellung nach (ich bin keiner) zu einem urwüchsigen Suhler gehören: Fast täglich trinkt er in der Stammkneipe sein Bier. An einem der umliegenden Berghänge hat er Garten und Hütte. Dort brät er am Wochenende Wurst und Fleisch auf dem Rost. Sonntags ißt er Hütes. Wenn in seinem Autoradio Herbert Roth den Rennsteig bejodelt, dreht er's lauter. Bei Wind

17 km von Suhl entfernt: Silbach

Kleinste Gemeinde in Suhls Umgebung, nur rund 100 Einwohner. 1250 war das Waldhufendorf schon hennebergischer Besitz, um 1451 bis 1476 Wüstung, wurde dann aber wieder besiedelt und hat heute trotz seiner Winzigkeit einiges Bemerkenswertes: Nicht nur, daß es als letzte Gemeinde des Kreises eine Trinkwasserleitung erhielt und landschaftlich schön zwischen Vessertal und Schleusingerneundorf gelegen ist, sondern seit einigen Jahren lebt dort auch ein prominenter Einwohner, der Schriftsteller Joachim Knappe, Autor u. a. von »Mein namenloses Land« und »Die Birke da oben« ...

18 km von Suhl entfernt: Benshausen

Als »Haus des Beno« schon um 800 entstanden. Die heute über 3000 Einwohner zählende Gemeinde erlangte vom 14.–16. Jahrhundert große Bedeutung, denn aus 9 Orten der Umgebung (zeitweise auch aus Suhl, Mehlis und Albrechts) wurden die »Schwerverbrecher« zum Centgericht Benshausen gebracht, gerichtet und manchmal gehängt. Zu den vier schwersten Verbrechen, den sogenannten »höheren Rügen«, gehörten seinerzeit: Mord, Diebstahl, Brandstiftung und ... Ehebruch.

und Wetter holt er Pilze und Beeren. Jeden eingesessenen Handwerker kennt er ... Dazu kommt, was nun nicht unbedingt echt sühlerisch ist, aber auch hochinteressant: Er arbeitet als Beauftragter des Investauftraggebers (verdammte Wortungetüme) beim Bau des Bezirkskrankenhauses. Dieser Gesundheitskomplex wird das »erste einer völlig neuen Generation von Krankenhäusern in der DDR« sein. Die Baustelle dafür hat sich an den Rand der Stadt verdrückt, gleich dahinter erhebt sich schön, wie auf einer farbigen Urlaubspostkarte, der dichtbewaldete Döllberg.

Das Krankenhaus, auf einer Anhöhe stehend, fügt sich architektonisch so harmonisch in die Landschaft, daß man Lust verspürt, dort seine Ferien zu verbringen. Auf dem gleichen Gelände steht schon die Suhler Blutspendezentrale (noch Stein auf Stein gebaut) und die Frühgeborenenstation (ganz und gar mit Schiefer beschuppt). Dritter im Bund wird vorerst das neue Bettenhaus sein, das mit 250 kupferroten Fensterglasaugen auf die Stadt schaut.

Drumherum ist zur Zeit allerdings noch Baustellenwüste, und tagtäglich messen die Neugeborenen ihre Stimmen mit den Dumpern und Kippern. Hier wie da – viel Krach beim mühsamen Wachsen, nur auf der Baustelle klingt er um einige Phon lauter. Was später dort stehen wird, rechtfertigt den Lärm: ein Krankenhaus mit »Interhotelzimmern« (jedes hat vorgelagerte Badezelle), mit Betten, in denen die neuen Patienten vom Erdgeschoß zu den einzelnen Stationen gefahren werden, mit Computern, die Laborarbeiten übernehmen und auf der Intensivstation über jeden Kranken wachen.

Interessant ist auch eine nebensächliche Kleinigkeit, die der knapp über 30jährige Bauingenieur Theo Jenischek erwähnt: »Wir wollten hier«, sagt er, »nicht erst eine Mondlandschaft mit ›Sandstürmen und Wanderdünen‹ wie auf dem Industriegelände zwischen Suhl und Zella schaffen, sondern versuchen, von Anfang an jeden Baum und jeden Strauch zu erhalten.« Nur mitten im Gelände neben der Blutspendezentrale mußten sie blutenden Herzens drei Bäume fällen: Blutbuchen.

Andere Bäume wie die hinter dem Bettenhaus sind von den Bauleuten sogar mit Pfählen gestützt worden. Zwar sehen sie inzwischen auch sehr geschwächt und entblättert aus, aber die neue Rettungsstation ist ja bald fertig. Auf der am Döllberg gelegenen Kippe diskutieren sie, so berichtet der Bauingenieur, um jede Birke und jeden Ginsterstrauch. Ein gutes Gefühl: Junge Suhler wie der Theo J. kümmern sich um die Landschaft von morgen, hüten die Bäume, als wär es in ihrem eigenen Garten.

Am Ende unseres Gesprächs frage ich – nun schon obligatorisch – den Suhler Theo J., ob er wisse, wo die heilkräftige Ottilienquelle fließe.

Da entschuldigt sich der baumschützende, pilzsuchende, Herbert Roth liebende, rostbrätlbrutzelnde, hütesessende, alle hiesigen Handwerker kennende, nach meinen Vorstellungen also urwüchsige Suhler: Das wisse er nicht, er sei nicht von hier, stamme aus Blankenburg.

Ich hatte irgendwo einmal gelesen, daß ein guter Bürgermeister in seiner Stadt geboren sein, mit seiner Stadt leben und in seiner Stadt sterben sollte. Nach dieser Theorie wäre es, um einen echten Suhler zu finden, das Nächstliegende, den Suhler Oberbürgermeister zu befragen. Nach drei Wochen Wartezeit bekomme ich einen Termin.

Genosse Oberbürgermeister, was macht Ihnen Freude in Suhl?

Daß die Einwohner uns immer mehr fordern. Als ich heute zum Beispiel vor Kindern über die Perspektive von Suhl sprach, fragten sie, wann wird die Schwimmhalle fertig? 1976, sagte ich ziemlich stolz. Sie waren damit nicht zufrieden: Und dann, was bauen wir dann, Bürgermeister? ...

Was macht Ihnen Sorgen, Bürgermeister?

Wir bekommen hier langsam Platzangst. Ringsum die Berge. Wenn wir bauen, dann geschieht das auf engstem Raum. Und sobald was fertig ist und die Leute denken, endlich haben wir Ruhe, dann buddeln wir 100 Meter nebenan die neue Baustelle.

Was lieben Sie an Ihrer Stadt?

Daß wir aus der alten eine neue gemacht haben.

Was stört Sie?

Wenn einige immer noch geschubst werden müssen, um den Rasen vorm Haus zu mähen oder den Schnee vor der Tür zu fegen. Wir haben bei all der Bauerei hier manchmal vergessen, die Eigenverantwortung der neuen Besitzer mit aufzubauen. Viele warten erst auf eine Anweisung von oben.

Zwischenbemerkung: Eine Frage, die ich nur in Gedanken stellte und deshalb selbst beantworte:

Manche Leute in der DDR bezeichnen Suhl als »Stadt hinter den Bergen« ...?

Das stimmt nicht, denn wir erhielten schon vor Jahren einen vorbildlichen Schnellverkehr über die Berge. Nach $4^1/_2$ Stunden Fahrzeit kann man in Berlin noch jede Vormittagssitzung erreichen. Rat und andere verantwortungsbewußte Institutionen haben für diesen Zug in die Ministerienhauptstadt ständig Platzkartenabteile gemietet.

Weiter im Originalinterview:

Wo gehen Sie am liebsten spazieren?

Erst über die Baustellen der Stadt und dann zum Beruhigen auf den Domberg. Von oben sieht die Stadt so sauber und problemlos aus ...

Was vermissen Sie in Suhl?

Noch mehr Straßen zum Bummeln, Wasserspiele, Kleinplastiken. Ein paar von den ausländischen Schneeräumern für die Bürgersteige, die auf dem Berliner Alex manchmal dutzendweise arbeitslos sind, wenn wir hier im Schnee versinken.

22 km von Suhl entfernt: Schleusingerneundorf
Zumindest dem Namen nach (Zahl der Buchstaben) ist der Urlaubsort im engen Tal der Nahe, 7 km von Schleusingen, die längste Gemeinde der DDR, 1406 wird der Ort in einer Urkunde als »Das Neudorf unter den Frauen« erwähnt. Es lag unterhalb des Klosters »Zu Unseren lieben Frauen« (später Frauenwald). Außer erholsamen Wanderstrecken (nach Hinternah, zur Fraubachmühle, nach Frauenwald) gibt es noch eine Seltenheit: die nach Art der Väter betriebene Holzköhlerei im Glasbachtal.

23 km von Suhl entfernt: Schwarza
Schwarza ist eigentlich die fünfte Stadt des Kreises Suhl (die anderen vier: Suhl, Zella-Mehlis, Oberhof, Schleusingen), denn 1495 gestattete Kaiser Maximillian I. dem Grafen Hermann, Schwarza zur Stadt zu erheben. Doch die im Tal der Schwarza wohnenden Kupfer- und Silberschmelzer, Holzfäller, Kienrußbrenner und Bauern nutzten diese Stadtrechte nicht, so daß Schwarza ein Dorf blieb. Was nicht abwertend gemeint ist, denn eine neue Schule, Verkaufsstelle, das Zweigwerk des VEB Fahrzeug- und Jagdwaffenwerk Suhl und viele Urlauber bezeugen die gute Entwicklung der »fünften Stadt« des Kreises. – Zu den historischen Sehenswürdigkeiten Schwarzas gehört ein großes Hügelgräberfeld aus der älteren Bronzezeit südöstlich des Ortes.

Sie sind Suhler?
Nein, ich bin aus Katzhütte. Mein Vater war dort Glasbläser. Als ich vor dem Krieg zum erstenmal mit dem Fahrrad nach Suhl kam, fand ich die Stadt furchtbar häßlich und abstoßend: die alten Häuser, den Dreck und den Rauch. Ich war froh, daß ich nie hier wohnen müßte ...

Wegen der erstaunlichen Schlußwendung des Gesprächs vergesse ich, den Oberbürgermeister nach dem Wasser der Ottilienquelle zu fragen. Als ich seine Sekretärin bitte, ob ich noch einmal hineingehen dürfte, sagt sie, er habe jetzt eine Besprechung mit dem Handel über neue Gaststätten und zusätzliche kleine Geschäfte. Da will ich um Himmels willen nicht stören, zumal die Sekretärin mir die Adresse eines Abgeordneten verrät, der garantiert echter Suhler sei und sich mit der Stadtgeschichte und solchem Kram beschäftige. Er tut es wahrhaftig, und das seit rund zehn Jahren, obwohl er erst knapp über zwanzig ist.

Michael Wagner, in Suhl geboren, gelernter Gewehrmacher. Als er von der Armee zurückkam, hatte das Jagdwaffenwerk keine Arbeit, die ihm zusagte, da lernte er um, ist heute Plastarbeiter im Elektrogerätewerk und außerdem seit der letzten Wahl Stadtverordneter. Seine Leidenschaft sind Ansichtskarten von Suhl. Stapelweise holt er sie aus Kisten.
Zwischen den vergilbten Fotos, Ansichtskarten und Adreßbüchern finde ich endlich auch die gesuchte Karte. »Träumendes Solbad Suhl«. Die alten Suhler Häuschen sind darauf zu sehen, und an einem steht recht protzig die Inschrift: »Ottilienbad«.
Ob er wisse, wo die »Ottilienquelle« entsprungen sei und das Heilbad früher gestanden habe, frage ich den jungen Stadtverordneten Michael W.

Ja, dort etwa, wo heute Gnom und Frosch das Wasser bewachen.

»Das Wasser hier an dieser Stelle
Von einem Gnom bewacht.
Man nennt es die Ottilienquelle,
In Sagen hat's das Volk erdacht.«

Also stimmt es doch. Täuschte mich mein Geschmack. Es ist wirklich die uralte Suhler Solquelle!
Und das Wasser, frage ich, das Wasser, wirkt es noch heilend, wenn man es trinkt?
I wo, grinst er – aber verrat's niemandem –, das ist doch nur unverdünntes Leitungswasser.
Ich frage, ob er das auch genau wisse.
Ja, sagt er. Mein Abgeordnetenehrenwort! Als das Wohnungsbaukombinat die alten Häuser am Domberg wegriß und neue baute, versiegte die Quelle. Keiner hat sie seitdem wiedergefunden. Die Tradition »achtend«, legte man als Ersatz eine Wasserleitung, ließ Brunnen, Gnom und Frosch drumherum bauen und jenen Spruch in Stein meißeln, damit ja keiner darauf käme, daß die echte Quelle sich inzwischen dünne gemacht habe.
So erzählt es der Abgeordnete.
Am nächsten Tag gehe ich zum Stadtbauamt, denn so eine Meldung kann ich nicht ohne amtliche Bestätigung in die Welt hinausposaunen.
Ja, erfahre ich dort, es stimmt, und mit einem versteckten Hahn kann der Verantwortliche das Wasser sogar auf- und abdrehen. Aber, so entschuldigen sie, die Experten hätten vielerlei versucht, sogar Farbe in alle möglichen Bohrlöcher geschüttet, um zu sehen, ob die Quelle irgendwoanders aus einer Bergspalte plätschere, aber nichts gefunden. Also blieb nur der Leitungswassertrick.
Und ich frage mich, weshalb wir anstelle der amtlichen Ausrede nicht einfach diese Geschichte neben den wachhabenden Gnom (worüber wacht er eigentlich noch, wenn's nichts mehr zu bewachen gibt?) in Stein gemeißelt haben: *»Hier entsprang jahrhundertelang die traditionsreiche Ottilienquelle. Sie versiegte, als wir ringsum die alten ungesunden Hütten wegrissen und neue, menschenwürdige Häuser bauten.«*
Daß wir es taten, war gut für die Menschen. Vielleicht auch gut für die alte Quelle. Denn sollte sie sich eines Tages wieder einfinden und die neue Brunnenfigur, den bärtigen Gnom, den glotzäugigen Frosch und die Inschrift sehen, die man ihr zu Ehren (oder besser: um das schlechte Leitungs[wasser] Gewissen zu beruhigen) anbrachte, sollte sie das entdecken, wird sie tüchtig über all das Neue staunen.
Wie derjenige, der lange nicht in Suhl war.
Und außerdem schmeckt auch unser Berg-Leitungswasser gut. Kosten Sie ruhig davon, wenn Sie an der Ottilienquelle vorbeikommen.

Günther Deicke

Schulzeit in der Stadt der Schulen

Ach, viel ist versunken, vergessen
von jenem ersten Jahrzehnt.
Was wir damals besessen,
was wir damals ersehnt,
lief mit uns über die Wiesen
und ging ins Vergangene ein.
Nur wenn wir die Augen schließen,
vielleicht noch, sehn wir uns klein.

In meiner Erinnerung liegt Hildburghausen inmitten von Wiesen. Die standen im Frühling voller Butterblumen, im Sommer voller Margeriten und Glockenblumen, die wir von unseren Ausflügen mit nach Hause brachten, die Felder waren mit Kornblumen gesäumt. An der Galgenspitze, wo der Stadtwald beginnt, pflückten wir Zittergras, im Muschelkalk des Stadtbergs, des Krautbergs und der Stirn, auf den Werrabergen also, wuchs die blaue Kuhschelle. Auf dem Häselriether Berg fanden wir Waldmeister für die Maibowle, in der Goldbachaue blühten im Frühling Trollblumen, und im weitausgedehnten Sandsteingebiet des Stadtwalds, der dann nach Wiedersbach und Gerhardsgereuth zu mit einem Hopser in den Thüringer Wald übergeht, gab es massenhaft Heidelbeeren und Pilze.

Mir kommt es vor, als wären wir das ganze Jahr über mit Sammeln beschäftigt gewesen, denn die Landschaft quoll auch über von Heilkräutern, Tees, die auf dem Hausboden getrocknet wurden: Schafgarbe, Erdbeerblätter, Odermennig, Huflattich, Lindenblüten, Holunderblüten, Pfefferminze, Kamille – keine Kinderkrankheit ohne Kräutertee. Und Wildfrüchten: Walderdbeeren, Heidelbeeren, Preiselbeeren, Hagebutten, Himbeeren, Brombeeren, Holunderbeeren – damit wir gut durch den Winter kamen. Nicht zu reden von den Kirschen, den Äpfeln, den Birnen, die an den Straßenseiten wuchsen und verpachtet waren und manchmal bewacht wurden. Und Mundraub war nicht strafbar. Aber wenn der Pächter kam, scherte er sich samt seinem Knüppel den Teufel um das Bürgerliche Gesetzbuch. Da mußten wir flink sein.

Ach, worauf habe ich mich nur eingelassen!

Man soll nicht schreiben wollen über das, was man – oft irrtümlicherweise – Heimat nennt, nur, weil man seine Kindheit und einen Teil der Jugend hier

verbracht hat. Da kehrt man zurück, nach Jahren und Jahrzehnten, aber den Straßengraben der Kinderseligkeit findet man doch nicht wieder. Und gerade der wäre wichtig gewesen, um sich zu erinnern. Und der Schlittenberg über der Goldbachaue ist parzelliert, vielfältig umzäunt. Kinder, wohin geht ihr, wenn's schneit?
Von der Galgenspitze aus sieht man die Stadt noch so schön und breit im Werratal liegen wie ehemals. Sie ist sogar noch ein bißchen breiter geworden, und das steht ihr auch zu – denn sie war eine der berühmtesten Städte der Welt.
Das glaubt ihr nicht? Ich werde es euch beweisen. Aber alles zu seiner Zeit.
Erst einmal bummle ich noch durch die Straßen. Da ist viel geblieben oder schön wiederhergerichtet worden. Da hat sich manches verändert. Ich erinnere mich an den Witz eines Zirkusclowns aus meiner Kindheit: »Welche Stadt hat die beste Aussicht?« Spannung – man war auf einen Witz gefaßt. »Hildburghausen!« Na also, ein Witz; denn Hildburghausen liegt im Tal. Zaghaftes Gelächter. »Hildburghausen hat die beste Aussicht, ein neues Straßenpflaster zu kriegen.« Brüllendes Gelächter, Beifall. Markt und Marktstraßen von Hildburghausen hatten sicherlich das schrecklichste Katzenkopfpflaster der Welt, als hätten es Stellmacher und Fahrradmechaniker zur Belebung ihres Handwerks erfunden. Da war ich etwa acht Jahre alt. Als ich achtzehnjährig die Stadt verließ, war das Pflaster noch immer das gleiche. Das Schloß in der Stadt, das immer ausgesehen hatte wie eine Kaserne, war wirklich Kaserne geworden, und alle Aussichten waren brillant wie die herrlichen Zeiten, denen man uns hatte entgegenführen wollen.
Das Schloß ist verschwunden, durch einen Bombenvolltreffer im Krieg zerstört, und niemand hat es zum Glück wieder aufgebaut. Das Straßenpflaster ist im Stadtkern erneuert worden, und man kommt ohne Achsenbruch auf den Markt. Die Buchhandlung auf dem Markt gibt es nicht mehr; das war ein schmaler, finsterer Laden, der auch Schiefertafeln und Schreibzeug und Radiergummis und Abziehbilder verkaufte. Dort habe ich als Oberschüler mit Herzklopfen gestöbert und meine ersten Gedichtbücher gekauft: eine gewichtige Anthologie, Balladen, ein paar Einzelbändchen...
Die neue Volksbuchhandlung am Puschkinplatz ist wenigstens viermal so groß, sie ist herrlich übersichtlich geordnet nach Sachgruppen und nach dem Alphabet, und sie hat ein geradezu hauptstädtisches Angebot. Nur Gedichtbücher habe ich in dieser chemisch gereinigten Kaufhalle nicht gefunden. Waren sie etwa gerade ausverkauft?
Aber auch andere Häuser, die uns lieb waren, betreten wir später nie wieder, wenn wir sie einmal verlassen haben. Das Haus der Großeltern, das Haus der Kindheit.

Steht noch das Haus der Kindheit?
Ruft das Glöckchen noch immer nach Haus?
Über den Jahren der Blindheit
schwingt sein Läuten aus.

Da war der Sommer ewig
im Tal den Fluß entlang,
da war der Winter ewig
am weißen Schlittenhang.

Hat sich die Welt erneuert
mit jedem neuen Jahr?
Groß stand der Tag im Feuer
und unverwechselbar.

Und wie der Kinderglaube
von einer Wiederkehr
winkt noch der Flug der Taube
von Noahs Arche her.

Hildburghausen, im Tal der Werra gelegen, ist die südlichste Kreisstadt des Bezirkes Suhl. Sie liegt 400 m über dem Meeresspiegel und hat knapp 11000 Einwohner.

Geologische Situation: Die unteren Schichten der Triasformation geben der Landschaft das Gepräge. Links des Flusses steil abfallende, stark verwitterte Muschelkalkberge. Laubwald. Auf der anderen Seite zum Thüringer Wald hin sanft ansteigender Buntsandstein. Nadelwald.

Zum Glöckchen, dem Rathausglöckchen, das abends um acht Uhr über die Stadt hinweg bimmelte – ich höre und ich sehe es noch: es kam immer aus dem Sonnenuntergang heraus – lief die Geschichte um von einer Gräfin von Henneberg, die sich im Stadtwald verirrt hatte und durch das Glöckchen wieder in die Stadt gerufen worden war. Diese Geschichte, die mir meine Mutter in meiner frühesten Kindheit erzählt hatte, brachte ich nun immer, vielleicht wegen des Namens, mit dem Irrgarten zwischen Stadtmauer und Werra in Verbindung, und wenn wir dort sonntags spazierengingen, sah ich in meiner Phantasie immer eine kleine Prinzessin mit großer weißer Schleife im Haar zwischen den Büschen umherirren.

Als ich meiner Frau, einer waschechten Berlinerin, diesen Irrgarten zeigte, der heute Friedenspark heißt – als ich ihr voller Stolz diesen Irrgarten vorwies, denn auf dem Kanal, der ihn umgibt, bin ich einst Schlittschuh gelaufen, im Sommer konnte man da rudern, auf den verschlungenen Wegen habe ich meine erste Zigarette probiert und scheußlich gefunden, hier habe ich mit meinem Freund Fritz die geschwänzten Lateinstunden verbracht – als ich meine Frau durch diese Idylle führte, sagte sie enttäuscht: »Wo soll man sich denn hier verirren?«

Schön bleibt er trotzdem, und in der Seufzer-Allee zwischen Kanal und Werra habe ich an einem feuchtdunklen Herbstabend eins meiner ersten Gedichte geseufzt.

Das Haus meiner Kindheit steht noch, von unserem Küchenfenster hatte man den herrlichsten Blick über die ganze Stadt. Auch Ferdinands Scheune in unserer Straße steht noch wunderbarerweise. Ferdinand war ein Original, er verdiente sich seinen Lebensunterhalt mit Holzhacken, meist nur für die Mahlzeit. Und mein Vater erzählte folgende Geschichte: Ferdinand hatte für den Wirt vom

»Grünen Baum« Holz gehackt und war zum Mittagessen gebeten worden. Es gab Rohe Klöße – in der Umgebung nördlich der Werra auch Grüne Klöße, südlich der Werra auch Hüts genannt. Ferdinand aß, von der wachsenden Bewunderung der Gäste begleitet, elf Stück. Als der Wirt ihn nun scherzhaft aufforderte, doch noch einen Kloß zu essen – denn es wäre vielleicht der Weltrekord, wenigstens aber der Stadtrekord gewesen –, antwortete Ferdinand bescheiden: »Ach, naa – mer mag ja net unverschaamt g'sei.«

Der »Grüne Baum«, Bäämle geheißen, der ist auch nicht mehr da, das Haus gegenüber dem »Haus der Dunkelgräfin« stand nach dem Krieg noch einige Jahre, und wer die bunten Butzenscheiben im Erdgeschoß sah, der mochte ahnen, daß dies eine der schönsten Kneipen der Stadt gewesen war. Hier habe ich den ersten Schnaps meines Lebens getrunken, als fünfzehnjähriger Oberschüler, es war ein Kümmel, und er schmeckte so gräßlich, daß ich für die kommenden Jahre abstinent blieb. Heute ist dort nur noch Beton – ein Parkplatz.

Ein anderes, ein ganz bestimmtes Haus gibt es auch noch, darin ein bestimmtes Fenster im oberen Stock – dahinter habe ich ein paar unvergeßliche Stunden mit meiner Jugendfreundin auf einem Sofa gelegen und geküßt ...

Man geht vorüber, und aus dem Fenster sieht ein fremdes Gesicht. Man ist ein Fremder geworden. Aber was hat man sich denn gedacht? Man kann nicht sein Leben im Straßengraben der Kindheit verbringen – welch kindische Idee!

In der Joseph-Meyer-Bibliothek in der Johann-Sebastian-Bach-Straße – ich habe größere Bibliotheken gesehen, aber schönere kaum –, wo ich schon als Kind im vierten Schuljahr eine Lesekarte hatte, wo ich also einstmals lesen lernte, dort gibt es eine Bibliothekarin, die über einen ganzen Berg von Heimatliteratur verfügt und sich auch darin zurechtfindet und auskennt. Besser jedenfalls als der Gast aus Berlin, der hier einmal daheim war und wieder vergessen hat, was man ihm einmal mühsam in Heimatkunde beigebracht hatte. Da sucht er also Rettung, nachdem er ratlos durch diese schöne, ach so bekannte, ach so unbekannte gebuckelte Stadt gewandert war. Und im Rathaus, im zweiten Stock dieses schönen Renaissancebaues aus dem 15. Jahrhundert, gebietet eine freundliche Dame über ein kleines, übersichtlich geordnetes Heimatmuseum. Dort ist das schönste Stück ein bäuerliches Himmelbett, darauf steht:

Gottesgnad und ein gesunder Leib,
ein warmes Bett und ein hübsches Weib,
ein guth gewißen und baar Geld,
das ist das beste auf der Weld.

Ich will's beherzigen. Daß das Gewissen klein und das Geld groß geschrieben wurde, mag den scharfsinnigen Leser zu manchem Nachdenken veranlassen, während ich hinunter auf den Marktplatz sehe, der sicher einer der schönsten Marktplätze Thüringens ist. Und ich höre zu, was mir berichtet wird: daß in dieser Stadt im Mittelalter nur Bürger sein konnte, wer auch Grundbesitz außerhalb der Stadtmauern hatte. Diesen Grundbesitz halten aber konnte nur, wer über genügend Knechte verfügte. Über genügend Knechte verfügen aber konnte nur der, der genug Geld hatte. Genug Geld gewann aber nur jener, der mit Fleiß und Geschick und Glück und Gunst und Heirat schließlich Handwerk und Handel unter einen Hut zu bringen verstand.

Marx hat mehr darüber geschrieben.

Dieser Markt, steingewordener Bürgerstolz, geschlossenes Bauensemble bürgerlichen Wohlstands – wie ist er mir in Erinnerung? Als Jahrmarkt mit der Attraktion des »Billigen Jakob«, den ich anstaunte ob seiner Marktschreierei, und mit

Bei Friedrichsanfang nahe Hildburghausen wurde 1834 im Bereich des Mittleren Buntsandsteins die Fährte eines urweltlichen Tieres gefunden. Weil die Fußspur den Abdrücken einer menschlichen Hand ähnelte, gab man dem Tier den Namen Chirotherium, Handtier.

Spruch im Stadtwappen am Rathaus:
»Ach Frewlein zartt,
halt vest und hartt.
Ob ich bin Ein Frewlein wiltt,
so weich ich doch nicht von diesem schilt.«

dem Duft der Rostbratwürste, die ich selig genoß. Als Kind ist einem Kunst eben wurscht und Wurst Kunst.

Während meiner Schülerzeit, zwischen dem 14. und 18. Lebensjahr, als ich im Internat wohnte, fand sich, wer »auf den Bummel« ging, auf dem Marktplatz ein. Dort spazierten die Mädchen, dort hatten nach den Kommersregeln des Schülerturnvereins »Friesen« die jüngeren Schüler die älteren zu grüßen. Und deshalb gingen die jüngeren Schüler nie »auf den Bummel«. Sie liefen zum Römersbach, einem waldähnlichen Park oder parkähnlichen Wald nordwestlich der Stadt. Dort landeten auch die älteren Schüler, nachdem sie »auf den Bummel« gegangen waren, mit ihren Mädchen, und dort sollte man nicht grüßen, und dort machte es Spaß, zu grüßen.

Inzwischen sind mehr als vier Jahrzehnte vergangen, eine lange Zeit im Leben eines Menschen, eine kurze Zeit im Leben der Stadt.

Hildburghausen war von den Franken, die die Thüringer bedrängten, als eine Art Brückenkopf an einer Furt über die Werra gegründet worden. Die Franken drängten dann auch die Thüringer zurück, letztlich bis zum Rennsteig, wie jeder aufmerksame Urlauber noch heute bemerken kann: Und sollten die Dörfer auch nur zwei Kilometer auseinander liegen – nördlich des Rennsteigs wird thüringisch gesprochen, südlich des Rennsteigs fränkisch.

Das ist nun nicht nur über den Daumen, sondern über die Faust gepeilte Geschichte; den Historiker wird es grausen, aber ich hoffe, er liest dies in seinem Urlaub.

Erste Erwähnungen des Fleckens gibt es 552. Im Jahre 1234 taucht mit dem Minnesänger Otto von Botenlauben der Name Hilteburgehusin auf. 1317 gibt es ein Stadtbuch und eine Stadtverfassung, und 1324 läßt Graf Berthold von Schleusingen die

Stadt mit einer Mauer umgeben, was in den unruhigen Zeiten damals ein rechter Segen war und den Namen des Grafen auf ewig ins Herz der Hildburghäuser einpflanzte. Darum bauten sie auch zur Sechshundertjahrfeier 1924 in die Reste der Stadtmauer ein malerisches Tor hinein und nannten es Bertholdstor. Im ältesten und früher wohl auch ärmsten Teil der Stadt ziemlich duster unter dichten Baumkronen gelegen, nimmt es sich sehr alt und attraktiv aus, und wer es fotografieren will, muß die Blende etwas weiter öffnen.
Dieses Stadttor also ist kein wirkliches, die echten lagen wohl an den Ausgängen der beiden Marktstraßen. Nichts mehr erinnert an sie, wie nichts mehr an die Jahrhunderte erinnert, da die Stadt Handels- und Tauschobjekt war, reihum verschenkt, verpfändet, verpachtet und auch einmal in einem Kleinkrieg erobert wurde. 1395 hatte sie sich ein Rathaus gebaut, das zweihundert Jahre später durch Feuer und Sturm zerstört und neu wieder aufgebaut wurde und das eine Perle in jeder Geschichte der Baukunst sein kann.
Hildburghausen wurde bis zum Jahr 1900 vornehmlich von Ackerbürgern bewohnt. Ich nannte schon die Bedingung, die mit dem Bürgerrecht zusammenhing: Grundbesitz außerhalb der Stadt. Wer nun Bürger war und also in der Stadt ein Haus besaß, der erhielt auch die Braugenehmigung, die dann mit der Ausschankgenehmigung verbunden war. Jeder Bürger sein eigener Kneipwirt. Ja, aber die Braugenehmigung war mit der Wehrpflicht gekoppelt – welch sinnreiche Kopulation! Wer saufen wollte, sollte gefälligst auch kämpfen, wer kämpfen mußte, der durfte auch saufen. Jedes Jahr wurde auf dem Rathaus neu die Braugenehmigung erteilt. Und der Bürger, der sich darum bewarb, mußte in voller Kriegsrüstung erscheinen und seinen Nachbarn mitbringen; dieser Nachbar hatte zu beschwören, daß die Kriegsmontur Eigentum des sich ums Brauen bewerbenden Bürgers war. Ja, Erfahrung schafft Gesetze!
Die Industrie kam sehr spät, erst in unserem Jahrhundert, in diese Stadt. Aber sie hatte Manufakturen: Tuchmacher, Leineweber, Blaufärber. Einige Stücke sind bis auf unsere Tage gekommen und liegen im Heimatmuseum, und wir stehen andächtig davor, nicht, weil sie so alt, sondern weil sie so schön sind.
Im Dreißigjährigen Krieg ist auch Hildburghausen mitsamt seiner ganzen Umgebung immer wieder geplündert, gebrandschatzt, zerstört worden. Im Jahre 1710 kamen französische Flüchtlinge, Hugenotten, nach Hildburghausen und gründeten die »Neustadt«, den nördlichen Teil der Stadt, wo Apostelkirche, Schülerheim, Kreiskrankenhaus und Oberschule liegen, in den man, wenn man von Ilmenau und Schleusingen kommt, schnurstracks hineinfährt. Mit dem Auto heute, und falls man einen »Wartburg« und den Freilauf nicht gesperrt hat, sollte man nicht versäumen, den Fuß ein bißchen auf der Bremse zu halten. Wir hatten oben am Rand des Stadtwalds unseren Sportplatz, und wenn wir nach Hause fuhren, saßen wir oft zu dritt auf einem Fahrrad. Wir sind immer ganzbeinig im Schülerheim angekommen, dennoch will ich es zur Nachahmung nicht empfehlen, weil ich es mir mit der Verkehrspolizei nicht verderben möchte. Aber das Gefühl war hinreißend: die Stadt gewissermaßen in der Sturzfahrt von oben zu nehmen.
Im Jahre 1724 gab es einen kurzen Krieg zwischen Meiningen und Hildburghausen. Ja, die bürgerliche deutsche Nation hat schon immer ein bedeutendes Zusammengehörigkeitsgefühl gehabt, sie wollte sich vereinen, und vornehmlich in der Schlägerei. Jeder mit den Gesellschaftswissenschaften Vertraute weiß, daß dieser Rückfall in die Barbarei den herrschenden Feudalherren anzulasten ist und nicht dem Bürgertum, das sich entfalten wollte und

mehr Freizügigkeit brauchte als so miese Herzogtümer bieten konnten.

Hildburghausen war nämlich unversehens in seine klassische Periode eingetreten, es wurde zur »Stadt der Schulen«. Im Jahr 1535 richtete Melanchthon die Lateinschule ein. Die hat in der folgenden Zeit an Bedeutung gewonnen, ebenso der Beruf des Lehrers, der seit jeher einer der strapaziösesten Berufe dieser Menschenwelt ist. Das hat schon einer der Rektoren dieser Lateinschule 1710 in eindringlichen Worten dargelegt, als er für einen im Dienst an der wie immer übermütigen und hoffnungsvollen Jugend ergrauten und nun allzu früh verstorbenen Kantor die Grabrede hielt. Dem Rektor Heinrich Reinhardt entschlüpfte also in dieser Grabrede der folgende Stoßseufzer über den Stand des Lehrers, und ich bin mir des Beifalls meiner lehrenden Zeitgenossen sicher, wenn ich ihn also zitiere: »Es ist ein Stand, welcher einen Mann von dem gesundesten und besten Naturell ruinieren kann. Die Gesundheit des Leibes muß er in stetem Eyfer, Verdruß, Dampf, Staub und Stanck nothwendig zusetzen, und hat wenig Zeit derselben bisweilen zu pflegen.«

Und er machte die außerordentlich scharfsinnige Beobachtung, durch die dauernde Beschäftigung und Auseinandersetzung mit Kindern werde der Lehrer selber kindisch ... Aha. Ich möchte hier nicht näher darauf eingehen, aber nun bitte ich meinen Lehrern, besonders aus der Oberschulzeit, doch einiges ab, was ich ihnen an Spott und Tort anzutun half.

Denn, so schrullig sie uns immer anmuten mögen in unserm jugendlichen Unverstand und Erwachsenseinwollen, sie sind es, die die Zeit vorantreiben. Sie waren es zumindest in Hildburghausen. Hildburghausen wurde die »Stadt der Schulen«, und die Gelehrsamkeit rief die Künstler herbei, die Schriftsteller, die Verleger – Hildburg-

Das Hildburghäuser Theater am Ausgang des Parkes wurde 1721 als Ballhaus errichtet und drei Jahrzehnte später in ein Hoftheater umgewandelt. Der Eintritt war frei. Nach dem Umbau 1891 gab das Meininger Theater hier Gastspiele – und gibt sie heute noch.

Ausflugsziele mit weitreichenden Aussichten: Krautberg, Häselriether Berg und Stadtberg mit Schulersberg.

Zum Weiterlesen: Fritz Kühnlenz, Erlebnisse an der Werra, Rudolstadt 1974. Hans Joachim Malberg, Thüringer Miniaturen, Rudolstadt 1968.

hausen wurde Weltstadt, eine der berühmtesten Städte der Welt.
Das sagte ich bereits, und nun soll es bewiesen werden.
1795 wurde hier das Lehrerseminar gegründet, und es war ein vorzügliches bis in unser Jahrhundert hinein, weiterwirkend sogar noch, als es bereits Aufbauschule und später Oberschule war: die meisten meiner Schulfreunde, soweit sie den Krieg überstanden haben, sind Lehrer geworden. 1819 wurde eine Industrieschule gegründet, dann das Gymnasium und schließlich das Technikum, das heute Berufsschule ist.
Was Wunder, daß sich in solchem Eldorado von Bildung auch die Künstler ansiedelten. Jean Paul, Carl Maria von Weber und Friedrich Rückert nahmen vorübergehend hier Quartier. Länger hielten sich die bildenden Künstler Carl August Keßler, ein sensibler Zeichner, Carl Barth, der durch ein geflügeltes Wort in die Unsterblichkeit einging – Friedrich Rückert nannte ihn nämlich »mein lieber Freund und Kupferstecher« –, und schließlich der Bildhauer Ernst Conrad. Auch ihn nennt keine Kunstgeschichte, obwohl er es war, der Hildburghausen erstmalig Weltgeltung verschaffte: er schuf in Andreas Voits Werkstatt zwischen 1822 und 1882 die Pariser Puppenköpfe, ein recht bedeutendes Exportunternehmen. Und es brachte Geld in die Stadt – im Gegensatz zu den Unternehmungen des Herzogs Ernst Friedrich Carl, der Ende des 18. Jahrhunderts Hildburghausen zu Klein-Versailles machen wollte. Er ließ unter anderem südlich der Stadtmauer den »Irrgarten« anlegen, und er hat das ehemalige Ball- und Fechthaus in ein Hoftheater umgewandelt. Das ist ein Theaterchen, das an der Coburger Straße, am Rande des Irrgartens oder Friedensparkes liegt und das noch heute von den Meiningern bespielt wird.
Es dürfte mehr der Geldmangel als die Französische Revolution gewesen sein, was die kostspieligen Pläne dieses Herzogs scheitern ließ. Dafür brachte die Französische Revolution das »Geheimnis von Hildburghausen« hervor, dem auf den Grund zu gehen Historiker und Romanschriftsteller miteinander wetteiferten, und mein Vater hat 1924 als Laiendarsteller in einem Drama mitgewirkt, das als Festspiel anläßlich der Sechshundertjahrfeier allenthalben Begeisterung hervorrief: »Die Dunkelgräfin«.
Die Dunkelgräfin war eine Dame, die vor der Französischen Revolution von 1789 geflohen und in Hildburghausen gelandet war und hier höchst geheimnisvoll und stets verschleiert auftrat, teils in Hildburghausen, in einem von dem Baumeister Tischbein erbauten Bürgerhaus, teils in dem Schloß von Eishausen lebte, wo sie auch starb. Sie ist an ihrem Lieblingsplatz in Hildburghausen begraben, auf dem Stadtberg, und ein geschäftstüchtiger Gastwirt, der das Volk kannte, hat dort in der Nähe eine Ausflugsgaststätte erbaut, die noch heute beliebt ist. Er hatte richtig kalkuliert: Alle Wallfahrten zum Grab der Dunkelgräfin endeten in der Ausflugsgaststätte »Zum Schulersberg«.
Es scheint erwiesen, daß diese »Dunkelgräfin« die Tochter der Marie-Antoinette und Louis' des XVI., Marie Therese Charlotte, war. Sie ruhe in Frieden. Aber der Blick vom Schulersberg über die Stadt gegen den Thüringer Wald hin lohnt sich noch immer.
Dann kam Joseph Meyer.
Joseph Meyer, 1796 in Gotha geboren, hatte Kaufmann gelernt und war nach London gegangen, wo er erst Geschäfte und dann Pleite machte. Auf dem Rückweg über Gotha und das Schuldgefängnis kam er nach Hildburghausen und gründete da 1828 eine fortschrittliche Zeitschrift, siebzehn Bände des »Universums«, billige Klassiker-Ausgaben, die »Nationalbibliothek«, die »Groschenbibliothek«

Alte Thüringer Heilsegen bei Krankheiten:

Guten Morgen, Wasserflut!
Ich klag' dir meine Zahnglut.
Fließ übern Sand
Und nimm sie mit ins fremde Land!

Ich stehe hier auf diesem Stein.
Die Würmer fressen meine Bein.
Sie mögen sein schwarz, weiß oder rot,
In 24 Stunden sind sie alle tot.

Ach, du lieber Weidenbaum,
Ich rüttle dich, ich schüttle dich,
Ich bringe dir alle meine Schmerzen,
Ich bringe dir meine siebenundsiebzig Gicht,
Das in mir reißt und sticht.

Guten Morgen, liebe Fichte,
Hier bring' ich meine Gichte.
Dazu gehört siebenundsiebzigerlei,
Da ist meine Gichte auch dabei.

Rose, ich büße dich, mit mannskalter Hand,
Die Schwulst, die Schmerzen, die Hitz und den Brand,
Das kalte Feuer und auch den Krebs.

Es hat dich beschrien ein Mann,
So komm' es ihn selber an!
Es hat dich beschrien ein Weib,
So fahr' es in ihren Leib!
Es hat dich beschrien eine Magd oder ein Knecht,
So fahr' es in ihr Geschlecht!

Was ich bestreiche, verzehre sich,
Was ich suche, das verkruche.
Was ich finde, verschwinde.

und »Meyers Konversationslexikon«. 1832 gründete er ein Zweiggeschäft in New York. Von Stund an stand in Meyers Klassikerausgaben das Impressum, das Hildburghausen – nun endlich – zu einer der berühmtesten Städte der Welt machte: »Hildburghausen und New York. Druck und Verlag des Bibliographischen Instituts.«
In den Jahren nach 1840 erschien dann in 150 Bändchen von Westentaschenformat die »Neue Miniaturbibliothek der Deutschen Classiker« mit dem Impressum »Hildburghausen und Philadelphia«: mit den größten Städten der Welt nahmen wir's auf.
Die »Groschenbibliothek« war eine nationale und demokratische Tat. So stand es auf den Umschlägen der kleinen braunen, zumeist klassische Literatur enthaltenden Hefte: »Meyer's Groschenbibliothek erscheint in broschierten Wochen-Bändchen von etwa 100 Seiten Sedes, jedes Bändchen zu nur 1 Groschen ... Seitdem Bücher gedruckt werden, ist ein solcher Preis noch nicht erdacht worden. Meyers Groschenbibliothek enthält das Beste der deutschen classischen Literatur. Sie soll ein Werkzeug werden für die *intellektuelle* Emanzipation *des Volks – der Masse.*«
Bei der bürgerlichen Revolution von 1848 hat Meyer kräftig mitgemischt. Und danach lesen wir in seinem »Volksfreund«, ehe das Blatt verboten wurde:

Ein Gott zerbrach dem Volke seine Fesseln –
das Volk, das war ein Schaf;
es ließ die Könige in ihren Sesseln,
setzt selber sich daneben in die Nesseln
und blieb – ein Sklav.

So wurde auch in Hildburghausen – maßvoll – Geschichte gemacht.
Hildburghausen hat heute an die zehntausend Einwohner, die Dörfer Wallrabs und Häselrieth

sind eingemeindet, und Birkenfeld mit seinen schönen fränkischen Fachwerkhäusern gehört eigentlich auch schon dazu.
Wenn in Heimatkunde das Thema »fränkischer Bauernhof« dran war, dann war eine Schulwanderung nach Birkenfeld fällig; der Weg ging an der Walkmühle vorbei durch die Werrawiesen.
Dort in der Werra habe ich schwimmen gelernt. Da schwimmt heute niemand mehr, er müßte sich denn hinterher waschen. Denn ein großes Industriewerk hat sich da angesiedelt, VEB Normdrehteile, wächst an der Werra entlang, sorgt für Arbeit und Wohlstand und gibt dem Umweltschutz Probleme auf.
Das Werratal – an Häselrieth vorbei schlängelt es sich zwischen Wellenkalk links und Buntsandstein rechts auf Themar und Meiningen zu, und es ist eins der lieblichsten Täler des Thüringer Waldes.
Freilich wird die Flut der Touristen, die nun einsetzen wird, nachdem ich so schön alles beschrieben und dabei noch so manches vergessen und verschwiegen habe und Neugier zu erwecken versuchte, bald wieder versiegen. Denn das eine Hotel, das von sieben oder acht übriggeblieben ist, faßt kaum die Leute, die geschäftlich hier zu tun haben.
In einer Chronik aus dem vorigen Jahrhundert fand ich Hotels, Gast- und Rasthäuser und Herbergen fein säuberlich nach Ständen geordnet. Klassengesellschaft. Wir haben die Standesunterschiede im wesentlichen beseitigt und die Logierhäuser gleich mit. Aber in dieser schönen Welt, die wir gerade wieder neu entdecken, ist das Reisen angebrochen. Baut Herbergen, ihr Stadtväter, ihr kriegt Besuch!

Günther Deicke

Ländliches Refugium

Als ich Anfang der fünfziger Jahre nach einem Gegenstand suchte, an dem ich mein neues Weltgefühl artikulieren könnte, fiel mir ausgerechnet Römhild ein: ich stürzte in die kleinbürgerliche Idylle, die ich aufbrechen wollte – meine neugewonnenen Erkenntnisse vom Klassencharakter des bürgerlichen Staats suchten sich im Bild zu manifestieren –, und ich landete in der sozialistischen Idylle: »Kleine Stadt im Bauernland«:

Wo das Land zwischen Werra und Main
muldig und sanft sich wiegt,
streicht der Südwind früher im Jahr schon herein.
Wo im Februar sich der Weidenbaum biegt
und Kätzchen trägt,
wo im frühen März schon der Kuckuck schlägt
in den Buchenwäldern,
da ist lange Sommer im Jahr.
Wachtelruf klingt aus den Weizenfeldern,
und die Sonne strähnt goldenes Haar ...

Meteorologisch ist das ziemlich genau. Römhild liegt unter dem »Mainstrich«, es hat ein außerordentlich mildes Klima, die geringsten Niederschläge Thüringens: man nannte es – prahlerisch oder zärtlich? – »das thüringische Nizza«.

Wieso kam ich auf Römhild? Ich war in Weimar Redakteur einer Tageszeitung gewesen, ich war dabei, mich in Berlin ansässig zu machen, ich hatte 1950 das Deutschlandtreffen der FDJ und 1951 mit großer Begeisterung die Weltfestspiele der Jugend und Studenten mit vorbereitet und miterlebt, ich war Teil des großen Vorwärtsschreitens in eine sozialistische Zukunft geworden – wieso fiel mir da auf einmal Römhild ein, das mir bis zu dieser Zeit und auch später nie mehr gewesen war als solch ländliches Refugium? War mir vielleicht Römhild noch immer Symbol konfliktloser Sommerseligkeiten, des Glücks zwischen Hecken und Büschen, des gemütvollen Spannraums zwischen Liedertafel und Heimatforschung? Uralter geschichtlicher Boden! Und: Einstmals wuchs Wein am Südhang der Hartenburg, er soll sauer gewesen sein, aber – Wein!

Aber es war auch eine Landschaft, weiträumig wie die Sehnsucht. Da zitiere ich einen Größeren. Auf dem Kleinen Gleichberg, der auch Steinsburg heißt, hat im August 1794 einst Hölderlin gestanden, und er war überwältigt, wie der Wanderer noch heute, wenn er dort hinfindet: »Letzten Sonntag war ich auf dem Gleichberge, der sich eine Stunde von Römhild über die weite Ebene erhebt. Ich hatte gegen Osten das Fichtelgebirge (an der Grenze von Franken und Böhmen), gegen Westen das Rhöngebirge, das die Grenze von Franken und Hessen, gegen Norden den Thüringer Wald, der die Grenze von Franken und Thüringen macht, gegen mein liebes Schwaben hinein, südwestlich, den Steigerwald zum Ende meines Horizonts. So studiert' ich am liebsten die Geographie der beiden Halbkugeln, wenn es sein könnte!«

Ziehen wir das liebe Schwaben ab, das er geträumt hat, so ist der imposante Rundblick, der sich von der Kuppe der Steinsburg bietet, doch recht exakt dargelegt. Ein ganz genauer Mensch hat es gezählt: Von dort oben erblickt man bei klarem Wetter 100 Dörfer, 11 Burgen, 90 Berggipfel.

Römhild inmitten bäuerlichen Fleißes, bäuerlichen Friedens – so patriarchalisch war es mir damals erschienen: ländliches Refugium in ersten Verwirrungen meiner Kindheit. Die Ereignisse um die »Machtergreifung« Hitlers hatten die Familie entzweit, wir waren aus dem Haus der Großeltern in Hildburghausen ausgezogen, lebten nun mehr schlecht als recht in der Stadtrandsiedlung, mein Vater hatte ein Unternehmen mit Bulldog und Dreschmaschine angefangen und pleite gemacht. Ich war aus der Evangelischen Jungschar, in die mich meine Großmutter gebracht hatte, in das Deutsche Jungvolk »übernommen« worden und machte da eine unglückliche Figur. In der Schule, wo die gemütlichen Pädagogen von scharfen Nazipaukern abgelöst worden waren, rutschte ich ans Ende und war »versetzungsgefährdet«.

Da tauchte goldüberstrahlt inmitten von Wiesen und Weizenfeldern Römhild aus der Ebene und nahm uns auf. Mein Vater wurde Justizangestellter im Amtsgericht, das war malerisch und altväterlich im Schloß »Glücksburg« untergebracht – welch verheißungsvoller Name. Amtsgerichtsrat und Chef meines Vaters war eine höchst leutselige Erscheinung, Prinz Georg von Sachsen-Meiningen. Und der Justizwachtmeister Heiland belehrte vor jeder Verhandlung Kläger und Verklagte: »Der Herr Amtsgerichtsrat ist mit ›Hoheit‹ anzureden!« Das ebenfalls im Schloß untergebrachte Gefängnis erfreute sich unter den kleinen Gesetzesübertretern der Gegend einer gewissen Beliebtheit, da Frau Heiland vorzüglich kochen konnte. Welch heile Welt!

Es war ein Irrtum, das muß noch gesagt werden. Der Prinz Meiningen, der noch immer zwei oder drei Schlösser der Umgegend besaß und bewohnte, war Standartenführer des NSKK und als wilder Autofahrer berüchtigt, man nannte ihn den »Schrecken der Landstraße«. Der sehr distinguierte, aus liberalen Weimarer Zeiten überkommene Bürgermeister kam bei einem rätselhaften, bis heute nicht aufgeklärten Jagdunfall ums Leben, ihm folgte ein SS-Führer, der als Sadist und Alkoholiker in der Kreisstadt Hildburghausen politisches Porzellan zerschlagen hatte und dem man nun im südlichen Zipfel Thüringens eine Art Privatgrafschaft in den Rachen schob, wo er sich relativ ungestört austoben konnte. Er sorgte dann auch für einige infame Kriegsverbrechen. Davon wird noch zu reden sein.

Für mich war Römhild Rettung in höchster Not: Vater hatte Arbeit und verdiente über 200 Mark im Monat, wir waren wieder geachtete Leute, Schule und Jungvolk waren viel gemütlicher als in Hildburghausen, die Eltern waren wieder lieb miteinander, an den Wochenenden machten wir Ausflüge zum »Waldhaus« im Sattel der beiden Gleichberge – das war damals die beliebteste Ausflugsgaststätte der Umgebung.

Römhild liegt an der uralten Verbindungsstraße zwischen Thüringen und Franken und gewann daher schon früh wirtschaftliche Bedeutung.
Heute laufen die von Meiningen und Hildburghausen kommenden Straßen in Römhild zusammen.

In einer Urkunde vom 3. Februar 800 vermachte die Äbtissin Emhild des Nonnenklosters zu Milz einige Ländereien der Abtei Fulda, darunter auch die »villa Rotemulde«. Das ist die erste schriftliche Erwähnung des Ortes.

Nach dem Krieg wurde daraus eine Landwirtschaftsschule. Und heute treffen sich dort die Bürgermeister der Umgebung zu Qualifizierungslehrgängen; denn das Regieren braucht mancherlei Wissenschaft.
Wir sind freilich nicht auf das »Waldhaus« angewiesen. Schon vor vierzig Jahren gingen wir ebenso häufig in die zauberhaft schönen Fachwerkdörfer Haina oder Dingsleben, wo es würziges Bier und hausschlachtene Wurst gab.
Und dem Besucher aus Hildburghausen, der ja doch mit einem Fahrzeug kommt, dem Auto, dem Motorrad, dem Fahrrad, um auf die Steinsburg zu klettern und im Steinsburgmuseum sich Rechenschaft über zweitausend Jahre zu geben, dem sei angeraten, die restlichen fünf Kilometer nach Römhild noch hineinzufahren: das ist ein trauliches Städtchen, dort gibt es Gaststätten, in denen sogar die Römhilder essen.
Die Straße zwischen Hildburghausen und Römhild ist eigentümlich schön. Eine Zeitlang, während meiner Jahre als Oberschüler in Hildburghausen, war das allwöchentlich mein Heimweg auf dem Fahrrad gewesen. Wenn man hinter Leimrieth den Hahnritz hinaufgefahren war, der ein Teil des Höhenzugs der Frankenschwelle ist, wenn man dann auf dem Hahnritz stand, wurde eine neue Landschaft Wirklichkeit: Weit wie ein Meer, aus dem die beiden Gleichberge wie Inseln ihre Vulkankegel heraushoben, liegt vor uns das Grabfeld. Wir sind auf uraltem Boden.
Hinter uns liegt der Wellenkalk der südlichen Werraberge, wo wir versteinerte Muscheln und Seelilien fanden. Vor uns am Großen Gleichberg hatte Dr. Rühle von Lilienstern im Knollenmergel unter der Keuperdecke versteinerte Saurierskelette ausgegraben, und wir hatten sie im Schloß zu Bedheim erschauernd betrachtet. (Sie sind heute im Besitz des Naturkundemuseums in Berlin.)

Dieses von der Natur überaus begünstigte Gebiet, das kurze Winter und lange Sommer hat, ist altes Siedlungsland: Nachweislich seit mehr als viertausend Jahren ist uns die Welt hier freundlich, und nur wir selber sind untereinander mitunter unfreundlich gewesen.

Sechshundert Jahre vor der Zeitenwende, in der Hallstattzeit, ging der Keltenzug hier vorüber. Die Steinsburg bauten sie sich als Festung aus und verteidigten sie in den folgenden Jahrhunderten erfolgreich gegen die Germanen. Von allen Seiten sind noch heute die drei imponierenden Steinwälle sichtbar, die, aus Basaltblöcken geschichtet, die Bergkuppe einschlossen und so auch jene phantastische Fernsicht ermöglichten, von der Hölderlin berichtete und die noch heute jeden Wanderer entzückt, der sich die Mühe macht, da hinaufzusteigen. Im Sattel der Berge liegt dann das Steinsburgmuseum, aus grauen Basaltquadern errichtet, eine einzigartige Forschungsstätte für die Keltengeschichte in Europa.

In der Zeit der Völkerwanderung, als die Cimbern und Teutonen hier durchzogen, verschwanden die Kelten. Was von ihnen blieb, ist ein Denkmal menschlichen Trotzes: zu bestehen, zu überdauern.

Aus dem Gleichbergsattel führt die Straße nach zwei flüchtigen Kurven schnurstracks nach Römhild hinunter, als gäbe es hier gar kein anderes Ziel. Und tatsächlich, es gibt keins. Römhild liegt im breiten Land da wie eine Glucke, und die Dörfer ringsum sind die Kücken, die sich notfalls unter die Mutterflügel flüchten können. So jedenfalls sieht es aus, wenn man die Hildburghäuser Straße herunterkommt, und wollten auch alle Bürgermeister und LPG-Vorsitzenden der umliegenden Ortschaften protestieren: Römhild war der Mittelpunkt durch den Jahrmarkt im Sommer, den »Kalten Markt« im Winter und den wöchentlichen Viehmarkt, und heute ist die Autoreparaturwerkstatt, die auch mir aus der Patsche geholfen hat, solch ein matriarchalischer Mittelpunkt.

Römhild liegt im Grabfeld, umgeben von fettem, schwerem, ertragreichem Boden. Das Klima ist milde wie an der Weinstraße. Um 800 herum wird der Ort zum ersten Mal erwähnt durch eine Äbtissin Emhild, die einem Benediktinerkloster in Milz vorsteht: da heißt die Siedlung Rotemulte. Etwa seit 1100 saßen die Grafen von Henneberg-Hartenberg auf einem dem Großen Gleichberg vorgelagerten Hügel. Das ist heute ein Obstberg, von der ehemals hier stehenden Hartenburg ist nur noch der Burggraben deutlich erkennbar, und in ihm tummeln sich die Kinder jeder neuen Generation.

Um 1300 hat Römhild Stadtrecht bekommen, um 1470/80 wurde die Hartenburg abgebrochen, die Grafen von Henneberg zog's zu den Untertanen, aber vor allem wohl hinter die Mauern der Stadt, wo es außer Sicherheit auch Wasser gab. Und so wurde das Schloß Glücksburg errichtet, das 1539 einmal abbrannte, aber dann um so schöner wiedererstand. Zwischen 1450 und 1467 wurde die Stiftskirche erbaut, und sie birgt heute noch einige Sehenswürdigkeiten. Freilich hat mich der barocke Hochaltar im gotischen Chor immer ein bißchen gestört, ein formenprächtiges Stück, in dessen Rücken eine stattliche Bibliothek untergebracht ist. In einer Seitenkapelle stehen Zeugnisse der Nürnberger Erzgießerwerkstatt Peter Vischer: ein Standbild des Grafen Otto IV. und ein Sarkophag des Grafen Hermann VIII. von Henneberg-Römhild und seiner Gemahlin. Wie merkwürdig immer wieder: Man hört interessiert, daß es diese Grafen gab, und was ihre Namen erhielt, sind Bürgerfleiß und Kunstfertigkeit.

Gezeigt wird in der Stiftskirche noch die »Kroatenbibel«, eine lutherische Kirchenbibel, die von einem wütenden Kroaten im Dreißigjährigen Krieg (genau: 1634) mit einem Säbelhieb gespalten worden war. Gezeigt wird – leider zu selten und leider nicht den Herstellern der »tausend kleinen praktischen Dinge« – eine mittelalterliche Sturmleiter: das ist zunächst ein fester, ausgetrockneter und darum leichter Fichtenholzbalken, mit dem man unter Umständen eine Tür einrennen kann (aber das muß heute nicht mehr sein!), und mit einem Handgriff kann man diesen Balken auseinanderklappen, da hat man eine handliche Leiter.

Ein »Bürger (civis) der Stadt wird 1317 zum ersten Mal genannt, 1321 wird der Ort selbst als »Stadt« vermerkt.

Von 1274–1549 folgten zehn Henneberger Grafen aufeinander als Herren der Stadt.
Die völlig verschuldeten Henneberger verkauften Stadt und Land 1549 an die Grafen von Mansfeld. Später kam Römhild an die Ernestiner und an den Herzog von Coburg.

Im Dreißigjährigen Krieg war die Stadt zahlreichen Plünderungen und Repressalien ausgesetzt. Die Bevölkerungszahl sank in wenigen Jahren auf die Hälfte.

Römhild hat auf mich immer einen verträumten, ein kleines bißchen verschlafenen Eindruck gemacht, und ich muß zugeben, daß das meiner Mentalität entsprach. Wenn man vom Markt herkommend auf den Viehmarkt zugeht, sieht man die krümmsten Häuser der Stadt, sie lehnen gichtig und ganz verschlafen aneinander. Ich erinnere mich, daß ich den Weg in einer Winternacht ging und ringsum nichts wach war als diese drei Häuser – wie alte Leute, die nicht mehr schlafen können und auf jedes Geräusch merken. Ich hatte wie meine Mutter eine Neigung für das Gemütvolle und Traditionelle, mit dem man umgehen konnte. Als wir nach Römhild zogen, lehnte sie eine feine, frisch renovierte Stadtwohnung in der Marktstraße gegenüber der noch heute sehenswerten »Mohrenapotheke« ab und mietete eine viel unbequemere Behausung im wesentlichen auf Grund ihrer Mängel; denn die andere Wohnung war fertig und schien ihr damit unpersönlich, aus dem Mangelhaften aber konnte man etwas machen. Meine Mutter hatte einen starken Willen und ein starkes Gefühl. Wir verbrachten dort, am Eingang der Stadt inmitten eines riesengroßen Gartens und mit dem Blick auf die beiden Gleichberge, wohl die glücklichsten Jahre.

Unsere Welt war in Ordnung gekommen – ringsum war die Welt in Unordnung. Aber wir merkten noch nichts davon. Wie schön war diese Stadt – und sie war nur mäßig in die Geschichte verwickelt. Sie lag an einer alten Handelsstraße, die von Nürnberg nach Erfurt und Mühlhausen führte. Nach dem Aussterben der Henneberger war sie Schacherobjekt geworden, bis irgendwelche sächsische Linien, zuletzt die Meininger, hier einzogen. Im Bauernkrieg soll ein Römhilder Goldschmied die Verbindung zwischen den Mansfelder Bergknappen und den badischen Bauern gehalten haben. Mehrmals ist die Stadt abgebrannt und – wie alte Stiche beweisen – immer in der alten, langgestreckten Silhouette wieder aufgebaut worden. Im Jahre 1631 hatte die Stadt 1400 Einwohner, 1672 nur noch 789, heute wohnen da 2300 Menschen. Die Stadtverwaltung im ausgehenden Mittelalter war merkwürdig aufwendig und demokratisch anmutend: Sie hatte für diese kleine, von der Landwirtschaft und dem Handwerk lebende Stadt zwei Bürgermeister, einen eigenen Schultheiß für die Vorstadt, einen geschworenen Stadtschreiber, zehn Ratsmitglieder und einen Unterrat von zwölf Personen, von denen sechs nur für jeweils ein Jahr tätig waren und – als offensichtlich wichtigstes Element in dieser Verwaltung – »die Sechser« genannt wurden.

Im Jahre 1752 zog hier eine Kommission zur Schlichtung von Erbstreitigkeiten der sächsischen Herzöge um Stadt und Amt Römhild ein. Diese Erbstreitigkeiten wären längst vergessen und in Archiven begraben, wenn der Sekretär dieser Kommission nicht ein Dichter gewesen wäre: nicht einer der berühmtesten, nicht einer der größten, aber ein liebenswürdiger, dem Kreis der sogenannten Anakreontiker zugehörend: Johann Peter Uz. Er freundete sich in Römhild mit der wohlhabenden und einflußreichen Bürgerfamilie Grötzner an, er fand hübsche Mädchen in den Mauern dieser Stadt, und der Wein vom Südhang der Hartenburg, der vielleicht doch nicht gar so sauer war, schmeckte ihm. Er hat ein paar Gedichte auf Römhild geschrieben, und ich finde, er hat recht daran getan.

Im Erbschaftsstreit war ihm weniger behaglich zumut als im Grötznerschen Garten oder auf der Hartenburg (die auch der Familie Grötzner gehörte). Als er die Stadt verlassen hatte, sandte er von den Höhen des Thüringer Waldes herab noch ein Abschiedsgedicht zurück, das seinen Aufenthalt in Römhild als nicht ungetrübt erscheinen läßt:

Hier, wo rauhe Lüfte wehen,
auf der Mucksteig wilden Höhen,
seh ich mit betrübtem Blick
einmal noch dorthin zurück,
wo des fernen Gleichbergs Rücken,
wo der Steinsburg felsicht Haupt
regenschwangre Nebel drücken,
deren Grau die Durchsicht raubt.
Dort sind Römhilds liebe Mauern,
wo die Rotten erblich dauern
und, gepaart mit altem Zwist,
die Verwirrung Fürstin ist.

Ich lese Uz' Gedichte, die in und über Römhild entstanden, mit Rührung, ich kann meine eigenen Gedichte über Römhild, deren deutliche Mängel ich kenne, dennoch nicht ohne Wohlwollen wiederlesen, und wie eine Bestätigung empfinde ich es, daß zwei Jahrzehnte später ein junger Dichter, Harald Gerlach, wieder mit Versen über Römhild debütierte. Keiner von uns ist hier geblieben, aber ein Körnchen Poesie hat jeder von hier mitgenommen.

In besagtem Erbschaftsstreit hatten offenbar die Meininger Herzöge den Sieg davongetragen. Die taten sich um 1800 vor allem durch Beschränkung der bürgerlichen Freiheiten hervor. In der Schützengesellschaft durften zum Beispiel nur Besitzer von zweistöckigen Häusern Mitglied sein. Aber wer nur ein einstöckiges Haus besaß, sollte der sich nicht als Bürger fühlen und berechtigt, wenn nicht mitzuknallen, so doch Geräusch zu verursachen? Und so gründeten die einstöckigen Bürger 1843 die »Liedertafel«. Es war der bürgerliche Versuch einer Gegenorganisation mitten in einem deutschen Duodezfürstentum und diesem würdig, versagen wir ihm nicht unsere Achtung! Aber komisch war er doch.

Und typisch für Römhild – seien wir ein bißchen selbstkritisch auch in diesem Lobgesang! Als 1848 die bürgerliche Revolution alle großen und kleinen Potentaten in Schrecken versetzte, entstand auch in Römhild ein Bürgerverein mit recht kühnen Statuten. Der Verein bestand noch fast ein Jahrhundert, aber die Statuten nur knapp vier Monate, dann wurden sie geändert und den alten Untertanenverhältnissen angepaßt.

Episode aus dem Jahre 1636: Als die Stadtväter sich weigerten, den durchziehenden Truppen Kontributionen zu zahlen, sperrte man die Ratsherren in ein Zimmer, verriegelte die Fenster und überheizte den Raum. Sie bekamen nichts zu essen und zu trinken, und als ihnen vor Hitze schon ganz schlecht war, mußten sie bis zum Umfallen tanzen.

Herzog Heinrich war von 1676 bis zu seinem Tode 1719 der erste und auch einzige Römhilder Herzog. Zu seinem Miniaturstaat von nicht ganz 20000 Einwohnern gehörten auch Themar, Königsberg in Franken und Behrungen.

Die Römhilder sind nicht besonders kämpferisch, sie sind gutmütig, nachgiebig, aber auch pfiffig. Sie haben eine Vorliebe für Spitznamen. Ich erinnere mich an »Kappeschmidt«, »Lumich«, »Brummer«, »Hosearsch«, »Wetzer«, »Mürschter«, »Riemer«, »Poet« ... Die Bedeutung rührt oft vom Beruf, manchmal von Eigenheiten oder einem Ereignis her, und der Name wird über Generationen vererbt; so, scheint mir, sind unsere Familiennamen entstanden. Als 1935 das schöne Schwimmbad am Fuße des Großen Gleichbergs gebaut wurde, verkündete ein junger Mann: »Ich geh net eher nei 's Wasser, bis ich g'schwimm ko.« Und auf die Frage, wo er dann schwimmen lernen wollte, entgegnete er: »Da schwimm ich halt solang im Höö.« Fortan hieß der junge Mann, der da im Heu schwimmen wollte, der »Hööschwimmer«.

In der Gründerzeit, als in Deutschland allenthalben die Fabriken aus dem Boden schossen, und wenn's nur eine Schnapsfabrik war, blieb Römhild

195
Lauscha

196/197
Heubach

198/199
Scheibe-Alsbach

200
Thermometerglasbläser

201
Steinheid

202/203
Kirmeszug in Unterweißbach

Destillation
feiner
LIQUEURE
Specialität: POMERANZEN
F.W.Ulrich
Gegr. 1717
UNTERWEISSBACH i/Th.
Vertreter: Albert Enders, Dresden

204/205
Schnett

206
Landschaft bei Heubach

207
St. Oswaldskirche in Schnett

208
Masserberg

am Rande liegen, ein verträumtes Ackerstädtchen, so lieb, daß ihm der Herzog Bernhard von Sachsen-Meiningen eine Schule schenkte, an deren Eingang nackte Putten mit Pickelhelm und Patronengurt die Blut- und Eisenzeit vergnüglich kundtaten.
Und nach dem ersten Weltkrieg zog in die südliche Hälfte des Schlosses Glücksburg das »Krieger-Waisenhaus« des Kyffhäuser-Bundes, eines chauvinistischen Kriegervereins, dem es um die Ausbildung neuen Kanonenfutters aus dem alten zu tun war. In der Stadt waren die »Waisenhäusler« sofort zu erkennen an der einheitlich grauen Kleidung, der grünen Arbeitsschürze und (die Jungen) an der einheitlichen Frisur: einer Halbglatze mit Schopf über der Stirn.
Hier unten fand 1930 nach spektakulären Manövern die Hindenburgparade statt – der schnauzbärtige Reichspräsident persönlich ließ da die legalen und illegalen Truppen seiner Hausmacht an sich vorüberziehen. Und 1932 ließen die Nazis vom Steinbruch des Großen Gleichbergs ein riesiges Hakenkreuz aus Glühlampen ins Land leuchten.
Warum hier unten? In der »roten Hochburg« des Thüringer Waldes hätten beide vielleicht Dresche bezogen. Aber meine »kleine Stadt im Bauernland«, mein ländliches Refugium hat allenfalls einmal verstört mit den Augen gezwinkert ...
Römhild ist ein Sonntagsspaziergang, sogar wenn man hier Verwandte hat und unterwegs mehrmals zu Kaffee und Kuchen genötigt wird. (Der Kuchen – je nach der Jahreszeit vom Weihnachtsstollen bis zum Zwetschgenkuchen – ist hier bemerkenswert gut und in allen Haushalten zu Sonn- und Feiertagen reichlich vorhanden.)
Wenn man von Haina her kommt, trifft man rechter Hand kurz vor der Post und nachdem man ein Rinnsal namens Spring überquert hat, auf das städtische Wannen- und Brausebad. Es ist von einem nach Amerika ausgewanderten Römhilder Bürger gestiftet worden – auch er, und ich begreife ihn zutiefst, wünschte sich ein sauberes Römhild. Wie zum Hohn wohnte im oberen Stock des Hauses der SS-Bürgermeister.
Unweit zweigt die Straße nach Hildburghausen ab. Wir aber gehen am volkseigenen Gut entlang zum Viehmarkt. Im südlichen Teil des Schlosses Glücksburg ist heute der Rat der Stadt untergebracht und ein Heimatmuseum, das ein paar Privatleute begonnen haben, unter ihnen Karl Seidel, dem ich ein gut Teil der historischen Informationen verdanke.
Immer noch schön, verträumt, stimmungsvoll ist der Marktplatz mit seinem Brunnen; die Bürgerhäuser rechts und links sind nicht sehr alt, es hat hier zu häufig gebrannt. Die ältesten Häuser der Stadt stehen hinter der Kirche, »Am Stift«.
Wenn man den Unteren Turm passiert hat, trifft man wieder auf die Spring, die die Stadt zu drei Vierteln umrundet und die in der Vergangenheit immerhin zwei Mühlen und einer Gerberei zu respektablem Auskommen verhalf. Da hat man die Stadt bereits durchschritten. Hier, fast am Ende der Stadt, lag eine alte kleine Töpferwerkstatt, und es sah so aus, als wollte dieses alte und für die Stadt früher charakteristische Gewerbe aussterben. Aber es ist in den Jahren des Aufbaus nach dem letzten Krieg sogar zu neuer Blüte gekommen. Auf der Straße nach Milz liegt heute der VEB Töpferhof, in dem sich viele Töpferscheiben drehen, die Vasen, Krüge und Schalen werden in alle Erdteile exportiert, und so manches schöne keramische Ausstattungsstück unserer Interhotels stammt aus Römhild.
Auch ein Spaziergang um die Stadt herum ist stimmungsvoll. Weg und Wiese hinter der Kirche und dem Friedhof heißen »Herrensee« – niemand weiß, ob es da je einen See gegeben hat. Hier sind die ältesten Häuser der Stadt besonders schön zu

sehen. Die andere Seite, gegenüber der Glücksburg, heißt »Herrengarten« – wir finden hier Kindergarten, Fußballplatz und schließlich die Schule. Die ist inzwischen viel zu klein, denn allmorgendlich kommen mit Schulbussen auch die Kinder der umliegenden Dörfer. Ich sagte es schon: Römhild ist eine Glucke.

Römhilds Stadtkirche ist eine dreischiffige Hallenkirche mit zwei Chören. Ihr Bau wurde vor 1450 begonnen und 1470 vollendet. Sie ist neben der Eisfelder die bedeutendste gotische Kirche Südthüringens.

Für mich war Römhild eine Stadt zum Heimkommen, aber nicht zum Daheimbleiben. Wie fast jeden Binnenländer zog es mich gewaltig zur See. Und ich ließ das Städtchen zurück als die heile Welt, die mir bleiben sollte als Refugium in jenen Stürmen des Lebens, in die ich zu kommen und die ich zu bestehen hoffte.

Ihr Berge schweigend, ihr Wälder verschneit!

Unter dem Schneehimmel zeitloser Tag,
weiche, wiegende Fahrt in die Schneise,
im Blut nur des eigenen Herzens Schlag
und im Ohr die kaum begonnene Weise
erster Gedichte: Glück im gefundenen Reim.

Dämmerung kam, und wo im Fernen
die Stadt sich schmiegte, war ich daheim.

Ehe ich auszog, das Fürchten zu lernen.

Neben der »Kroatenbibel« enthält die Kirchenbibliothek etwa vierhundert weitere wertvolle Bände, zum großen Teil aus der Frühzeit des Buchdruckes.

Aber die daheimgebliebene Heimatstadt lernte das Fürchten nicht minder. Römhild hatte kaum Industrie außer dem Steinbruch auf dem Großen Gleichberg und dem Basaltwerk. Aber das genügte dem Bürgermeister, von dem schon die Rede war, eins der berüchtigten Außenlager des Konzentrationslagers Buchenwald, ein »Arbeitslager« für sowjetische Kriegsgefangene, da oben einzurichten. 1945 trieb man die Kriegsgefangenen in einen Stollen und sprengte ihn zu.

Dieser Kriegsverbrecher lebte noch bis vor wenigen Jahren unbehelligt in Coburg, und wenn er genügend alkoholisiert war, soll er geschworen haben,

er kehre eines Tages nach Römhild zurück, um abzurechnen. Leider ist er es nicht, denn die Römhilder hätten auch eine keineswegs kleine Rechnung mit ihm gehabt. Und mit einer der gemütlichen Zellen in der Glücksburg wäre er kaum weggekommen.
Steinbruch und Basaltwerk sind stillgelegt. Andere Industriebetriebe sind eingezogen: Töpferhof, Elektroapparatebau, Industriebau, Möbelwerke, Betonwerk. Das hat die Landwirtschaft keineswegs verdrängt, im Gegenteil, sie ist unter sozialistischen Bedingungen aufgeblüht wie nie zuvor: Die Groß-LPG Grabfeld zählt 380 Mitglieder und bestimmt wesentlich das Wirtschaftsleben dieser besonderen südthüringischen Provinz. Sie hat auch ihr Zeichen in die Landschaft gesetzt: Wenn man heute aus dem Gleichbergsattel heraustritt, sieht man drei Kilometer vor der Stadt die Riesensilos der Bullenmastanlage, als wollten sie verkünden, daß dieses abgelegene Städtchen keineswegs in ländlicher Einfalt verkümmert. Dahinter blinken die Flächen von zwei kleinen Stauseen.
Und wo einst der Bahnhof einer seit langem stillgelegten Kleinbahn war, haben sich die Leute aus dem Grabfeld ein Kulturhaus gebaut mit Bühne, Tanzsaal, Gaststättenräumen. Wenn man von Meiningen her auf die Stadt zufährt, sieht es aus wie eine riesige Exklusivscheune. Auf der Stirnwand aber haben die Volkskünstler aus der Stadt und den umliegenden Dörfern einen fröhlichen Reigen junger Mädchen und Burschen in südthüringer Tracht abkonterfeit. Als das Haus eingeweiht wurde, zu den Arbeiterfestspielen 1978, so erzählte mir einer, der dabei war, habe man das Bild voller Stolz dem berühmten Maler Prof. Willi Sitte vorgeführt, der aber, kein Heuchler, zu erkennen gab, daß es ihn grause. Darauf die Laienmaler respektlos: Sie grause es auch – vor Sittes Suhler Wandbild. So, unvermutet, klaffen die Ansichten von der Welt noch immer auseinander. Die Römhilder jedenfalls, wenn sie ihr Kulturhaus betreten, mißachten die Autorität und sagen: »Uns g'föllts.«
So wollen wir's am Ende auch zufrieden sein.

Hans Joachim Malberg

Stadt zwischen Rhön und Rennsteig

Es gibt Städte, die aus der Ferne mit der unverwechselbaren Eigenart historischer Konturen lokken. Fährt man jedoch in den grauen Bahnhof ein, verläßt man die Geschäftigkeit der Schalterhalle, so gerät man in den steinernen Schlund einer langen, engen Bahnhofstraße. Erschreckend öde Ballung ohne jeden Reiz. Häuserfronten, dicht an dicht, die schlimme Zeiten überstanden haben und vergeblich mit den kärglichen Resten vergangener bürgerlicher Wohlanständigkeit zu protzen versuchen. Autolärm, Omnibusse, Gedränge, Stickluft. Es hilft nichts, man muß durch diesen Sog hindurch und findet das Eigentliche, das Erkundenswerte erst, wenn man schon drauf und dran ist, dem Nest erschöpft und verbiestert vorzeitig wieder den Rücken zu kehren.

Noch immer, wenn man nach Meiningen kommt, geht das ganz und gar anders vor sich: Der Bahnhof. Eine leicht abwärtsfallende Freitreppe. Ein kleiner Vorplatz. Der unvermeidliche Souvenir-Kiosk mit Kola und Bockwurst. Und dann – keine Häuser. Kein Bahnhofsviertel, sondern Landschaft! Grünende, gepflegte Parklandschaft mit Schlängelwegen, aufeinander abgestimmten Baumgruppen, leuchtenden Blumenbeeten und einem beachtlichen Fontänenteich. Der Weg zur Stadt führt durch dieses Parkerlebnis. Der Fremde muß hindurch. Er darf hindurch und dort nach Zeit und Lust verweilen, um sogleich und ohne Umwege mit der Atmosphäre dieser Stadt im Grünen vertraut zu werden.

Die Meininger haben ihren Park nach Goethe benannt, obwohl dieser Anno dazumal der Stadt und der herzoglichen Hofhaltung in seiner Eigenschaft als Minister auf Dienstreise nur kurzbemessene Amtsvisiten abgestattet hat. Anders verhält es sich mit Schiller. Er, der Ruhelose und Gehetzte, fand in dieser Landschaft seine erste bescheidene Heimstatt auf Thüringer Boden. Draußen vor den Toren, in der Abgeschiedenheit des Dörfchens Bauerbach, wo er unter dem Namen eines Doktor Ritter im Dezember 1782 zwei Stübchen im schlichten Gutshaus seiner mütterlich um ihn besorgten Gönnerin Henriette von Wolzogen beziehen konnte. Was dann hier im Verlauf von nur acht Monaten geleistet wurde, steht nicht bloß in der Literaturgeschichte zu Buche. Glück und Qual der zwischen Kabale und Liebe zerriebenen Luise

Millerin sind gesellschaftskritische Widerspiegelung, der sich kein Fühlender zu entziehen vermag. Das Werk wurde hier in der Erstfassung am 14. Februar 1783 vollendet. Gleichzeitig aber stapelten sich auf dem Schreibtisch schon die Quellenwerke zum Studium der spanischen Historie im 16. Jahrhundert, und als der Dichter im Juli das Bauerbacher Asyl verließ, lag die Grundkonzeption für die Gestaltung des »Don Carlos« bereits vor. Das Studienmaterial stammte aus der herzoglichen Bibliothek in Meiningen. Der herzogliche Bibliothekar Reinwald hatte es besorgt, und von Anfang an waren er und der an Jahren wesentlich jüngere Dichter gut Freund miteinander geworden. Während der herzogliche Hof selbstverständlich von dem suspekten Flüchtling keinerlei Notiz nahm, vermittelte Reinwald ertragreiche Beziehungen zum Hofprediger Pfranger und anderen gelehrten Männern, die auf den Dörfern ringsum neben ihren geistlichen Obliegenheiten Muße hatten, sich mit wissenschaftlichen Problemen zu befassen und zu anregenden Gesprächspartnern wurden. Der Freund Reinwald aber wurde zum Schwager, als er ein paar Jahre später Schillers Schwester ehelichte. Christophine Reinwald, geborene Schiller, hat von da an ihren Wohnsitz in Meiningen gehabt, hat den Bruder und den Ehemann weit überlebt und ist als Neunzigjährige hier gestorben.

Die Spuren Schillers im Meininger Raum sind also vielfältig, aber bedeutsamer noch ist die Form, mit der man die Erinnerung an das Vermächtnis des Dichters wachgehalten hat. Es gibt weder in Meiningen noch in Bauerbach ein pompöses Schiller-Denkmal. Meininger Schillerfreunde haben aber am 9. Mai 1905 zum hundertsten Todesgedenktag eine Schiller-Eiche aus dem schwäbischen Heimatboden an das Ufer der Werra verpflanzt, ein schlichtes, naturverbundenes Denkmal, das inzwischen kräftig Wurzeln geschlagen hat. Man muß es nur jenseits des Flusses in der Abseitigkeit eines winzigen Platzes mehr durch Zufall erst entdecken. In Bauerbach ging man noch anders zu Werke. Da war und ist zunächst einmal das Gutshaus mit den Schillerstuben, dessen historische Bausubstanz erhalten geblieben ist und das heute mit dem wertvollen Bestand an Möbeln, Bildzeugnissen und Dokumenten sachgemäß von den Nationalen Forschungs- und Gedenkstätten der klassischen deutschen Literatur von Weimar aus betreut wird.

Die Bauerbacher selbst aber haben schon im Gedenkjahr 1859 damit begonnen, ihren Schiller festlich zu feiern, und daraus hat sich über ein Jahrhundert hinweg eine Tradition entwickelt, selbstverständlich mit zeitbedingten Unterbrechungen und gesellschaftspolitischen Schwerpunktverlagerungen. Nach 1945, in der Periode des sozialistischen Aufbaus, bildete sich jene dörfliche Laienspielgruppe, die auf Grund außerordentlicher Leistungen schon 1959 die Bezeichnung »Arbeiter-und-Bauern-Theater ›Friedrich Schiller‹, Bauerbach« erhielt. Die Auszeichnung war verdient, denn hier standen begabte, vorwiegend bäuerliche Werktätige auf der Freilichtbühne, um mit anregender Unterstützung der Meininger Bühnenkünstler den »Tell«, »Die Räuber« oder auch zeitgenössische Werke, wie etwa Friedrich Wolfs Bauernkriegsdrama »Der arme Konrad« darzustellen. Wenn ein Dorf von nur 400 Einwohnern soviel Leidenschaft aufbringt, wenn die Spielfreude sich von den Alten auf die Jungen vererbt, und dazu im Gemeinschaftseinsatz die naturgegebene Spielfläche ausgebaut wird, dann erweist es sich, daß im südlichsten Zipfel unserer Republik die Worte Kultur, Tradition und Fortschritt nicht unnütz im Munde geführt worden sind.

Doch zurück in den Meininger Goethepark, denn wir stehen ja erst am Anfang unserer Wanderung.

Walter Werner
Wie ich das Land genieße

Im Sprung aus der Versenkung
lieblicher Waldtäler,
voller Bewegung in den Raum geschleudert
sehe ich, Ikarus überlebend,
die Erde liegen.

Von den Gerüchen des Sommers
silbern umflossen und durstig
vom Stromlinien-Sog
wandern die Dörfer
durch die freundlichen Städte,
ihre rotbäckige Schönheit ausbreitend
bis hinter die Zinnen der Dächer,
verschönern sie die Ebene,
die um den Stadtrand flimmernd gerückt...

Aus: Sichtbar wird der Mensch. Halle 1960

Meiningen ist die drittgrößte Stadt im Bezirk Suhl. Sie liegt 298 m über dem Meeresspiegel und hat heute 25 000 Einwohner.

Hier ist noch einiges an bürgerlicher Repräsentation in Stein, Marmor und Bronze zu besichtigen, unaufdringlich wirkungsvoll ins Grüne eingegliedert, und wenn man an den Monumenten die Namen Johannes Brahms und Max Reger liest, bekommt man einen ersten Hinweis, daß der kulturelle Schwerpunkt dieser Stadt erst auf die zweite Hälfte des 19. Jahrhunderts zu datieren ist und mit der Musik etwas zu tun hat. Nur einer der Denkmals-Geehrten, der Wunsiedler Lehrerssohn Richter, reicht ins Klassische zurück. Als Autor begnügte er sich mit den beiden Vornamen Jean Paul, und in Meiningen hat er, wie das seiner Eigenart entsprach, eigentlich auch nur von 1801 bis 1803 eine kurze Stippvisite gegeben. Immerhin vollendete er hier sein mehrbändiges Hauptwerk, den »Titan«. Sich durch diesen weitschweifigen, humanistischen Bildungsroman hindurchzulesen, macht einige Mühe, aber auch Vergnügen, wenn man bedenkt, daß Ernst, Humor und Ironie, so verschmolzen, in der deutschsprachigen Literatur einen gewissen Seltenheitswert besitzen.
Einem typischen Meininger Bürger begegnen wir schließlich auf dem Wege zur Stadt am romantischen Märchenbrunnen mit vielerlei lustigem Fabelgetier. Der Märchendichter Ludwig Bechstein, gebürtiger Weimarer, hat um die Mitte des vergangenen Jahrhunderts seine Reifezeit und die Altersjahre bis zu seinem Tode 1860 in Meiningen verbracht, hat hier Sagen gesammelt, sehr gründliche Heimatforschung betrieben, vor allem aber die Märchen geschrieben, die bis auf den heutigen Tag wirken und bewegen, weil der Poet sich begnügte, das an Stoff und Motiv Überkommene aus Freude am besinnlichen Fabulieren weiterzugeben.
Nur ein paar sanfte Schlängelkurven weiter, und wir haben den Südwest-Ausgang des Parkgeländes erreicht. Die Stadt tut sich auf, und dies genau an

einem überraschenden Schnittpunkt zweier Welten. Blick nach rechts, also nach Norden hin: ein unvermutet feudaler Anblick. Man vermeint fast, im bayrischen München auf der Ludwigstraße zu sein. Selbstverständlich mit den gebotenen Abstrichen und sozusagen »in Miniaturausgabe«, aber an der lichten Breite des Straßenzugs, der heute den Namen August Bebels trägt, und an den von klassizistischen Stilelementen bestimmten Bauten läßt sich ablesen, daß hier die Residenzstadt eines der vielen, auf der Landkarte buntfleckig durcheinander verschachtelten Thüringer Fürstentümer baugeschichtliche Spuren hinterlassen hat. Der Hauptakzent liegt am Ende der Straße. Ein dem antiken Tempelvorbild nachempfundener, von sechs hohen Säulen getragener Vorbau, gekrönt von einem wuchtigen Dreiecksgiebel, führt in die lichte Harmonie eines Theaterbaus, der festlich wirkt, ohne zu prunken. Er ist im Jahre 1909 entstanden, weil ein Jahr zuvor das bisherige Theater niedergebrannt war, und ein Hofbaurat namens Behlert hat den Neubau projektiert, denn es handelte sich ja um ein Hoftheater. Trotzdem hat er auf höhere Weisung schon damals in die Giebelfront mit goldenen Lettern den Satz »Dem Volke zur Freude und Erhebung« eingefügt. Eine recht ungebräuchliche Etikettierung für ein ehemaliges Hoftheater, und wir werden ihrer tieferen Bedeutung noch nachgehen müssen.

Doch schauen wir zunächst vom Straßen-Schnittpunkt aus erst einmal nach links, also südwärts, und da ist es überraschend unvermittelt zu Ende mit der Straßenbreite und den Repräsentativbauten. Am Anfang steht zwar noch gewichtig der Eckbau des traditionsreichen Gasthofs »Sächsischer Hof«, in dem zu herzoglichen Zeiten die Fremden von Stand und Würden logierten und den inzwischen die HO zu einem gastfreundlichen Hotel ausgebaut hat. Nebenbei bemerkt, natürlich gibt es dort, wie anderswo in Thüringen auch, Thüringer Klöße, also solche aus rohen, geriebenen Kartoffeln, die sich, wenn sie richtig geraten sind, so wunderbar locker und strähnig auseinanderziehen lassen. In Meiningen und Umgebung aber nennt man sie »Hütes«, und diese seltsame Namensgebung soll der Sage nach auf Frau Holle zurückgehen, die ja in den winterlichen Sturmnächten nicht nur wild durch die Lüfte spukte, sondern auch die vorbildlichen Tugenden einer guten Hausfrau besessen haben soll.

In dem sich nun südwärts schnurgerade fortsetzenden, aber auf Drittelsbreite eingeengten Straßenzug kann man übrigens mit Sicherheit damit rechnen, daß am Sonntagmittag in den Haushaltungen Hütes auf dem Tisch stehen, denn hier ist seit alters das eingesessene Bürgertum zu Hause. Die Häuser geben an Reiz nicht allzuviel her. Nur dort, wo sich auf halbem Wege nach beiden Seiten hin der alte Marktplatz, heute »Platz der Republik« benannt, ausbreitet, wird der Eindruck freundlicher. Von der mittelalterlichen Baugesinnung eines Gemeinwesens, das schon im 10. Jahrhundert urkundlich bezeugt wurde und zwei Jahrhunderte später Stadtrechte erhielt, ist allerdings im Vergleich zu anderen Städten relativ wenig übriggeblieben. Nur die alte Stadtkirche im Hintergrund weist bei näherer Betrachtung noch Stilelemente aus der romanischen und gotischen Bauperiode auf, die jedoch seit dem substanzverändernden Umbau im 19. Jahrhundert ein Schattendasein führen. Der Kunstkenner wird mit Recht an einigen Plastiken und Grabmälern Interesse haben, so an der »Steinernen Madonna«, an der Holzplastik des »Gekreuzigten«, die man der Werkstatt von Veit Stoß zuschreibt, oder am »Kreuzpfennig«, der, in einen der Chorpfeiler eingelassen, früher als ein Wahrzeichen der Stadt galt.

Wo aber ist an diesem Markt das Rathaus? Es gibt

»Porta Franconiae«, die Pforte von Franken, hat man die im Grenzland zwischen Thüringen und Franken gelegene Stadt genannt. Die Gebirgszüge des Thüringer Waldes und der Rhön strecken ihre Ausläufer bis an den Stadtrand heran, der Dolmar im Osten und die Hohe Geba im Westen.

Wahrscheinlich ist Meiningen aus einem Einzelhof entstanden der im 6. Jahrhundert von einem »Meino« angelegt wurde.

keines mehr, denn es ist im Laufe der Jahrhunderte an der Westseite zwar dreimal errichtet, aber immer wieder durch Brand zerstört worden, und als man es nach dem verheerenden Brand von 1874 wieder aufgebaut hatte, fiel es schließlich und endgültig dem Bombenterror zum Opfer. Seitdem kommt man in Meiningen ohne Rathaus aus, und der Rat der Stadt ist ins Schloß verzogen.
Auch jenseits des Platzes setzt sich die Nord-Süd-Achse des Hauptstraßenzuges weiter fort, und das von der Natur vorbestimmte Konzept einer auf schmaler Talsohle langgezogenen Stadtanlage wird offenbar. Daran hat die Werra ihren Anteil. Sie ist ein origineller Fluß und weiß in ihrem Oberlauf, am Kamm des Thüringer Waldes entspringend, zunächst nicht recht, ob sie nach Süden oder nach Westen hin ausbrechen soll. Erst wenige Kilometer oberhalb von Meiningen schlägt sie den richtungsbestimmenden Bogen nach Norden. Dort aber mußte sie sich sogleich durch den Engpaß einer sperrenden Gebirgsbarre zwischen Rhön und Thüringer Wald hindurchbohren. Immerhin ergab sich dann mit der Zeit zwischen Herrenberg und Donopskuppe der Raum für eine wehrhafte Siedlung, die den Absichten und Plänen der aufeinanderfolgenden weltlichen und geistlichen Territorialherren entsprach, und als die Siedlung zur Stadt aufstieg, mußten die Bürger ihre Behausungen längs des Flußlaufs wie Kugeln an einer Schnur aufreihen. Die Querstraßen und Gassen rechts und links am Fuße der teilweise bis zu 500 Meter ansteigenden Waldhöhen liefen sich tot, und sich an den Hängen anzubauen wagte man damals noch nicht, hatte es auch nicht nötig, denn das bescheidene Städtchen zählte ja noch längst nicht, wie heute, rund 25000 Einwohner.
Merkwürdig und ein bißchen rührend, wie nun jenseits des Marktgevierts die Häuser immer kleiner werden und sich ducken. Wenn man daran

denkt, wie es oben am anderen Ende mit Park und Theater und repräsentativer Straßenbreite begann, so hat man hier den Eindruck, daß der Stadt langsam die Puste ausgeht, bevor sie sich dann unauffällig in die breiter werdende Talaue verliert. In alten Zeiten haben hier vorwiegend die kleinen Handwerker gewohnt, und die Wollenweber hatten sich als Alteingesessene seit jeher einen besonderen Ruf erworben. Ein Wollwäscher, der hier draußen in der Anton-Ulrich-Straße 44 laut Gedenktafel sein Häuschen besaß, hat dann gegen Ende des 19. Jahrhunderts nicht nur Wolle gewaschen, sondern auch versucht, den Großkopfeten die Köpfe zu waschen. Johann Georg Güth hat in und um Meiningen für die politischen Ziele der Arbeiterklasse geworben. Er sprach auf Versammlungen, gründete sozialdemokratische Ortsvereine und gab das »Thüringer Volksblatt« heraus. Das alles unter dem Druck des Sozialistengesetzes, das eine klassenbewußte Schicht in den Untergrund zwang und jedes freie Wort unter Anklage stellte. Auf gefährdetem Posten kämpfend, mußte Güth schließlich dem Druck der Reaktion weichen und nach Amerika auswandern, aber er zählt zu den opferbereiten Vorkämpfern für das, was inzwischen in unserem Staatswesen Wirklichkeit geworden ist.
Die Frage liegt nahe, welcher Anteil am wirtschaftlichen Aufstieg dem heutigen Meiningen zukommt. Wegen der räumlich beengten Tallage bot sich nur geringe Möglichkeit, die Stadt zu einem Industriezentrum zu entwickeln, und in den Zeiten der Residenz wünschte man dies auch gar nicht. Hier beherrschte die Beamtenschaft die Szene, und die industrielle Produktion überließ man lieber der jetzigen Bezirkshauptstadt Suhl, den eisenverarbeitenden Betrieben in Schmalkalden und den Kleinstädten im mittleren Werratal. Trotzdem verfügt Meiningen heute über eine beachtenswerte Anzahl volkseigener Produktionsstätten, deren Gebäudekomplexe jedoch das Stadtbild nicht aufdringlich bestimmen. Eine Ausnahme bilden die Anlagen des RAW auf dem Bahngelände, wo die Reichsbahn schon seit der Jahrhundertwende einen für das Gesamtnetz wichtigen, umfangreichen Reparaturbetrieb für Dampfloks unterhält.
Auf der Suche nach überkommenen Bauzeugnissen in den Gassen der Altstadt trifft man dann unvermittelt auf den Namen VEB Welton. Wer hätte vermutet, daß von hier aus das modisch interessierte männliche Geschlecht tatsächlich mit modernen Hemden versorgt wird! Nicht weit davon, in der Burggasse, wieder eine, diesmal kulturhistorische Überraschung. Ein Portal, das von steinernen Jungfrauen umschwebt wird, und dazu eine Gedenktafel, die den Namen Friedrich Mosengeil trägt. Ausgerechnet im konservativen Meiningen hat also um 1800 ein Mann gelebt, der sich Gedanken darüber machte, wie spätere Generationen sich in Büros und Amtsstuben die Berufsarbeit erleichtern könnten. Er erfand nämlich ein durchaus brauchbares Kurzschriftsystem nach dem Vorbild des Engländers Taylor. Das System hat man später noch öfters abgewandelt und vervollkommnet, denn die Stenographen sind bekanntlich spitzfindige Leute, die mit Kürzeln umzugehen wissen, aber Mosengeil hat ihnen das nachweislich vorexerziert. Er ist wohl auch als Pädagoge und Publizist viel beweglicher gewesen, als der Nachbar von schräg gegenüber, der allerdings erst ein halbes Jahrhundert später in der Burggasse 22 poetische Behaglichkeit entfaltete. Das Haus, das der herzogliche Hofmedikus Dr. Baumbach seinem Sohn hinterlassen hatte, war genau das passende Gehäuse für jene liebenswürdige Butzenscheibenlyrik, wie sie der Dichter und Bibliothekar Rudolf Baumbach dann bis zum Jahre 1905 hier produziert hat. Seine Mitbürger haben ihn weit über Meiningen hinaus sehr geliebt, weil er

Auf dem Boden der Stadt – wahrscheinlich an der Stelle des Schlosses – stand schon früh ein fränkisches castrum. Wälle, Palisaden und Wassergräben, die von der Werra gespeist wurden, boten Schutz vor Angreifern. Später entwickelte sich daraus ein Königsgut, eine villa regia.

Am 1. Oktober 982 vermachte Otto II. königliches Gut in »meininga« der Peterskirche in Aschaffenburg. Damit wurde der Ort das erste Mal erwähnt.

1008 ging die Mark Meiningen an den Bischof von Würzburg über. Zur Sicherung ihres Besitzes bauten sich die Bischöfe eine Wasserburg.

ihnen keine Probleme zumutete, und wir Heutigen stellen mit Verwunderung und einiger Anerkennung fest, daß so unverwüstliche Liedtexte wie »Lindenwirtin, du junge« oder »Bin ein fahrender Gesell« und viele andere keine echten Volkslieder sind, sondern Baumbach-Gedichte.

Das Baumbachhaus, zur lokalen Gedenkstätte entwickelt, enthält interessante Erinnerungen an den Dichter und andere für Stadt und Heimat kulturhistorisch wichtige Persönlichkeiten und Begebnisse. Dort ist auch eine alte fränkische Bauernstube zu besichtigen, wie sie früher Kernstück bescheidener, aber gediegener dörflicher Wohnkultur in den Fachwerkhäusern auf den Dörfern gewesen ist. Der Fachwerkbau mit der sauberen Heiterkeit seiner Farbgebung, dem Rot der Ziegeldächer und der originellen Ornamentik des kunstvoll aufgegliederten Holznetzwerks fußt ja hierzulande auf alten Traditionen, die den fränkischen Einfluß widerspiegeln. Auch in der Meininger Altstadt kann man noch ein paar besonders reizvolle und gut gepflegte Bauzeugnisse dieser Art entdecken, obwohl die Stadtbrände leider den ursprünglichen Bestand arg dezimiert haben. Was an Resten erhalten geblieben ist, hat Atmosphäre. Die Menschen hier unten sind, so meine ich, offener, aufgeschlossener und gemütvoller als die Thüringer nordwärts des Thüringer Waldes. Man hört es an ihrer mit fränkischem Idiom durchsetzten Mundart. Man merkt es am Brauchtum, und es ist beispielsweise gar kein Wunder, daß seit langem im nahen Wasungen ein echter volksverbundener und wirklich närrischer Karneval gefeiert wird.

Wir treten aus der engen Burggasse hinaus. Da steht allerdings keine wehrhaft umwallte mittelalterliche Wasserburg mehr, wohl aber das ehemalige Herzogsschloß, kurz die Elisabethenburg benannt. Wir wollen hinein, denn hier haben die

Staatlichen Museen Meiningen ihren Sitz. Wir können aber nicht hinein. Eine breitgespannte Wäscheleine sperrt die Straße, und aus dem im Halbrund vorgelagerten Schloßvorbau tritt eben ein Brautpaar samt Brautgesellschaft heraus, denn dort amtiert die rathauslose Stadtverwaltung einschließlich des Standesamtes. Nun kommt erst einmal, wenn auch verkehrsbehindernd, das Brauchtum zu seinem Recht. Damit die Leine fällt, muß sich das frischgebackene Ehepaar erst loskaufen, und nicht genug damit, daneben steht auch noch ein Sägebock mit einem dicken Holzbalken. Den müssen die beiden durchsägen, damit sie sich frühzeitig ans harte Eheleben gewöhnen.

Durch das hallende Torgewölbe tritt man in den Innenhof des Schlosses. Ringsum von stattlichen Gebäudefronten umschlossen und durch ein Rasenrund mit Springbrunnen aufgelockert, wirkt es repräsentativ und intim zugleich. Der Hauptbau mit den zwei Seitenflügeln und dem vorspringenden Mitteltrakt bildet tatsächlich die Form eines lateinischen E, denn das hat sich der Bauherr so gewünscht, als er 1682 zu Ehren seiner Gemahlin Elisabeth den Bau befahl. Man erinnert sich: 17. Jahrhundert, Dreißigjähriger Krieg, Kroateneinfall in Meiningen. Hinterher leere Kassen, eine ausgesaugte und dezimierte Bevölkerung. Aber was sein mußte, mußte sein. Bernhard I. hatte 1680 als erster den sachsen-meiningischen Herzogsthron bestiegen, nachdem bis dahin die Würzburger Bischöfe und später die Henneberger Grafen die Territorialmacht über das Ländchen ausgeübt hatten. Meiningen wurde Residenz, brauchte ein Schloß, und die Untertanen hatten laut herzoglicher Verfügung zu einem beträchtlichen Teil für die Kosten aufzukommen. An den Außenfronten vermied man zwar allzu üppigen Prunk, aber innen fehlt es nicht an einer Schloßkapelle und einem Riesensaal mit barocken Stukkaturen. Mit der Zeit kamen eine beachtliche Gemäldesammlung und wertvolle Gobelins hinzu. Museal verwaltet wird das überkommene Kulturgut heute von den Staatlichen Museen Meiningen. Hinzugekommen sind laufend Werke zeitgenössischer Künstler aus dem heimatlichen Bereich. Angegliedert wurden eine frühgeschichtliche und vor allem eine naturwissenschaftliche Abteilung, und diese Vielfalt bildet ein geschlossenes, sehr lebendiges Bildungszentrum, weil die wissenschaftlichen Mitarbeiter einfallsreich darum bemüht sind, dem Menschen, insbesondere dem heranwachsenden, die Scheu vor der musealen Unnahbarkeit zu nehmen.

Der Fremde, der die Elisabethenburg aufsucht, hat allerdings ein ganz spezifisches Anliegen. Er will wissen, wo und wie hier der alte »Theaterherzog« mit dem wallenden weißen Bart gewohnt hat. »Gewohnt« ist in diesem Fall sehr zutreffend. Georg II., Herzog von Sachsen-Meiningen, hat zwar hier auch von 1866 bis 1914 residiert und regiert, aber deswegen brauchte man heute seinen Namen, wie die seiner Vorgänger, kaum mehr besonders zu erwähnen. Er hat auf ganz andere Weise als seine Standesgenossen Geschichte gemacht, wenn diese sich heimlich noch so sehr darüber mokieren mochten. Gewiß, ein Fürst durfte sich seit je als Gönner des Theaters und der schönen Künste huldvoll gebärden. Er konnte sich auch als Dilettant darin versuchen. Aber richtig arbeiten? Sozusagen als sein eigener Hoftheaterintendant und aktiver Regisseur? Und dazu auch noch nach dem frühen Tode seiner beiden ebenbürtigen Gemahlinnen seit 1873 mit Ellen Franz verheiratet, einer aus dem intellektuellen Bürgertum stammenden Schauspielerin, die er in den Rang einer Freifrau von Heldburg erhob! Ein Präzedenzfall, der weithin gewaltiges Aufsehen erregte. Doch aus diesem Präzedenzfall ist das entstanden, was schon die damalige Umwelt kurz und nüchtern »Die

Im Schutze dieser Burg siedelten bald Bauern und Handwerker, es wurden Märkte abgehalten, und 1153 erhielt der Ort eigene Verwaltung und Gerichtsbarkeit und kam damit in den Besitz aller Rechte einer Stadt.

Von den einst 23 Türmen der im Mittelalter errichteten steinernen Stadtbefestigung steht heute noch der Wasser- oder Pulverturm in der Südwestecke der Altstadt.

Das »Zeughaus«, dessen Ostgiebel Fachwerk aus dem 16. Jahrhundert zeigt, ist ein Überrest des 1239 gegründeten und 1543 geschlossenen Franziskanerklosters.

Als Kaiser Ludwig der Bayer sich 1343 mit Bischof Otto von Würzburg in Meiningen aufhielt, verlieh er dem Ort die »Freiheiten, Rechte, Gerichte und Gewohnheiten« der Stadt Schweinfurt.

Meininger« benannt hat und was in die Geschichte der Bühnenkunst als eine Entwicklungsstufe von kulturhistorischer Bedeutung eingegangen ist.
Es ist schwer, das Einmalige dieser Gesamtleistung auf einen knappen Nenner zu bringen. Stichworte müssen genügen: Wer in Meiningen auf der Bühne, hinter den Kulissen oder bei der geistigen Umsetzung dramatischer Werke mitwirkte, gehörte einer Gemeinschaft an, in die er sich entweder verantwortungsbewußt als Mitschaffender einfügte oder sehr rasch wieder als untauglich ausgeschieden wurde. Das war Gesetz für den ersten Helden wie für den letzten Statisten und ermöglichte jene faszinierende Lebensfülle in den Volksszenen, die vor allem jede Schiller- oder Shakespeare-Aufführung zum umwerfenden Ereignis werden ließ. Sodann das Wort: Es galt als unantastbar, denn es war das Vermächtnis des Dichters. Man vermittelte es, indem man den Wohlklang einer schlackenreinen Sprachkultur überhöhte. Das Pathos, das dabei aufwallte, würde uns heute kaum mehr restlos begeistern. Damals wurde es mit heiligem Ernst und edlem Anstand praktiziert und hatte den großen Vorteil, daß unter dem sprachpädagogischen Walten der Freifrau jede Sprachschluderei auf der Meininger Bühne ausgemerzt wurde. Schließlich die Werktreue: Sie beschränkte sich nicht nur auf Text und Wort, sondern umfaßte schlechthin alles, was die Illusion des Theaters ausmacht, jedes Gewand, jedes Requisit, jedes Möbelstück und jedes Szenenbild. Die Römer im »Julius Cäsar« unter der Wucht des echten Toga-Faltenwurfs schwitzten ebensosehr wie die ritterlichen Herren in der »Jungfrau von Orleans«, die in echter Rüstung über die Bretter stampften. Es geschah das reziproke Wunder, daß die Illusion sich summierte, weil sie aus realen Bestandteilen zusammengefügt wurde. Und der herzogliche Bühnenchef hatte dank seiner bildnerischen Begabung

den Hauptanteil daran, denn er bastelte nach historischen Quellenstudien mit Blei und Tuschfeder jeden Kostümentwurf und jede szenische Vorlage mit zweckdienlicher Gebrauchsanweisung bildhaft zusammen.

Wer das Theatermuseum in der Elisabethenburg besucht, kann davon noch viel im Original nacherleben. Er erfährt aber auch anhand wertvoller Erinnerungsstücke und Bilddokumente, wie die Meininger die Frucht ihrer künstlerischen Arbeit in Weltgeltung umgesetzt haben. Die Welt war erst recht skeptisch, als dieses kleine Hoftheater aus der Provinz mit den Bühnen der europäischen Hauptstädte zu konkurrieren wagte. Aber das änderte sich schon mit dem ersten Auftreten in Berlin am 1. Mai 1874, als der Jubelsturm die »Julius Cäsar«-Inszenierung umbrandete. Es folgte über 16 Jahre hinweg die Periode der großen Gastspielreisen in fast alle europäischen Haupt- und Großstädte von London bis tief hinein ins alte Zarenreich und mit insgesamt 2591 Aufführungen. Dabei dominierte Schiller mit neun Werken und 1250 Aufführungen. Es folgte Shakespeare, und weit zurück lag Goethe mit der »Iphigenie«.

Der Triumphzug endete ebenso unerwartet wie bezeichnend am 1. Juli 1890 in Odessa, denn dort brach Ludwig Chronegk unter der Bürde seiner Verpflichtungen zusammen. Er, der kleine, wendige und unermüdliche Mann, hatte in seiner Position als nomineller Hoftheater-Intendant von Anfang an die Gastspiele organisiert. Er hatte sich als Führungskraft und kluger Freund bewährt. Ohne ihn schien eine Weiterführung des gemeinsamen Werkes nicht mehr gewährleistet, und sie war auch nach herzoglichem Ausspruch nicht mehr nötig, denn »was die deutschen Theater lernen sollten, das haben sie gelernt«.

Mit der Abkehr von der Gastspielpraxis versank die kleine Residenz jedoch nicht in Bedeutungslosigkeit. Wie beim klassischen Musterbeispiel Weimar verlagerte sich lediglich das Schwergewicht aufs Musikalische. Schon seit Beginn des 18. Jahrhunderts hatte auch hier eine Hofkapelle bestanden, in der, wie vielerorts in Thüringen, Glieder der weitverzweigten Bach-Familie wichtige Funktionen ausübten. Einige der Meininger Bachs wurden von der Hofgesellschaft noch zusätzlich als begabte Porträtisten geschätzt und führten den Titel herzoglicher Kabinettsmaler. Die große Zeit des Meininger Musiklebens aber lief, was keinesfalls vergessen werden darf, parallel mit dem Welterfolg des Schauspiels. Sie setzte bereits 1880 mit der Berufung Hans von Bülows ein, der als Dirigent und Pianist zu den außergewöhnlichen Persönlichkeiten zählte und sich seinerseits von hier aus für Johannes Brahms und dessen sinfonisches Meisterwerk verwendete. Auf Bülow folgten der junge Richard Strauss, dann für lange Jahre Fritz Steinbach, und dem alten Herzog gelang es am Ende seines Lebens sogar noch, den eigenwilligen und manchmal recht unbequemen Max Reger als Generaldirektor des Orchesters zu verpflichten. Kurzum, für 30 weitere Jahre blieb Meiningen Mittelpunkt musikalischer Festlichkeit und klug gesteuerter Musikpflege. Gastdirigenten von Rang musizierten mit diesem Orchester, und ging es auf Reisen, so blieb der traditionelle Erfolg den »Meiningern« treu.

Erinnerungen an diese Erfolge bietet ebenfalls das Theatermuseum dar, in das auch u. a. das Max-Reger-Archiv eingegliedert ist. Man verläßt schließlich die Elisabethenburg bepackt mit vielen anregenden Eindrücken. Aber sofort umfängt einen auch wieder das beruhigende Grün der Landschaft. Der von der Werra durchflossene Schloßgarten geht unmittelbar in die freie Laubwaldnatur des Herrenbergs über, wo man unterwegs, in Denkmälern verewigt, auf die heimischen

Goethe über seine Audienz im Meininger Schloß 1782:
Man lauft, man drängt, man reißt mich mit!
Was hat das zu bedeuten?
Sechs Pferde mit gemess'nem Schritt
Erblick ich schon von weiten.
Ein Dichter, der so manches litt,
Fährt her, begafft von Leuten,
Steigt aus und kommt mit stolzem Tritt,
Begrüßt von allen Seiten.
Doch kommt ein Wurm im Herzen mit
Und läßt ihn vieles leiden;
Er muß bei stolzem Tritt und Schritt
Ein armes Volk beneiden.
O Pegase! o nimm ihn mit
In der Begeistrung Weiten!
Er gibt gewiß für *einen* Ritt
Das Sechsgespann mit Freuden.

Meiningen ist der Welt durch die Meininger bekannt.
Wilhelm Raabe

Poeten Baumbach und Otto Ludwig trifft und vom Dietzhäuschen auf die Stadt im Tal blickt. Man kann von dort aus weiterwandern nach dem einstigen herzoglichen Lustschloß Landsberg, um seinen Spaß daran zu haben, wie man im 19. Jahrhundert sich eine alte Ritterburg mit allerlei architektonischem Krimskrams ausgedacht hat. Man kann auch in entgegengesetzter Richtung zur Goetzhöhle gelangen, um dort zu studieren, was es mit den geologisch hochinteressanten Eigentümlichkeiten einer sogenannten Klufthöhle auf sich hat. Man sollte schließlich auf einen stillen Gang über den sich gegenüber am Hang aufwärts ziehenden Waldfriedhof nicht verzichten, wo nach seinem ausdrücklichen Wunsch der Herzog mit seiner Frau mitten unter den Meininger Bürgern ruht. Es gibt viele schöne Wanderwege um Meiningen. Man kann sie gar nicht alle aufzählen. Tritt man aber irgendwo auf den Höhen aus einem Waldstück hinaus ins Freie, dann fällt der Blick meist auf die beiden Talwächter, die über die 700-Meter-Grenze aufragen. Eruptives Basaltgestein hat hier die Erdkruste durchbrochen und die langgestreckten Buckelformen der Geba und des Dolmar gebildet. Der längere Anmarsch zu ihnen verlohnt sich, denn man kommt dabei durch Dörfer, in denen noch baugeschichtliches Kulturgut zu entdecken ist.
Am Abend aber kehrt man heim in die Stadt. Es ist eine echte Heimkehr aus der Natur in die Kultur. Aus der grünen Weite in die enge Behaglichkeit. Man geht in das Haus mit dem von den sechs Säulen getragenen Vorbau, denn selbstverständlich wird auch heute noch in Meiningen Theater gespielt und musiziert. Sehr beachtlich und gegenwartsbezogen. Ohne überlebtes Pathos, aber aussagekräftig. Der Kreislauf zwischen Kunst und Leben scheint in dieser Kreisstadt besonders intakt zu sein. So empfindet es jedenfalls der Fremde und ist davon angetan.

Ernst Karl Wenig

Landschaft der Kindheit

Man trifft in Thüringen auf Landstriche, in denen Altes auf merkwürdige Art fortzuleben scheint, und das Neue, das allenthalben das Feld beherrscht, ist dann mit einem besonderen Duft versehen, tritt mit Eigenarten auf, von denen man in der Regel nicht sofort weiß, aus welchen geschichtlichen Umständen sie herrühren.

Zu diesen Landstrichen zähle ich die Umgebung von Schmalkalden. Ich bin dort geboren und aufgewachsen (noch im »Hockmantel« getragen und nicht etwa im Kinderwagen gefahren worden!), und ich würde entschieden widersprechen, wenn jemand sagte, die abseitige Lage sei Hauptursache gewesen, daß sich Altertümer zäher als anderswo erhalten haben. Die gewiß nicht verkehrsgünstige Lage zwischen Wernshausen im Westen, Oberschönau im Osten, Brotterode im Norden und Meiningen im Süden mag mitgespielt haben, ohne Zweifel, ist aber nicht der primäre Grund. Denn seit jeher gibt es hier und gibt es heute erst recht viele findige Köpfe, die Neues ertüfteln und probieren, Bosseler und »Arbeitsmenschen« (das sind Leute, die in ihrer Arbeit ganz aufgehen), denen wir frühe Methoden der Erz- und Schwerspatgewinnung ebenso verdanken wie ein schier unendliches Sortiment patenter Gegenstände von Ahlen, Zangen und Bohrern bis zu Gabeln und Löffeln, Küchenquirlen und Rodelschlitten. Und wenn die »Eller« (Großmutter) auch nie im Leben mit der Eisenbahn gefahren war, so lebte das eine oder andere der Geschwister oder Kinder doch in Frankfurt oder sonstwo auf der weiten Welt, denn die Familien waren früher hier groß und die Erwerbsmöglichkeiten beschränkt, Briefe und Besuche brachten Fremdes ins eben nicht vergessene Dorf, das mit der Zeit, in die wir Jüngeren dann hineingeboren wurden, ohnehin die alten engen Grenzen mehr und mehr verlor.

Wir kommen dem Verständnis der Archaismen meiner Landschaft näher, wenn wir uns positiv einstellen und sagen: Sie ist gesättigt mit aufschlußreichen Zeugnissen der Vergangenheit. Allerdings äußern sie sich weniger in dem, was der Besucher auf den ersten Blick sieht, als vielmehr in sozialen, sprachlichen und technischen Denkmalen und in einer mannigfachen Geschichte, die in der frühbürgerlichen Revolution einen ihrer Höhepunkte besitzt. Dem, der nicht nach der

Ersterwähnung: Kunhild, eine fränkische Edle, schenkte im Jahre 874 dem Kloster Fulda Güter im Grabfeldgau, unter ihnen »Smalcalta«.

Bergbau: Die Gewinnung von Eisenerz, das überwiegend am Stahlberg und im Trusetal abgebaut wurde, bildete die Grundlage für Schmalkaldens traditionelle Kleineisenproduktion. Urkundlich erwähnt wird der Bergbau erstmals im Jahre 1348.

Handwerk: Wichtigster ökonomischer Faktor wurde das Schmiedehandwerk. Zünfte der Stahl-, Schwert-, Messer- und Sichelschmiede gab es schon 1408. Im Jahre 1578 arbeiteten in der Stadt 270 Schmiedewerkstätten.

Handel: Schmalkalder Artikel waren überall begehrt und wurden auf den Märkten von Erfurt, Leipzig, Frankfurt, Köln, Lübeck, Bern, Breslau und Wien gehandelt. Klassischer Beleg am Rande: Frau Rat Goethe zu Frankfurt am Main bescheinigte den Gebrüdern Sanner aus Schmalkalden, daß sie von ihnen am 13. April 1782 40 Gulden Standmiete erhalten hat.

äußeren Schlichtheit geht (von der sich die gestalten- und formenreiche Natur ausdrücklich ausnimmt), sondern sich die Mühe macht, den kulturhistorischen Gehalt der Landschaft zu entdecken, öffnet sich ein bezwingendes Panorama: der alte Bergbau, demonstriert im Schaubergwerk »Finstertal« oberhalb von Asbach, hat darin ebenso seinen Platz wie der Schmalkaldische Krieg, eine Auseinandersetzung, die 1547 nicht bei Schmalkalden, sondern auf der Lochauer Heide bei Mühlberg an der Elbe entschieden wurde – wie bekannt, zugunsten Karls V., der keine allzu große Mühe hatte, den durch innere Widersprüche geschwächten Schmalkaldischen Bund militärisch zu schlagen. Zuvor hatte Luther seine berühmten Schmalkaldischen Artikel geschrieben, die, wenn jemand aus meiner Landschaft zuhört, um Himmels willen nicht mit den »Schmalkalder Artikeln« verwechselt werden dürfen, der Sammelbezeichnung für die vielfältigen Schmalkalder Kleineisenwaren!

Dieses – hier nur angedeutete – Panorama werden wir mit einem Male keinesfalls ausschreiten können. Beschränken wir uns daher auf soziale und sprachliche Ausschnitte – um uns danach auf einen ganz besonderen Aussichtspunkt zu begeben.

Ich sagte es schon: Eine in allem, was Menschen geschaffen haben, schlichte, auffallend werktätige, pochende und hämmernde Landschaft. Und ich möchte präzisieren: eine protestantische Landschaft. Das Leben hier war nie sehr auf Repräsentation aus, deshalb auch der Mangel an großer, ins Auge springender Architektur, abgesehen von der Schmalkalder spätgotischen Stadtkirche mit ihren barocken Turmhauben und von dem Renaissanceschloß Wilhelmsburg. Die Schlichtheit ist natürlich nicht zuerst moralische Kategorie, sondern Resultat historischer Umstände. Seit 1247 gehörte

Schmalkalden den Grafen von Henneberg, die sich mit anderen alteingesessenen Thüringer Grafenhäusern den Zentralisierungsbestrebungen der Landgrafen erfolgreich widersetzt hatten, 1583 kam es zu Hessen, 1866 wurde es preußische Exklave – so waren Stadt und Umkreis über Jahrhunderte hinweg eingezwängt in die sattsam bekannte Klein- und Kleinststaatenpolitik auf Thüringer Territorium. Die Reformation, mit dem Namen Schmalkalden eng verbunden, schuf trotz der Förderung des demokratischen Elements einen Überbau, der dieser Kleinheit der Verhältnisse genau entsprach und ihre Konservierung förderte.

Lutherische Schlichtheit und Selbstbeschränkung erhielten sich, vornehmlich auf dem Lande, im Wesen der Menschen bis in unsere Zeit, wenn die junge Generation dieses Erbe auch sichtlich abzustreifen begonnen hat. Auf offenen Lebensgenuß gerichtete Weltauffassungen und folglich auch das Bedürfnis nach Repräsentation waren den Menschen hier nicht nur fremd, sondern verdächtig. Fleiß war – und ist – die oberste der Tugenden. Noch vor ein paar Jahren trafst du beim Abendspaziergang unter den Männern, die Jauche aufs Feld fuhren, mit hoher Wahrscheinlichkeit auch einen Direktor aus einem der zahlreichen volkseigenen Betriebe, einen Schulleiter oder Staatsfunktionär, der, als Bauer verkleidet, mit Kuh und Wagen über den Feldweg zockelte. »Verkleidet war der Mann natürlich nicht, er trug die Feierabendhaut aus grobem Stoff und die »hoche Schöh« (hohen Schuhe, Arbeitsschuhe) so selbstverständlich, wie Vater und Großvater sie tagein, tagaus getragen hatten. »Nötig« hatte er es nicht, weniger als andere, doch er tat es, schlüpfte wie der Nachbar Lesser oder Weihrauch oder Bach in die traditionelle Rolle, den Tag mit Arbeit auszufüllen, bis die Schatten der Nacht über Flur und Wald fielen. Vom schmalen individuellen Randacker heimgekehrt (den Großteil der Ackerfläche bewirtschafteten bereits LPGs), fütterte er noch Schwein und Kuh, um am nächsten Tag wieder komplizierte Aufgaben im Betrieb lösen zu helfen, den Kindern Unterricht zu erteilen oder eine Entscheidung des Bezirkstages in Suhl vorzubereiten. – Gewiß sind das zugespitzte Beispiele, aber zahlreiche Menschen in den Dörfern um Schmalkalden lebten bis vor kurzem im Alltag tatsächlich so, ob es sich nun um Werkzeugmacher, Postangestellte oder Partei- und Staatsfunktionäre handelte. Erst die weitere Konzentration der Industrieproduktion und die Spezialisierung der Landwirtschaft hat in jüngster Zeit diesen Archaismus aufgehoben.

Da absolute Aussagen meist falsch sind, will ich meine Bemerkungen über sozialpsychologische Folgen des Luthertums flugs relativieren und zugeben, daß der auf sich selbst zielende Lebensgenuß heute auch im Schmalkaldischen heimisch geworden ist. Für die Jugend braucht das nicht bewiesen zu werden, sie arbeitet, lebt und genießt das Leben wie die Jungen und Mädchen in der ganzen Republik. Doch auch die älteren und alten Leute schwören nicht mehr so sehr wie früher auf das Prinzip Genügsamkeit. Sogar die Repräsentation, die man einstmals scheute wie der Teufel das Weihwasser, wird nicht mehr verschmäht. An die Seite der alten Häuser, bei deren Anblick man an verhutzelte Großmütter denken muß, sind moderne Wohnhäuser getreten – große, blitzende Scheiben, heller Putz, Garage. Typisch für die veränderte Einstellung aber sind nicht allein die Häuser und die Autos, die lackglänzend so selbstverständlich vor zahlreichen Gehöften stehen wie früher die sperrigen Leiterwagen; noch mehr als Wartburg und Moskwitsch drückt heute der Bungalow, das Wochenendheim, gehobenes Lebensgefühl aus. Protestantisch wird ein solches Bauwerk mit schöner Untertreibung »Hütte« ge-

Stagnation: Noch Anfang des 18. Jahrhunderts waren drei Öfen zur Stahlgewinnung, sechzehn Stahlhämmer und zwölf Eisenhämmer in Betrieb, doch in der zweiten Hälfte des 18. Jahrhunderts ging die Produktion wegen Holzknappheit, Zollschranken und wachsender Konkurrenz stark zurück.

Kemenaten: Die mächtigen Steinbauten in der Innenstadt mit ihren gotischen Treppengiebeln stammen aus dem 14. und 15. Jahrhundert und stehen – wie der gesamte historische Stadtkern – heute unter Denkmalschutz.

St. Georg: Eine der bedeutendsten und schönsten spätgotischen Hallenkirchen in der DDR. Sie wurde 1437–1509 aus rötlichem Sandstein erbaut und 1957–1964 unter großem finanziellem Aufwand gründlich restauriert.

nannt. Was tut es, wenn die Entfernung zwischen dem häuslichen Herd und diesem Symbol modernen Lebens vielleicht nur ein paar hundert Schritte beträgt und Luft und Aussicht hier wie dort die gleichen sind – nämlich phantastisch! In meiner Landschaft braucht man die »Hütten« weder als Übernachtungsmöglichkeit nach längerem Ausflug noch für den Urlaub oder sonstwie zur Erholung wie etwa der Großstädter seinen Schrebergarten; man »braucht« sie überhaupt nicht, sie sind mit praktischen Zwecken nicht verbunden, sondern eben Ausdruck des (oft unbewußten) Wunsches ihrer Erbauer, sich nun endlich auch mal was zu gönnen – und zu zeigen, daß man sich was gönnen kann.

Der Kenner stellt mit tiefer innerer Erheiterung fest, daß dieses »Gönnen« aber auch nicht selten lutherisch geprägt ist. Wenn's mal paßt, stelle ich dir einen Mann vor, der, fünfzigjährig nunmehr, fünf Jahre lang Abend für Abend und Sonntag für Sonntag an seiner »Hütte« baute. Sie ist selbstverständlich voll unterkellert, weil man sich ja nicht nachsagen lassen will, man sei zu faul zum Bau eines Kellers gewesen, und sie ist fest aus großen Steinen gefügt, die aus einem alten Bruch – fünf Wegstunden entfernt – stammen, und innen die drei Zimmer sind mit Holz getäfelt, man könnte hier das ganze Jahr über bequem wohnen, wenn es Wasser- und Straßenanschluß gäbe und man nicht zehn Minuten von hier sein Wohnhaus besäße! Der Mann hat gerackert und geschuftet, er hat sichtlich abgenommen, und obwohl seine »Hütte« wirklich Bewunderung verdient, fürchte ich doch, daß diese Art Fortschritt dem Manne keinen gesteigerten Lebensgenuß gab, sondern eben fünf Jahre lange Plackerei. Aber vielleicht liegt der Genuß auch in ihr? Vielleicht ist das eine Art Vorbedingung, sich vor dem eigenen Gewissen Derartiges »gönnen« zu dürfen? Ich werde diesen Verdacht nicht los ...

Selbstverständlich ist der Mann mit der Hütte die »reine«, will sagen: die abstrahierte, von Nebensächlichkeiten freie Wahrheit. Einige vermieten ihre Hütten an »Luftschnapper«, andere gliedern eine Hühnerzucht an, gewiß – das hat aber alles nichts mit den sozialpsychologischen Triebkräften zu tun. Ihr geschichtlicher Nährboden ist eine Soziallandschaft ganz bestimmten Typs: klein- und kleinstbürgerliche Verhältnisse in Handwerk und Landwirtschaft – in ihren Wurzeln beileibe nicht allein Ergebnis kapitalistischer Entwicklung, sondern schon angelegt in den frühen Zeiten der Besiedlung durch thüringische und fränkische Bauern, Erzsucher, Harzscharrer und andere Waldläufer, weit hinabreichend also in die Frühgeschichte. Feudalismus wie Kapitalismus modifizierten; die Natural- wich der Warenwirtschaft, ohne je ganz zu verschwinden, und was sich immer gleich blieb, war die Härte der Auseinandersetzung mit der für unser Auge so lieblichen Natur. Wenn sich auch Reste der alten gemeinschaftlichen Bodenbearbeitung lange erhielten und bis in unsere Zeit Kühe aus verschiedenen Ställen ganz aus dem traditionellen Nachbarschaftsverhältnis heraus »zusammengespannt« wurden, sobald der Acker bestellt oder die Ernte hereingeholt werden mußte, so fielen doch über Jahrhunderte hinweg der private Produzent und der private Aneigner in einer Person bzw. einer Familie zusammen. Der Arbeitstag in der Zweckenschmiede meines Großvaters – einem Raum vier mal vier Meter – betrug um 1905 noch vierzehn Stunden, auch für die Kinder. Daß das Produzierte Eigentum des Produzenten war, änderte nichts an der Armseligkeit des Lebens, gab den Menschen jedoch das (trügerische) Gefühl, ihre eigenen Herren zu sein. Großmutter schleppte die Zwecken in der »Kötze« (Kiepe) hinauf nach Brotterode, wo die Zwischenhändler saßen, später nach Schmalkalden – jeder der Kleinproduzenten war sein eigener Herr, vor allem aber sein eigener Knecht, dem die Schwere der Arbeit das Fleisch von den Knochen fraß. Nur die Kombination dieser handwerklichen Kleinproduktion mit einer Kleinstlandwirtschaft schützte vor dem Verhungern. Das trifft besonders für die Zeit der kapitalistischen Entwicklung zu, als sich einzelne Produzenten zu Unternehmern mauserten und dem Handwerk ihre Bedingungen diktierten. Für die Handwerker, die ihre eigenen kleinen Werkstätten schließen und Lohnarbeit annehmen mußten, wurden der Acker und die Ziege, die Wiese und die Kuh vollends zum berühmten Strohhalm. Halbproletariat war hier eine auffällige Folge der Kapitalisierung.

Man muß sich nun den Protestantismus als einen Sack vorstellen, in den diese sozialökonomischen Verhältnisse hineingesteckt worden waren. Oder ein anderes Bild: Der Protestantismus schneiderte diesem Leben einen ebenso fadenscheinigen wie würdig-biederen Gehrock. (Und in der Tat: Wenn in einem Kleiderschrank auch sonst kaum etwas war – der schwarze Gehrock, angefertigt fürs ganze Leben, hing an der Stange.) In diesem feierlichen Rock konnte jeder am Sonntag nach einer Woche Schufterei mit seinem Gott Zwiesprache halten, ohne der Vermittlung zu bedürfen. Hatte der Katholizismus die Vermittlung der Kirche für unabdingbar erklärt, so erhob das Luthertum den einzelnen innerhalb und außerhalb des Gotteshauses zum direkten Gesprächspartner des Allmächtigen – und machte ihn gerade dadurch zufriedner, würdiger, *aussöhnbar* mit den bestehenden Verhältnissen. Der religiöse Überbau brachte die Bedürfnisse des kleinen Warenproduzenten haargenau zum Ausdruck, konservierte das Bestehende und verlieh sozialen Archaismen jene Langlebigkeit, von der wir ausgingen.

Freilich hatte die Auflösung dieses überkommenen

Hessenhof: Im 13. Jahrhundert als Sitz des thüringischen Landvogts erbaut, wurde er Ende des 14. Jahrhunderts zeitweise Absteigequartier der hessischen Landgrafen und diente dem hessischen Amtmann als Wohnung. 1551 umgebaut und mit schönem Fachwerk versehen.
In einem Kellergewölbe fand man Reste einer profanen Wandmalerei aus der ersten Hälfte des 13. Jahrhunderts und damit der ältesten auf deutschem Boden. Sie stellt Szenen aus dem Iwein-Epos Hartmann von Aues dar.

Sozialgefüges schon Anfang unseres Jahrhunderts begonnen. Was wir heute noch von ihm sehen, sind im wesentlichen Verhaltensweisen, Reflexe auf Vergangenes, das für gewöhnlich selbst im Dämmer der Geschichte verborgen bleibt. So fragwürdig der große soziale Konservierungsvorgang aber auch erscheinen mag – eine positive Seite hat er gehabt: Die Menschen meiner Landschaft haben in ihrer Mehrheit weder die Entfremdung von der Natur noch die von ihrem Arbeitsprodukt so erbarmungslos hart durchmachen müssen wie andere Teile des werktätigen Volkes. Überkommenes schützte sie, gleichsam von rückwärtiger Position her, vor völliger Proletarisierung. Indem ihnen im allgemeinen die Not des städtischen Industrieproletariats erspart blieb, hatten sie es gleichzeitig schwerer, dessen revolutionäre Ideen zu verstehen und aufzunehmen. Erst heute, in der sozialistischen Gesellschaft, da eine neue Moral aus dem gesellschaftlichen Eigentum an Produktionsmitteln und dem darauf beruhenden Bewußtsein erwächst, findet ein allgemeiner Ausgleich statt. Das ist auch der Grund dafür, daß die junge Generation im wesentlichen nicht anders lebt als in allen anderen Teilen unserer Republik.

Wilhelmsburg: Einst Sommersitz und Jagdschloß der Landgrafen von Hessen. Wilhelm IV. ließ es 1585–1589 von seinen Baumeistern Christoph und Hans Müller an Stelle der mittelalterlichen Walratsburg errichten. Der im Stil der Spätrenaissance gestaltete Bau umschließt mit seinen vier Flügeln einen quadratischen Hof, in dessen Ecken Treppentürme zu den Innenräumen führen. Im Ost- und Westflügel geben Tordurchfahrten Zugang zum Schloßhof.

Obwohl (oder weil?) persönliche Entwicklung und Beruf meine Bindung an die Mundart frühzeitig lockerten, sind für mich die interessantesten Altertümer meiner Landschaft die sprachlichen. Greifen wir mitten hinein in die Fülle:
Wenn sich zwei Arbeiter vor dem Tor ihres Betriebes verabschieden und der eine zum anderen sagt, er gehe jetzt nach Hauṣe, so heißt das Objekt des Satzes bei ihm *he-i* (heim). Er betritt dann auch nicht sein Haus, sondern sein *hus,* und das geschieht nicht an einem Freitag, sondern an einem *frittich.*
Allein diese wenigen Beispiele zeigen, daß in der großen Entwicklungsperiode der deutschen Spra-

che vom Mittel- zum Neuhochdeutschen hier einiges anders verlief als woanders. Kennzeichnend für diese Sprachperiode war unter anderem, daß das mittelhochdeutsche î zu ei wurde, das û zu au und das iu zu eu und au. Man nennt diesen Vorgang Diphtongierung. Diese langen mittelhochdeutschen Vokale (das ^ bezeichnet ihre Länge) wurden im Bairischen schon im 12. Jahrhundert zu ei, ou und öu. Im 14. Jahrhundert drang diese Lautentwicklung ins Ostfränkische, im 15. Jahrhundert nach Schwaben, Thüringen und nach Ostmitteldeutschland. In Westthüringen, im Osthessischen und im Niederdeutschen allerdings setzte sich diese Diphtongierung nicht durch, und so war es auch in der Schmalkalder Gegend, wo das Haus eben heute noch *hus* heißt, wo man, spricht man Dialekt, dî sagt statt dein und mî statt mein. Während dieser Nicht-Vorgang aber beispielsweise im Niederdeutschen voll bewahrt wurde, ist für meine Landschaft das Sowohl-als-auch kennzeichnend: Findet die angedeutete Lautentwicklung einerseits keinen Eingang, so faßt sie andererseits aber doch Fuß, wobei sie oft – und darauf will ich hinaus – auf halbem Wege stehenbleibt. Es gibt neben erhaltener mittelhochdeutscher Lautung zahlreiche Beispiele dafür, daß der alte Laut verlassen, der neue aber nicht voll angenommen wurde. Ein seltsames Verharren in der Mitte ... So auch bei dem schon angeführten *he-i.* Die alte Form ist es nicht mehr, aber es ist auch nicht der volle Diphtong. Es handelt sich um eine Sonderform des neuhochdeutschen *ei,* die dadurch gekennzeichnet ist, daß das e isoliert blieb und im – gleichsam zögernden – Verband mit dem i prononciert wird.

Man fahre ins Schmalkaldische und höre selbst, wie das klingt! Man weiß dann, wie etwa die hiesigen Bauern gesprochen haben, die zusammen mit Aufständischen aus Waltershausen und Brotterode im Bauernkrieg das Kloster Reinhardsbrunn zerstörten; man weiß, wie Luther in der Konventstadt Schmalkalden begrüßt wurde; man weiß, wie die alten Erzschürfer sprachen, wenn sie nach schwerem Tagewerk in ihre Dörfer gingen ...

In meiner Landschaft ist aber nicht nur Dialekt zu hören, variationsreiche, von Ort zu Ort sich abwandelnde Mundart, sondern auch schönes, reines Hochdeutsch, vor allem bei den Kindern, die in zahlreichen Familien angehalten werden, neben den Dialektformen die Hochsprache gut zu beherrschen. Gerade die bewußte Pflege des Hochdeutschen – man weiß ja, daß der und jener eine Universität besuchen wird und viele außerhalb der eigenen Ortschaft arbeiten werden – läßt hier allein schon aus Gründen der Zweckmäßigkeit für Sprachschluderei und allzu laxe Umgangssprache wenig Raum. Man könnte sagen, daß wir Zeugen eines sprachgeschichtlichen Nachvollzugs auf höherer Ebene sind.

Thüringen und besonders der Thüringer Wald besitzen viele berühmte Aussichtspunkte. Inselsberg, Kickelhahn, Schmücke ... Meist blickt man von hohem Standort weit übers Land – immer vorausgesetzt, das Wetter ist danach. Aber auch interessante »Aussichten von unten« gibt es, besser: Ansichten, wie sie sich etwa bieten, wenn man auf der Autobahn von Erfurt nach Eisenach fährt. Wie fürs Auge aufgestellt wirkt von hier aus der Höhenzug des Thüringer Waldes, und das Massiv des Inselsberges ist die Attraktion der Schau.

Beide Standpunkte – der oben und der unten – haben ihre Reize. Sehr viel seltener haben wir im Thüringer Wald Gelegenheit, einen mäßigen Berg oder Hügel zu besteigen, der so gelegen und so frei von Baumwuchs ist, daß der Blick frei und weit nach unten und zugleich nach höhergelegenen Teilen der Landschaft schweifen kann.

Kulturherberge: Die Räume des Schlosses beherbergen nicht nur das Museum, sie bilden auch den Rahmen für Veranstaltungen des Kulturbundes, für Vorträge und Konzerte. Ferner sind hier untergebracht das Stadtarchiv und das Kreisarchiv.

Museum: Die dreißig Räume des Schloßmuseums erschließen dem Betrachter nicht nur das Baudenkmal, sie führen auch die Geschichte der Stadt und des Schlosses vor Augen. Wohn- und Gesellschaftszimmer, Blauer, Weißer und Riesensaal, Schloßkapelle, Herrenküche, Landgrafenzimmer und die 36 m lange Exerzierhalle mit wertvollen Ausstattungsstücken ziehen viele Besucher an. In weiteren Räumen sind Ausstellungen von der Geologie über Stadtgeschichte, Reformation, Arbeiterbewegung bis hin zum industriellen Schaffen der Gegenwart zu sehen.

Schmalkaldische Spruchweisheit: Wir hier, wir sprechen allesamt drei Sprachen: Dialekt, Hochdeutsch und über die Leute.

Da meine Landschaft von südwestlichen Ausläufern des Thüringer Waldes und auch bereits vom Hügelland zwischen ihm und der Rhön bestimmt wird, besitzt sie gerade solche im allgemeinen raren Ausblicke. Willst du einen der schönsten dieser Art genießen, wanderst du auf den »Tiergarten« östlich von Schmalkalden; er ist von Stadtmitte aus in einer guten halben Stunde zu erreichen, ein absolut kahler, felsiger Hügel mit harter Grasnarbe, der dir nach Norden, Westen und Süden die reizvollste Fernsicht bietet. Nördlich erblickst du hinter einem nahen Buckel, vor dem ein Teil von Asbach angesiedelt ist, den langen Rücken des Inselsberges, blaugrau, leicht verschleiert, damit du auch Respekt vor der Entfernung hast. Was zwischen ihm und dem zum Greifen nahen Buckel liegt, kannst du von hier aus nicht sehen: Floh, Seligenthal, Hohleborn, Brotterode und eine formenreiche, sich zum großen Berg hinaufstaffelnde Landschaft, doch du ahnst sie, und du möchtest wissen, was sich zwischen dem hart konturierten nahen Hügel, auf dem du die Ackerfurchen erkennst, und der blaugrauen Wand am Horizont befindet.
Links an den Inselsberg schließen sich vor den Höhnbergen der Mommelstein, der Gieselsberg und die Weidebrunner Kuppe an, ein regelrechtes Bergtheater, zu dessen Füßen die Schmalkalde ihrer Stadt entgegenfließt, um später bei Niederschmalkalden in die Werra zu münden.
Genau im Westen ist vom »Tiergarten« aus ein Teil von Schmalkalden zu sehen, das deinem Standort mit neuen Wohnsiedlungen gleichsam entgegenwächst, und bei sehr günstigem Wetter stehen weit hinter der Stadt im Flimmern der Ferne Kuppen der Rhön. Ganz nah, rechts von den Dächern, schwingt die Queste ihre schwache Kurve, ein teilweise bewaldeter Hügel, dessen Name wesentlich älter ist als das elfhundertjährige Schmalkalden. »Queste« bedeutet »Büschel«, d. h. einen Kranz

aus Buchen- und Birkenlaub, der beim Frühlingsfest, das auf dem »Questenberg« stattfand, an der Spitze eines entschälten Baumes befestigt wurde. »Questenberge«, die ihren Namen bis heute behalten haben, sind gar nicht so selten. Manchmal ist die Bezeichnung bis zur Unkenntlichkeit verstümmelt, und nur der Kundige weiß dann, daß zum Beispiel »Käsberg« auch auf »Questenberg« zurückgehen kann. Die Schmalkalder Queste jedoch hat sich solche Verstümmelung nicht gefallen lassen müssen.

Bemerkenswert in westlicher Richtung ist aber nicht nur Früh-, sondern vor allem Gegenwartsgeschichliches: Bis fast an den Fuß des »Tiergartens« heran erstrecken sich Industrieanlagen, wo vor kurzem noch Wiesen waren – die neuen Gebäude des VEB Werkzeugkombinat. Linker Hand schließt sich ein anderer Komplex aus Beton und Stahl an: die künftig größte Rinderaufzuchtstation des Bezirkes Suhl, mit der die günstigen Bedingungen dieses Landstrichs so effektiv wie noch nie für unsere Viehzucht genutzt werden können.

Heben wir wieder den Blick und wenden ihn südwärts, sehen wir den Dolmar majestätisch aufragen, hinter dem wir die Werraauen wissen, Meiningen, Obermaßfeld ... Fernsicht also von relativ niedrigem Aussichtspunkt in drei Himmelsrichtungen! Sicht hinauf und hinab ... Und im Osten, Nordosten und Südosten? Ein ganzes Ensemble naher Bergkuppen: Hohes Rod, Kohlberg, Hirschberg, Ringberg, Dörnberg, Heftenberg – dem Hauptzug des Thüringer Waldes vorgelagert und getrennt und vielfach umwunden von romantischen Tälern; in zweien von ihnen liegt Asbach. Von hier aus sind die »oberen Berge«, sind Salzkopf, Neuhofswiese, Kanzlersgrund und Oberhof ebenso bequem zu erreichen wie die Werralandschaft bis hinab nach Bad Salzungen. Zu manchen dieser Ziele gelangen tüchtige Wanderer zu Fuß, andere sind besser mit Bus oder Pkw anzusteuern.

Man könnte meinen, ein raffinierter Landschaftsgestalter habe den »Tiergarten« gerade hierher gesetzt, um zu zeigen, was ringsum an Schönheit vorhanden ist. Doch noch vor ein paar hundert Jahren war auch diese Landschaft dem Menschen feindliche Natur; nur allmählich nahm er sie in Besitz. Heute gestaltet er sie mehr denn je nach seinem Bedürfnis, verleiht ihr immer mehr menschliches Maß.

Lothar Burghoff

Warum Erfurt Blumenstadt genannt wird

Jedesmal, wenn Tante Mariechen ihre Kleinstadt verläßt und nach Erfurt kommt – und Tante Mariechen verläßt oft ihre Kleinstadt und kommt nach Erfurt –, überrascht sie uns mit einem Strauß Blumen, Prachtexemplaren natürlich, manche sogar mit pikfeinen Drahtstützen, damit die zarten Hälse der dicken Blütenköpfe ja nicht knicken.
Tante Mariechen wickelt sie genüßlich aus dem vornehmen Seidenpapier, verlangt gebieterisch die Vase ihrer Wahl, und während sie Wasser einlaufen läßt und die Dinger sorgsam in die Vase stellt, läßt sie peu à peu jene Bemerkung fallen, die uns gleich welken Blumen schuldbewußt die Köpfe senken läßt, obwohl wir doch weiß Gott an dem Dilemma keine Schuld tragen: »Solche Blumen gibt es in eurer Blumenstadt nicht!« (Blumenstadt spricht sie dabei stets in Gänsefüßchen.)
Und wahrlich – wir müssen Tante Mariechen diesen Triumph lassen!
So ziemlich alles gibt es in Erfurt: Blumenkohl und Blumentöpfe, fast das ganze Jahr über; zwei alte Festungen, ein gutes Dutzend noch älterer Klöster und Kirchen; den Dom mit der »Gloriosa«-Glocke, der drittgrößten der Welt, eine Humanistengedenkstätte, wo Verfasser der seinerzeit weltberühmten Dunkelmännerbriefe diskutierten und auch zechten wie heute Medizinstudenten, die da jetzt ihren Klub haben; die alte Krämerbrücke, eigentlich gar keine Brücke, sondern eine Brückenstraße, im Mittelalter eine auffällige Ost-West-Handelsverbindung Europas; eine der drei Klosterzellen Martin Luthers – aber das beschreibt Johanna Hoffmann ja alles ausführlicher, als ich es hier vermag.
Wir können also mit allerhand aufwarten in Erfurt – nur mit Blumen, wie sie uns jedesmal Tante Mariechen bringt, immer noch nicht ausreichend.
Und dabei fing doch alles so herrlich an!
Die frommen Brüder, die nach Bonifatius' Donareichenfällung ins wilde Geratal gezogen kamen, um sich klösterlich niederzulassen, holten bald Friesen und Holländer herbei, damit diese das Land entwässerten und seine Kultivierung ermöglichten. Und später Pfälzer Weinbauern, die die zahlreichen Hügel um das alte Erphesfurt von oben bis unten mit Reben bepflanzten. Der Wein freilich mag recht sauer gewesen sein, er soll sogar die Gefäße angefressen haben, in denen er aufbewahrt wurde.

Obwohl Lokalhistoriker das bestreiten, haben wohl jene recht, die bissig bemerkten, daß in Thüringen der Essig am Stabe wachse.
Der Weinbau ging bald wieder ein. Schuld daran trugen die Ritter und Reisigen: In den zahlreichen Fehden des Mittelalters war es ein beliebter Zeitvertreib der Belagerer, die Weinberge zu verwüsten und die Rebstöcke zu verheizen.
Den Obstbäumen, deren Anbau der Rat den Bürgern zur Pflicht machte, geschah das gleiche. Noch ehe sie das erste Mal blühten, waren sie bereits Brennholz.
Mit Heil- und Küchenkräutern war das schon etwas anderes. Die überstanden ebenso wie das Gemüse die Verwüstungen durch die Belagerer und waren schnell wieder da und im Handel. Jedenfalls bescheinigt man den Erfurtern des Mittelalters, daß sie den widrigen Umständen zum Trotz die hervorragenden natürlichen Voraussetzungen (Klima, Reichtum an Quellen, Bodenbeschaffenheit) zu nutzen verstanden, die sich im Geratal vorfanden. Und Ausgang des Mittelalters wurden Heil- und Küchenkräuter sowie diverse Gemüse so gut und reichlich angebaut, daß Herr Martin Luther der Stadt den Beinamen »des Heiligen Römischen Reiches Gärtner« verlieh.
Vielleicht hat er dabei auch den um Erfurt betriebenen massenweisen Anbau des mittelalterlichen Blaufärbemittels Waid im Auge gehabt, der die Erfurter Waidjunker reich und hochmütig werden ließ. Von Blumen jedenfalls war damals noch nicht die Rede. Auch nicht, als Erfurts berühmtester Gärtnersmann Christian Reichart (1685–1775) den Schauplatz des Gartenbaus betrat und in diesem Wirtschaftszweig beinahe gesamteuropäische Maßstäbe setzte.
Die freie Stadt Erfurt war allerdings längst nicht mehr das, was sie gewesen war: eine blühende mittelalterliche Großstadt, die aus dem jährlichen Waidexport mehr als drei Tonnen Goldes Gewinn zog. Die Verschiebung der Welthandelswege, die von den Kurfürsten geförderte Konkurrenz des sächsischen Leipzig und die Einfuhr des billigen Indigos statt des aufwendigen Waids hatte neben zahllosen Kriegen, Fehden, Stadtbränden und allerlei anderen Verwicklungen die Stagnation des Erfurter Wirtschaftslebens zur Folge, die durch die gewaltsame Unterwerfung 1664 durch Mainzer Söldner nur beschleunigt wurde.
Christian Reicharts Wirken sollte einen Aufschwung vorbereiten helfen, mehr allerdings nicht. Der Gartenbau wurde attraktiver, die Brunnenkresse, noch heute eine Erfurter Spezialität, kultiviert; den Blumenkohl machte Reichart heimisch, Kohlrabi dazu, auch Sellerie, Spinat, Kopfsalat, Gurken, Weißkohl, Möhren, Mohn, Porree.
Schon zu Reicharts Zeiten begannen sich um Erfurt die ersten kleinen Gemüsefelder auszubreiten; ein Samenversand setzte ein, von Gemüsesamen freilich. Denn Blumenfelder gab es noch nicht, und bis dahin hatte ein gnädiges Geschick unserer Stadt den Beinamen »Blumenstadt« und den Bürgern die heute bei jedem Anlaß strapazierte Bezeichnung »Blumenstädter« erspart, die Kennern der Materie nur ein »Ha!« entlockt und Tante Mariechen zu dem Triumph verhilft, mit den Blumen ihrer Kleinstadt den blumenarmen »Blumenstädtern« turmhoch überlegen zu sein.
Das Unglück mit den Blumen, wenn man will, setzte genau im Jahre 1756 ein. Erfurt war bereits eine bekannte Gemüse- und Gemüsesamenstadt geworden, deren Export nur von den Sachsen scheel angesehen wurde. Sie bekamen nämlich ihre Petersilie nicht mehr an den Mann, da die Erfurter die Preise verdarben, wie wiederholte Beschwerden aus Sachsen-Gotha und Sachsen-Weimar belegen. Just zu diesem Zeitpunkt beliebte es dem Mainzer Kurfürsten und Erfurter Oberherrn Johann Fried-

Vorschläge der erfurt-information (Bahnhofstraße 37, Telefon 26267) für den Besuch der Stadt:

Ein Tag in Erfurt. Vormittag: Besuch der *iga,* Mittagessen in einer der iga-Gaststätten. Nachmittag: Besichtigung von Museen der Stadt, Gedenkstätte »Erfurter Parteitag 1891«, Abteilung Kunst, Stadtgeschichte oder Naturwissenschaften. Danach Gang durch die Altstadt. Am Abend Besuch der Städtischen Bühnen (Großes oder Kleines Haus).

Zwei Tage in Erfurt. 1. Tag, Vormittag: Besuch der iga, Mittagessen in einer der iga-Gaststätten. Nachmittag: Kleiner Stadtrundgang. Abendessen in einer der historischen Gaststätten (»Alter Schwan« oder »Hohe Lilie«). Tagesabschluß mit einem Theaterbesuch oder dem Besuch einer anderen Kulturveranstaltung. – 2. Tag, Vormittag: Besichtigung des Thüringer Zooparks. Nachmittag: Besuch der Museen der Stadt Erfurt mit Gedenkstätte »Erfurter Parteitag 1891« und den Abteilungen Kunst, Stadtgeschichte oder Naturwissenschaften. Abendessen in der bulgarischen Nationalitätengaststätte »Lowetsch«, Walkmühlstraße 13.

Drei Tage in Erfurt: 1. Tag, Vormittag: Besuch der iga, Mittagessen in einer der iga-Gaststätten. Nachmittag: Rundgang durch die Altstadt. Abendessen in einer der historischen Gaststätten (»Alter Schwan« oder »Hohe Lilie«), 2. Tag, Vormittag: Fahrt zum Thüringer Zoopark. Mittagessen in der Zoopark-Gaststätte. Nachmittag: Besichtigung der Museen der Stadt Erfurt. Abendessen im Interhotel »Erfurter Hof«, anschließend Theaterbesuch. 3. Tag, Vormittag: Fahrt zum INTERFLUG-Flughafen Erfurt-Bindersleben, Mittagessen im Flughafen-Restaurant. Nachmittag: Besichtigung des Schlosses Molsdorf mit anschließender Theater- oder Konzertaufführung.

rich, der Erfurter Universität ein Grundstück für einen Botanischen Garten zu schenken.

Nichts Böses ahnend, nahmen Hochschule und Bürger das Geschenk an, und ebenso arglos erfüllten sie die kleine Bitte des großen Mannes, Blumen zu züchten.

Da die Gelehrten dieser Jahrzehnte nicht viel zu tun hatten, züchteten sie munter drauflos, und es dauerte nicht lange, bis sie, wie von der Obrigkeit gewünscht, die Zucht von Blumen und Blumensamen beherrschten.

Nun war das Unglück nicht mehr aufzuhalten! Zuerst zogen Nelken (Tante Mariechens Nelken) aus dem Botanischen Garten in die Bürgergärten um. Ihnen folgten Aurikeln und Levkojen. Schlag auf Schlag kamen Primeln und Hyazinthen hinterdrein, Tulpen, Anemonen, Malven.

Vorerst führten sie ihr Dasein in kleinen, bedeckten Räumen, manche schon in Gewächshausvorläufern, alle meist noch in Blumentöpfen.

Aber wie eine Lawine breiteten sie sich aus. Eine »Erfurtische Blumengesellschaft« trug das Ihre dazu bei. Ohne Rücksicht auf uns Heutige arbeitete sie unablässig an der Ausbreitung der lang- und kurzstieligen Kinder Floras und sorgte für den langen Marsch der Blütenpracht aus den kleinen Gewächshäusern und Blumentöpfen auf die Felder nahe der Stadt. Die berühmten Erfurter Blumenfelder waren da.

Die Sorgen der jetzigen blumenarmen »Blumenstädter« nicht ahnend, die jeden argwöhnisch beäugen, der mit einem seidenpapierumwickelten Etwas durch die Straßen und Gassen eilt, nahm sich nun noch ein Dichterfürst der Felder an:

»Ja, es sind die bunten Mohne
Die um Erfurt sich erstrecken
Und, dem Kriegesgott zum Hohne
Felder streifweis freundlich decken ...«

Jedenfalls war nunmehr die schlichte Blumenkohlstadt Christian Reicharts passé und seitdem nur noch von der »Blumenstadt« die Rede, zumal die Stadtväter alle Jahrzehnte das Ihre dazu beitrugen und an der Aureole arbeiteten und festhielten bis in unsere Tage.

Dabei ist doch heute der Erfurter Blumenbau nur noch einer unter vielen. Arbeitsteilung und Kooperation schufen herrliche Blumenfelder und Blumenkulturen auch anderswo, oftmals größer und schöner als in der »Blumenstadt«. In Quedlinburg und Dresden beispielsweise, in Aschersleben und Mühlhausen. Und dort natürlich, wo Tante Mariechen wohnt ...

In Erfurt wachsen selbstverständlich auch noch Blumen: Chrysanthemen, Pelargonien, Dahlien und Astern vor allem. Aber ihr Ruhm ist längst verdunkelt von den Zierpflanzen, kleinem oder großem grünem Dauerschmuck, in Mode gekommen vor allem durch die Ansprüche moderner Wohnkultur.

Das Erfurter Volkseigene Gut Saatzucht/Zierpflanzen ist der größte Betrieb seiner Art auf dem europäischen Kontinent. Mehrere hundert Neuzüchtungen hat es auf den Markt gebracht, weit über 1000 Medaillen, Anerkennungen und Ehrenpreise errungen. Mehrere andere volkseigene Samen- und Pflanzenzuchtbetriebe Erfurts stehen ihm nicht nach. Und erst recht nicht der VEB Kakteenzucht.

Im Gegensatz zu Schnittblumen, die oft noch nicht ausreichend im Handel sind, stehen Kakteen das ganze Jahr über zur Verfügung der Kunden. Diese klammern sich aber unverständlicherweise immer noch an Schnittblumentraditionen, wenn Feierlichkeiten bevorstehen, anstatt auch hier neue Wege einzuschlagen. So rannte ein Bräutigam, dessen Schicksalstag nahte, mit wehenden Hosenbeinen von Blumenladen zu Blumenladen, bis man ihm schließlich Kakteen anbot. Empört lehnte er ab und rief aus: »Soll meine Braut vielleicht mit 'nem Kaktus aufs Standesamt gehen?«

Ja, warum eigentlich nicht?

Einmal wäre das etwas Originelles gewesen, zweitens hätte das Paar in späteren Jahren noch eine hübsche Erinnerung an die schöne Zeit der jungen Liebe besessen, und drittens hätte es sich von der »Tradition der früheren Geschlechter« befreit, »die wie ein Alpdruck auf den Schultern der Lebenden lastet«, wie es kein Geringerer als Karl Marx so schön nannte.

Blumen jedenfalls bekam der junge Mann nicht. Mit Blumenkohl wäre es da schon etwas anderes gewesen. Den gibt es nach wie vor, wie eigentlich immer seit Christian Reichart. Der Wahrheit halber müßte es deshalb bei Goethe heute heißen:

»Ach, es sind die Blumenkohlfelder
Die um Erfurt sich erstrecken ...«

Doch niemandem fällt es ein, die Erfurter Mitglieder eines Fußballclubs deswegen »Blumenkohlstädter« zu titulieren statt wie gewöhnlich »Blumenstädter«, obwohl sie früher manchmal fußballerischen Kohl produziert haben – oder uns »Samenzuchtstädter« oder »iga-Städter« oder auch »Industriestädter« zu nennen, was der Wahrheit am nächsten käme.

Denn weit über einhundert Industriebetriebe existieren in der Stadt, viele darunter mit internationalem Rang und Namen. Im Stammbetrieb »Karl Marx« des VEB Kombinat Mikroelektronik werden die begehrten »Bausteine« hergestellt, die unglaublich viele Funktionen in sich vereinen und sogar im »Kosmos-Satellitenprogramm« der UdSSR im Einsatz sind. Im VEB Umformtechnik erzeugt man immerhin modernste Umformmaschinen, die in vierzig Länder gehen und mit

Museen: Die Gedenkstätte »Erfurter Parteitag 1891« befindet sich in den ehemaligen Kongreßsälen, Futterstraße 15/16. Ständige Ausstellung zur Geschichte der Erfurter Arbeiterbewegung. Geöffnet Mo.–Fr. 10–18 Uhr.

Angermuseum (Abteilung Kunst), Anger 18. Geöffnet Mi.–So. 10–18 Uhr. Bedeutende Sammlung mittelalterlicher Kunst. Regelmäßige Führungen, Vorträge, wissenschaftliche Veranstaltungen, sonntägliche Kunstgespräche und Orgelkonzerte, monatliche Kammerkonzerte.

Museum für Thüringer Volkskunst, Juri-Gagarin-Ring 140 a. Geöffnet Mi.–So. 10–18 Uhr.

Museum für Stadtgeschichte, im Haus »Zum Stockfisch«, Leninstraße 169. Geöffnet So.–Do. 10–18 Uhr.

Park und Schloß Molsdorf, Tel. 029 24 25. Eines der schönsten thüringischen Rokokoschlösser. Zubringerbus ab Bahnhof, Bahnsteig 7. Geöffnet Mi.–So. 14–18 Uhr. Regelmäßige Konzerte (auch mit historischen Instrumenten), Aufführung von Kammeropern, Singspielen und andere Theaterveranstaltungen durch die Städtischen Bühnen Erfurt. Zahlreiche weitere Veranstaltungen (auch Modeschauen). Restaurant.

denen unter anderem auch sämtliche Automobilzentren der sozialistischen Staatengemeinschaft ausgerüstet sind.
Die vielen tausend überwiegend weiblichen Beschäftigten des Bekleidungskombinats produzieren als größter Oberbekleidungshersteller unseres Landes jährlich über eine Million Stück. Der mehrere tausend Werktätige zählende VEB »Friedrich Engels« hat seinerzeit mitgeholfen, das Nildelta zu elektrifizieren. Die Malzwerke schaffen mit ihrem anerkannten Spitzenbraumalz die Voraussetzung, daß Wernesgrüner und Radeberger Exportbiere so gut sind. Die vielen tausend Kolleginnen und Kollegen der Schuhfabrik »Paul Schäfer« arbeiten ideenreich an der Verbesserung des Schuhsortiments; die Großdruckerei »Fortschritt« ist bei Bibliophilen und bei der Fachwelt gleichermaßen bekannt für ihre Qualitätsproduktion, und das Büromaschinenwerk Optima mit nochmals mehreren tausend Beschäftigten stellt die international begehrten Büromaschinen her.
Die beiden Hochschulen der Stadt, die Pädagogische Hochschule »Dr. Theodor Neubauer« Erfurt/Mühlhausen und die Medizinische Akademie, sind für ihre solide wissenschaftliche Arbeit anerkannt. Die Pädagogische Hochschule hat mehrere tausend Pädagogen ausgebildet, die Medizinische Akademie über 2 000 Ärzte. Über eine Million Konsultationen pro Jahr kann die Medizinische Akademie vorweisen – eine staunenswerte Zahl –, wobei die Stomatologen mit jährlich 111 000 Konsultationen an der Spitze stehen. Manche Lokalpatrioten nennen Erfurt deshalb auch eine »Akademiestadt«, und diese Benennung scheint immerhin zutreffender zu sein als das Wort »Blumenstadt«.
Die Parklandschaft, die sich *iga* nennt, erhebt sich am Südrand der Stadt auf dem ehemaligen Gelände der ersten alten Festung, der Cyriaksburg. Es nimmt allerdings nur noch den kleinsten Teil der

nunmehr 100 Hektar großen Fläche ein, denn so ausgedehnt ist dieses herrliche Kultur- und Erholungsgelände der Erfurter inzwischen geworden, zugleich Lehr- und Bildungszentrum des Gartenbaus unserer Republik.
Mit vielen der Landschaft angepaßten Ausstellungshallen und Gaststätten, mit dem größten Kinderspiel- und Freizeitzentrum des Bezirkes Erfurt, mit Tanzflächen, Kindertheater und Freilichtbühne, mit Gartenbaumuseum und Freihand-Parkbibliothek, mit Eisbar und Kleinsportanlagen, mit Sternwarte und ungezählten lauschigen Winkeln erwarten immer neue Ausstellungen verschiedenster Art die Besucher. Dazu ein alter Baumbestand und junge Gehölze und Millionen Blumen natürlich – beginnend mit den Stiefmütterchen- und Tulpenfeldern des Frühlings über die Rosenbeete des Sommers bis zu den Astern- und Dahlienversammlungen des Herbstes.
»Erfurt blüht« hieß die erste Gartenschau nach dem Kriege, die der verdiente Oberbürgermeister Georg Boock mit Unterstützung der sowjetischen Militärverwaltung 1950 organisierte.
»Erfurt blüht« kann man auch heute von April bis Oktober auf dem iga-Gelände sagen, wenn sich die farbenfrohen Töchter der Natur sanft im Winde wiegen, von bisher weit über zwanzig Millionen iga-Besuchern mit »Oh!« und »Ah!« begrüßt und bewundert.
Und von Tante Mariechen natürlich, die diese iga in ihr Herz geschlossen hat und keine der vielen »Schauen« versäumt.
»Aber komisch!« sagte Tante Mariechen jedesmal, wenn wir mit ihr sonntags die Gartenbauausstellung durchwanderten und uns am Minigolf versuchten. »Komisch! Hier gibt's doch Blumen in Massen, aber warum sieht man sie nicht in den Läden ...«
Und jedesmal erläuterten wir ihr aufs neue die verschlungenen Wege der Kooperation, die Schwierigkeiten des Transports der zarten Geschöpfe von Dresden beispielsweise nach Erfurt und die wirtschaftspolitische Notwendigkeit, mehr Blumenkohlköpfe statt Blumentöpfe zu erzeugen; und jedesmal ernteten wir das gleiche überlegene »Hm!« der Tante und schwiegen dann ratlos.
»Ist schon gut«, sagte sie dann recht gönnerhaft, »reden wir von etwas anderem ...« Und ein Lächeln des Triumphes umspielte ihre Lippen.
Als sie eines Tages wieder von der »blumenarmen Blumenstadt« anfing, beschlossen wir, ihr ein für allemal einen Denkzettel zu verpassen. »Jetzt wollen wir dir mal das Geheimnis verraten, liebe Tante«, sagten wir, »weshalb Erfurt Blumenstadt wurde und heute leider noch immer nicht genügend Blumen hat, aber deinen Spott dazu. Die Stadt war jahrhundertelang Mainz gehörig und versuchte immer aufs neue, dessen bedrückende Herrschaft abzuschütteln. Manchmal hatten es unsere Altvordern fast schon geschafft, aber 1664 rückten die Mainzer mit französischen Soldaten vor Erfurt, belagerten und beschossen es und nahmen die Stadt schließlich ein. Sie war nun endgültig unterworfen. Die Mainzer Kurfürsten ließen sogar die ‹Citadelle Petersberg› errichten, ausdrücklich gedacht als Zwingburg gegen die Erfurter, die sich lange nicht mit dieser Unterwerfung abfanden. Die Mainzer Oberherren schienen das zu ahnen, liebe Tante, und der Kurfürst Johann Friedrich«, so sagten wir ihr, »hatte deshalb den hinterlistigen Einfall, wie man die Erfurter und noch ihre Kindes- und Kindeskinder für die Sünden der Väter bestraft: er schenkte ihnen den Botanischen Garten, verführte sie zum Blumenzüchten, das der Stadt mit der Zeit die Blumenfelder und den Namen ›Blumenstadt‹ bescherte. Und als um 1970 durch Kooperation und Arbeitsteilung die Blumenfelder größtenteils anderswohin verlagert wurden, wobei es mit dem

Aquarium, Nettelbeckufer 28. Geöffnet Di.–So. 9.30–12 und 14–18 Uhr.

Gartenbaumuseum, auf dem Gelände der iga, im südlichen Kanonenhof der ehemaligen Zitadelle Cyriaksburg. Historische Waidmühle vor dem Museum. Geöffnet täglich von 10–17 Uhr.

Volkssternwarte auf dem iga-Gelände in einem Festungsturm der ehemaligen Zitadelle Cyriaksburg. Geöffnet Mi.–So. 10–16 Uhr

Rücklauf nicht klappte, kam diese Rache vollauf zum Tragen. Denn der Name ›Blumenstädter‹ blieb, wodurch die Erfurter an diesem inneren Zwiespalt noch lange zu leiden haben werden, Hohn und Spott ertragen müssen, wozu auch du dein Teil beigetragen…« – Gedacht, gesagt.

Aber Tante Mariechen hörte sich das alles ganz geduldig an. Nach einer kurzen Pause vernahmen wir ihre Schlußfolgerung: »Also ist im Grunde der Kurfürst daran schuld, daß es bei euch wenig Blumen gibt.« Das sagte sie ganz leise vor sich hin, fuhr dann fort: »Na, dann bekommt ihr sie immer von mir.« Tiefes Mitgefühl klang aus ihrer Stimme.

Wir aber schwiegen – tief erschüttert über unseren Erfolg.

Johanna Hoffmann

Mit Goethe durch Erfurt

Kulturhistorisch könnte das Thema »Thüringen« auch mit dem Stoßseufzer »Goethe und kein Ende« angegangen werden. Erfurt macht da keine Ausnahme. So wollen Goetheforscher »Vor dem Pförtchen«, einem der sechs früheren Stadttore Erfurts, die Szenerie für den Osterspaziergang im »Faust« entdeckt haben. Die dortige Pförtchenstraße und der Dreienbrunnenpark sind auch heute noch sehenswert. Die Anlage wird von der Gera durchzogen, steigt sanft aus dem Flußtal zur iga an, und ihr Bestand an alten, breit ausladenden Bäumen lockt und verlockt die Spaziergänger zu allen Jahreszeiten, nicht nur zu Ostern.

»Und bis zum Sinken überladen
Entfernt sich dieser letzte Kahn ...«

dichtete Goethe, und nach wie vor ist im Dreienbrunnenpark eine Ruderpartie auf der angestauten Gera möglich. Allerdings achtet man beim Bootsverleih darauf, daß kein Kahn mehr »bis zum Sinken überladen« wird. Die Sicherheitsbestimmungen vor zwei Jahrhunderten scheinen nicht die besten gewesen zu sein.

Die Erfurter Stadtväter hielten schon immer große Stücke auf Goethe. Als weimarischer Minister galt er sozusagen als Berufskollege, wenngleich das Herzogtümchen nur 90000 Einwohner zählte, während die Volksvertreter von heute für über 210000 Erfurter Bürger planen und denken müssen. Jedoch das Wohlwollen ist unbestritten – die Goethegedenkstätten beweisen es. Also wird Charlotte von Stein wohl auch diskret gewesen sein und nichts von dem Brief erzählt haben, in dem Goethe ihr aus Erfurt schrieb: »Wir sind viel im Lande herumgeritten, haben böse Wege gesehen, in die viel verwendet worden ist und die doch nicht gebessert noch zu bessern sind.« Er mußte das schließlich wissen, denn zu seinen Obliegenheiten als weimarischer Staatsbeamter gehörte auch die Wegebaudirektion und damit die Instandhaltung der Obergeleitstraße, bei deren Beurteilung er sich zwar auf das Jahr 1775 bezog, aber wie jedes Genie auch das Überzeitliche im Auge hatte. Der Ausspruch gilt, betrachtet man das Schienenbett der Erfurter Straßenbahn vor dem ehemaligen Obergeleitsamt, auch heute noch.

Die besagte Geleitstraße war ein Stück der großen europäischen Ost-West-Handelsstraße und für den

Von Erfurt aus stellte Rudolf von Habsburg 1289 nach eingehender Beratung mit den Fürsten des Reiches den Landfrieden wieder her. Mit Hilfe der Erfurter Bürger zerstörte er 66 Raubritterburgen und überantwortete die Schnapphähne und Wegelagerer dem Richtschwert.

Erfurt war schon beizeiten ein beliebter Ort für Versammlungen und Kongresse – nicht erst in den letzten hundert Jahren. Immerhin sah Erfurt einundzwanzig Reichstage in seinen Mauern. Heinrich I. ließ hier seinen Sohn Otto zum König wählen, und Friedrich Barbarossa hielt in der Stadt fünf Fürstenversammlungen ab.

Um das Jahr 1250 gelang es den Erfurter wohlhabenden Bürgern nach zähen Verhandlungen, dem Mainzer Erzbischof die Selbstverwaltung der Stadt abzuringen.

1283 erzwangen die Handwerker, die sich zu Zünften vereinigt hatten, Anteil am Stadtregiment, das bisher rein aristokratisch zusammengesetzt war.

Verkehr zur Zeit der Kutschen ebenso wichtig wie die Autobahnen in unserem Jahrhundert. Diese Straße verband Weimar und Eisenach, die beiden bedeutendsten Städte des Herzogtums. Das weimarische Obergeleitsamt befand sich aber seltsamerweise nicht im Regierungsbereich des Herzogs, sondern auf fremdem Boden in Erfurt, das damals zum Bistum Mainz gehörte. Dienstreisen ins befreundete Ausland waren schon immer beliebt, deshalb fuhr der Herr Geheimrat von Goethe, der damals noch der Herr Legationsrat war, sehr oft nach Erfurt. Er wird dabei pflichtbewußt auch ins Obergeleitsamt hineingeschaut haben, das in der Regierungsstraße liegt, aber mehr als die »bösen Wege« scheinen ihn die lieben Erfurterinnen beschäftigt zu haben. Er widmete ihnen die folgenden Zeilen:

»Sollt einmal durch Erfurt fahren,
Das ich sonst so oft durchschritten,
Und ich schien nach vielen Jahren
Wohlempfangen, wohlgelitten.
Wenn mich Alten alte Frauen
Aus der Bude froh gegrüßet,
Glaubt ich, Jugendzeit zu schauen,
Die einander wir versüßet.«

Zunächst fand Goethe das Gedicht schön genug, um es in den »West-Östlichen Divan« aufzunehmen. Aber sei es nun, daß er der Stadt oder ihren Damen den Ruhm nicht gönnte, jedenfalls entfernte er die Zeilen später wieder. Dafür verdankt ihm eine andere Persönlichkeit, die gleichfalls in Erfurts Mauern weilte, einen großen Teil ihrer Popularität: der berühmte und berüchtigte, »weitbeschreyte« Schwarzkünstler Dr. Johann Faust, der uns schon im Osterspaziergang begegnete und den Goethe »Heinrich« nennt. Nach Aufzeichnungen von Konrad Mutianus besuchte Faust im

Oktober 1513 die Stadt und pflegte dort Gedankenaustausch mit dem Humanistenkreis. Faust soll in der Universität Vorlesungen über die Antike gehalten und dabei die Gestalten der Mythologie leiblich gezeigt haben, z. B. den Riesen Polyphem in so fürchterlicher Größe, daß er nicht durch die Tür des Hörsaales hinausgehen konnte. Die Erfurter Studenten wurden dadurch gar sehr in Angst und Schrecken versetzt. Ob Gaukelspiel, Suggestion oder Sage – wer vermag das heute noch zu entscheiden. Auf jeden Fall schien sich dieser Dr. Faust ein bißchen besser in der Psyche seiner Zuhörer ausgekannt zu haben als seine Zeitgenossen.
Wenn man heute durch diese ältesten Teile von Erfurt schlendert, werden auch für den Bürger der Raumfahrt-Epoche Bilder des Mittelalters lebendig. Das beginnt schon bei den Straßennamen: Pergamentergasse, Turniergasse, Drachengasse, Allerheiligenstraße – fast jedes zweite Haus steht hier unter Denkmalschutz: spitze Giebel, Fachwerk, graues Gemäuer, große Torbogen mit abgewetzten Sitzsteinen zu beiden Seiten, dazwischen romantische, schmale Gärtchen wie eine Kulisse für Frau Marthes Garten. Ein Stückchen weiter die Krämerbrücke: zwei Häuserzeilen eng aneinandergerückt, Fachwerk zwischen farbigem Putz, winzige Läden, darunter ein Schallplattengeschäft, ein Antiquariat für nostalgische und sonstige Kunstliebhaber, als Abschluß der dunkle Torbogen der Egidienkirche, und dahinter helle Sonne auf dem Wenigemarkt.

Neben dem Ponte Vecchio in Florenz ist die Krämerbrücke die berühmteste der vollständig erhalten gebliebenen Straßenbrücken Europas. An einer Furt der Gera, der »erphesfurt«, die später auch der Stadt den Namen gab, entstand vermutlich schon zwischen dem 8. und dem 11. Jahrhundert eine Holzbrücke. Sie verband die beiden Hauptmärkte und diente als günstiger Ort, mit »Laufkunden« Geschäfte zu tätigen. Erfurt, das sein frühes Aufblühen dem Handwerk und dem Handel verdankt, wurde nicht nur Durchgangsort für die Warenströme zwischen Süd und Nord, Ost und West, sondern auch für die oft viel schwerer wiegenden und viel schwieriger zu kontrollierenden Geistesgüter.

Bonifatius bekehrte die Einwohner von »erphesfurt« zum Christentum, ob sie wollten oder nicht. Zwar erschlugen sie einige Jahre später den Nachfolger des streitbaren Mönches, in der Hoffnung, die Bekehrung ließe sich damit wieder rückgängig machen, aber es nützte nichts. Das Kloster, von Bonifatius gegründet, blieb. Seine Glocke klang über die Dächer der Stadt; das Christentum faßte Fuß und drückte sogar diesen gewieften Händlern seinen Stempel auf.

So hatte Erfurt schon von sich reden gemacht, bevor Karl der Große ihm 805 die Privilegien und Stapelgerechtigkeiten für einen Haupthandelsplatz mit den Sorben verlieh. Im 12. und 13. Jahrhundert wurde der Bau einer Kirche auf dem Petersberg begonnen. Später bemächtigten sich die Militärs des strategisch vorteilhaften Standortes und errichteten dort ein Fort. Die altersgrauen Reste von Kirche und Festung zieren heute noch romantisch das Bergplateau; es wurde in den letzten Jahren zu einer Gartenterrasse mit weitem Ausblick über die Stadt gestaltet.

Der Weg zurück ins Stadtzentrum führt am Dom vorbei. Kann man dieses ehrwürdige, fast achthundertjährige Wahrzeichen Erfurts links liegen lassen? Man kann nicht, denn an diesem Weg liegt der Dom rechts vom Petersberg. Noch immer wird sein großes Portal von den Plastiken der klugen und der törichten Jungfrauen bewacht. Die klugen pressen triumphierend ihre mit Öl gefüllten Lämpchen an den steinernen Busen, die törichten stehen traurig mit hängenden Armen da: kein Öl

Wein und Waid waren die Hauptquellen des Wohlstandes der Erfurter Bürger im 14. und 15. Jahrhundert.

1430 trat Erfurt dem Goslarer Bund der Hansestädte bei.

1480 hatte die Stadt 20000 Einwohner und war damit ebenso groß wie Nürnberg, Straßburg und Frankfurt am Main.

1501 trug sich Martin Luther in die Universitätsmatrikel ein. Er sagte später: »Die Universität Erfurt war etwa in solchem Ansehen und so berufen, daß alle anderen dagegen für kleine Schützenschulen angesehen wurden.«

Im »Tollen Jahr 1509« erhoben sich die Handwerksgesellen und Tagelöhner gegen den Rat und setzten – wenigstens für einige Jahre – ihre Forderungen durch.

– kein Licht! Und wozu brauchten sie das Licht, wenn sie doch ihren Bräutigam erwarteten? Blieben sie deswegen Jahrhunderte hindurch Jungfrauen, oder einfach nur, weil sie aus Stein sind?

Auch das Grab des Grafen von Gleichen und seiner zwei Frauen im Innern des Domes gibt noch immer Rätsel auf. War diese angebliche Dreiecksehe wirklich so harmonisch und glücklich, wie die Sage erzählt? Wenn ja, dann waren entweder die beiden Damen außerordentlich friedliche Geschöpfe, oder der Graf war ein Musterbeispiel stoischer Ruhe. Natürlich bergen der Dom und die danebenliegende Severikirche noch viele berühmte Kunstschätze und Sehenswürdigkeiten, angefangen von den Domstufen, den »Graden«, über das Domschiff, einen Hochwald schlanker, himmelstrebender Säulen, bis zur Glocke Maria Gloriosa, die – 1497 gegossen und 275 Zentner schwer – ihre Stimme aus Schonung für den Glockenstuhl nur noch an den höchsten kirchlichen Festtagen erschallen läßt.

Am Domplatz, früher »Vor den Graden« geheißen, stehen nebeneinander zwei der schönsten alten Häuser Erfurts: »Die grüne Apotheke« und »Die hohe Lilie«. Hier vertrauen wir uns auf unserem Stadtspaziergang einmal nicht Goethe, sondern Schiller an. In seiner »Geschichte des Dreißigjährigen Krieges« schreibt er: »Erfurt war der erste Platz, an dessen Besitze dem König Gustav Adolf von Schweden gelegen war, und den er nicht unbesetzt hinter dem Rücken stehen lassen durfte. Ein gütlicher Vertrag mit der protestantisch gesinnten Bürgerschaft öffnete ihm ohne Schwertstreich die Tore der Stadt und der Festung.« Und so zog der König in Erfurt und in »Die hohe Lilie« ein. Alsbald zitierte er Otto von Guericke, der in jener Zeit als Ingenieurberater in schwedischen Diensten stand, ins Königshauptquartier, damit er ihm Pläne für die Verbesserung der Stadtbefestigung entwerfe. Guericke tat's, und der Stadtbaumeister Vogel überwachte die Ausführung der Arbeiten, denn Otto von Guericke mußte sich um die Magdeburger Halbkugeln kümmern und weiter an der Luftpumpe erfinden.

Doch zurück ins Gewirr der engen Gassen. In der Allerheiligenstraße, eingeklemmt zwischen Höfen, liegt die Engelsburg, von einer mannshohen Mauer nach außen abgeschlossen, eines der typischen spitzgiebligen Häuser mit dunkelbraunem Fachwerk und weiß verputzten Zwischenfeldern. Ein Erker mit Butzenscheiben in der Mitte der Fassade gestattet einen guten Ausblick über die Straße und gäbe noch heute einen würdigen Rahmen ab für einen Kaufherrn in Pelzbarett und Schaube oder für eine schöne Frau in der Tracht des 16. Jahrhunderts. In diesem Haus trafen sich einst die Erfurter Humanisten Rudolf Agricola, Ulrich von Hutten, Eobanus Hessus, Konrad Mutianus und andere. Hier verkehrte Adam Riese, dessen erste Rechenbücher in Erfurt neben vielen anderen frühen Druckerzeugnissen die Presse verließen, und hier waren auch die beiden Drucker Nicolai Marschalk, der die griechischen und hebräischen Lettern in die deutsche Druckerei einführte, und Melchior Sachse ständige Gäste. Sachse druckte als erster das Volksbuch vom Till Eulenspiegel, vielleicht mit besonderem Vergnügen, denn die Sage weiß zu berichten, der Schalk habe auch mit einigen Streichen die Erfurter genarrt. Wenn man aus der Engelsburg – heute Studentenklub der Medizinischen Akademie Erfurt – den fröhlichen Lärm der biertrinkenden und beatenden Jugend vernimmt, glaubt man wie vor fünfhundert Jahren die Scholaren ihr Wesen treiben und unter einem Torbogen mit den Mädchen schäkern zu sehen. Zwar tritt Gretchen heute nicht mehr fromm aus der frühgotischen Michaeliskirche, die sich wie ein grauer, massiver Keil in die ohnehin enge Gasse schiebt – das moderne Gretchen kommt aus der Wissenschaftlichen Bibliothek, einen Stoß Bücher im buntbedruckten Plastbeutel. Ein Faust mit langem, stilechtem Haar und stilwidrigem Transistorradio trägt ihr zwar nicht zierlich Arm und Geleite an, trägt ihr auch nicht etwa die Bücher, sondern trabt stillschweigend nebenher und versüßt ihr die Bürde der Wissenschaft durch heiße Rhythmen aus der Kofferheule. An der Ecke steht einer, der knirscht vor Wut ganz stilecht mit den Zähnen wie einst Bruder Valentin, und ein rotes Mäntelchen, über dem keck eine Hahnenfeder wippt, verdrückt sich still in einer engen Gasse. Der »Herr der Ratten und der Mäuse, der Fliegen, Frösche, Wanzen, Läuse« namens Mephisto ist sehr unzufrieden mit dem Fortgang der Dinge. In den Zeiten der Pille gibt es keine Gretchentragödie mehr, er wird arbeitslos.

Doch ein anderer, den Goethe in seinem Faust nicht gerade freundlich, sondern mit einem Spottlied bedenkt, verlebte entscheidende Jahre in Erfurt: Doktor Martin Luther. Als Zweiundzwanzigjähriger wurde er im Jahre 1505 in dem Dorf Stotternheim nahe bei Erfurt vom Blitzschlag für Sekunden geblendet und für längere Zeit erleuchtet. Er entsagte dem fröhlichen Leben, das er – wie alle Studiosi – bis dahin geführt hatte, trat ins Augustinerkloster zu Erfurt ein und wurde Mönch. Es erwies sich allerdings, daß man unter dem Schock eines Blitzschlages keine vorschnellen Entschlüsse fassen soll. Die Geschichte lehrt uns, daß Martin Luther mit seinen 95 Thesen der katholischen Kirche den Kampf an- und mit seiner Heirat dem Mönchstum wieder absagte.

In dem schon erwähnten Osterspaziergang läßt Goethe den Famulus sagen: »... entrollst du gar ein würdig Pergamen, so steigt der ganze Himmel zu dir nieder.« Faust pflichtet ihm bei, aber da kannte

Im Dreißigjährigen Krieg besetzte Gustav Adolf die Stadt und schenkte ihr gewisse Freiheiten, die ihr jedoch durch den Prager und Westfälischen Frieden wieder genommen wurden. Erfurt kam zu Kurmainz, und der Erzbischof ließ 9200 Soldaten aufmarschieren, um die sich sträubenden Bürger gefügig zu machen.

Die Mitglieder der Ratsmusik waren im 17. und 18. Jahrhundert fast durchweg Angehörige der Musikerfamilie Bach, so daß sich für den ganzen Berufsstand die Bezeichnung »Bache« einbürgerte.

Erfurt wurde im Siebenjährigen Krieg achtmal von preußischen Truppen besetzt und mußte drei Millionen Taler an Kontributionen aufbringen.

Im Vertrag von Lunéville fiel Erfurt an Preußen, das die Stadt am 21. August 1802 in Besitz nahm.

Am 6. November 1813 wurden im Befreiungskrieg gegen Napoleon das Peterskloster, Teile der Peterskirche und 121 Häuser auf der Nordseite des Domplatzes zerstört.

er Gretchen noch nicht. Doch Wagner hat recht. Bücher und Pergamentrollen haben bis heute nichts von ihrer Anziehungskraft verloren und sind nach wie vor für den Bibliophilen der wahre Himmel, namentlich wenn dieses würdige Pergament aus einer der berühmtesten mittelalterlichen Handschriftensammlungen stammt, die heute existieren: aus der »Bibliotheca Amploniana«, so genannt nach Amplonius Ratingk, Ende des 14. Jahrhunderts Rektor der Erfurter Universität. Das Collegium majus dieser 1392 eröffneten Alma mater hat die Zeiten überdauert und beherbergt heute zusammen mit einer wissenschaftlichen Bibliothek großen Umfangs auch diese Handschriftensammlung.
Der Arzt und Philosoph Amplonius Ratingk schenkte seine Schriften der Hochschule, bevor er Frau und Söhne verließ und in ein Kloster eintrat. Warum – das weiß man nicht. Ratingk gehörte zu einem Kreis freigeistiger Gelehrter, in deren Gedanken schon Humanismus und Renaissance aufblitzten. Im mittelalterlichen Sprachgebrauch der Kirche heißt das: Er gehörte zu einem Kreis, den man der Ketzerei verdächtigte. Hatte er Angst vor dem eigenen Mut bekommen und flüchtete deshalb unter die schützenden Fittiche eines Mönchsordens? Auf jeden Fall ist diese Sammlung eine wahre Fundgrube, ein Mekka für Historiker, die sich mit der Geistesgeschichte des Mittelalters befassen. Hier eine besonders schön ausgemalte Initiale (illuminieren, also »erleuchten« oder »beleuchten« nannte man damals die Kunst des Buchstabenmalers), dort ein herrlicher, von hoher Handwerkskunst zeugender Ledereinband.
Jetzt hätten wir über den Büchern fast den Herrn von Goethe vergessen. Sicher hätte er uns verstanden. Und ebenso sicher ist auch, daß es ihm in Erfurt gefallen hat. Selbst sein Landesvater kam oft genug herüber auf das Territorium des Bischofs und Kurfürsten von Mainz. Statthalter dieses

weltlichen Kirchenfürsten war der Koadjutor Karl Theodor von Dalberg, auf dessen glanz- und geistvollen Festen sich viele der bedeutendsten Männer des 18. Jahrhunderts trafen. Nicht nur Goethe, auch Schiller, Herder, Wieland und Humboldt verkehrten hier. Carl Wilhelm von Humboldt holte sich später in Caroline von Dacheröden eine der klügsten und charmantesten Erfurterinnen zur Frau.

Den Rahmen für die Versammlung großer Geister bildete die von Dalberg gegründete »Kurmainzische Akademie nützlicher Wissenschaften«. Schiller berichtet darüber 1791 an seinen Freund Körner: »Man hat mir auf Veranstaltung des Koadjutors hier in Erfurt die Ehre angetan, mich zu einem Mitgliede der ›Kurmainzischen Akademie nützlicher Wissenschaften‹ aufzunehmen. ›Nützlicher‹! Du siehst, daß ich es schon weit gebracht habe.«

Dalberg setzte sich ebenso wie einst sein Bruder in Mannheim für Schiller ein, und die Worte: »Sire, geben Sie Gedankenfreiheit!« klangen 1791 schon einige Wochen vor der Weimarer Premiere im Erfurter Schauspielhaus von der Bühne herab ins erregt lauschende Publikum.

Der Tagungsort der »Kurmainzischen Akademie« war das Statthalterpalais, im Barockstil zwischen 1712 und 1720 erbaut und mit einem prunkvollen Balkon geschmückt. Zwei Giganten, die das darunterliegende Portal flankieren, tragen diesen Balkon auf den Schultern. Der Bildhauer hatte Erbarmen und meißelte auch noch Kissen zum Unterlegen, auf daß die steinerne Last nicht so sehr drücke. Die Fassade zeigt die Eichmaße »ein Meter« und »eine Ruthe preußisch, 1816«, beide in Schulterhöhe in die Mauer eingelassen. Das Meter, von der französischen Revolution als Zeichen des Fortschritts eingeführt und von vielen nur widerwillig angenommen, und daneben die »preußische Ruthe« – nur zwei Maße?

Dem regen geistigen Leben in Erfurt machten 1803 die Abtretung der Stadt an Preußen und danach die napoleonischen Kriege ein jähes Ende. Der Herr Geheimrat und erster Staatsminister von Goethe darf allerdings anläßlich des Erfurter Fürstenkongresses 1808 vor dem großen und zu eigenem Leidwesen doch so klein geratenen Kaiser der Franzosen erscheinen und sich in einer freundlichen Unterhaltung bestätigen lassen, daß er »ein Mann« sei, was Christiane Vulpius vom ersten Augenblick an gewußt haben dürfte. Zu diesem »Fürstentag« wurde in Erfurt im Statthalterpalais und im ehemaligen Schauspielhaus noch einmal aller fürstlicher Pomp entfaltet. Napoleon beriet mit Zar Alexander I. von Rußland, den Königen von Bayern, Sachsen, Westphalen und Württemberg über die Neuordnung Europas im Sinne der französischen Bourgeoisie und der korsischen Sippe. Von dieser schweren Arbeit erholte man sich im Theater. Die großen französischen Dramen feierten Triumphe; eine Galavorstellung löste die andere ab. Der Kaiser zitierte nach Erfurt, was auf Pariser Bühnen Rang und Namen hatte.

Drei Jahre später fand anläßlich des kaiserlichen Geburtstages ein ähnlich glanzvolles Fest statt, diesmal unter Leitung von Louis Spohr, und war ausschließlich der Musik gewidmet. Bei beiden Veranstaltungen war natürlich unser Herr Geheimrat Ehrengast.

Nach diesem französischen Zwischenspiel 1806 bis 1815 brachen wieder magere Jahre aus, nicht nur für Erfurt, auch für Napoleon, dessen Imperium in Trümmer sank. Der Glanz des Statthalterpalais in Erfurt verblaßte, 1816 machte sich die »preußische Ruthe« bemerkbar: Auf Anweisung von Berlin wurde die Universität geschlossen. Angeblich fehlten die Mittel für die Hochschule.

Nur das Erfurter Schauspielhaus in der Futterstraße wurde im 19. Jahrhundert doch noch Ort

Im Revolutionsjahr 1848 kam es am 24. November auf dem Anger und in der Bahnhofsstraße zu bewaffneten Zusammenstößen mit preußischem Militär, wobei zwölf Arbeiter und ein Handwerker erschossen wurden. Eine Gedenktafel am Angermuseum hält das Gedächtnis an die Opfer der Straßenschlacht lebendig.

Zum Weiterlesen: Hans Giesecke, Das alte Erfurt, Leipzig 1972. Fritz Kühnlenz, Durchs Tal der Wilden Gera, Rudolstadt 1971. Alfred Paszkowiak und Walter Strobel, Erfurt, Leipzig 1971. Fritz Wiegand, Brockhaus-Stadtführer Erfurt, Leipzig 1974.

Gelehrte Sozietäten
Preisfrage der Akademie nützlicher Wissenschaften:
Wie auf dem ü fortan der teure Schnörkel zu sparen?
Auf die Antwort sind dreißig Dukaten gesetzt.
Schiller

eines historischen Treffens, von dem sich die Zukunft wahrhaft etwas erhoffen durfte. 1891 fand in dem Gebäude, jetzt Kongreßhalle genannt, der Erfurter Parteitag der sozialdemokratischen Partei statt. Fast 250 Delegierte, zu denen auch Wilhelm Liebknecht und August Bebel gehörten, diskutierten hier über das von Karl Marx heftig kritisierte Gothaer Programm. Mit dem Erfurter Programm, das nun beschlossen wurde, tilgte die sozialdemokratische Partei Fehler des Gothaer Programms und tat damit einen wichtigen Schritt auf dem Wege zu einer sozialistischen Arbeiterpartei. Heute ist in dem Haus in der Futterstraße eine würdig gestaltete Gedenkstätte der deutschen Arbeiterbewegung untergebracht, denn Erfurt kann auf eine lange, gute Tradition seiner kämpfenden Arbeiterklasse zurückblicken: 1930 zu Pfingsten sprach Ernst Thälmann auf dem Domplatz beim Reichstreffen roter Arbeitersportler; Doktor Theodor Neubauer wirkte von 1917 bis 1920 als Lehrer hier und organisierte während des zweiten Weltkrieges zusammen mit Magnus Poser von den Städten Weimar, Jena, Erfurt und Gotha aus den antifaschistischen Widerstandskampf in Thüringen.
Und wie sieht Erfurt heute aus, vier Jahrzehnte später? Ein Kranz neuer Wohnviertel ist entstanden, von manchen scherzhaft »Schnarchersilos« genannt. Doch der Andrang nach den modernen, fernbeheizten Wohnungen ist groß. Jede besitzt ein Bad, viele einen Balkon, auf dem im Sommer die Blumen blühen.
Welche Gedenktafeln mögen dereinst neben diesen Hauseingängen zu lesen sein? Auch hier werden berühmte Künstler und Wissenschaftler heranwachsen und wirken, denn Erfurt ist eine lebendige Stadt, die durch ihre Verbindung von Wirtschaft, Wissenschaft und Kultur schöpferische Impulse zu geben vermag.

In den letzten Jahren gewannen nicht nur die Neubaugebiete an Attraktivität durch schöne Ladenstraßen, durch das Kultur- und Freizeitzentrum »Stadt Moskau« mit einem Konzert- und Theatersaal, mit Gaststätten, einer Bowlingbahn und anderem mehr, sondern die Erfurter denken auch an die freundliche Aufforderung des Herrn Geheimrats: »Was du ererbt von deinen Vätern hast, erwirb es, um es zu besitzen ...«, und sie bemühen sich voller Engagement um dieses Erbe. Im »Haus zum Roten Ochsen« entstand eine Kunstgalerie, in einem anderen Patrizierhaus die schönste Kinderbibliothek unserer Republik; wo ehemals die Familie von Dacheröden wohnte, wird der Kulturbund ein Domizil erhalten, und der Komplex »Große Arche« neben dem neu gestalteten Domplatz wird das Kabarett der Erfurter Bühnen und ein Puppentheater beherbergen.

Beobachtet man das Entstehen so vieler baulicher Schönheiten, möchte man gern einen Blick in die Zukunft werfen. Schade, daß man es nicht kann.

Aber einen Blick in die Ferne werfen wir trotzdem, einen Blick ins Weltall: Es gibt nicht nur ein Erfurt auf Erden, sondern auch eines am Himmel: den kleinen Planeten Erfordia, den der Astronom Professor Doktor Johannes Hartmann 1932 entdeckte. Da er damals im fernen Argentinien als Direktor der Sternwarte und Professor an der argentinischen Nationaluniversität La Plata wirkte, taufte er ihn in freundlicher Erinnerung an seine Geburtsstadt Erfurt auf diesen Namen.

Also dürfte es sicher sein – und damit verabschieden wir uns mit leicht abgewandeltem Zitat auch gleich von Herrn Geheimrat Goethe:

»Es kann die Spur von unseren Erdentagen
Nicht in Äonen untergehn.«

Georg Menchén

Gothaer Geschichten

Wenn ich von Gotha höre, fällt mir immer etwas anderes ein: die Thüringer Waldbahn, Gotano, das Tivoli, das Gothaer Liebespaar und Schloß Friedenstein, Justus Perthes und Conrad Ekhof und auch der selige Professor Galletti. Lauter Bilder der Erinnerung, der Schulausflug dereinst, ein Stadtbummel, ein Besuch aus irgendeinem Anlaß. Einzelheiten sozusagen, Mosaiksteine, doch nie ein genaues Bild.

Nie ist es die ganze Stadt, die einem da vor dem geistigen Auge erscheint, und dieser seltsame Zustand der fragmentarischen Impression bleibt selbst dann, wenn man wieder einmal vor dem kleinen Bahnhof steht und überlegt, wie man es diesmal ganz anders als sonst versucht, betont absichtlich an der freundlich einladenden, scheinbar gemächlich wartenden Straßenbahn vorbeisieht und auch nicht der Verführung erliegt, mit der Waldbahn hinaus ins Grüne bis an den Fuß des Inselsberges zu reisen. Jedoch, es gibt keinen anderen Eintritt, auf diesen ist die Stadt angelegt: die Bahnhofstraße bis zur Kreuzung Parkallee, und wie ein Magnet zieht schon von oben das Schloß. Man kann den Hügel rechts durch die Altstadt oder links durch den Park umwandern, irgendwann steht man doch wieder oben und sieht hinunter und fragt sich: Ist das nun Gotha?

Gotha, 1200jährig, 56000 Einwohner, 308 Meter über dem Meeresspiegel, Industriezentrum, Waggon- und Maschinenbau, Metallwaren, Nahrungsmittel, Chemie, Finanz- und Kindergärtnerinnenschule, Altstadt und Kirchen, Pferderennbahn und Sinfonieorchester. Fakten und Daten im Reiseführer, austauschbar, stets auf den neuesten Stand gebracht und doch erst wirklich interessant, wenn man die dazugehörigen Geschichten kennt. Also alles noch einmal von vorn und nun ganz allmählich zu Fuß, zurück zum Bahnhof und diesmal mit ein wenig mehr Zeit.

Setzen wir uns auf eine Bank, lassen die Straßenbahn ungeduldig abklingeln und die Züge drüben weiterrollen, und schlagen wir nach, was im Tagebuch eines fahrenden Schülers zu finden ist, der Einstimmung und auch des Kuriosums halber, hier vermutlich einen der ältesten Reiseberichte über Gotha und unsere erste Geschichte gefunden zu haben:

»Im Jahre 1402 bin ich, Peter Mylius aus Germersheim am Rhein, mit noch zwei Schülerlein von Eisenach nach Gotha gewandert, da wir gehört hatten, daß dort die Mönche, welche am Berge wohnten und Augustiner Stiftsherren hießen, eine gar treffliche lateinische Schule hielten ... In die Stadt, die an die 6 000 Bewohner zählen mag, führen vier Tore und ein klein Pförtlein. Darüber erheben sich stattliche Türme, und davor sind Zugbrücken. Am Tage fragen die Torwächter einen jeden, der durch das Tor eingehet, woher er komme und was für ein Geschäft er in der Stadt vorhabe, damit sich nicht allerlei Gesindlein einschleiche ...

Die Straßen in Gotha sind eng und krumm, und nur in den Gassen von der Querichgasse nach Morgen hin breit und gerade. Bei schlechtem Wetter ist der Schmutz oft so tief, daß man auf Trittsteinen hin und her schreiten muß. Die Ratsherren gehen dann auf Stelzen zum Rathaus, und man kann leichtlich in der Vorhalle sehen, soviel Paar Stelzen allda sind, soviel sind auch Herren vom Rate versammelt. Ein feiner Platz in der Stadt ist aber der Markt. Da steht unten an der Ecke das schöne Rathaus, und daneben ist der Ratskeller ›Zum Straußen‹. An diesem ist das Halseisen angebracht, und so jemand ein weniges auf dem Felde gestohlen hat, wird er eine oder zwei Stunden daran festgelegt. Dann läuft viel Volkes zusammen, und die bösen Buben werfen den Dieb mit faulen Eiern und schlechten Äpfeln, so daß er gar übel anzusehen ist. Mitten auf dem Markt, vor der Herberge ›Zum Riesen‹, da ist eine Schwemme. Da tränket man das Vieh und fährt wohl mit dem Wagen hinein, damit die Räder verquellen. Am Schloßberg aber steht eine gar stattliche Linde. Darunter saßen wir Schülerlein im Sommer gern am Abend und erzählten uns mancherlei Geschichten ...«

Man kann sich einer Stadt auf vielfältige Weise nähern. Viele Straßen zeichnen Wege vor, laden ein, doch wirklich drinnen sein, Gast am gastlichen Tisch, das ist nirgends ganz leicht. Auch nicht in dieser eigentümlich verhaltenen Stadt im Vorland des Thüringer Waldes. Friedrichroda ist nicht weit, und Tabarz hängt am Ende der Nabelschnur, die Thüringer Waldbahn heißt. Ringsum mäßig gewölbtes Land, im Sommer riecht's schon in den Vorstädten nach Landwirtschaft und heißem Boden; nur wenige Straßen vom Zentrum entfernt bereits lockern Gärten die graue Versammlung der Häuser auf. Dazu diese leise Erinnerung an die verflossene Residenzzeit, die prägte, ohne die Stadt doch prägnant zu machen; oben auf der Höhe allzu wuchtig Schloß Friedenstein, überdimensioniert, viel zu schwerer Kopf auf diesem ländlich gekleideten Stadtkörper. Vieles steht hier nebeneinander, verwaschene Profile und der Torso einer einst geruhsam-altväterlichen Altstadt; dazwischen profilierte Geschichte. Aber wir wollten Geschichten erzählen. Also eine zweite ...

Bahnhofstraße in Richtung Karl-Marx-Straße. Im Haus Nr. 3 fand sich beim Neubau um die Jahrhundertwende auf der Rückseite eines Brettes eine Bleistiftnotiz: »Fr. Wilh. Schellhaus schreibt diese Worte zur Zeit der Entstehung der Revolution 1847, wo ich unter der Freiwehr gestanden habe. Sollte meine Schrift Einer später finden, bin ich nicht mehr. Der mög denken an das schauderhafte Jahr und an die Revolution in Deutschland ...«

Wenn der erschröckte Residenzbürger geahnt hätte, welche Zukunfsvorstellungen zu diesem Zeitpunkt bereits Karl Marx durch den Kopf gingen, bevor er sie dann ein Jahr später im Kommunistischen Manifest der späteren Welt vorlegte!

Gallettiana
Unfreiwillige Komik in Aussprüchen des Professors am Gymnasium zu Gotha Joh. G. Aug. Galletti

Gotha liegt an 3 Flüssen, an der Leine, der Nesse und der Siebleber Chaussee.

Wenn wir annehmen, daß eine Kanonenkugel in wenigen Sekunden eine Viertelstunde fliegt, so kommt sie etwa bis Erfurt.

Das ist dabei das allerwichtigste, was aber von gar keiner Bedeutung ist.

Die Engelsburg gehört zum Königreich Gotha.

Gospiterode ist schon von Gotha aus sichtbar, man braucht nur hinter den Bocksberg zu gehn.

Karl-Marx-Straße. Erinnerungen auch an das Jahr 1875, als sich Abgeordnete der Sozialdemokratischen Arbeiterpartei und des Allgemeinen Deutschen Arbeitervereins im Lokal der Madame Kaltwasser trafen und die Sozialistische Arbeiterpartei Deutschlands gründeten, an deren Programm Marx mit seinen »Randglossen« starke Kritik übte.

Der Abstecher durch die Altstadt über den Myconiusplatz zur Cosmarstraße lohnt aus mancherlei Gründen. Dort, in der ehemaligen Ausflugsstätte, haben 127 Arbeiter-Delegierte im Namen von 25 000 Kampfgefährten Geschichte gemacht. Freilich, nur wenige erkannten damals, was hinter der biedermeierlichen Fassade des Lokals tatsächlich vorging. Das »Gothaische Tageblatt« rückte am 21. Mai 1875 die 16-Zeilen-Nachricht vom »Vereinigungsprozeß« zwischen den Untergang des brennenden Dampfers »Exporter« und den Widerstand evangelischer Prediger gegen die »Zivilehegesetzgebung« in Nordhausen. Der nächste Bericht dieser Zeitung tags darauf rangierte im »Nichtamtlichen Theil«.

Von besonderem anekdotischen Reiz ist die Anmerkung zwei Tage später: »Die Verhandlungen wurden überwacht durch einen hiesigen und einen Berliner Polizeikommissär.« Tatsächlich, Bismarck hatte begriffen und Kommissar Lühr nach Gotha zur Beobachtung entsandt, wo er – lokalen Bestimmungen Genüge leistend – als »zeitweiliger Polizeiagent« in herzoglich-gothaische Dienste genommen wurde.

Geschichte auch dieses: 1896 – nach zwei weiteren Parteitagen der Arbeiterpartei im »Tivoli« – war das Haus zu klein geworden, und die 185 Delegierten zogen hinaus nach Siebleben in die »Vier Jahreszeiten«, wo Wilhelm Liebknecht und Clara Zetkin sprachen. Im April 1946 reichten sich dann beim Zusammenschluß der thüringischen Landesverbände der KPD und SPD zur SED Wilhelm Pieck und Otto Grotewohl in der Stadthalle die Hand.

Orangerie, Teeschlößchen links, rechts hinunter zum VEB Hermann Haack in die Justus-Perthes-Straße, dereinst die »Kaffeehausallee«, so benannt nach Gothas erstem Café oben an der Ecke. Angesichts der nüchternen Fassade des kartographischen Verlages eine weitere Gothaer Geschichte.

Sie könnte mit dem unerhörten Anspruch Fausts eingeleitet werden: Daß ich erkenne, was die Welt im Innersten zusammenhält! Das ist nachempfindbar, so war das seit der ersten Umseglung Afrikas durch die Phönizier vor 4 000 Jahren schon immer: Neugier, Entdeckungsfieber, Wissenwollen, Orientierung über den eigenen Platz in dieser Welt. – Ein philosophischer Umweg bis in die Justus-Perthes-Straße, gewiß, und eben auch keiner. Denn seit jeher haben die Entdekker im Bunde mit der Wissenschaft gestanden.

Die Entdecker Amerikas orientierten sich an unzulänglichen Karten und Globen. Wenn seither unsere Vorstellungen vom Gesicht dieser Welt immer genauer wurden und wir heute unserer Mutter Erde bereits aus dem Weltraum in die fernsten Winkel ihrer Geheimnisse lugen, hatte die Gothaer Verlegerdynastie der Perthes – immerhin fünf Generationen in direkter Abfolge – daran ihren hervorragenden Anteil.

Alles begann mit einer Idee unter der Zopfperücke jenes Rudolstädter Arztsohnes Johann Georg Justus Perthes, der 1785 die Firma begründete und geschäftstüchtig genug war, sich einen findigen Kopf wie den herzoglichen Legationsrat Adolf Stieler heranzuziehen, der die Gothaer Kartographie mit seinem Plan zu einem Handatlas 1814/15 begründete.

Kühl kalkulierender Geschäftssinn paarte sich mit kühnem Forschergeist. Drüben im nahen Weimar notierte sich der Naturwissenschaftler Goethe die Ergebnisse seiner botanischen, physikalischen, geologischen und meteorologischen Versuche, und der Dichter gewann dabei philosophische Welterkenntnis. 1801 weilte er das letzte Mal in Gotha, auf dem Friedenstein, und er erinnerte sich im August des »so angenehmen als lehrreichen Morgens« in der Sternwarte auf dem Seeberg, der ersten im damaligen Deutschland (erbaut 1788–1791). Im gleichen Jahr veröffentlichte der Goethe wohlbekannte und hoch geschätzte Verleger Perthes eine Beschreibung der Weltreise von Magellan mit einer Weltkarte und einer Spezialkarte der »Philippinischen und Moluckischen Inseln«, deren Kupferstiche heute bibliophile Raritäten sind.

Sohn Wilhelm Perthes gründete dann den Weltruf des Hauses mit dem sogenannten »Stieler«, diesem 75 Karten umfassenden Handatlas, der ein ganzes Jahrhundert lang immer wieder Neuauflagen erlebte. Dazu gesellten sich unter der Ägide des Berliner Professors Heinrich Berghaus in nur zehn Jahren (von 1838–1848) die 90 Karten zum großen »Physikalischen Atlas«, in dem »zum ersten Male versucht (wurde), alles, was sich auf die Physik der Erde bezieht, in acht Abteilungen darzustellen«; wozu die Idee des Erfurter Offizierslehrers Emil von Sydow kam, »zweck- und zeitgemäße Wandkarten« für Schulzwecke herauszubringen; daraus entstand 1844 der erste Schulatlas.

Man schrieb das Jahr 1853, als Enkel Bernhard Perthes, Schöpfer der Geographischen Anstalt, mit weitgesteckten Plänen das Werk übernahm, für das er August Petermann gewinnen konnte, der am 1. August 1854 von London nach Gotha übersiedelte und bereits am 16. März 1855 das erste Heft der »Mitteilungen aus Justus Perthes' Geo-

Ich kann Ihnen die Bücher über Afrika nicht angeben; ich habe sie zwar im Kopfe, aber nicht auf dem Papier.

Gotha ist säbelförmig gebaut.

Afrika hat auf allen 4 Ecken eine rundliche Gestalt, die sich gegen die Mitte verengt.

Ägypten wird eingeteilt in das wüste und glückliche Arabien.

In der Sahara liegt der Sand so locker, daß heute da Berge sind, wo morgen Täler waren.

Die Mauern von Babylon waren so breit, daß 4 Wagen übereinander fahren konnten.

Das Kaspische Meer ist eigentlich gar kein Meer, sondern bloß ein See, denn es ist von allen Seiten mit Wasser umflossen.

graphischer Anstalt über wichtige neue Erforschungen auf dem Gesamtgebiet der Geographie« herausbringen konnte. Das brachte Ruhm und Geld; lange Zeit war sie die berühmteste Monatsschrift zur Dokumentation des stürmischen Fortschritts bei der Erderkundung, des zweiten Zeitalters der bürgerlichen Entdeckungen und Erfindungen mit dem unbekümmert faustischen Anspruch, die Erde sich untertan zu machen, wobei das Gothaer Kartenunternehmen seinen eigenen, die neuen ideologischen Koordinaten genauestens vermessenden Platz hatte.
Das 1822 erworbene Haus war zu klein geworden, und 1856 wurde ein für gothaische Verhältnisse unerhört großzügiger Neubau in der sogenannten Friedrichsallee bezogen, die Keimzelle des heutigen Gothaer Kartenverlages. – Als Bernhard starb, betraute seine Witwe den bisherigen Prokuristen Adolf Müller mit der Leitung, und Onkel Rudolf Besser aus Hamburg wurde Teilhaber, zwei Männer, die den ungeheuren Wert der »Petermannschen Mitteilungen« sehr genau erkannten und die Zinsen systematisch auf das Ansehenskonto des Gothaer Hauses zu lenken wußten. Denn damals machte sich kein Forscher auf seine welterkundende Reise, bevor er sich nicht aus Gotha Rat und Information kommen ließ, um dann selbst nach dort in Dankesschuld aus erster Hand zu berichten. Die »Mitteilungen« wurden zu einer Art *Gotha* der Geographie und ihrer Wissenschaftler, das Archiv wuchs, es kamen Tagebücher, Zeitungen, Karten. Grundstock der heutigen Kartensammlung und Bibliothek.
Wer genau wissen will, wie die Welt einst war und wie die Menschen sie veränderten, politisch, wirtschaftlich, der findet in den 250 000 Karten und 90 000 Bänden jede Auskunft. Hier ist auch die Keimzelle neuer Kartenwerke, die jahrelang vorbereitet werden. Allein

am neuen Geschichtsatlas waren 200 Fachhistoriker beteiligt. Das zeigt die Leistungsfähigkeit des seit 1953 volkseigenen und 1955 nach dem Altmeister der Kartographie benannten VEB Hermann Haack Gotha, Geographisch-Kartographische Anstalt Gotha/Leipzig. Seine Schulwandkarten gehen in alle Erdteile, und feste wissenschaftliche Kontakte bestehen zu Instituten in über hundert Ländern.
Wer ahnt schon, daß heute in der Justus-Perthes-Straße »gezaubert« wird, daß Inseln im Meer auftauchen und sich Flüsse ihr Bett in Gebirge graben. Und das alles maßstabgerecht, so daß ein einziger verrutschter Millimeter Indischer Ozean bereits riesige Überschwemmungen in Afrika bedeutet. Naturkatastrophen auf dem Papier. Hier walten unbestechliche Chronisten der Zeit, und manchmal war lange Vorarbeit umsonst, weil etwa der antiimperialistische Befreiungskampf in Afrika kurzfristig geschichtsträchtige Korrekturen beim Infraporträt dieser unserer Welt nachdrücklich anmeldete.
Eine Geschichte zur Geschichte. Und es ist verführerisch, daran eine andere, von der Geschichte ad acta gelegte zu knüpfen, ebenfalls verbunden mit dem Namen Justus Perthes. Sie beginnt mit dem »Es war einmal ...«

Es war einmal eine Zeit, da lebte ein Fürst Metternich, und der soll gesagt haben: »Für mich beginnt der Mensch beim Baron ...« So gesehen gebührt dem geschäftstüchtigen Gothaer Verleger das einmalige Verdienst, mit der Herausgabe des sogenannten *Gotha* ein Handbuch der eigentlichen Menschen dieser Welt geschaffen zu haben. In diesem Jahresbuch genannt zu sein, war einmal das erstrebenswerte Ziel der erlauchtesten und hochwohlgeborensten Kreise des ausgehenden Abendlandes, und in der geschichtszerklüfteten Landschaft europäischer Mythologie ist der »Gothaische Hof-Kalender« der unbestrittene Olympos.
Diese »Bibel irdischer Eitelkeit«, wie der *Gotha* einmal genannt wurde, wuchs von knapp zwanzig Seiten mit steigender Beliebtheit bis auf über 1000 Seiten in der letzten Ausgabe für das Jahr 1944, gefüllt mit einem prächtigen Wald voller erlesener Stammbäume, deren unsichtbare, wiewohl als Autorität unbestrittene Förster die Verleger in Gotha waren. Ursprünglich ein kleiner Almanach mit Kalender und Tabellen für Spielgewinne und -verluste, gedruckt für das Jahr 1764 im Auftrage des vornehmsten Hofherren Gothas, Wilhelm von Rothberg, ein Jahr danach erweitert durch den ehemaligen herzoglichen Erzieher Emanuel Christoph Klupfel – es waren schon immer die Bürger, die sich um die Geschichten des Adels verdient machten – mit einer Stammtafel des Hauses Sachsen, gedieh das Unternehmen »zum Nutzen und Vergnügen« in den nächsten Jahrzehnten immer prächtiger.
Als ab 1874 dann auch französische, italienische und englische Fürstenhäuser aufgenommen wurden, der *Gotha* also sowohl genealogisches wie diplomatisches Jahrbuch mit einem Verzeichnis aller Souveräne der Welt wurde, da fingen in diesem Familienalbum jahrhundertelanger Feudalgeschichte die Bilder zu vergilben an, und wer da hören konnte und wollte, vernahm hinter den Klängen rauschender Bälle in Baden-Baden, Bad Ischl oder Bad Ems das Grollen künftiger Revolutionen. 1917 verschwand das russische Kaiserreich, 1918 das deutsche und österreich-ungarische, dazu die vier Königreiche Preußen, Bayern, Sachsen und Württemberg, sechs Großherzogtümer und fünf Herzogtümer, darunter das von Sachsen-Coburg-Gotha,

Die Bewohner von Hinter-Indien haben südlich unter dem Munde eine Öffnung. Ich habe sie mir auf der Karte gemerkt.

Die Wohlgerüche Arabiens werden oft genannt, aber wenn man hinkömmt, sieht man nichts davon.

Die Perser haben Geschichtsbücher, deren Nachrichten gar nicht übereinstimmen mit den Nachrichten der Perser.

Wenn Persien so ein dreiseitiges Quadrat wäre, wie Amerika, so könnten wir es leicht ausmessen.

Nordamerika besteht aus lauter großen und kleinen Inseln, von denen jedoch die wenigsten von Wasser umflossen sind.

Als Humboldt den Chimborasso bestieg, war die Luft so dünn, daß er nicht mehr ohne Brille lesen konnte.

Varus war der einzige römische Feldherr, dem es gelang, von den Deutschen besiegt zu werden.

und sieben Fürstentümer. Der »Gothaische Hof-Kalender« jedoch fuhr ungerührt fort, die Geburten und Tode und die Heiraten peinlich genau zu vermerken. Ein Kuriosum der Geschichte, ein Geschichtsbuch eigener Art – aus der Lieblingslektüre heiratsgeschäftiger Herrschaften wurde ein aussagefähiges Dokument des Verfalls.

Neumarkt, Ecke Erfurter Straße. Lebhaftes Treiben auf dem Gothaer Einkaufsboulevard. Ein paar junge Burschen in Jeans hocken träge auf dem niedrigen Brunnensims und tauchen die Beine ins kühle Naß. Schülerlein heute, fahrende ... Neben einem Barockportal hat die HO die Eis-Fahne aufgezogen. Die Miniatur-Grünpflanzung vor der Milchbar welkt in der Augusthitze melancholisch vor sich hin. Ein paar Sonnenschirme versprechen Schatten; wirklich kühler ist's nur in der Stadt-Apotheke gegenüber. Die Gothaer Stadtväter haben da ein gefällig Plätzchen entstehen lassen, fußgängerfreundliche Ecke, gut gewählt, rundum Geschäfte, irgendeiner pausiert immer mal auf den Bänken. Hier und auf dem Hauptmarkt hat man am deutlichsten das Gefühl, Gast in Gotha zu sein.

Die Erfurter Straße ist geschickt gegen die Marktstraße als deren Fortsetzung durch den Neumarkt versetzt. Das große Steinhaus mit dem mächtigen Mansarddach scheint tief Luft zu holen, um sich dann selbstbewußt über die anderen zu erheben. Hier war einst die Absteige der Reinhardsbrunner Mönche, dann das Amtshaus, lange Zeit Waisen-, Zucht- und Irrenhaus. In einer Hofecke findet sich auch noch der Platz des Scharfrichters.

Weiter oben die Querstraße. Haus Nr. 7/9 gehörte einst jenem poetisch-selbstbewußten Metzgermeister Auerbach, der anläßlich der

Durchreise Napoleons 1808 zum Fürstenkongreß in Erfurt diesen Werbetext aushing:

Was Napoleon in seinem Fach
bin ich in meinem, Auerbach.

Napoleon hat diese literarische Blüte kaum beachtet, ihn erwartete das berühmte Gespräch mit Goethe. Doch der etwas ängstliche Gothaer Herzog fürchtete für sein Ansehen und verdonnerte den pfiffigen Schlachter, der sich mit der Meisterschaft der solchermaßen lyrisch Angesprochenen – jeder in seinem Fach – herausredete.

Marktstraße, Hauptmarkt, geteilt durch das Rathaus. Ein schöner Platz, man ahnt den mittelalterlichen Kern, das lebhafte Treiben der Händler. Hallo, Schülerlein!

Das alte Rathaus stand einst an der Ecke des Marktes; es brannte während des Dreißigjährigen Krieges ab. Da man bereits nach der Katastrophe von 1567, als die Stadt nach den Grumbachschen Händeln völlig daniederlag, wieder mit dem Bau eines großen steinernen Kaufhauses mitten auf dem Markt begonnen hatte, wurde dieses ab 1632 als Rathaus benutzt.

An der Ecke zur Gretengasse das Waidhaus mit seinen Klappfenstern. Es erinnert an die große Zeit jener gelbblühenden Pflanze, mit deren Hilfe die Tuchfärber im Mittelalter den Stoffen ein leuchtendes Blau gaben. Thüringen war ein Zentrum des Waidanbaus, der Handel – nur Erfurt, Gotha, Arnstadt, Langensalza und Weißensee gestattet – machte auch Gotha wohlhabend.

Im Ratskeller nehmen wir einen kühlen Trunk. Dort harret schon das Schülerlein und weiß zu berichten:

»Gar schön ist es in der Stadt an Sommerabenden. Dann gehen die Handwerker in die Zechstuben ihrer Innungen oder in die Schenken, deren es gar viele gibt, und es ist da ein lustig Leben. Bisweilen wird aber auch Zank und Streit und gibt es blutige Köpfe. Die Frauen sitzen in den Haustüren oder stehen und schwatzen in den Gassen. Die Schülerlein aber und die jungen Handwerksgesellen scherzen mit den Mägdlein, die an den Fenstern stehen. Wenn aber das Ratsglöcklein erklingt, eilt alles nach Hause, denn wer von der Scharwache ergriffen wird, den bringen sie in das Rathaus, und er muß schwere Strafe zahlen. Es ist alsdann auch schon sehr dunkel, denn nur wenn fürstlicher Besuch in der Stadt ist, oder ein Überfall, Feuersbrunst oder ander Unglück droht, werden des Nachts Pechfackeln zur Beleuchtung ausgestellt ...«

Prost, Peter Mylius vom Rhein, und Dank für deinen freundlich ausgeschmückten Bericht!

»Man brauet auch ein gut Bier«, meinte er zwischendurch, »und hat der Rat davon einen großen Gewinn, denn alle Dörfer, wohl drei Stunden in der Runde, dürfen kein Bier ausschenken, es sei denn in Gotha gebraut. Das Recht, in den Stadtbrauhäusern zu brauen, stehet vielen Bürgern zu. Wo nun gebrauet wird, das tut der Bierrufer laut in den Gassen kund. Wir Schülerlein zogen dann auch hin, wenn wir vor den Häusern sangen und Brot heischten, und dann gab man uns auch ein Kännlein oder zwei um Gottes willen.«

Nun, um mehr als ein Kännlein oder auch zwei ging es in einem der seltsamsten Kriege Thüringens, in dem Gothaer Bierkrieg. Auf die Kunde, daß die Buflebener Bauern das städtische Bierprivileg höchst eigendürstig gebrochen hatten, gerieten die Bierbürger am 17. Mai 1524 – 50 an der Zahl – in Harnisch und sahen rot. Doch die

Die Karaiben sind keine Menschenfresser, denn sie fressen ja bloß das Fleisch von Menschen, sonst wären wir ja Ochsenfresser, denn wir fressen auch das Fleisch von Ochsen.

Zu den Zeiten Achilles hatten die Griechen kein anderes Buch als den Homer.

Nach der Hinrichtung der Maria Stuart erschien Elisabeth im Parlament, in der einen Hand das Schnupftuch, in der anderen die Träne.

Ludwig XIV. behandelte seine Maitressen mit Hochachtung vor den Folgen dieses unerlaubten Verhältnisses.

Marat wurde zwar ermordet, aber er starb vorher an einer Krankheit, die ihm sogar das Leben raubte.

Maximilian I. hatte die Hoffnung, den Thron auf seinem Haupte zu sehen.

Buflebener – mutgestärkt durch ihr eigen Bräu – zahlten blau heim. Damit aber nahm die Sache Landesfarben an.
Die Gothaer luden grimmig zwei gähnende Karrenbüchsen gehörig mit Schwarzpulver, worauf die ungeladene Streitmacht geladen gar fürchterlich vor Bufleben aufzog, daß den durstigen Bauern das Herz in die Hosen und ihr Unabhängigkeitstrunk in die offenen Kehlen der feindlichen Übermacht rann. Die zwei Faß Bier im Troß, zogen die Bierbürger mit wildem Gesang heim, wo es geschah, daß ihnen der bäuerliche Gerstensaft schlecht bekam. Und so steht's in der Chronik:
»Die angezechten Bürger zogen bewaffnet hinan an den Berg und stürmten die Chorherrenhäuser, zerstießen Thür, Ofen, Fenster, zerschlugen und zerbrachen Bänke, Tische, zerrissen Register, Brieff, Siegel ...«
Wenn man weiß, daß sich der lang angestaute Zorn der Bürger gegen die den irdischen Freuden übermäßig zugetanen Kanoniker richtete, denen sie nun sogar ihre Dirnen entführten, wird manches verständlicher. Doch die geistlichen Herren rächten sich hart. Über hundert Bierdurstige wurden eingesperrt, und der rebellische Rausch kostete allen insgesamt 300 rheinische Gulden, eine hohe Summe.
Hauptmarkt, schloßwärts. Altes Gemäuer, mehrfach erneuert, umgebaut, teilweise abgerissen, Portale, Renaissance-Fenstergewände, manches blieb erhalten. Auffallend sind die alten Hausmarken. Hier eine, wo ein Arm aus den Wolken den Saft einer Rebe in einen Krug preßt, dort Jahreszahlen, zumeist aus dem 17. und 18. Jahrhundert stammend.
Das älteste Profangebäude ist das Haus Nr. 15 »Mit den zwei Helmen«. Die Hausmarke über dem Spitzbogen-Portal wurde nach dem großen

257 Finsterbergen | 259 Suhl | 260/261 Suhl, Herrenteich

262
Oberhof

263
Markt in Eisenach

264
Wartburg bei Eisenach

Mie maches richtig
Schlafen am Tag-
Nacht
Blut

Gemeinde-Verbands-
Transporter

266/267
Karneval in Wasungen

268
Kölleda

269
Heiligenstadt

270
Nordhausen

271
Kyffhäuser

Einbahnstraße

Brand von 1665 erneut eingesetzt: zwischen zwei Pilastern zwei Turnierhelme mit den Inschriften »Salomonis 18, arx munita nomen domini (Eine feste Burg ist der Name Gottes)«, darunter »Fiari fecit Jacobus 1542 (ließ 1542 Jacobus herrichten)«. Noch ist rechts über dem Eingang eine Öffnung für den Klingelzug von einst zu sehen.

Nr. 17 das Lucas-Cranach-Haus mit der Drachenhausmarke, im Rachen das Ringlein. 1504 heiratete der Meister die Gothaer Bürgerstochter Breugebier, das Haus brannte 1665 ab, gewohnt hatte drinnen Cranachs Schwiegersohn Jörg Dasch, einst Bürgermeister der Stadt. Das Portal im Fachwerkhaus erinnert an jene Zeit.

Abstecher zur Augustinerkirche. Hauptportal, Kreuzgang im Klosterhof, Sakristei, Kreuzgewölbe. Man muß nicht erst nach Böhmen reisen, um solche architektonischen Besonderheiten zu finden. Freilich – der Kreuzgang, ausgewogen in Licht und Linie, ist altersschwach geworden. Aufsteigendes Grundwasser zersetzte den Sandstein in den Fundamenten. Langfristige und langwierige denkmalpflegerische Arbeit auf Jahre.

Im Kreuzgang eine Galerie der Gothaer Geistesgeschichte, Grab- und Gedenksteine. Ich muß mich etwas umsehen, bis ich ihn finde, um den sich die heitersten Geschichten Gothas ranken, den unsterblichen Gymnasialprofessor Johann August Galletti, auf den in Abwandlung ein eigenes Wort wie ein maßgeschneiderter Leibrock paßt: »Galletti kam nach Gotha und wurde daselbst geboren.« Sein Grabstein wurde vor Jahren, als der Friedhof aufgelöst wurde, hierher gebracht. Eine rosa Rose zu seinen Füßen und ein Gruß dazu.

Der ehemalige Hauslehrer des Herrn von Schlotheim war im lebensfrohen Alter von 33 Jahren, als er – mit einem selbstgedruckten »Leitfaden der Geschichte« unter dem Arm – im Gothaer Gymnasium erschien und sich dort als einer der phantasievollsten Kathederblumengärtner weit und breit 36 Jahre unangefochten behauptete: »Ich bin jetzt aus dem Konzepte gekommen, und da dürft Ihr mich nicht darin stören ...«

Verkehrter Blick in den Tugendspiegel des Gelehrten, jenes Bürgers, schlecht bezahlt, im abgewetzten Rock, der auf milde Gaben aus höherer Hand ebenso angewiesen war wie auf die Nachsicht seiner Schüler: »Es gibt viele, die nicht reden, wenn sie verstummen sollten, und andere, die nicht fragen, wenn sie geantwortet haben.«

Der zerstreute Professor. Da haben wir ihn im Urbild, und noch ist das Porträt des Mannes zwischen Höhenflug und Kleinkram liebenswert, noch hat man ihn nicht zur Karikatur gehetzt. Hier, in der engen, dunklen Schulstube im ehemaligen Augustinerkloster, kamen jene besonderen Spezies der professoralen Zerstreutheit zur Welt, über die sich die Welt des 19. Jahrhunderts noch erheiterte und freute, deren Versprecher einen unnachahmlichen Beiklang verblüffenden Witzes hatten, über den sich noch heute schmunzeln läßt: »Karl der Große besiegte die Sachsen so oft, daß sie es zuletzt gar nicht abwarteten.«

Dabei war der Herzoglich Sächsische Hofrat durchaus kein wundersamer Narr, sondern anerkannter Historiker und Geograph, der sich insbesondere um die thüringische Geschichtsschreibung verdient machte und ein umfangreiches Werk hinterließ, darunter eine 26teilige Weltgeschichte.

Schloßgasse, Schloßberg, Lindenauallee. Hier, Schloßgasse Nr. 12, wohnte einst Ekhof, da drü-

Nach der Schlacht von Leipzig sah man Pferde, denen 3, 4 und noch mehr Beine abgeschossen waren, herrenlos herumlaufen.

Die Regierungen der Päpste waren nur kurz, obgleich immer der Vater auf den Sohn folgte.

Als der Großvezir am Morgen aufstand und sah, daß er keinen Kopf hatte – ja so, das geht nicht.

Die größten vierfüßigen Tiere in Ostindien sind die eßbaren Vogelnester.

Das Känguruh springt 32 Fuß. Es würde noch viel weiter springen, wenn es 4, statt 2 Beine hätte.

Über den Biber ist zu bemerken, daß seine Bauten weniger mit dem Schwanze, als mit den Zähnen ausgeführt werden.

Die Gans ist das dümmste Tier: denn sie frißt nur so lange, als sie etwas findet.

ben stand die leidige Bergmühle, die den Gothaer Herzögen die Aussicht auf den Marktplatz nahm. Und nun den Berg endgültig hinauf zum Schloß, vorbei am Denkmal Ernst des Frommen, der eher nachdenklich denn streng auf die Stadt zu seinen Füßen zu blicken scheint. Eine Gardine weht aus einem der vielen Fenster heraus, Aufforderung zu einer anderen Geschichte dieser Stadt.
Es war am 3. April 1945, da signalisierten da oben große weiße Tücher ein lebenswichtiges Ereignis in der Geschichte Gothas und den Entschluß eines Mannes, in dessen Hand für wenige Stunden ihr Schicksal lag, Josef von Gadolla, Oberstleutnant der Nazi-Wehrmacht, ein ehemaliger österreichischer Offizier, seit 1943 Leiter des Wehrkreiskommandos Gotha. Durch einen faschistischen Geheimbefehl vom Anfang des Jahres 1945 beauftragt, »den festen Platz Gotha bis zum letzten zu verteidigen und jede Übergabe abzulehnen«, unter dem Druck von fanatischen SS-Verbänden, die am 31. März in die Stadt eingerückt waren, befahl Gadolla dem letzten Aufgebot, »sich in Linie Erfurt–Arnstadt abzusetzen; Gotha selbst wird nicht verteidigt«. Er bezahlte dafür mit seinem Leben. Noch am gleichen Tage auf einer Parlamentärfahrt zu den amerikanischen Truppen in Boilstädt verhaftet, wurde er zwei Tage danach in einer Weimarer Kaserne am Ettersberg von den Nazis erschossen. Zu diesem Zeitpunkt hatte Gotha bereits kapituliert und glühte Nordhausen am Nachthimmel wie eine verlöschende Kerze. Die 500 schweren US-Bomber hatten in letzter Minute vor Gotha nach Norden abgedreht, wo eine andere Stadt bis zum letzten verteidigt werden sollte.
Erster Überblick im gewaltigen Schloßhof. Drüben der langgezogene Ostflügel mit seinem

wuchtigen Turm, in dem Gadolla dem sogenannten Verteidigungsrat am 3. April 1945 den wahnsinnigen Geheimbefehl der Nazis eröffnete. Hier hat die Landesbibliothek ihr Domizil, 500 000 Bände, über 1 000 Inkunabeln, fast 9 000 Handschriften! Alles in allem waren es 120 000 sorgfältig geschnürte Pakete, die vom August 1956 bis Juni 1957 von Leningrad über Brest und Frankfurt (Oder) nach Gotha geschickt wurden. Büchergeschichten, Freundschaftsgeschichten. Am 21. Mai 1957 wurde im eigens neuhergerichteten Pfeilersaal die berühmte Gothaer Bibliothek in Anwesenheit des Direktors der Bibliothek der Wissenschaften der UdSSR wiedereröffnet.

Im gleichen Bau auch das Münzkabinett, unter den geprägten Raritäten auch eine eher unauffällige Münze. Die Numismatiker nennen sie den »Gothaer Groschen«. Doch es ist ein besonderes Münzstück, denkwürdig sein Prägeanlaß: »Gott den Herren lobt und ehrt/der den Frieden uns beschert.«

Seit zwei Jahren war wieder Friede im Land, nach dreißig Jahren mörderischen Krieges. Herzog Ernst I., mit dem Beinamen der Fromme, feierte den Frieden am 22. August 1650 nachträglich und ließ zur Erinnerung diesen beschrifteten Groschen prägen, der dann an die Schulkinder und die Staatsbeamten verteilt wurde. Aus erzieherischen Gründen wie alle Münzen aus der neueingerichteten Münze der neuen Residenz unter dem frommen Ernst, der als einer der ganz wenigen Regenten keinen Wert darauf legte, sein eigenes Konterfei hartgemünzt durch die Börsen seiner Untertanen wandern zu lassen.

Doch dieser Groschen erzählt noch mehr. Mit seiner Prägung begann ein neues expansives Kapitel Feudalgeschichte, in dessen Verlauf dieser Kleinstaat fast einhundert Jahre lang großen politischen Einfluß in Mitteldeutschland gewinnen sollte, Gesandtschaften in den bedeutendsten Hauptstädten Europas unterhielt und sich mit einer teuren Armee schmückte, die teilweise für koloniale Unterdrückungsdienste ausgeliehen wurde. Stummgewordener Hintergrund für die Szenerie des imposanten Schloßbaues und die prächtigen Stücke in der Kunstsammlung ...

Es war am 12. November 1958 und am 21. April 1959, als im Schloßmuseum zwei sorgfältig gesicherte Transporte ankamen, 67 Kisten voller Gold und Silber, Elfenbein und Edelsteine, kostbares Porzellan aus China und Meißen, antike Vasen und Schalen, seltsame Nautilusmuscheln und geschmückte Straußeneier, winzig kleine Schnitzereien aus Haselnüssen und römische Gläser. 41 Kisten waren gefüllt mit fast 100 000 Münzen und Medaillen; 10 Kisten bargen über 10 000 Blatt Holzschnitte, Kupferstiche und Radierungen, zwei weitere Plastiken des 16. Jahrhunderts. Die berühmte Gothaer Kunstkammer, von der Sowjetunion nach dem zweiten Weltkrieg vor der Vernichtung bewahrt und gepflegt, war wieder heimgekehrt. Die Kunstsammlungen hatten in der internationalen Galerie berühmter Sammlungen ihren Ehrenplatz wieder eingenommen.

Auch 62 Gemälde waren damals dabei, und die Mitarbeiter des Schloßmuseums hielten den Atem an, als in äußerster Behutsamkeit die letzte Hülle bei diesem einen, dem bekanntesten von allen, fiel, von dem niemand bis heute weiß, wer es malte: Zwei junge Menschen, einander zugeneigt, sie unter goldbestickter Haube mit niedergeschlagenen Augen, er – das lange goldgelockte Haar bis über die Schulter – ihr liebevoll ins Antlitz sehend; beide ganz in das

große Gefühl versunken, einander nahe zu sein; ein Augenblick, verhalten-still und doch voll untergründiger Spannung. Die Jungfrau überreicht ihm eine kostbar geschmückte Quaste, ein Spruchband über ihrem Kopf verrät ihren Gedanken: »Sie hat Euch nicht ganz veracht', die Euch das Schnürlein hat gemacht«, wozu er heiterkühn erwidert: »Und billig hat sie es getan, denn ich habe sie's genießen lan.«
Da war es wieder, das Porträt eines der berühmtesten Liebespaare der Welt, das wohl schönste weltliche Doppelbildnis der deutschen Spätgotik, strahlend in der ungebrochenen Leuchtkraft seiner Farben, das »Gothaer Liebespaar«, und die Hände des Mannes zitterten, als er es endlich in den Händen hielt und stumm den anderen zeigte. – Heimgekehrt waren auch Holbeins »Ursula Schwarz als Hl. Katharina«, das einzige Werk dieses Meisters im Besitz unserer Republik, die großen thematischen Holztafeln Cranachs, Arbeiten von Rubens und Breughel.

Schwer lastet die Augusthitze selbst in den Nachmittagsstunden über dem weiten Schloßhof, dessen riesige Ausmaße angesichts der nüchternen, schmucklosen Fassade fast zum Alptraum werden.
Thüringen hat viele, zu viele solch überdimensionierter Schlösser, ein teures Erbe für uns, schwer zu erhalten und stets reparaturanfällig.
1640, noch mitten im Dreißigjährigen Krieg, erhielt Herzog Ernst I. von Sachsen durch Erbteilung die Gothaer Lande. Er brauchte nun für die neue Residenz eine Cammer, eine Cantzlei, Steuerstuben und Renthnerey, Werkstätten und Münze, Küche und Schlachthaus, Marstall und Zeughaus, um zu regieren. Alles unter einem Dach.

Dieser Vogel heißt Entenstößer, aber nur in der Not, wenn er nichts anderes zu fressen hat.

Widersprechen Sie nicht dem, was ich Ihnen niemals gesagt habe.

Schlagt die Bücher zu, und macht die Köpfe auf, damit nichts mehr hineingeht.

Ihr denkt wohl, Geschichte ist so leicht als Schnorps? Ach, Geschichte kann man in einer Stunde lesen, aber an Schnorps muß man mehrere Jahre studieren.

Das kann ich noch nicht fassen, das ist mir noch nicht dunkel genug.

Als ich Sie von ferne sah, Herr Hofrat Ettinger, glaubte ich, Sie wären Ihr Herr Bruder, der Buchhändler Ettinger, als Sie jedoch näher kamen, sah ich, daß Sie es selbst sind – und jetzt sehe ich nun, daß Sie Ihr Herr Bruder sind.

Ich bin so müde, daß ein Bein das andere nicht sieht.

In Erfurt war einmal ein großes Sterben, da starben in jedem Monat 500 Mann, das macht jährlich etwa 12 aus.

Wenn man eine Stadt wie Paris 92mal zusammensetzt, so kömmt eine Stadt wie Gotha heraus.

Die ersten Fundamente wurden 1643 auf die Reste des geschleiften Grimmensteins gesetzt, die letzten Ausbauarbeiten bereits 13 Jahre später abgeschlossen. Das Land stöhnte unter der frommen Faust, aber es profitierte auch. Als Ernst 1675 nach 35jähriger Herrschaft starb, hinterließ er geordnete Staatsgeschäfte; darunter ein funktionierendes Bildungswesen und ein für diese Zeit fortschrittliches System der medizinischen Betreuung durch ausgebildete Wundärzte mit festen Gebühren für Bürger und Bauern.
»Friede ernehret, Unfriede verzehret« – so steht's bei den zwei sich umarmenden Engeln am Hauptportal in der schmucklosen Fassade des mächtigen Kastens.
Hauptflügel, zwei Seitenflügel, 100 mal 140 Meter Flügellänge, zwei mächtige Türme, 45 Meter hoch, fünfeinhalbtausend Quadratmeter Schloßhof, so viel Zimmer wie Tage im Jahr. Eine Zäsur in der deutschen Baugeschichte, Modellfall für Weißenfels und Weimar, das auch, vor allem aber Machtanspruch, Gewalt, Selbstherrlichkeit. Gotha, das war dieses Schloß und sein jeweiliger Hausherr, schwer ruhte diese zweitürmige Krone auf dem kleinen Körper dieser Stadt, kaum gemildert durch den Grüngürtel des Parks, der erst ab 1827 für alle Bürger jeweils freitags offenstand.
Residenzstadt Gotha, jahrhundertelanger Prägezwang, der das historische Antlitz ausformte und auch den Geist der Menschen hier, der aber auch ein Zusammengehörigkeitsgefühl entstehen ließ, aus dem diese Geschichten wachsen.
So ist diese, die letzte Geschichte, zwiespältig genug, die Geschichte eines untersetzten Mannes auf kräftig-klobigen Füßen, mit hängenden Schultern und überraschend munteren blauen Augen, ein Mann mit einem unglaublichen Willen, besessen von der Leidenschaft seines Berufes, ein Schauspieler mit solch ungenügender Vorgabe von der Natur, nur abgemildert durch eine wunderbar klangvolle Stimme: Konrad Ekhof.
In seinem Tagebuch, leichter Pappdeckel mit Lederrücken, heißt es unter dem 5. Juni 1774: »d. 5. aus Weimar gereiset und in Gotha angekommen, log. bey Hofrath Jäger 5 Thlr. Miethe.«
Ein prosaisches Zeugnis. Durch den Brand des Weimarer Schlosses war die Seylersche Truppe arbeits- und obdachlos geworden und versuchte ihr Heil nun in Gotha bei Herzog Ludwig Ernst II., der sich gern mit Künstlern und Gelehrten umgab. Mit Weißes Trauerspiel »Richard III.« – Ekhof in der Titelrolle – begann das Gastspiel am 8. Juni in einem der heute ältesten historischen Theater der Republik. Ein Jahr später wurde er Direktor des Hoftheaters. Als Hamlet stand Ekhof am 30. Januar 1778 zum letzten Mal auf dieser Bühne, bereits schwer gezeichnet, müde und todkrank. Er starb am 16. Juni des gleichen Jahres.
Erinnerungen an einen Großen, den man den Vater der deutschen Schauspielkunst nennt, ein Mann mit scharfem Entdeckerblick für das schauspielerische Handwerk und die dramatische Kunst. Seine Volksfiguren waren zum ersten Mal auf der Bühne vollwertige, realistische Menschen mit einem kraftvollen, antifeudalen Selbstbewußtsein, seine Zusammenarbeit mit Lessing am ersten ortsfesten bürgerlich anerkannten Theater in Hamburg 1767/68 ein Glücksfall in der Theatergeschichte, der seinen Abglanz auf die späten Gothaer Jahre warf.

In der Südwestecke des Schlosses steht der Turm mit dem einstigen Comödienhaus. Hier wurde lange vor dem Gastspiel der Seylerschen Truppe Theater gespielt, fromme Lust- und Trauerspiele, höfische Ballette, prächtige Opern. Als man 1774 die Komödianten aus Weimar erwartete, wurde der Bau modernisiert, der Zuschauerraum in ein festliches Weiß-Gold getaucht, die herzogliche Loge mit Festons geschmückt, deren Blumen kunstvoll aus Papier geschnitten waren, und mit rotem Tuch ausgeschlagen, die Bühnenöffnung vergrößert und weiß gestrichen. So bot sich das Theater den Augen Ekhofs, in ähnlicher Gestalt sehen wir es – nach sorgfältiger Restauration vor Jahren – auch heute.

Und es wurde ein zweiter Rang wegen der höheren Einnahmen eingebaut, denn von nun an spielte man auch für die Bürger der Stadt. Der Herzog selbst kalkulierte die Preise der Billetts; »nach Serenissimi intention sollen die Plätze in der zweyten Loge durch Billette besätzet werden«, steht auf einer Akte, acht Groschen die Plätze im Parterre, vier auf dem zweiten Platz …

Kein Blick ist so anschaulich wie dieser, der einem die alte, neue Stadt förmlich in die Hand legt: Gothas wiedererstandener Hauptmarkt gesehen aus dem »Rang« des Schloßvorplatzes. Nach dreijähriger umfassender Rekonstruktion im Oktober 1984 dem Blick wieder freigegeben, ist er heute eine Augenweide. Ein Meisterstück der beteiligten Bauarbeiter und Denkmalpfleger, ein Flächendenkmal von internationalem Rang. Die 52 mehrhundertjährigen Bürgerhäuser rund um das Renaissance-Rathaus – modernisiert im Innern, historisch original im äußeren Bild – lassen etwas von dem auf das menschliche Maß gerichteten Bausinn der einstigen Bauherren ahnen. Die gewachsene Schönheit der Altstadt zu erhalten und neu zu beleben und in unser zeitgenössisches Bewußtsein als ein Stück kostbaren Erbes zu rücken war Anliegen dieser ungemein aufwendigen und komplizierten Bauaktion. Sie brachte beides: Wohnraum für 111 Familien und Lebensraum für eine ganze Stadt mit Geschäften und Läden, Werkstätten und Gastlichkeiten. Sogar an neue Bäume wurde gedacht, und auch der Marktbrunnen präsentiert sich verjüngt vor dem frisch verputzten, in dem traditionellen Weinrot gehaltenen Rathaus. Als ob es das fahrende Schülerlein Peter Mylius geahnt hätte: »Ein feiner Platz in der Stadt ist aber der Markt …«

Abschied von Gotha bei einem Schluck Gotano, sinnigerweise. Den Duft von Wermut und Thymian, von Enzian und Chinarinde und manch anderem würzigem Kraut in der Nase, läßt's sich gut in der Erinnerung an die Straßen und Plätze, an Schloß und Menschen und Geschichten nachfassen. Der VEB Vereinigte Thüringer Weinkellereien Gotha sorgt für Nachschub, über 18 000 Flaschen täglich: »Wermutwein ist das aus Wein unter Verwendung von Wermutkraut hergestellte Getränk …«

Wohlsein, ihr Kellermeister in der Stielerstraße, ihr habt einen guten Geschmack, der dem der Mönche im Augustinerkloster einst in nichts nachsteht.

Und packen wir uns mit einer Flasche auch ein paar Geschichten mit ein, für alle Fälle, bis man wieder mal herkommt und sein Gotha sucht. Ob's das gibt?

Lothar Burghoff

Verführung auf Nebenstraßen

Nun freilich, sie waren und sind noch in aller Munde, die Freien Reichs- und ehemaligen Residenzstädtchen, die gerade ihre 850-, 1000- und 1200-Jahrfeiern hinter sich gebracht haben. Ihren bewahrten oder frisch erworbenen Glanz werden wir durchaus beachten und bewundern, aber besuchen wollen wir erst einmal die unbekannten, nicht minder interessanten Orte in ihrer Nähe.

Denn Mauerblümchen sind sie nicht, die kleinen Städte und Ortschaften zwischen Kyffhäuser und Thüringer Wald, die heute manchmal nur noch so viele Einwohner zählen wie einer der Großbetriebe Erfurts, Nordhausens, Mühlhausens oder Sondershausenes Arbeiter und Angestellte – wenn sie auch aus überschaubaren Gründen jetzt im Schatten wirtschaftlicher Schwerpunkte stehen. Chronisten haben ihre geschichtlichen Glanzzeiten liebevoll aufgezeichnet, und obwohl ihr Name heute dem Touristen nicht viel sagt, gab es Jahrhunderte, wo er in aller Munde war.

Also verlassen wir getrost einmal die bequemen Fernstraßen und biegen in kleine Ortschaften ein, um hinter windschiefem Gemäuer und in nicht immer schon liebevoll herausgeputzten Altbauten Vergangenem zu begegnen und die Geschichte nachzuerleben.

Thüringen gehört zu den geschichtsträchtigsten Landstrichen Mitteleuropas. Alte Heer- und Handelsstraßen durchzogen einst die Landschaft, oft steil über Berge und Hügel führend, zuweilen den Flußläufen folgend, rasenbewachsen, tief ausgefahren, meist gefährlich zu passieren. Sie erinnern daran, daß Thüringen ein europäisches Verkehrskreuz gewesen ist, wo Kaufleute oder Heere ihren erwünschten oder unerwünschten Weg nahmen – von der Zeit der Völkerwanderung bis hinein ins 19. Jahrhundert.

Eine »Hohe Straße« zum Beispiel führte von Nordhausen über Großwechsungen, Mitteldorf, Elende, Sollstedt, Deuna und Beuren nach Heiligenstadt. Nordhausen und Heiligenstadt sind lange schon bekannt, Sollstedt und Deuna aber erst seit unserer neuen Zeit: Sollstedt durch die wiederholten Initiativen der Bergarbeiter des Kaliwerkes »Karl Marx«, Deuna durch das mit Hilfe des RGW erbaute große Zementwerk.

Eine weitere Heerstraße führte von Tilleda, der ehemaligen Kaiserpfalz, über Kelbra und Nord-

hausen nach Sittendorf. In Kelbra entstand vor wenigen Jahren einer der größten Stauseen Thüringens mit einem beliebten Erholungszentrum.
Viele andere »Alte Straßen« sind bekannt, so auch die zahlreichen Handelswege von Süddeutschland nach Sachsen und Schlesien und weiter ins Zarenreich, nach Kiew und Nowgorod.
Wer Lust hat, kann einigen dieser alten Heer- und Handelswege noch per pedes folgen. Er wird schmucke Ortschaften finden, manche mit weithin berühmten Dorfangern, die man in dieser Schönheit nur noch hier findet, andere mit efeuumrankten Kapellen oder Schloßruinen, mit sich neugierig vornüberneigenden Altthüringer Fachwerkhäusern, uralten Eichen oder Linden – und häufig auch mit Resten ehemaliger Rittersitze, deren Lage aber oftmals nur Einheimischen bekannt ist und über deren Flächen sich heute Dornbusch und Disteln erheben. »Es liegen ... viele ... Burgruinen in dieser Gegend«, kann man mit Heinrich Heine sagen, und »wenn man auch, wie es sich gebührt, das Herz auf der linken Seite hat, ... so kann man sich doch nicht aller elegischen Gefühle erwehren beim Anblick der Felsennester jener privilegierten Raubvögel ...

Gras bedeckt jetzt den Turnierplatz,
Wo gekämpft der stolze Mann,
Der die Besten überwunden
Und des Kampfes Preis gewann.
Efeu rankt an dem Balkone,
Wo die schöne Dame stand,
Die den stolzen Überwinder
Mit den Augen überwand ...«

Hier, abseits der großen Straßen, haben auch zahlreiche Sagengestalten ihre Sitze. Wer einmal den Kyffhäuser aufgesucht hat mit der ehemaligen »Feste cuphese«, die seit ihrer Erstürmung durch die aufständischen Sachsen Lothars von Supplinburg im Jahre 1118 allmählich verfiel, kennt zu-

Bergentrückung

In Tilleda, dicht am Fuße des Kyffhäusers, wo eine der alten Kaiserpfalzen der Güldenen Aue stand, lebte ein armes, braves Brautpaar, das wollte Hochzeit machen; es mangelte ihm aber an Küchengeschirr, da es noch einige Gäste geladen hatte. Und der Vater des Mädchens sprach, halb im Scherz: »Geht doch auf den Kyffhäuser hinauf und borgt euch von der Prinzessin, was ihr braucht.«
Das Pärchen ging hinauf, und droben wartete schon die Prinzessin; sie zeigte ihnen viele schöne Sachen und gab ihnen Hausrat, soviel sie wollten, und sie trugen schwer daran, als sie wieder hinunter nach Tilleda wanderten.
Doch seltsam kam ihnen alles vor. Der Weg war noch der alte, aber wo des Brautvaters Hütte gestanden hatte, da lag jetzt ein großer Ackerhof. Sie sahen auch lauter fremde Gesichter, veränderte Tracht und verwunderten sich darüber, wie sich die Menschen über sie verwunderten. Da sie gar niemand kannten, so suchten sie den Pastor auf, der war ihnen aber auch fremd, doch fragte er freundlich: »Wer seid ihr denn, ihr guten alten Leute? Woher kommt ihr denn?« – »Vom Kyffhäuser kommen wir«, antworteten die jungen Liebenden, und es dünkte ihnen wunderseltsam, daß der Pfarrer sie alte Leute nannte. »Wir sind vor zwei Stunden hinaufgegangen.« Und sie sagten ihren Namen. Der Pfarrer schüttelte den Kopf und schlug im Kirchenbuch nach, und dort fand er ihre Namen; sie waren zweihundert Jahre in den Berg entrückt gewesen. Da ließen diese Uralten sich einsegnen, setzten sich auf den Kirchhof, auf die Gräber, und weinten, denn auf Erden hatten sie keine Stätte. Und da fielen ihre Leiber in Asche.
Aus: Es sagt aus alten Tagen

mindest die Sage von dem im Berge schlafenden Kaiser Rotbart, dieser traditionellen Schulbuch- und Sagenbuchfigur. Und der Hörselberg bei Eisenach ist geradezu bevölkert von Sagengestalten. »Schon von weitem«, schrieb Heinrich Heine, »wenn du dem Berg nahst, hörst du das vergnügte Lachen und die süßen Zitherklänge, die sich wie eine unsichtbare Kette um dein Herz schließen und dich hineinziehen in den Berg.« Hineinziehen zu Frau Venus, die schöne junge Männer »in jene wunderbare Höhle verlockt, welche man den Venusberg nennt, und wovon die Sage ging, daß die schöne Göttin dort, mit ihren Fräulein und Gesponsen, unter Spiel und Tanzen, das liederlichste Leben führe.«

Dem Ritter Tannhäuser jedenfalls ist dieses Mißgeschick passiert, und er wollte nicht mehr fort von der Dame, die eigentlich ein Doppelwesen ist: Venus und Frau Holle in einer Person, an geraden Tagen diese, an ungeraden Tagen jene, oder umgekehrt. Als Frau Holle ist sie allen fleißigen Menschen ein freundliches, allen faulen und ungastlichen Personen aber ein strafendes Wesen, äußerlich auch das direkte Gegenstück der schönen Frau Venus: mit grauem, strähnigem Haar, großen Zähnen, dicker Nase; vorwiegend in den Zwölf Nächten unterwegs, wo sie speziell die Gastfreundlichkeit der Menschen prüft, was wiederum für Thüringen, das zweitgrößte Feriengebiet der DDR, nicht unwichtig ist.

Ranghöchster Bewohner des im Mittelalter als »mons horrisonus«, das heißt schrecklich tönender Berg, verschrienen 400 Meter hohen Hörselberges ist allerdings nicht Frau-Venus-Holle, sondern der altgermanische Götterfürst Wotan, Herr über das Totenreich Walhall, grauhaarig wie jene Zweitgestalt der Venus, nur einäugig und mit Schlapphut, begleitet von zwei Raben. Ihm zur Seite wohnt das Wilde Heer, auch Wilde Jagd genannt, ehemalige Reiter oder Fußsoldaten, die ihre in der Schlacht verlorengegangenen Arme, Beine oder Köpfe dort, wo sie am Rumpfe zu liegen kamen, spazierentragen – im Spätherbst vornehmlich, wenn der blasse Mond durchs Gewölk schaut und der Sturmwind um die Hörselberge heult. Aber keine Angst, verehrte Nachsaisonurlauber, diese ungemütliche Schar kommt nie ohne Frühwarnung. Wer spazierengeht, wenn im Herbst der Sturmwind tobt und der Nebel seine Fratzen schneidet, und dann plötzlich Hundegebell und Hörnerklang vernimmt, tut gut, sich hinzulegen und nicht erst den Getreuen Eckart zu erwarten, einen weiteren Hörselbergbewohner, Warner von Profession – ein großer, knochiger, graubärtiger Mann, der einen Stecken hin- und herschwingt, um alle darauf hinzuweisen, sich bitte niederzulegen, weil die Wilde Jagd gleich angerückt kommt.

Es existieren im Hörselberge noch andere Untermieter aus der Sagenwelt, aber allein die genannten dürften ausreichen, dem Wagen am Fuße dieses sagenumwobenen Berges einmal eine längere Pause zu gönnen, Schusters Rappen zu besteigen und aufzubrechen in die lieblichen Täler der Hörselberge und in die feuchten und fledermausbewohnten Höhlen an den steilen Hängen.

Wer realere Gebilde liebt als die sagenhafter Überlieferung, wer bunte Schmetterlinge mag und zarte Orchideen, der kommt an den zahlreichen wärmespeichernden Kalkhängen des Thüringer Bekkens ebenfalls auf seine Kosten. Denn Thüringen wird zu Recht ein Kreuzweg der Blumen genannt. Hier findet der Kenner eine Fülle von sonst in Europa nur noch weit voneinander getrennten Pflanzenarten auf engstem Raum vereint, geben sich Zwerg-Sonnenröschen und Bologneser Glockenblumen, Ungar-Minze und Sumpf-Veilchen, Kugelblumen und Nachtstengel-Schwertlilien, Steppen-Königskerzen und Salz-Beifuß,

Ritter Tannhäuser im Hörselberg

Tannhäuser war ein edler Mann aus dem Frankenland. Er besaß nicht nur die Eigenschaften eines Ritters, sondern auch die Gabe des Minnesanges. Als Landgraf Hermann von Thüringen wieder einmal auf der Wartburg Dichter versammelte, war Tannhäuser unter ihnen. Als lebenserfahrener Mann, der viele Länder bereist hatte und von den seltsamsten Dingen singen konnte, errang er großen Ruhm und viel Ehre.

Eines Tages, es ging schon auf den Abend zu, kam Tannhäuser auf dem Wege zur Wartburg am Hörselberg vorbei. Da sah er am Fuße des Zauberberges eine wunderschöne Frau stehen. Sie war leicht gekleidet, und ihre Reize zogen Tannhäuser mit unwiderstehlicher Gewalt an. Sie winkte ihm, und er winkte zurück, und zugleich erklang aus dem Berg der Schall süßer Lieder.

Es war Frau Venus, deren Liebeslockungen Tannhäuser folgte. Sie geleitete ihn in den Berg, und er genoß ein Jahr lang ihre heiße, sinnverwirrende Liebe. Allmählich aber spürte Tannhäuser Überdruß, und er trachtete danach, wieder aus dem Berge zu kommen. Davon wollte Frau Venus nichts wissen; sie beschwor ihren Gast, sie nicht zu verlassen. Der aber war entschlossen, wieder auf die Erde hinaufzusteigen und Vergebung für sein Buhlen mit Venus zu erlangen. Da ließ sie ihn betrübt ziehen, und Tannhäuser trat aus dem Berg.

Zu jener Zeit regierte Papst Urban in Rom. Zu ihm zog Tannhäuser, sich die Sünde vergeben zu lassen. Der Papst aber war ein strenger Mann. Er zeigte auf seinen weißen Kreuzesstab und sagte: »Sowenig dieser dürre Stab jemals wieder grünen wird, sowenig erlangst du Gnade!«

Da verließ Tannhäuser Rom und kehrte zurück in den Hörselberg zu Frau Venus.

Nicht lange danach begann der Kreuzesstab des Papstes wider alles Erwarten zu grünen und zu blühen. Da schickte Urban viele Boten aus, um Tannhäuser suchen zu lassen und ihm die Sünde zu vergeben. Aber der Ritter war nirgends zu finden. Er blieb bei Frau Venus. Sie liebte ihn heißer als zuvor, und er wird dort bleiben bis an das Ende der Welt.

Aus: Es sagt aus alten Tagen

Rudolf von Stotternheim geriet um 1260 mit Erfurt in Fehde und beunruhigte die Stadt durch ständige Überfälle. Da griffen die Erfurter zu den Waffen, zerstörten Rudolfs Schloß, das eines der festesten in Thüringen war, und besetzten den Ort für den Rat ihrer Stadt.

Blaugras und Bleich-Knabenkraut, Adonisröschen und Hirsch-Glockenblumen, Alpen-Astern und Alpen-Frauenfarn, Sonnentau und Frauenschuh ein Stelldichein, nicht mehr in aller Öffentlichkeit, weil land- und forstwirtschaftliche Kultivierungsmaßnahmen da manches verändert haben und weiter verändern; aber in versteckten Tälern, auf einsamen Hängen und in verborgenen Schluchten sind sie oft zu Tausenden und aber Tausenden zu finden.

Die vielen kleinen Orte dieser Landschaft legen im »Mach mit!«-Wettbewerb immer mehr ihre alte Volksbaukunsttracht an, die manchmal hundert und mehr Jahre hinter häßlichem Putz verborgen lag. Und auch hier: Geschichte ... Im Dorf Stotternheim bei Erfurt kann man nicht nur die Stelle besichtigen, wo Luther sein »Heilige Anna, hilf, ich will auch ein Mönch werden!« ausgerufen haben soll, auch einer anderen Sache wegen war der Ort in früheren Jahrhunderten berühmt: es war seine sogenannte Grashauerzunft. Sie umfaßte einen Obermeister, mehrere Meister, Gesellen und Lehrlinge, hatte eine Lade und ihre Gesetze. An einem bestimmten Tage rief die Trommel alle Grashauer vor die Schenke, wo sie sich mit ihren Sensen formierten. Unter Trommelschlag ging es dann hinaus auf die zahllosen Wiesen der Umgebung, wo qualitätsgerecht gearbeitet wurde, denn Kontrolle war Pflicht. Wenn man abgehauenes Gras zu einem Knoten binden konnte, wurde der Hauer bestraft.

Andere Dörfer wiederum waren bekannt für solide Fuhrmannsarbeit, und es gab ganze Gemeinden, die lange ohne arbeitsfähige Männer blieben, weil diese als Fuhrmänner in Kolonnen weit unterwegs waren.

Mittelhausen schließlich, ein anderes Dorf, war wiederum lange Zeit Sitz des Thüringischen Landgerichts, das auf dem Rieth nahe dem Orte zusammentrat. Unter Leitung des Landgrafen waren die zwölf thüringischen Grafen als Beisitzer anwesend (die Grafen von Schwarzburg, Gleichen, Käfernburg, Orlamünde und Weimar, Mühlberg, Brandenburg, Beichlingen, Lora, Rabinswalde sowie die drei »Harzgrafen« von Stolberg, Mansfeld und Hohnstein). Das Gericht tagte dreimal jährlich: zu Weihnachten, Ostern und Michaelis. Der Besitzer zweier Höfe in Elxleben mußte auf offenem Felde unter freiem Himmel ein Gerüst errichten, damit alle die »Schöffen« sahen – und ringsum Schranken bauen, damit niemand das Gericht stören konnte. Der Landgraf saß auf erhöhtem Sitz inmitten der zwölf Grafen, in der Rechten einen weißen Stab; er hörte die Klagen und Gegenklagen an und sprach das Urteil öffentlich vor dem Volke, das ringsum versammelt war.

Aber auch viele neue Traditionen gibt es im Thüringer Land. Als 1950 ein fürchterliches Unwetter die kleine Landgemeinde Bruchstedt verwüstete und besonders zahlreiche Neubauern über Nacht arm werden ließ, standen ihnen in kürzester Zeit Arbeiter, Bauern und die neuen Staatsorgane solidarisch zur Seite. Nicht nur mit Baumaterial, Vieh und Bargeld, sondern auch mit praktischer Arbeit, so daß in kurzer Zeit Bruchstedt neu errichtet werden konnte. Hier bestand die neue Gesellschaft eine ihrer Bewährungsproben.

Nicht weit von Bruchstedt liegt Merxleben, wo im Bauernkrieg »arme Leute dem Müntzer anhingen« und unter dessen Regenbogenfahne kämpften – und wo 1952 eine der ersten landwirtschaftlichen Produktionsgenossenschaften der DDR entstand. Heute hat sich aus dem, was die Merxlebener Genossenschaftsbauern damals kühn in Angriff nahmen, eine hochmoderne sozialistische Landwirtschaft entwickelt. Ihr begegnet man allenthalben, doch den Merxlebenern bleibt der Ruhm, Bahnbrecher des Neuen auf dem Lande gewesen zu sein.

Zahlreiche Landstädtchen können mit historischen Ereignissen aufwarten, die manche in diesen Orten gar nicht vermuten. Weißensee zum Beispiel, das ebenfalls abseits liegt von den breiten Straßen, heute ein stilles Städtchen mit gerade 4000 Einwohnern, war lange Zeit eine wehrhafte Stadt, Zweitresidenz der thüringischen Landgrafen, wichtiger Knotenpunkt mittelalterlicher Handelswege, umgeben von fischreichen Seen und schwer einzunehmen. In der »Legende Bonifatii« wird Weißensee »das Herz Thüringens« genannt.

Kölleda wiederum, auch ein kleines Städtchen, kann auf Traditionen verweisen, die weder Wehrhaftigkeit noch politische Rangstellung betreffen. Vielmehr ist es der seit etwa 1800 aufkommende Anbau der Pfefferminze und anderer Heil- und Gewürzpflanzen, der den Ort bald bekannt werden ließ. Es dauerte nicht lange, da war das Gebiet um Kölleda so ziemlich das größte Pfefferminzanbaugebiet in Mitteleuropa, das Städtchen nannte sich stolz »Deutschlands Pfefferminzstadt«, und die Bahnlinie, die später Kölleda passierte, wurde als Pfefferminzbahn bezeichnet – eine Titulierung, die noch heute im Volksmund üblich ist.

So könnte man fortfahren mit der Aufzählung der historisch interessanten Vergangenheit zahlloser thüringischer Städte und Dörfer, die aus diesem oder jenem Anlaß einmal für kürzere oder längere Zeit im Blickpunkt des politischen, ökonomischen oder kulturellen Interesses standen, manche sogar im Zentrum nationaler Interessen, wie Allstedt, Heldrungen, Bad Frankenhausen oder die Thomas-Müntzer-Stadt Mühlhausen.

73 Stufen sind es im Allstedter Wigbertiturm, bis der Besucher in einer kleinen Turmwohnung steht, die vier mal acht Meter groß ist; hier soll der

Das Landgericht zu Mittelhausen ging um die Mitte des 14. Jahrunderts ein. Der Platz, auf dem es seine Sitzungen abgehalten hat, ist noch zu sehen. Er wird »Maspe« oder »Aspe« genannt – nach den Espen, die einst hier gestanden hatten.

Weißensee war ursprünglich von zwei Seen umgeben, die erst im 18. Jahrhundert trockengelegt wurden. Zwischen 1135 und 1180 ließ Landgräfin Jutta, die Frau Ludwigs des Eisernen von Thüringen und Halbschwester Friedrich Barbarossas, in Weißensee eine Burg errichten – und zwar ohne Erlaubnis des Grafen von Beichlingen, in dessen Machtbereich Weißensee lag.

Die Thüringer Landgrafen weilten häufig auf der »Runneburg« in Weißensee. Zahlreiche Urkunden sind hier von ihnen ausgestellt worden. Die Burg trotzte mehrfachen Belagerungen. Im 16. Jahrhundert ließ Kurfürst August von Sachsen den Palas zu einem Renaissanceschloß umbauen. 1738 kam das »Fürstenhaus« dazu, ein Fachwerkbau mit barockem Dach. Es diente den Herzögen von Sachsen-Weißenfels als Jagdschloß.

Einige Mühlhäuser Geschichtsdaten: 775 – erste Erwähnung in einer Urkunde Karls des Großen. 1256 – die Bürger zerstören ihre Feudalburg. 1290 – Freie Reichsstadt. 1430 – Beitritt zur Hanse. 3. Juli 1523 – Die Mühlhäuser erzwingen die Annahme ihrer »Artikel« durch den Rat der Stadt. August 1524 – Thomas Müntzer siedelt in die Stadt über. 17. März 1525 – Einsetzung des »Ewigen Rates«. 27. Mai 1525 – Hinrichtung Thomas Müntzers. 1707–1708 – Johann Sebastian Bach als Organist in der Stadt.

In der zwischen 1230 und 1280 entstandenen Mühlhäuser Kornmarktkirche wurde nach umfassender Restaurierung eine Bauernkriegsgedenkstätte eingerichtet und zum 450. Jahrestag des Deutschen Bauernkrieges eingeweiht.

Zu dem zentralen Gedenkstättenkomplex, der in Mühlhausen an den Höhepunkt der frühen bürgerlichen Revolution des 16. Jahrhunderts erinnern soll, gehören neben der Kornmarktkirche das Rathaus, die Stadtmauer, das Wohnhaus Thomas Müntzers, das Brunnenhaus Popperode und das Heimatmuseum.

Volksreformator und Revolutionär aufrüttelnde Predigten niedergeschrieben, Flugschriften verfaßt und nachgedacht haben über Weg und Ziel des bevorstehenden Kampfes.

Wenige Minuten Weges nur, und man steht vor dem Rathaus des kleinen Städtchens, einem Fachwerkbau. In seinem Keller hat Thomas Müntzer die Getreuen in den Allstedter Bund aufgenommen; die Mansfelder Bergknappen schlossen sich, vertreten durch mehrere Delegierte, vollzählig dem revolutionären Bund an.

Eine halbe Autostunde weiter, und wir sind in Heldrungen, der einst berühmtesten Wasserburg des Grafen Ernst von Mansfeld, dem Thomas Müntzer in besonderer Feindschaft gegenüberstand. Er hatte ihn einen Feind der Freiheit genannt, einen Schinder und Leutefessler, einen jener »Großen Hanseln«, die zu bekämpfen Müntzer das Volk aufgerufen hatte, da sonst »aus Deutschland eine Mördergrube« würde. Als der revolutionäre Ideologe nach der Frankenhäuser Schlacht gefangengenommen wurde, übergaben ihn die Fürsten eben diesem Ernst von Mansfeld auf Heldrungen »als Beutepfennig«, wie sie es nannten. Gefesselt auf den Schinderkarren, wurde Müntzer in die Wasserburg gefahren, wo ihn der Graf Ernst in den Turm warf und entsetzlich foltern ließ. Der Feudalherr nahm furchtbare Rache an dem Manne, der das Volk gegen die Feudalordnung mobilisiert hatte. Aber er durfte ihn »nur« foltern, töten durfte er ihn nicht, denn er mußte ihn an die Fürsten übergeben, die Müntzer schließlich vor den Toren Mühlhausens enthaupteten.

Ja, Mühlhausen! Dieses »ganz feste stettelin«, wie die wehrhafte Handelsmetropole des Mittelalters, die Freie und des Reiches Stadt, in einem Liede aus der Zeit des Deutschen Bauernkrieges genannt wurde, durch 50 Verträge mit Fürsten, Königen und anderen Mächtigen dieser Zeit außenpolitisch abgesichert und durch eine starke Stadtmauer und seine wehrhafte und wehrwillige Bürgerschaft geschützt. Auch heute noch hinterläßt die ehemalige Reichsstadt einen imposanten Eindruck: mit der gut erhaltenen Stadtmauer, mehreren Müntzer-Gedenkstätten, der Marienkirche zum Beispiel, wo er seine aufrüttelnden Predigten hielt; dem kleinen Rathaus, wo er den Ewigen Rat in sein Amt einführte; mit der Divi-Blasii-Kirche, der späteren Wirkungsstätte Johann Sebastian Bachs; mit alten krummen Gassen und Straßen, vornübergeneigten Fachwerkhäusern, historischem Zierat wie alten Türen und Bürgerwappen.

Vieles ist noch so, wie es zu Müntzers Zeiten gewesen ist, nur hat sich Tradition mit gesellschaftlichem Fortschritt verbunden und Mühlhausen auf vielerlei Weise berühmt gemacht: als Pflegerin revolutionärer Tradition wie als Bewahrerin des kulturellen Erbes. Und das verleiht dieser gepflegten und solide restaurierten Thomas-Müntzer-Stadt eine besondere Anziehungskraft.

Andere Städte aber wollen Mühlhausen keineswegs nachstehen. Leinefelde zum Beispiel, von dem ein eichsfeldischer Sinnspruch sagte, daß es »im Gelde« läge, hat dieses Sprichwort erst in unserem sozialistischen Zeitalter bewahrheitet. Jahrhundertelang war das Städtchen eine kleine industrielle Oase im wechselhaften Auf und Ab des Eichsfeldes, bekannt seines Haar- und Fellhandels wegen und seines Bahnhofes, von dem aus Tausende Wanderarbeiter Jahr für Jahr ins In- und Ausland aufbrachen, weil es daheim kein Brot gab. Durch den Eichsfeldplan der Partei der Arbeiterklasse wurde es in unseren Tagen der bekannteste industrielle Schwerpunkt dieser Landschaft, mit einem modernen Spinnereikombinat und einer dazugehörigen kleinen, aber neuen Stadt, deren Bewohner heute, um beim vorhin zitierten Sprichwort zu bleiben, »im Gelde liegen«.

Oder Nordhausen, gleichfalls eine Reichsstadt wie Mühlhausen, wenn auch nicht über jene großen nationalen revolutionären Traditionen verfügend wie diese, aber doch einst mit Erfurt und Mühlhausen eine Macht im alten Thüringen darstellend, vor der Ritter und Reisige zitterten. Bekannt heute vor allem weniger durch den wohl schönsten Roland der thüringischen Heimat, das uralte Symbol städtischer Freiheit, sondern durch den Fleiß seiner werktätigen Menschen, die aus dem durch englische und amerikanische Bomben 1945 größtenteils zerstörten Stadtwesen wieder eine Stadt gemacht haben, mit bekannten Industriebetrieben wie dem VEB Schachtbau, dem Motorenwerk, dem VEB NOBAS und dem VEB Nordbrand.

Städte und Landschaften zwischen Mühlhausen und Kyffhäuser – sie sind im steten Wandel begriffen; aus einstigen Landflecken wurden im Sozialismus Gemeinden städtischen Charakters, wie das berühmte Berlstedt, wo – selbst mit internationalen Maßstäben gemessen – auf modernste Weise industriell produziert wird, zum Nutzen der Gesellschaft.

Aus verträumt zurückgebliebenen Land- oder Residenzstädtchen fast schon spitzwegscher Prägung sind kleine oder große industrielle Basen geworden, wie auch Sondershausen zeigt, die in einem Talkessel liegende, von bewaldeten Höhen gesäumte, einstige fränkische Siedlung und spätere Residenz der Fürsten von Schwarzburg-Sondershausen.

Die Stadt wies Jahrhunderte hindurch alle jene Beschränktheiten auf, die deutsche Dichter und deutsche Ideologen an den Residenzen und erst recht den Residenzleins kritisierten. Noch heute neigen sich die krummen Häuschen der Altstadt gleichsam im tiefen Diener vor dem alten Fürstenschloß, das sich wie eh und je über die Stadt und ihre Bürger zu erheben versucht, hochnäsig auf sie

Die blinden Hessen

Die Stadt Mühlhausen in Thüringen wurde einmal von den Hessen belagert. Viele der Verteidiger waren bald tot, verwundet oder gefangengenommen. Da kam die Stadt denn in große Not, und sie durfte kaum hoffen, einer neuen Bestürmung standzuhalten. Sollte sie sich jetzt ergeben oder kämpfen bis auf den letzten Mann? Verzweifelt zerbrachen sich die Ratsherren darüber die Köpfe. Endlich aber gab einer von ihnen einen guten Rat für einen letzten Rettungsversuch. Lachend hörte man ihn an, und in der nächsten Nacht tat man, wie der Schlaukopf empfohlen hatte.

In die Mauer, welche die Stadt umgab, steckte man hölzerne Pfähle, und kreuzweise wurden daran kurze Stäbe befestigt. Darüber hängte man Kleider, wie die Bürger und die Söldner sie trugen. Mützen und Hüte, Stiefel und Waffen kamen dazu, und bald sah es aus, als ob in geringer Entfernung voneinander zahllose Kämpfer auf der Mauer ständen. Zwischen den hölzernen Puppen gingen dann, als der Morgen anbrach, alle noch am Leben gebliebenen Männer bewaffnet auf und ab.

Wie wunderten sich da die Belagerer über die vielen Verteidiger, die der Stadt noch zu Gebote standen! Das hatten sie nie und nimmer vermutet. Nach einer kurzen Beratung gaben sie daher die Belagerung auf und zogen ab. In der befreiten Stadt aber lachte und spottete man nun weidlich über die blinden Hessen.

Aus: Es sagt aus alten Tagen

Sondershausen, Haupt- und Residenzstadt des Fürstentums Schwarzburg-Sondershausen, mit 8000 Einw., an der Wipper, in freundlicher Lage, von waldbedeckten Bergen umgeben (schöne Spazierwege). Auf dem Markte das Karl-Günter-Denkmal, das fürstliche Palais, in dem Ministerium und Landratsamt, das Rathaus mit Altertümersammlung und Ratskeller (Gastwirtschaft) und die Hauptwache. Über dem Markt, auf einer Anhöhe das Residenzschloß mit schöner Aussicht und herrlichem Park. Der ältere Teil des Schlosses 1538–50 erbaut; der westliche Flügel (1846 restauriert) wird vom Fürsten bewohnt …

Meyers Reisebücher Thüringen,
Leipzig und Wien 1908

herabblickend, obwohl von den Fürsten höchstens noch ein paar alte Leute sprechen und das ehemalige Residenzschloß längst ein geistig-kulturelles Zentrum der jetzigen Bergarbeiter- und Musikstadt geworden ist.

Seit Anfang des Jahrhunderts der Kalibergbau in dieser Gegend heimisch wurde und der Stadt immer mehr das Gepräge gab, begann sich die residenzstädtische Zurückgebliebenheit langsam zu lichten, mehr nicht. Erst mit der Gründung der Arbeiter-und-Bauern-Macht wurde dieser Kreis endgültig durchbrochen, denn erst da sollte der Bergarbeiter nicht mehr »stark, aber dumm« sein, wie es früher gewünscht wurde, sondern klug und stark, wie es einer sozialistischen Persönlichkeit zukommt. Sondershausen veränderte nunmehr auch äußerlich sein Gesicht: helle Neubauviertel entstanden, Schulen, Kindereinrichtungen, Geschäfte. Eine neue Generation selbstbewußter Bürger wuchs heran.

Das Sondershäuser Schloß ist nicht nur interessant wegen der Reichtümer der früheren Fürsten, die es auf bemerkenswerte Weise demonstriert, und wegen der vielseitig dargestellten Rechtlosigkeit der früheren Untertanen, die es nicht minder deutlich zeigt. Nein, es verfügt über eine Kuriosität Europas, über einen Herrn, der alle hochadligen Herrscher überdauert hat, über den schönsten Herrn Püsterich der ganzen Welt

»Püsterich, ein Götzenbild,
Gräßlich anzuschauen.
Pustet über klar Gefild,
Wüst Gestank und Grauen.«

So schrieb Goethe über die 57 Zentimeter große und etwa 35 Kilo schwere Erzfigur, einen mittelalterlichen Dampf- oder Feuerbläser, gefunden bei der schönen Rothenburg auf dem Kyffhäuserberge. Sie stellt im Grunde ein dickbäuchiges Männlein dar

mit einem etwas dümmlichen Gesichtsausdruck, das Haar fein gewellt, friedlich dastehend, als sei es die Harmlosigkeit in Person.
Thüringen ist also ein buntes Land, mit vielen Traditionen und ebensoviel Neuem. »Das Land war hiebevor ganz sumpficht«, berichtet eine alte Chronik, »nunmehr trägt's allerley. Die Brache besät man hier sowohl als die Winter- und Sommeräcker, Wayd war vormaliger Reichtum, thüringischer Wein macht tolle Köpfe, bekannt sind thüringische Gärten und Gartengewächse, auch die silberfarbenen Pferde. Hat auch allerley Viehzucht, ist die Schmaltz-Grube von Teutschland und wird mit dem gelobten Land verglichen.«
Eine andere Chronik betont die »acht W's« dieser Landschaft: »Wiesen und Weiden, Wässer und Wälder, Waid und Wein, Wolle und Weizen ...« – aber was sind diese früheren Symbole, verglichen mit den wirtschaftlichen, kulturellen und sozialen Potenzen dieser aufstrebenden Landschaft heute?
Wer hierher kommt, als Urlauber, Tourist oder Wochenendausflügler, kann das alles aufspüren, kann Blumen- und Wälderreisen unternehmen, Kunst- und Sagenfahrten, kann Geschichts-, Landwirtschafts- und Wirtschaftsleben studieren, findet Vergangenheit, Gegenwart und Zukunft greifbar beieinander – und Entspannung und Erholung und Bildung dazu. Was will er mehr, nicht wahr? Freilich ist eines Voraussetzung: Er muß oft die breiten und bequemen Fernstraßen verlassen. Aber es lohnt sich – in jedem Falle!

Roger Nastoll

Ein Kuvert voll Denkzettel

Ich habe eine Angewohnheit, derenthalben mancher meiner Bekannten mich heimlich belächelt: Wenn ich verreise (zum Exempel, um eine fremde Stadt kennenzulernen), werfe ich Fahrscheine, Eintrittskarten und ähnliche kleinformatige Quittungen, die mir Besuchs- oder Benutzungserlaubnis für die verschiedensten Einrichtungen waren, nicht etwa in den Papierkorb, sondern bewahre sämtliches in einem Kuvert. Solche bauchig gefüllten Tüten finde ich irgendwann – mal bald, mal nach längerer Zeit – wieder im papiernen Chaos meines Schreibtisches.
Nämliche Entdeckungen bereiten mir jedesmal Zeiten angenehmster Entspannung, indem der Inhalt des wiedergefundenen Umschlages Zettel um Zettel mich verleitet, eine Reise in Gedanken zu wiederholen. Freilich wäre es einfacher und bequemer, anstatt sich mit den spärlichen Informationen der Billets zu bescheiden, die Erinnerung mit Hilfe von Reiseführern, Prospekten oder Diaserien aus dem Gedächtnis zu fördern. Mit solch großen Bausteinen aber hätte ich beim Mosaiklegen nur halbe Freude, womit auch erwähntes Belächeln erklärt wäre.

Ein solches Kuvert also liegt jetzt vor mir, frankiert mit zwei roten Briefmarken und einem Stempel, wonach der Absender des Briefes »Eisenach-Information« hieß. Dann klebt da noch ein Zettel mit rotem Dreieck und dem Vermerk »Nachnahme 3,80 Mark«.
Ach ja, das war die Vermittlungsgebühr für das Zimmer in Eisenach, welches im Frühjahr 1975 für fünf Tage mein Zuhause war.
›Zimmer, ha, ha!‹ höre ich mich innerlich höhnen und suche nach einer treffenden Bezeichnung für einen Raum, dessen zwei mal drei Meter Grundfläche eben noch ausreichen, ein Bett, einen Stuhl und eine Kommode aufzustellen. Es wird viele solcher »Zimmer« in Eisenach geben, denn die schmalen Häuser der Altstadt stehen eng und verwinkelt. Aber für jemanden, der ohnehin nicht vorhat, sich stundenlang im Quartier aufzuhalten, ist eine derartige Schlafstelle vorübergehend ausreichend. Und dann unterscheidet sich die Benutzungsgebühr eines solchen Quartiers natürlich in angenehmer Weise von jenen der großen Hotels – und das ist für einen, der seinen Unterhalt durch das gefällige Anein-

anderreihen von in Sätze gefaßten Gedanken verdient, ein durchaus zu beachtender Umstand.

Ich schütte also das Eisenach-Kuvert aus, lasse die Papierchen durch meine Finger gleiten und suche nach einem markanten Anhaltspunkt, von dem aus die Erinnerung sich abspulen kann. Ich stutze bei zwei Einlaßkarten von äußerlich gleichem Aussehen – war ich zweimal im selben Museum? »Staatliche Museen in Eisenach« steht auf den Karten. Das »Staatliche« versteht sich von selbst zwischen Elbe und Oder, hilft dem Gedächtnis also nicht weiter. Nachdenken, Eisenach – Thüringen – Museum. Diese Gedankenverbindung bringt's zurück und erklärt die Duplizität. Das »Thüringer Museum« nämlich stellt seine Sammlungen in Eisenach an zwei verschiedenen Stellen zur Schau. Den einen (für mich zugleich den schöneren) Teil – mittelalterliche Schnitzplastik aus Thüringen – im ehemaligen Dominikanerkloster am Predigerplatz.

Dann sehe ich wieder den älteren Herrn, der mit Hut und Mantel an der Kasse saß, während ich in Sandalen und mit offenem Hemd das frühgotische Kirchenschiff betrat. Es war kühl dort – für mich angenehm, für den Mann an der Kasse gefährlich. Ich bekam meine Karte (war's die eine oder die andere von den beiden?) für fünfzig Pfennige, und der Mann bat mich, schon mal hinein zu gehen und mich umzuschauen – er käme dann, mir noch etwas Besonderes zu zeigen.

Ein junges Paar – außer mir die einzigen Besucher – verließ flüsternd den langgestreckten Raum, der in halber Höhe von einer Zwischendecke geteilt wird. Es roch eigenartig dort – nicht unangenehm, beileibe nicht muffig, wie jemand glauben könnte, wenn er erfährt, daß die hier ausgestellten Kunstwerke Hunderte von Jahren alt sind. War es die Stille, das durch die spitzbogigen Fenster gedämpfte Tageslicht, das Wissen vom Alter des Raumes oder dieser Geruch, was mich beim Eintritt zögern ließ? Langsam, immer wieder verweilend (und ängstlich, daß eine unter meinen Füßen knarrende Diele die Stimmung zerstören könnte) ging ich von Plastik zu Plastik. Marienstatuen, Flügelaltäre mit Aposteldarstellungen – und immer wieder der ermordete Nazarener. In unsteter Wiederholung dieselben Sujets, aber unverwechselbar die Werke. Vergleiche die Gesichter, die Haltung, die Kleider der Figuren! Wie erhaben und kalt jene Madonna schaut, gekrönt und in goldene Seide gehüllt; ihr Schöpfer wird Beifall und gute Belohnung bei seinen Auftraggebern gefunden haben. Und der Schnitzer jenes Christus? Diese Skulptur stellt nicht nur den leidenden Gottessohn dar; dies ist der leidende Mensch an sich. In jeder Figur hätte Heine das sehen können, was er bei der Betrachtung eines Kruzifixes in Goslar vermißte: die Poesie des Schmerzes. Vielleicht gab der Künstler dem gequälten Christusgesicht Züge seines Nachbarn oder Freundes, um sich mit dem Schnitzmesser aufzulehnen gegen die Ungerechtigkeiten seiner Zeit. Und vielleicht wurden auch ihm, wie Tilman Riemenschneider, deswegen die Hände gebrochen.

Es dauerte lange, bis ich in den oberen Raum kam. Auch dort: in Holz geschnitzte Figuren und Ereignisse, wie sie im Neuen Testament beschrieben sind. Und dennoch hatte die Langeweile nicht einen Augenblick die Chance, mich zur Eile oder flüchtiger Betrachtung zu verleiten. Dann kam der Mann von der Kasse, mir das »Besondere« zu zeigen. Er öffnete eine Tür und bat mich, ihm zu folgen.

»Dies ist eines unserer Magazine«, erklärte er, »wir können aus Platzgründen leider nicht alles ausstellen, was uns zur Verfügung steht.« Ich sah deckenhohe Regale voller Skulpturen an den

Graf Ludwig von Schauenburg mit dem Beinamen »der Springer« ließt 1067 die Wartburg auf fremdem Grund und Boden erbauen. Sehr viel später erst bestätigte der Kaiser seinen gesamten Besitz. Ludwig ließ auch die Neuenburg an der Unstrut errichten und gründete das Kloster Reinhardsbrunn, das er zur Grabstätte seines Geschlechts bestimmte.

Zu Anfang des dreizehnten Jahrhunderts waren sechs Minnesänger am Thüringer Landgrafenhof auf Schloß Wartburg versammelt: Walther von der Vogelweide, ein weitberühmter Minnesänger aus Franken, Wolfram von Eschenbach, der bedeutendste von allen, auch ein Franke, Heinrich von Ofterdingen, mutmaßlich ein Österreicher, Johannes Biterolf, ein Henneberger, Reimar von Zwetzen, ein Thüringer, und Heinrich, der Schreiber genannt, ein ritterlicher Diener des Landgrafen ...
Ludwig Bechstein

Fürst Hermann von Thüringen,
Etliche von deinem Ingesinde habe ich geprüft,
Es sollte lieber Ausgesinde heißen.
Du hättest auch einen Hofmarschall nötig,
Deine echte Schenklust hat dir
So kunterbunten Anhang verschafft,
Das ist teils übles Pack,
Teils rühmlicher Zuwachs.
Wolfram von Eschenbach

Ich bin des milten Landgrafen Ingesinde:
es ist min sitte, das man mich iemer bi den besten finde,
die andern Fürsten alle sind vil milte, iedoch
so stateclichen nicht: er was es eh und ist es noch.
Walther von der Vogelweide

Wänden, und der Mann sagte: »Diesen Kopf hier wollte ich Ihnen noch zeigen.« Ich trat näher an das Regal und erblickte einen Männerkopf von außergewöhnlicher Ausdrucksstärke, doch ehe ich den Museumsmann um nähere Erläuterungen ersuchen konnte, bat er mich schon wieder hinaus. Irritiert stand ich wieder in der offiziellen Ausstellung; der Mann war bereits auf dem Weg nach unten. War dies Sonderwohlwollen nur scheinbar, eine Routinegeste ...?
Nun bedarf es natürlich keiner Überlegung mehr zur Herkunft der zweiten Karte des Zwillingspärchens. Ich schlendre im Zeitraffer der Erinnerung vom Predigerplatz zum nahen Markt, vorbei an der Georgenkirche mit ihren wegen Restaurierungsarbeiten geschlossenen Portalen. Um zum gegenüberliegenden Residenzschloß, dem zweiten Domizil des Thüringer Museums, zu gelangen, hätte ich vor einigen Jahren bloß den Markt zu überqueren brauchen – ich weiß es von Bildern aus jener Zeit. Heute muß ich ihn umgehen; das Innere des Marktplatzes gehört dem Auto. In weißlinig vorgezeichneter Ordnung stehen dichtgedrängt die blechernen Statussymbole unserer Zeit; viele von ihnen sind mit drei oder mehr Buchstaben polizeilich gekennzeichnet – unweit von Eisenach verläuft die Staatsgrenze.
Die Verkaufsstände der Gärtner und Landleute wurden von den Autos hinter und neben die Georgenkirche verdrängt. Aber auch hier haben die Blumen- und Gemüsehändlerinnen regen Zulauf. »Na, ein Sträußchen, junger Mann?« Ich überlege, was ich mit den Blumen soll; ich bin allein in der fremden Stadt, und das Grab Fritz Reuters, vor dem ich mich mit Blumen gern verneigt hätte, hatte ich zu diesem Zeitpunkt noch nicht ausfindig gemacht. Dennoch kaufte ich den Strauß, wer weiß, wann man mir wieder Blumen anbietet. Auf einer Bank neben dem betulichen

Renaissance-Rathaus sitzen drei junge Mädchen – vielleicht sind es Studentinnen des nahen Instituts für Lehrerbildung. In einem Anflug chevaleresker Tollkühnheit (es war Mai!) gehe ich hin und schenke einem der Mädchen die Blumen. Ehe sie ihrer Verblüffung Herr wird, hält sie den Strauß in der Hand, und ich bin schon weiter. Bevor ich das Residenzschloß betrete, drehe ich mich noch einmal um – die Freundinnen wollen offenbar eine Erklärung von der Beschenkten. Schulterzucken und Kopfschütteln; ihre Neugier bleibt unbefriedigt.

Im Residenzschloß bekomme ich die zweite Karte mit dem Aufdruck »Staatliche Museen in Eisenach« und muß mich mit Namen und Adresse in ein Quartheft eintragen. Eine Statistik? »Mehr eine Sicherheitsmaßnahme gegen kriminelle Antiquitätensammler«, wird mir erklärt. Ein paar Stufen abwärts in den langgestreckten Raum, von dessen säulengetragener Decke einst Pferdeschnauben widerhallte. Heute birgt der ehemalige Marstall eine umfangreiche Sammlung Thüringer Fayencen sowie kunsthandwerkliche Kleinodien aus Porzellan und Glas. Im Obergeschoß der Residenz ein kleiner Rokokosaal (Baumeister Krohne mußte bei der Bauausführung – wie meistens, wenn Aufträge vom Weimarer Hof ergingen – sparsam sein), beiderseits des Saales Kabinette mit Werken thüringischer bildender Künstler.

Kaufte ich nicht noch etwas, bevor ich das Museum verließ? Ich stöbere in meinem Zettelhaufen und finde eine Konzertkarte »24. Mai, 20 Uhr, Rokokosaal«. Kammermusik bei Kerzenschein, dargeboten von Musikern mit zeitgenössischen Perücken? Nein, Perücken hätten störend gewirkt bei den jungen Männern an Baß, Gitarre, Schlagzeug, Flügel und Flöte. Jazz und Chansons im Rokokosaal. Eine Studentenband der Franz-Liszt-Hochschule Weimar, eine begabte Sängerin und beim Publikum bestes Jazzfeeling – das hat schon Spaß gemacht.

Eine Fahrkarte der Deutschen Reichsbahn nach Bad Salzungen – die ist wohl ins falsche Kuvert geraten? Ach nein, das war ja der Abstecher in die Rhön …

Es ist ein sonniger Morgen. Die Diesellok zieht den Zug vorbei am Fuße der Wartburg, hinauf in die herrlichen Wälder südwestlich von Eisenach. Bei Förtha teilen sich die Gleise – mein Zug bleibt links. Allmählich fährt er bergab in die wellige Landschaft der Rhön. In Bad Salzungen soll ich umsteigen; ich will weiter nach Merkers. Über eine Stunde Aufenthalt – Zeit genug, mich ein wenig umzusehen in dem Volkssolbad an der Werra. (Aber da war ja nicht viel; oder suchte ich zu zielstrebig? Die schönsten Pflanzen blühen im Verborgenen, sagt das Sprichwort.) Allenthalben begegne ich Plakaten und Transparenten und weiß nun: Bad Salzungen ist 1200 Jahre alt.

Mindestens ebenso alt ist der Salzunger See. Auf seinem Grund steht das (vermutlich mundgeblasene) gläserne Schloß eines Wassergeistes. Man kann es leider nicht sehen, aber das ist ja oft so bei sagenhaften Erscheinungen. Sichtbare Realität hingegen sind die Kurhäuser rings um den See. Modern, großzügig angelegt und in idealer Umgebung. Hinter den Erholungsheimen zieht sich über hügeliges Gelände ein Park mit breitkronigen Bäumen von erhabenem Alter. Den prächtigsten Exemplaren sind ihre Visitenkarten in deutscher und lateinischer Sprache angeheftet, was zur Folge hat, daß ich des öfteren verweile, einen Baum oder Strauch genauer betrachte – und meine Stimme halblaut die Bildungslücke verrät: »Ach so sieht ein(e) … aus!«

Der Weg nähert sich einer Lichtung, dort in einer Senke errichtete die Bad Salzunger Bevöl-

Mit Walther von der Vogelweides Vers:
»Mir hat Herr Gerhard Atz ein Pferd
Erschossen z'Isenache«
erscheint die Stadt Eisenach zum ersten Mal in der Literatur.

Als Folge eines politischen Handels kam 1211 die vierjährige Prinzessin Elisabeth vom ungarischen Königshof nach Thüringen und wurde dem elfjährigen Thronfolger angelobt. 1217 übernahm dieser die Regierung, vier Jahre später fand die Vermählung statt. Elisabeth war damals 14 Jahre alt.
In dieser Zeit tauchten in Eisenach die Boten des Franz von Assisi auf und verkündeten die Ideale der freiwilligen Armut und der christlichen Nächstenliebe. Elisabeth, frommen Glaubensvorstellungen zugetan, machte sich diese Lehre zu eigen. Von ihrer tätigen Fürsorge kunden zahlreiche Sagen und Geschichten.

Als Luther zu seinem Zwangsasyl Wartburg gebracht wurde, war ihm Eisenach nicht unbekannt. Von 1498 bis 1501 besuchte er die Lateinschule der Stadt. Er fand Unterkunft im Hause der Frau Cotta, das, später Lutherhaus genannt, heute als Luther-Gedenkstätte dient und jährlich Tausende Besucher hat.

Ich lasse mich eintun und verbergen, weiß selbst noch nicht wo ... Es muß eine kleine Zeit geschwiegen und gelitten sein. Ein wenig, so sehet Ihr mich nicht ...
Luther an Lucas Cranach

Doktor Luthers Tintenklecks, den der Kastellan von Zeit zu Zeit wieder auffrischt. Die meisten Reisenden haben doch etwas Handwerksburschenartiges und sehen sich gern nach solchen Wahrzeichen um.
Goethe in der »Italienischen Reise«

kerung den Opfern des Faschismus eine Gedenkstätte. Aus der Entfernung spüre ich, daß das Mahnmal eine starke Wirkung auf mich ausübt. Das ist nicht immer der Fall bei solchen Gelegenheiten, aber hier beschleunige ich den Schritt, um näherzukommen. Warum beeindruckt mich die liegende Figurengruppe im Viereck der Anlagen so stark? Ich bin betroffen in des Wortes mehrfacher Bedeutung, das da *betrifft mich*. Die steinerne Tote und der Mann, der, über sie gebeugt, Vergeltung schwört, gehören zu meinem Leben. Daran ändert auch nichts, daß ich erst gegen Ende der Nazizeit geboren wurde. Ich kann mich nicht gegen die Brust klopfen und sagen: ich habe das nicht mitgemacht! Ich kann mich nur beschwören: bleib erschütterbar! paß auf! tu etwas! die Welt ist größer, als das Land in dem du lebst – Lateinamerika, Afrika, der Nahe Osten ...
Eine Schülergruppe lärmt über den Platz vor der Gedenkstätte. Ich gehe auf sie zu (einige versuchen, was ungeschickt und auch gar nicht nötig ist, die Zigarette in der hohlen Hand zu verstecken), grüße, frage, ob sie aus Salzungen wären und mir sagen könnten, wer das Denkmal da gemacht habe. Ja, aus Salzungen seien sie zwar, aber das könnten sie mir nicht sagen. Bilde ich es mir nur ein, oder sind einige von ihnen ob ihrer Unkenntnis verlegen?
Bis zur Abfahrt nach Merkers habe ich noch etwas Zeit. Ich werde noch dort hinaufgehen, wo der Horizont hinter einer einzelnen Eiche die Kuppe des Hügels hervorhebt. Oben assoziiert der Rundblick die Vorstellung »Feldherrenhügel« – sie loszuwerden konzentriere ich mich auf hintergründig Schaubares und plagiiere (da es sich prägnanter nicht sagen läßt): »Wohin das Auge schaut – überall Gegend!«
Dann nach Merkers ...

Was ich zuerst sah, waren die Halden – weniger, als ich erwartet hatte, eingedenk der Tatsache, daß hier seit fünfzig Jahren das Salz der Erde gefördert wird. Wären die Halden bewachsen, sie würden sich kaum hervorheben aus dem hügeligen Gelände der Rhön, und auch sonst macht den näherkommenden Fremden kaum etwas aufmerksam auf den nahen Bergbaubetrieb.

Dann: ein kleiner Bahnhof, ein sehr kleiner Bahnhof, Merkers. Es ist vormittags, nicht die Zeit des Schichtwechsels, Ein- und Aussteiger sind zählbar an den Fingern zweier Hände. Noch versperrt mir die Wartehalle des Bahnhofs den Blick, doch dann sind es nur noch Schritte, und ich stehe direkt vor dem Haupttor des Kalibetriebes »Werra«. Es ist etwas diesig geworden, und es scheint mir, als stützten die wuchtigen Stahlkonstruktionen der beiden Fördertürme den Himmel über dem Werk. Ich sehe, wie die gegenläufigen Seilrollen sich unermüdlich drehen, nur kurz sind ihre Stillstandszeiten, wenn der Förderkorb die Richtung umkehrt. Die Männer vom Betriebsschutz am Werktor beobachten mich, wie meine Blicke über das Werkgelände streichen und wie sie immer wieder hängenbleiben am geräuschlosen Auf und Ab der Seile am Förderturm. Bevor unbegründeter Argwohn die uniformierten Pförtner beschleicht, gehe ich. Neben dem Werk führt eine Straße, dann ein Feldweg zu einer bewaldeten Anhöhe. Der Blick von oben zeigt mir den riesigen Komplex des Werkes; unter mir, zwischen 350 und 700 Metern Tiefe, schachten und baggern die Bergleute Tunnel, Schächte und Hallen in die kristalline Erde. Es soll so großräumig und weitläufig da unten sein, daß die Kumpel mit Kraftfahrzeugen vor Ort fahren. Faszinierende Vorstellung von dem eigentlichen, viel größeren »Werkgelände«, das unsichtbar hunderte Meter unter der Fabrik liegt. Zehntausende Tonnen Rohsalz werden hier zu Tage gefördert und zu lebenswichtigen Kalidüngemitteln weiterverarbeitet. Hier, in einer landschaftlich so reizvollen Gegend, wo der Fremde nichts weniger erwartet als einen der größten Bergbaubetriebe unseres Landes.

Daß ich in meinem Zettelhäufchen keine Fahrkarte von Merkers nach Eisenach finde, ist der Erinnerung eher förderlich. Ich fuhr ja von Merkers nicht direkt zurück in die Wartburgstadt, obwohl ich das vorhatte, als ich an der F 62 stand, in der Hoffnung, mich würde jemand mitnehmen. Nicht, daß ich den Zug verpaßt oder meine Geldbörse verloren hätte – das Trampen bereitet mir den Spaß eines Spiels mit dem Zufall. Der Einsatz – Geduld – bringt mitunter den Gewinn einer Geschichte, eines interessanten Menschen, eines kleinen Abenteuers.

Der B 1000, der mich bei Merkers einlud, brachte mir zunächst einen Umweg, was normalerweise Zeitverlust bedeutet hätte, in diesem Falle aber als Gewinn von zusätzlichen Eindrükken auf der Gutseite zu buchen ist.

»Guten Tag, fahren Sie vielleicht nach Eisenach?«

»Tut mir leid, ich fahre nach Wutha«, sagte der Fahrer, und, als ich die Tür schon wieder zuwerfen wollte, «aber von dort ist es doch nur noch ein Katzensprung bis nach Eisenach«.

Er hat recht, dachte ich und stieg ein. Bis hinter Bad Salzungen wollte kein rechtes Gespräch aufkommen; zwischen uns, auf der Motorhaube, saß die Verlegenheit, die meistens sich einstellt, wenn man einander nicht kennt und sich dennoch unterhalten möchte. Bei Barchfeld bog der Fahrer von der Hauptstraße ab und sagte: »Ich

Euer Kurfürstliche Gnaden wollen das arme Volk unverführet und unberaubet lassen, sich als einen Bischof, nicht als einen Wolf erzeigen.
Luther wegen des Ablaßhandels an den Kardinalerzbischof Albrecht von Mainz.

Am 21. März 1685 wurde Johann Sebastian Bach in Eisenach geboren als neuntes Kind des Stadtpfeifers und Hofmusikus Johann Ambrosius Bach, und seiner Frau Elisabeth geborene Lämmerhirt. Er war noch nicht zehn Jahre alt, da starb am 3. Mai 1694 die Mutter, am 24. Februar 1695 folgte nach längerer Krankheit der Vater.

Über den jungen Johann Sebastian schreibt der Biograph Forkel:
In musikalischen Gesellschaften, in welchen Quartette oder vollstimmigere Instrumentalstücke aufgeführt wurden und er sonst nicht dabey beschäftigt war, machte es ihm Vergnügen, die Bratsche mitzuspielen. Er befand sich mit diesem Instrument gleichsam in der Mitte der Harmonie, aus welcher er sie von beyden Seiten an besten hören und genießen konnte.

Als für den 8. September 1777 eine Tagung der Landstände in Eisenach einberufen wurde, reisten Goethe und der Weimarer Herzog in die Stadt.
Als er im Ritterhaus auf der Wartburg Quartier fand, schrieb er an Charlotte von Stein: Diese Wohnung ist das Herrlichste, was ich erlebt habe, so hoch und froh, daß man hier nur Gast sein muß, man würde sonst für Höhe und Fröhlichkeit zu nichts werden.

Aus Briefen Goethes an Charlotte von Stein: So seltsam mir's vor vier Wochen geklungen hatte, auf der Wartburg zu wohnen, so natürlich ist mir's jetzt, und ich bin schon wieder so zu Hause wie im Nest.

fahre über Bad Liebenstein und Ruhla.« – »Ist mir recht«, sagte ich, und als ich hinter Bad Liebenstein das Auto lobte, weil es mit Leichtigkeit die Serpentinen zum Rennsteig hinaufschnurrte, knüpfte sich daran eine Unterhaltung über Autos.
Das Stichwort gab mir der Fahrer, als er erklärte, daß der Barkas mit einem modifizierten »Wartburg«-Motor bestückt sei. Wir kamen rasch überein in dem Wunsch, einen »Wartburg« zu besitzen, und auch zu den Scherzen über die Bestellzeiten hatte jeder von uns beiden etwas beizutragen. Seine Witze waren schärfer und in der Mehrzahl neu für mich, was wohl daran liegen mochte, daß der Fahrer selbst Eisenacher war und, wie er mir sagte, auch einmal im dortigen Automobilwerk gearbeitet hatte. Möglich, daß auch schon sein Vater oder ein Onkel dort tätig waren; denn er wußte die Betriebschronik lückenlos zu erzählen, wobei er öfters wiederholte: »Zeiten waren das ...«, den Kopf schüttelte und lächelte.
Ich erfuhr, wie es kurz vor der Jahrhundertwende mit der Produktion von Fahrrädern begonnen hatte, über die Zugehörigkeit des Werkes zu verschiedenen Konzernen, bis zum Neubeginn 1945. Ob der Fahrer dabei war, weiß ich nicht, aber er schilderte, wie die Eisenacher Automobilbauer in den ersten Jahren nach der Befreiung vom Faschismus aus vorhandenen Ersatzteilen einige Wagen vom Typ 321 hergestellt und diese Marschall Shukow mit der Bitte vorgeführt hatten, die Produktion dieses Kraftfahrzeuges in Eisenach wieder aufnehmen zu dürfen.
Über diese und weitere Stationen aus der Geschichte des AWE kam unser Gespräch zwangsläufig wieder zum »Wartburg«, dem Wunschauto aller »Trabant«-Besitzer. Zugleich aber

rollten wir durch die ersten Straßen von Wutha, so daß für neuerliche Diskussionen zum Thema Bedarfsdeckung des »Wartburg«-Inlandmarktes keine Zeit mehr blieb. Wohl aber für die Erklärung des Fahrers, wie ich Bus- und Bahnstation auf kürzestem Wege erreichen könnte – und seinen Hinweis, ich solle nicht versäumen, den Ausstellungspavillon des Eisenacher Automobilwerkes zu besuchen.

Da liegt eine Quittung über Ordnungsstrafe in Höhe von M 3,–. Verstoß gegen die Straßenverkehrsordnung, unerlaubtes Überqueren der Autobahn ... Dieser Denkzettel (hier in des Wortes reinster Bedeutung) erinnert mich an die Sage vom Ritter Tannhäuser, der, von den Freuden immerwährender Liebe jung gehalten, mit Frau Venus irgendwo im Inneren jenes Berges lebt, für dessen Besteigung ich zunächst drei Mark berappen mußte. Doch die Erinnerung hält sich nicht lange auf bei vergangenen Unannehmlichkeiten, was den erlebten Annehmlichkeiten sehr zugute kommt.

›Weißt du noch‹, fragt sie, ›woran du dachtest, als du da oben auf der dem Abgrund gefährlich nahen Bank saßest? Als die Seiten deines Notizbuches leer blieben, weil dir die Worte fehlten, das überwältigende Bild zu schildern?‹ Ja, ich weiß es noch. Vom Hörselberg herabblickend, bekam ich eine Ahnung von der Bedeutung des Wortes *anmutig*, und wie berauscht von dem Bild, sprach ich es wohl auch einige Male vor mich hin, dieses aus der Mode gekommene Wort. ›Komm‹, sagt die Erinnerung, ›setzen wir uns noch einmal auf jene Bank. Siehst du, der Tag ist schön wie damals, und es hat sich auch kaum etwas geändert an dem Bild. Immer noch steigt das Land in Wellen nach Süden bis zum Rennsteig. Der Inselsberg trägt seine Krone aus Antennenmasten, und vor dem hessischen Bergland im Westen liegt Eisenach mit der Wartburg. Die Autobahn schmiegt sich nach wie vor dicht an den Fuß des langgestreckten Berges, und was sich auf ihr bewegt, ähnelt von hier oben den Matchboxautos deiner Söhne. Sprich es nur wieder aus: Dieses Land ist anmutig! und quäle dich nicht mit der Suche nach einem zeitgemäßeren Modewort!‹

Die Erinnerung ist ein scheues Wesen. Erschreckt vom lauten Knall einer zugeschlagenen Tür, flüchtet sie in den Nebel des Gedächtnisses. Und mit ihr das Bild; es wird unscharf, die kräftigen Töne leuchten noch eine Weile nach, dann ist es verschwunden. Nicht ohne Zeichen zu hinterlassen: ›Denk hier entlang, dann findest du mich wieder!‹

Wie fällt mir der Name Max Reger ein, obwohl ich doch eine Eintrittskarte des Eisenacher Bachhauses in den Fingern halte? Regers schöne Metapher »B-A-C-H ist Anfang und Ende aller Musik« ist schuld daran. Ich las sie im Bachhaus am Frauenplan, und ich weiß, daß ich vor der Vitrine, in der das Reger-Faksimile ausgestellt wird, länger stand als vor den anderen Schaukästen, Schrifttafeln und Bildern des Museums. Kann einer seiner Bach-Verehrung noch enthusiastischer Ausdruck geben?

Schließlich mußte ich doch weiter – im Parterre sollte noch ein kleines Konzert stattfinden. Jede Führung durch das Bachhaus schließt (oder beginnt) damit. Im Musikinstrumentensaal, einer Sammlung barocker Musiziergerätschaften, sind vier lange Stuhlreihen aufgestellt, vor die, als alle besetzt waren, ein sehr junger Mann trat und voller Überzeugung von seiner Wichtigkeit ernste Blicke so lange über das Publikum schweifen ließ, bis auch das leiseste Flüstern verstummt war. Dann begann er würdevoll und sehr auswendig von Bachs Leben zu erzählen.

Wenns möglich ist zu zeichnen, wähl ich mir ein beschränkt Eckchen, denn die Natur ist zu weit herrlich hier auf jeden Blick hinaus!

Mit Weh habe ich meine Wartburg verlassen ... Ich bin entfremdeter von der Welt, nur nicht von Ihnen.

Ros' und Lilie morgentaulich
Blüht im Garten meiner Nähe,
Hinten an, bebuscht und traulich,
Steigt der Felsen in die Höhe.
Und mit hohem Wald umzogen
Und mit Ritterschloß gekrönet
Lenkt sich hin des Gipfels Bogen,
Bis er sich dem Tal versöhnet.
Goethe

Das Wartburgfest der Deutschen Burschenschaften fand am 18. und 19. Oktober 1817 statt. 468 Burschen trugen sich in die »Präsenzliste« ein, darunter über 200 Jenaer. Burschenschafter Ludwig Rödiger in seiner Rede am Freudenfeuer: »Wer bluten darf für das Vaterland, der darf auch davon reden, wie er ihm am besten diene im Frieden.«

Goethe über Rödiger: Es ist ein allerliebstes Wesen, wie die Jugend überhaupt mit allen ihren Fehlern, von denen sie sich zeitig genug verbessert, wenn nur die Alten keine solchen Esel wären, denn die verderben eigentlich das Spiel.

Einen wirklichen Augenblick gewährte mir die Begegnung der Wartburg, an welcher wir in der einzigen sonnenhellen Stunde dieser Reise vorbeifuhren. Der Anblick des Bergschlosses, welches sich, wenn man von Fulda herkommt, längere Zeit bereits sehr vorteilhaft darstellt, regte mich ungemein warm an. Einen seitab von ihr gelegenen fernen Bergrücken stempelte ich sogleich zum Hörselberg und konstruierte mir so, in dem Tal dahinfahrend, die Szene zum dritten Akte meines Tannhäuser ...
Richard Wagner

Niemand wagte es, auch nur auf dem Stuhl zu rutschen, denn »nun wollen wir uns eine Toccata von Bach anhören«. Er betätigte ein Tonbandgerät (oder war's ein Plattenspieler?), und aus zwei großen Lautsprechern ertönte Bachsche Orgelmusik. Aber wie denn?! Kann das wahr sein? So eine miese Qualität, so viele Kratzer auf der Platte (oder dem Band)! Woanders hätte ich vielleicht nur gesagt: schade. In Bachs Geburtshaus hat mich das geärgert. Den jungen Mann mit Pädagogenblick schien es nicht zu stören, zumindest kann ich mich nicht besinnen, daß er die Besucher mit irgendeiner Begründung um Nachsicht gebeten hätte. Oder dachte er etwa: diese Laien hören das sowieso nicht? Zum Glück stellte er das Gerät bald wieder ab, um selbst an Cembalo und Orgelpositiv einige kleine Bachmusiken zu spielen. Was sehr schön war und ein wenig für die verdorbene Toccata entschädigte. (PS 1985: Dies Erlebnis liegt schon eine Weile zurück; ich weiß, daß die Toccata heute nicht mehr ›kratzt‹, und die junge Frau, die sie abspielen läßt, ist auch nicht mehr ganz so streng wie ihr damaliger Kollege ...)
Dann saß ich im Bachschen Garten unter einem Birnbaum. Der Flieder duftete stark, und im Lindenbusch neben mir stritten sich laut die Sperlinge. Da sich gerade keine Touristengruppe schwatzend über die Kieswege des kleinen Gartens schob, fiel mir die Vorstellung leicht, im Hause wohne noch immer die treusorgende Mutter Bachs, die gleich ein Tablett mit Kaffee und Kuchen zum gemütlichen Plausch in die winzige Gartenlaube bringe. Sie kam natürlich nicht. Statt ihrer erschien er selbst, Johann Sebastian Bach. Ganz in Grauschwarz, selbst Gesicht und Hände, die langhaarige Allongeperücke und die Feder, die er in der rechten Hand hielt. Ich fand es keineswegs abson-

derlich, wie er so, aus Bronze, aber durchaus beweglich wie ich selbst, auf meine Bank zukam und mich bat, Platz nehmen zu dürfen. Wie sollte ich auch – schließlich war es ein herrlicher Frühlingstag, und an solchen Tagen passieren bekanntlich mancherlei Dinge, die man später nicht glauben will.

Bach setzte sich also neben mich, zog seinen blechernen Mantel aus und stöhnte: »Phhh, warm!«

»Vielleicht sollten Sie sich etwas leichter kleiden«, sagte ich.

Der Meister lachte laut und herzlich. »… und in Jeans und T-Shirt auf meinen Denkmalssockel zurückklettern? Ich war zwar nie ein Kind von Traurigkeit, aber wegen groben Unfugs möchte ich mich doch nicht mit den Behörden meiner Vaterstadt anlegen.«

Die Vorstellung schien ihn dennoch zu amüsieren, denn er hieb sich auf die Schenkel, wobei Töne entstanden, als würden Glocken angeschlagen. Nach einer Weile sagte er: »Sie glauben ja gar nicht, wie anstrengend es ist, hundert Jahre in immer derselben Pose auf einem Denkmal zu stehen. Ab und zu muß ich mir die Füße vertreten, und hier im Garten gefällt es mir immer noch am besten.«

»Hat sich seit damals viel verändert hier?« fragte ich und fuhr zur Erklärung fort: »Die Gelehrten streiten sich nämlich, ob Sie tatsächlich hier am Frauenplan oder nicht etwa in einem anderen Haus Eisenachs geboren wurden.«

»Tja«, sagte Bach, »so genau weiß ich das auch nicht mehr. Ich war neun, als meine Mutter starb, mit zehn, als der Vater ihr folgte, eine Waise. Mein ältester Bruder, Johann Christoph, nahm mich damals zu sich nach Ohrdruf …«

Er ging seinen Erinnerungen nicht weiter nach und sagte statt dessen: »Ach, wissen Sie, mir ist es eigentlich egal, ob mein Kinderbett in diesem oder einem anderen Hause stand; so oder so bin ich Eisenacher. Ja, und jetzt muß ich wieder gehen; ich glaube, man erwartet mich draußen auf meinem Sockel. Leben Sie wohl! Es hat mich gefreut.«

Er zog seinen Mantel an, wobei wieder die Glockentöne entstanden, nickte mir zu und schritt gemächlich davon.

Als ich ihm nachschaute, hörte ich plötzlich eine Kinderstimme: »He, Onkel!« Ich sah mich um, konnte aber niemanden sehen. Dann zupfte jemand an meinem Hosenbein, und mit einem Mal stand ein kleines Mädchen vor mir und fragte: »Du bist wohl sehr müde, Onkel?«

»Nein«, sagte ich, »ich habe nur ein bißchen geträumt.«

Wäre ich ein Kind, gewiß hätte ich mich zuvörderst der Wartburg erinnert. Nicht so sehr wegen der Wandbilder von Moritz von Schwind, auch nicht wegen der Lutherstube. Vielleicht wegen des Ausblicks vom Turm – ganz bestimmt aber, weil ich dann in meiner Zettelwirtschaft die Quittung über einen Eselritt zur Wartburg gefunden hätte.

So aber – nomen est omen – mußte die Wartburg »warten«. Möglicherweise auch deshalb, weil ich dort oben selbst so oft warten mußte. Warten auf die nächste Führung durch den Palas, warten am Kiosk auf eine Ansichtskarte, warten auf einen Stuhl im Café, vergebliches Warten auf einen ungestörten Augenblick für ein Foto vom Burghof. Dann allerdings, in der Elisabethkemenate, dem Elisabethgang, im Landgrafenzimmer und im Sängersaal hätte ich vor den Schwindschen Fresken, den Mosaiken und romanischen Säulen gerne länger gewartet als nur bis zum Ende der stereotypen Erläuterungen des Führungspersonals. Doch so hart ist

Wagner wird nicht sehr zufrieden sein mit meiner Auffassung des Sängerkrieges, und das um so weniger, als sie durchaus nachzuweisen und begründet ist. Die Herren meinen, die Wartburg sei bloß erbaut, um etwas Propaganda für die Zukunftsmusik zu machen.
Moritz von Schwind

Ich setze mich auf den Balkon meiner Wohnung, vor mir liegen schöne Gärten und die Stadt Eisenach in dem Tale, rechts Landhäuser, Gärten und Höhen, links ein wunderschöner Wald, der sich bis zur Wartburg hinaufzieht und mit zwanzig Schritten von uns zu erreichen ist. Ebensoweit ist es bis zu den Anfängen der Stadt; und das liegt alles im köstlichen Sonnenschein um uns her ...
Fritz Reuter

Dr. Fritz Reuter, vormittags nicht zu sprechen.
Schild an Reuters Haustür

Da sitze ich nun schon an die dreißig Jahre, bis mir das Haar grau geworden ist, und warte auf eine tüchtige Revolution, in der sich der Volkswille einmal energisch dokumentieren soll, aber was hilft's? Wenn doch das preußische Volk wenigstens zur Steuerverweigerung griffe, es ist das einzige Mittel, den Bismarck und Comp. loszuwerden und den alten König totzuärgern.
Fritz Reuter

Zum Weiterlesen: Fritz Kühnlenz, Eisenacher Porträts, Rudolstadt 1969. Brockhaus-Stadtführer Eisenach, Leipzig 1974.

nun mal die Dialektik einer vielbesuchten historischen Stätte. Vor der Tür: Bitte haben Sie Geduld! Dahinter: Bitte beeilen Sie sich!
Ich hätte auch an einem weniger schönen Tag den Reuterweg zur Wartburg hinaufsteigen können – ein Unterschied in den Besucherzahlen wäre mir kaum aufgefallen. Es gibt nur wenige Orte, an denen deutsche Geschichte so plastisch wirkt wie auf der Wartburg.
Begonnen hat es mit einem Landraub, denn die Höhe, von der Ludwig der Springer gerufen haben soll: »Wart, Berg, du sollst mir eine Burg werden!« gehörte keineswegs zu seinen damaligen Besitzungen. Mit List und Meineid gelang es ihm dennoch, seinen Entschluß auszuführen und jene Burg zu bauen, die heute zu den attraktivsten Touristenzielen unseres Landes gehört. Das könnte 1067 gewesen sein; *könnte*, weil sich Sage und Historie nicht zweifelsfrei trennen lassen. Sicher ist, daß die Wartburg rasch zu einem geistigen Mittelpunkt Deutschlands wurde. Über den Minnesang und die Anfänge deutscher Dichtkunst kann man nicht sprechen, ohne die Wartburg zu erwähnen; wenn man sich an die Wartburg erinnert, drängt es einen, wieder die Lieder und Sprüche Walters von der Vogelweide aus dem Bücherregal zu nehmen.
Deutsche Geschichte: Das ist nicht der Tintenfleck, den man heute in der Lutherstube auf der Wartburg vergeblich suchen wird, wohl aber die Übersetzung der Bibeltexte ins Deutsche, die Luther alias Junker Jörg hier oben anfertigte. Ebenso, wie seine folgenschweren Predigten und Streitschriften, die drei Jahre später, 1525, mithalfen, die erste deutsche Revolution im Blut der Ärmsten unter den Armen zu erstikken. – Im Buch der deutschen Geschichte ist auch das Datum 18. 10. 1817 vermerkt, wo sich auf der Wartburg Studenten und Professoren aller

deutschen Universitäten trafen, um der Völkerschlacht bei Leipzig zu gedenken. Obzwar die Verbrennung von »Preußischem Zopf« und »Korporalsstock« seinerzeit nur symbolische Bedeutung hatte, so stoben doch die Funken des Wartburgfeuers weit über die deutschen Länder – nach Hambach, Berlin und Frankfurt. Und wenn man vom Südturm der Burg über die in Hügel, Parks und Wäldchen eingebettete Stadt schaut, sieht man auf dem gegenüberliegenden Berg das Burschenschaftsdenkmal. Ein steinernes Zeugnis deutscher Demagogie; denn jene, die es errichten ließen, hatten die Ideen der deutschen Burschenschaften längst verraten.
Deutsche Geschichte: Das ist gutes und böses Vergangenes. Auf der Wartburg wird es spürbar, wird es zum nachhaltigen Erlebnis wie nirgendwo anders. Und nirgendwo anders, wenn man von einem Aussichtsturm blickt, gerät das Gefühl so sehr in Streit mit den Gedanken. Warum? Stephan Hermlin gab eine Antwort, als er schrieb: »Hier sind die Wälder noch ungeheuer. Von Eisenach her brandet Buchen- und Nadelwald über alle Hügel weg. Darüber liegt ein blaßblauer Himmel, schüchtern, schweigsam – wenn man will: seelenvoll. Man sieht hin und her und dann alles zugleich: die Stadt, die Wälder, den Himmel. Kein Zweifel: hier ist Deutschland am deutschesten!«
Der letzte Zettel. Eine Telefonnummer und der Vermerk: Kreisbauamt. Nicht, daß ich vorgehabt hätte, mir ein Häuschen auf die Hörselberge zu bauen, vielmehr wollte ich wissen, wie es weitergehen wird mit Eisenach. »Quo vadis Eisenach?« – »In Richtung Großstadt!«
Das Wohnungsbauprogramm der DDR verändert auch Eisenachs Stadtbild. Fünftausend neue Wohnungen an der Goethestraße, auf dem Petersberg und im Norden der Stadt. Auf einem Abrißgebiet von Altbauten entstanden in nur knapp zweijähriger Bauzeit an Goethestraße und Jacobsplan im Herzen der Stadt über siebenhundert Wohnungen, eine Schule, eine Kindertagesstätte und was sonst noch zum Stadtleben gehört. Und die alten Kastanien am Jacobsplan stehen wie eh, obwohl einige fixe Planer seinerzeit kurzen Prozeß mit den Bäumen machen wollten.
Und noch einmal kommt mir, da ich in Gedanken durch Alt-Eisenach schlendre, das Mittelalter in den Sinn. Damals, so weiß man, konnte jeder Bürger mangels Kanalisation und öffentlicher Müllabfuhr seine Abfälle, Gerümpel und diverse Abwässer auf die Gasse kippen. Längs des Eisenacher Mühlgrabens (ich hörte auch von *Müll*graben sprechen) hat sich diese Gepflogenheit in bestürzender Weise erhalten. Wie eine häßliche Wunde zieht sich der Mühlgraben durch die Stadt, übelriechend, voller Schlamm und Gerümpel.
Eine Frau sprach mich an, als ich auf einer Mühlgraben-Brücke stand und mir Notizen machte: »Sie sind wohl von der Zeitung?« Ich verneinte. »Schade«, sagte sie, »es wird Zeit, daß diese Schande mit dem Mühlgraben mal in die Zeitung kommt, damit endlich was gemacht wird!« – »Warum muß das erst in der Zeitung stehen?« fragte ich. Sie sah mich verdutzt an, zuckte die Schultern und ließ mich stehen.
Eine Handvoll Papierschnitzel flattert in meinen Papierkorb. Grüne, blaue, rote und weiße Zettelchen verschwinden in den Falten einer zusammengeknüllten Zeitung, zwischen den Resten eines zerrissenen Briefes. Mit ihnen verschwinden Bilder, Gesichter, Sätze und Gedanken, schaffen Raum für neue Bilder, andere Gesichter. Vielleicht für bessere Sätze, vielleicht für tiefere Gedanken.

Georg Menchén

Auf Burgenwanderung durch Thüringen

Zwischen Werra und Saale, Thüringer Wald und Harz: Burgenland Thüringen. Besungen, beschrieben, vielfältig ausgeschritten, per pedes erobert. Das vor allem, seit sich mit den Romantikern die alten Gemäuer wieder zu beleben begannen und sich die Geschichte in Geschichten gefühlvoll überlieferte, die jedermann verstand. Ihre Dächer sind zerfallen … Franz Kugler, Maler, Dichter und Musiker, verewigte 1826 im Gästebuch der vielbesuchten Rudelsburg bei Naumburg das Entdeckungsgefühl einer ganzen Generation: »An der Saale hellem Strande / Stehen Burgen stolz und kühn …« Das Lied, bereits 1830 in dem »Skizzenbuch von Franz Kugler« veröffentlicht und von Friedrich Fescas volksliedhaft vertont, wurde populär und zum Inbegriff romantischer Burgensehnsucht. Es ist wie eine Einladung zur erkundenden Burgenfahrt, ein Pfad in die Geschichte, auf dem sich, gemächlich zwar, doch nicht ohne eigenes Zutun, wandern läßt. Wie es diese so vielgestaltige, einladende Thüringer Landschaft eben ermöglicht, auf Waldwegen über Berg und Tal hier, entlang der alten Feldraine oder auf Muschelkalkhöhen dort.

Mit der *Rudelsburg* läßt sich gut beginnen. Sie bietet nahezu alles, was man erwarten darf an Historie und Legende, an Ruinen-Romantik und Landschaftsblick. Nicht zufällig sprach bereits 1844/45 der Dresdner Wanderer Karl Heinrich Wilhelm Münnich, dem wir eines der schönsten illustrierten Reisebücher über »Die malerischen Ufer der Saale« verdanken, vom Wallfahrtsort sinniger Naturfreunde. Man mag heute darüber lächeln, anrührend ist das Bild dennoch: »Die epheuumrankte Felsenhöhe, auf welcher die Rudelsburg sich erhebt, und an deren Fuße die Saale vorüberrauscht, fällt gegen Norden und Osten steil ab, während sie im Süden nur allmählich ansteigt, wo der Bergabhang teils mit Kirschbäumen, teils mit Reben bepflanzt ist …« Bei aller Naturschwärmerei, der pensionierte Lehrer Münnich versäumte es nicht, das selbst erkundete Gemäuer auch genau zu beschreiben, wofür ihm die Burgenkundler und Historiker noch heute dankbar sind.

Natürlich: Kein Reiseschriftsteller des 19. Jahrhunderts, der diesem auf einem Höhenrücken 75 Meter über der Saale gelegenen Kastell mit dem wehrhaften, quadratischen Bergfried einen Besuch abstattete und es nicht als Ausflugsziel weiterempfahl. Und so ist es geblieben, die »Zwillingsburgen« Saaleck und Rudelsburg nahe Bad Kösen bedeuten bis heute noch immer das, was man gemeinhin unter Burgenromantik versteht. Vielleicht hat das auch etwas damit zu tun, daß im Oktober 1819 auf der Burg Saaleck im Nachhall des Burschenschaftsfestes von 1817 auf der Wartburg der erste deutsche Geschichtsverein gegründet wurde, dem unter anderen Wilhelm von Humboldt angehörte.

Münnich saß dann an einem der beiden Fenster mit den kleinen Säulen, »um die herrliche Aussicht in die malerische Umgebung zu genießen, welche durch die vorüberziehende Eisenbahn mit den Dampfwagenzügen einen neuen Reiz erhalten hat«. Seltsam: Kaum anders hat's dann über hundert Jahre später der Weimarer Reiseschriftsteller Fritz Kühnlenz in seinem Buch »Burgenfahrt im Saaletal« beschrieben. Liegt's an den Burgen, an unserer jugendlich gebliebenen Vorstellung davon oder an dieser wirklich malerischen Landschaft ...

Bleiben wir noch einen Augenblick an diesem Fenster und öffnen es uns für einen langen Blick zurück in die Historie, als im nahen Naumburg, an beherrschender Stelle also im Saaletal, der 1242 geweihte spätromanische Neubau des Doms runde hundert Jahre stand und die Bürger der wehrhaften Bischofsstadt gerade ihre Stadtmauer samt Türmen erneuert und verstärkt hatten. Es herrschte Unsicherheit im Land und Raub auf den Straßen, und die »Castellane« des Markgrafen von Meißen auf der 1171 urkundlich ersterwähnten Rudelsburg – fünfmal größer als die heutige Anlage – waren kaum besser als Strauchdiebe, die sich auf des Bürgers Kosten zu bereichern suchten. Drei Monate lang im Jahre 1348 belagerten die empörten Naumburger die allein vom Osten her angreifbare und durch vier Quergräben in der Vorburg und einen tiefen Halsgraben vor der Zwingermauer gut zu verteidigende Burg, bevor sie das tiefgestaffelte Verteidigungssystem aufrollen konnten – unter Zuhilfenahme einer vermutlich in Erfurt gegossenen, kleinkalibrigen Feuerbüchse, die etwa 300 Gramm schwere Eisenbolzen verschoß. Vier- bis fünfmal am Tag, denn jedes Laden kostete Sorgfalt und Zeit. Es war der erste Geschützeinsatz vor einer Thüringer Burg, und wir wissen davon heute dank der peniblen Buchführung der Naumburger Kämmerei über die Kosten für das »instrumentum« und das »ignus graecus«, das »griechische Feuer«.

In dem hierzulande noch nicht ganz vergessenen Heimatroman »Die letzten Rudelsburger« eines dereinst von unseren Großeltern vielgelesenen Paul Schreckenbach liest sich das so: »Am Nachmittag in der sechsten Stunde war Kyburgs gewaltige Donnerbüchse auf hoher Erdschanze der Burg gegenüber aufgepflanzt, auch hatte man Lastwagen mit den schweren Steinkugeln dahinter aufgefahren ...« Und dann am nächsten Tag, um die Mittagsstunde, stürzte ein gewaltiges Stück Mauer unter Krachen in die Tiefe. Burgenprosa anno 1913, man kennt das. Den Hintergrund für den phantasievoll ausschmückenden Historienschinken lieferte immerhin der reale Geschichtsprozeß, der den kleinen und mittleren Feudalburgen an die bis dahin unüberwindbaren Mauern ging: das erwachende Selbstverständnis der Bürger auf der soliden Basis von Handel und Handwerk.

Die Naumburger Kämmerei-Rechnungen deuten auf einen langwierigen Rechtsstreit zwischen der Stadt Naumburg und Edelleuten der

Die Wachsenburg

»Unsere Genossen waren unterrichtet, daß wir uns alle als Gesangsverein aus Mühlhausen ausgeben. Damit die Zahl im Dorfe nicht auffällt, war vereinbart, nicht in geschlossenem Zuge nach der Burg zu gehen, sondern uns zu drei bis vier Mann als Touristen dem Ziele zu nähern. Der alte Kastellan Schottmann war ein kreuzbraver, biederer Mann. Als ich ihn frug, ob ich für den Gesangsverein aus Mühlhausen den Rittersaal bekommen könnte, wir möchten gern für uns selbst sein, er könne uns ein Fäßchen Bier auflegen, wir bedienten uns selbst, da sagte er vergnügt: »Jawohl, mein Herr!« Wir zogen ein, und die Ritterbilder schauten uns an, als wollten sie sagen, das haben wir uns auch nicht träumen lassen, daß in diesen heiligen Hallen einmal die Sozialdemokraten ihren Parteitag abhalten ...«
Wilhelm Bock, Organisator eine der drei von insgesamt acht illegalen Thüringer Parteitagen der Sozialdemokratie während des Bismarckschen Sozialistengesetzes auf der Wachsenburg.

Die Wartburg

»Auf der Wartburg besuchte ich auch die Rüstkammer, wo die alten Harnische hängen, die alten Pickelhaupen, Tartschen, Hellebarden, Flamberge, die eiserne Garderobe des Mittelalters. Ich wandelte nachsinnend im Saale herum mit einem Universitätsfreunde, einem jungen Herrn von Adel, dessen Vater damals einer der mächtigsten Viertelfürsten in unserer Heimat war und das ganze zitternde Ländchen beherrschte. Auch seine Vorfahren sind mächtige Barone gewesen und der junge Mann schwelgte in heraldischen Erinnerungen beim Anblick der Rüstungen und der Waffen, die – wie ein angehefteter Zettel meldete – irgendeinem Ritter seiner Sippschaft angehört hatten. Als er das lange Schwert des Ahnherrn von dem Haken herablangte und aus Neugier versuchte, ob er es wohl handhaben könnte, gestand er, daß es ihm doch zu schwer sei, und er ließ entmutigt den Arm sinken. Als ich dieses sah, als ich sah, wie der Arm des Enkels zu schwach für das Schwert seiner Väter war, da dachte ich heimlich in meinem Sinn: Deutschland könnte frei sein.«
Heinrich Heine in seinem Buch über Ludwig Börne

Umgebung, der dann von städtischer Seite gewaltsam geklärt wurde. Dennoch ist es – im Gegensatz zu bisherigen Darstellungen – höchst unwahrscheinlich, daß die Naumburger weiter als bis in die Vorburg eindrangen. Dort ergriffen sie einige Rittersleut von Stand und ließen sie einsitzen. Warum sich auch die Hauptburg ergab, ist nur zu vermuten. Ermüdung, Entmutigung, Hunger – wer weiß. Das endgültige Schicksal ereilte die noch immer bedeutende Burg erst im Dreißigjährigen Krieg, als sie 1641 von Kaiserlichen in Brand gesteckt wurde.
In der imposanten Ruine mit den Einbauten aus dem 19. Jahrhundert läßt sich noch immer die einstige Ritterburg mit Palas, Bergfried, Zwinger und Wehrgang, Bastionen und Schaltürmen erkennen. Was Wunder, wenn man sie – verkehrsgünstig gelegen – zum romantisch verklärten Urbild stilisierte. Dafür wurde spätestens seit 1824 gesorgt, als sich hier oben der ehemalige Großknecht Gottlieb Wagner als Burgwirt einrichtete, dem übrigens vermutlich Fritz Reuter, auf der Flucht von Jena ins nahe Camburger Exil, 1833 das Gedicht »Berggeist auf der Rudelsburg« widmete. Vor allem die Studenten von Halle, Leipzig und Jena, die jeden Sommer scharenweise anrückten, sorgten für Mundpropaganda, »Samiel« bewirtete sie mit Bier, Brot und Thüringer Wurst, und sie wiederum verbreiteten als Dank seinen Namen in allen deutschen Landen. »Und der Wandrer zieht von dannen, / Denn die Trennungsstunde ruft ...«
Scheiden wir nicht, ohne Professor Münnich hinüber zur Ruine der älteren Burg *Saaleck* zu folgen, dabei eine tiefe Schlucht überwindend: »Der alte Burgweg windet sich um den ganzen Berg und führt zu dem westlichen Turme, bei welchem der gegenwärtige Besitzer eine freundliche Gartenanlage geschaffen hat, wo der müde

Wanderer unter hohen Pappeln einen behaglichen Ruheplatz zur Stärkung und Betrachtung findet ...« – Nun denn, Ausstellungen des Bad Kösener Museums im Romanischen Hause orientieren uns hier auch in der Geschichte weiter.

Die meisten der uns noch heute bekannten und von uns zumeist auch aufgesuchten Feudalburgen Thüringens entstanden im 11. und 12. Jahrhundert als leicht gegen das bäuerliche Übergewicht und äußere Feinde zu verteidigende adlige Herrschaftszentren. Eng ging es hier zu wie vergleichsweise auf der zweitürmigen Ministerialenburg Saaleck – urkundlich im Jahre 1140 genannt –, die kaum Platz für Palas und Wohnhaus bot, wohl aber von einer Handvoll Burgmannen, fünf, höchstens zehn Mann, wirkungsvoll gegen eine mehrfache Übermacht verteidigt werden konnte. Diese hausten in der etwas geräumigeren und tiefer gelegenen Vorburg zum Dorfe hin. Erhalten blieben im wesentlichen nur die beiden etwa 23 Meter hohen, aus großen Quadern gefügten Türme aus der Erbauungszeit, in denen sich übrigens nach dem Attentat vom 24. Juni 1922 auf den damaligen, von reaktionären Kreisen stark angegriffenen deutschen Außenminister und Unterzeichner des bedeutsamen Rapallo-Vertrages mit der UdSSR, Walter Rathenau, zwei der drei Mörder, der fünfundzwanzigjährige ehemalige Seeoffizier Erwin Kern und der gleichaltrige Hermann Fischer, versteckten. Die beiden Mitglieder der berüchtigten »Organisation Consul« wurden drei Wochen später, am 17. Juli 1922, auf Burg Saaleck gestellt; Kern, den eigentlichen Mörder, traf ein tödlicher Schuß, Fischer erschoß sich selbst.

Etwa 250 Burgen und Schlösser, so schätzen die Burgenkundler, sind heute noch in den drei Thüringer Bezirken als beliebte Reise- und Wanderziele erkund- und erlebbar. In dieser Zahl sind die nur den Heimatfreunden bekannten und zumeist überwucherten Reste von Mauern und Gräben längst verfallener Burganlagen nicht enthalten. Experten der Früh- und Vorgeschichte Thüringens sprechen von annähernd 1500 befestigten Stellen, die vor 1300, der klassischen Burgenbauperiode, bereits entstanden waren: Erdwälle, einst palisadenbestückt, auch Schichtsteinmauern wie bei der keltischen *Steinsburg* auf dem kleineren der beiden herausragenden Gleichberge nahe Römhild, Bergkegel vulkanischen Ursprungs. Beeindruckend die Reste mächtiger Steinwälle von mehr als zehn Kilometer Gesamtlänge – zirka 200 000 Kubikmeter Gesteinsmaterial –, ursprünglich etwa vier Meter hoch und ebenso breit an der Basis. Das ganze eine keltische Großanlage auf rund 66 Hektar Fläche, eine Art »Akropolis«, und dann im 6. bis 4. Jahrhundert v. u. Z. bedeutender Herrensitz, möglicherweise bereits zu Zeiten Cäsars von Germanen besetzt.

In der seit Jahrzehnten andauernden archäologischen Burgenforschung des Weimarer Museums für Ur- und Frühgeschichte spielte auch die bei Haynrode im östlichen Eichsfeld gelegene *Hasenburg* mit ihren verschiedenen Siedlungsphasen – zwischen dem Ende der jüngeren Steinzeit, etwa 2200 v. u. Z. und dem Mittelalter – eine bedeutende Rolle. Strategisch wichtig ihre Lage in der Nähe einer alten Verkehrsverbindung zwischen Thüringen und Harzvorland. Die schwer zugänglichen Graben- und Wallanlagen befinden sich auf einem steilhängigen, 481 Meter hohen und 8 Hektar großen Muschelkalk-Plateau. Metallfunde deuten auf eine germanische Fluchtburg während der römischen Kaiserzeit (bis 5. Jahrhundert) hin; im 7. Jahrhun-

Der Fuchsturm
»... Der Turm soll seinen Namen entweder von den vielen Füchsen der dortigen Gegend, oder von den jungen Studenten, welche daselbst unter dem Namen Füchse in die Gemeinschaft der alten Burschen aufgenommen wurden, erhalten haben. Mit der Zeit war dieser Turm, der von seiner über 70 Fuß aufsteigenden Höhe eine herrliche Aussicht darbietet, unzugänglich geworden. Man wünschte ihn daher und als eines der 7 Wunder Jenas wieder hergestellt zu sehen, und sammelte Beiträge dazu. Zur Förderung dieses löblichen Zweckes gab 1830 der Altertumsforscher, Herr Pfarrer Schmid in Jenapriesnitz, die ›Geschichte der kirchberg'schen Schlösser auf dem Hausberge bei Jena‹ heraus, und so ist denn nach der Zeit die Wiederherstellung des Turmes mit einer Treppe und Bedachung zu Stande gekommen.
In Grimms deutschen Sagen heißt der Fuchsturm, nach einer Volkssage, auch der Riesenfinger, der Hausberg das Riesengrab. Unter dieser letzteren Aufschrift hat Henriette Schubert jene Sage von dem ungeschlachten Riesen dichterisch bearbeitet.«
Karl Heinrich Wilhelm Münnich »Die malerischen Ufer der Saale«, Dresden 1848

dert wurde die überkommene Anlage zur fränkischen Grenzburg; zu Beginn der siebziger Jahre des 11. Jahrhunderts hat man sie im Auftrag Heinrichs IV., der auch die Pfalzen Memleben und Tilleda befestigen ließ, zur Reichsburg ausgebaut. Ihre Wallanlagen sind noch heute sichtbar. Zusammen mit der Harzburg bei Goslar und weiteren Harzburgen sicherte die Hasenburg nun das Krongut. Uns gewähren die 1973 begonnenen umfangreichen Ausgrabungen Einblick in Anlage und Funktion einer solchen Reichsburg, die zum Schutze der königlichen Zentralgewalt gleichermaßen gegen den aufstrebenden Adel wie gegen die aufbegehrenden Bauern gerichtet war. Die Bauern mußten zum Bau der Burg wie zum Unterhalt der Besatzung erhebliche und die eigene soziale Lage stark belastende Leistungen aufbringen.
Keine andere Burganlage Thüringens kann eine solche über 3000 Jahre reichende Biographie vorweisen, in der nahezu alle Entwicklungsformen von der befestigten Höhensiedlung des Neolithikums über die Volks- und Fluchtburg in germanischer Zeit bis zur mittelalterlichen, bereits 1074 im Verlaufe der Sachsenaufstände zerstörten und wieder aufgebauten Reichsburg – mit Kemenate, Frauenhaus, Wirtschaftsgebäuden und sogar einer Eisenschmelzanlage aus jener Zeit – enthalten sind. Die Hasenburg wurde vermutlich zu Beginn des 15. Jahrhunderts verlassen und danach von den Bauern der Umgebung als Steinbruch genutzt und abgetragen.
Charakteristisch ist der im 9. und 10. Jahrhundert übliche Vorgang, in die großen Volksburgen der Vergangenheit nun die kleineren Burganlagen des Adels zu setzen. Damit ist der Beginn des feudalen Burgenbaus markiert. Also just jene Periode zwischen der Burgenordnung

Heinrichs I. von 926 bis zum Umbau der immer mächtiger und trutziger werdenden Burgen in Festungen, während andere verfielen. Ulrich von Hutten erlebte auf der väterlichen Burg Steckelberg im Hessischen den Niedergang und beschrieb ihn 1518 in einem ausführlichen Brief an den Nürnberger Humanisten Willibald Pirckheimer: »Ob unsere Behausung auf dem Berge oder in der Ebene liegt, sie ist nie zur Behaglichkeit, sondern nur zum Schutze erbaut, und mit Wall und Graben umgeben, innen ungeräumig, mit Vieh- und Pferdeställen zusammengedrängt, daneben finstere Schuppen voller Kanonen, Pech und Schwefel und was sonst zur kriegerischen Ausrüstung an Waffen und Maschinen gehört ...«

Thüringer Burgenfahrt. Man kann sie chronologisch nach der historischen Abfolge oder burgenkundlich nach der Einteilung in Wasser- und Niederungsburgen oder auf Hügeln, Bergspornen und Berggipfeln gelegene Höhenburgen beginnen. Am besten aber erkundet man sie nach Landschaften. Entlang der Flußläufe von Saale, Unstrut und Werra, in den Ebenen des Thüringer Beckens und im Vorland des Thüringer Waldes. Hier, zwischen Gotha und Arnstadt in einem reizvollen Landschaftsschutzgebiet, wo auf sonnigen Südhängen eine hierzulande seltene Steppenvegetation gedeiht, liegen gleich drei Höhenburgen. Sie sind – vielbeschrieben – in die Legende als *Drei Gleichen* eingegangen und zählen zu Thüringens ältesten Burgen. Nur eine, die bei Wandersleben gelegene, heißt tatsächlich Burg *Gleichen*, schon während der Ersterwähnung in den Annalen des Klosters Reinhardsbrunn um 1034 »Gliche« genannt. Was sich vermutlich auf den Namen des Berges bezog und vom keltischen »glich« (Felsen) abgeleitet sein könnte. Um 1130 erhielten die Grafen von Tonna vom Erzbistum Mainz die Burg als Lehen und nannten sich fortan von Gleichen. Als Stadtvögte Erfurts waren sie fast 200 Jahre mit der frühmittelalterlichen Geschichte der Stadt eng verbunden und besaßen zu der Zeit sogar ein eigenes Stadttor. In der berühmten Sage vom zweibeweibten Grafen ist ein Gleichen unsterblich geworden, der aus dem Kreuzzug eine Sultanstochter mitgebracht haben soll. Nach einer anderen Sage soll am 31. Mai 1230 alle drei Burgen das gleiche Schicksal ereilt haben, da »ein so grausames Wetterleuchten, Donnern und Blitzen war, wovon die Türme auf den Häusern Wachsenburg, Mühlberg und Gleichen entzündet worden und zugleich auf einmal brannten.« Was Wunder, wenn solches Schauspiel die Phantasie des Volkes entzündete.
Die heute als Hotel und Gaststätte dienende, weitgehend neuzeitlich überbaute *Wachsenburg*, ursprünglich eine kastellartige Anlage mit viereckigem Bergfried und romanischem Palas, erstand nach Jahrhunderten des Verfalls unter Herzog Ernst dem Frommen von Sachsen-Gotha ab 1651 zunächst als geplantes Zucht- und Waisenhaus und dann als Militärgefängnis mit Festungscharakter neu. Das schlechtbezahlte Wachpersonal suchte seinen Unterhalt durch den Verkauf selbstgestrickter Strümpfe aufzubessern. Im 19. Jahrhundert entwickelte sich die Burg mehr und mehr zu einem beliebten Ausflugsziel. Dennoch klagte der herzoglich-gothaische Kastellan Schottmann schriftlich der Kammer, daß die Wanderer »selten mehr als Cafe und Bier genießen, so daß mein täglicher Verdienst auf höchstens 10 Groschen anzuschlagen ist. Daß ich hiervon mit meiner Frau und den Kindern in den Sommermonaten nur höchst notdürftig leben kann, liegt auf der Hand ...«

Die lebende Mauer der Neuenburg
Als Kaiser Friedrich, Ludwig des Vierten Schwager, 1170 zwei Jahre vor des Landgrafen Tode bei ihm auf der Neuenburg war, sagte der Kaiser im Spaziergehen, wie schade es doch wäre, daß ein solch schönes Schloß der Mauern entbehre. Darauf versetzte der Landgraf, er wollte in drei Tagen eine so derbe Mauer um das Schloß aufführen, daß man sich darauf verlassen könne. Schnell mußten nun die Einspännier durch das Land reiten und den Edeln entbieten aufzusitzen, so daß sie zur richtigen Zeit einträfen. Am dritten Morgen hielten sie alle um das Schloß herum zu Pferde. Jeder hatte seinen Schild- und Waffenträger bei sich, ein bloßes Schwert in der Hand. Wo sonst die Rondelen an der Mauer zu sein pflegen, da ward vom Landgrafen ein Graf oder vornehmer Ritter mit dem Banner und um ihn her etliche Knechte gestellt. Im übrigen standen Mann an Mann fest aneinander.
Als hierauf der Kaiser desselben Morgens aus seinem Gemache trat, und diese lebendige Mauer von starken gewappneten Männern und gehorsamen Untertanen in güldenen, silbernen und gesamten Wappenröcken sah, verwunderte er sich höchlich über des Landgrafen Invention und wegen des schnellen Gehorsams der Vasallen, und beteuerte hoch, daß er solch eine Mauer noch niemals gesehen habe.
Aus: Grimms Märchen

Als naturliebende Gesangs- und Turnfreunde getarnte Sozialdemokraten nutzten in der Zeit des Bismarckschen Sozialistengesetzes von 1878 die Wachsenburg dreimal zu einem ihrer insgesamt acht illegalen Thüringer Parteitage, da im Herzogtum Sachsen-Coburg-Gotha Versammlungen nicht anmeldepflichtig waren. Die 1890 einsetzenden und bis 1930 andauernden Um- und Neubauten veränderten die Burganlage erheblich.
Von der Wachsenburg führt ein nach Gustav Freytag benannter schöner Wanderweg auf der Schloßleite zur *Mühlburg*, der kleinsten der drei Gleichen, urkundlich bereits 704 zusammen mit Arnstadt erwähnt, seit 1360 im Besitz der Stadt Erfurt und noch um 1667 bewohnbar. Den kulturhistorisch ambitionierten Romanschriftsteller Gustav Freytag, er wohnte ab 1851 sommers über im nahen Siebleben bei Gotha, inspirierte die inzwischen verfallene Ruine zum Handlungsort für den Roman »Das Nest der Zaunkönige« aus dem Zyklus »Die Ahnen«.
Seit 1977 bemüht sich eine aus Mitgliedern des Kulturbundes bestehende Mühlberger Arbeitsgemeinschaft um die Erhaltung der Burgruine nach einem mit den Denkmalpflegern abgestimmten Stufenplan. Heimatverbundenheit und Geschichtsbewußtsein, gefördert und angeregt von einer breiten gesellschaftlichen Bewegung sozialistischer Erbeaneignung und Denkmalpflege, werden in solch vorbildlicher und bei Thüringens Burgen mehrfach anzutreffender Leistung engagierter Heimatfreunde unmittelbar erlebbar.
Von hier aus ist es nur ein Katzensprung bis zur noch vollständig mauerumwehrten *Burg Gleichen*. Sie wurde durch die Truppen Heinrichs IV. im Jahre 1089 ganze 18 Wochen lang vergeblich belagert. 1631 starb der letzte Graf

von Gleichen im Ohrdrufer Schloß. Die mächtige Burg, seit 1130 im Besitz des Geschlechts und ab 1599 als Wohnsitz aufgegeben, begann zu verfallen. Bis 1720 hauste ein Förster noch hier oben. Die ersten Sicherungsarbeiten begannen 1897/98, und seit 1960 ist ein Arbeitskreis von Heimatfreunden aus Erfurt am Erhaltungswerk. Im restaurierten Turm entstand ein kleines, sehenswertes Burgmuseum; oben von der Plattform hat man einen wunderbaren Blick ins Land, den schon Thüringens Märchendichter und Heimatschilderer Ludwig Bechstein beschrieb: »Hier liegt vom Buch Thüringen eine der herrlichsten Seiten vor uns aufgeschlagen …« In der Tat, die »Drei Gleichen« wurden neben Wartburg, Rudelsburg und Saaleck zu Thüringens populärsten Burgen.

Noch ist es Zeit, sich in diesem Vorfeld des Thüringer Waldes ein wenig weiter umzusehen, bevor es uns in die ausgetretenen Pfade hin zur schon fast am Wege liegenden Wartburg zieht. Die freilich kennt nun nahezu jeder, doch wer weiß schon von der auf einem Hügel über dem gleichnamigen Ort liegenden zweitürmigen Burgruine *Ehrenstein* an der alten Straße von Remda nach Arnstadt, urkundlich erstmals 1274 genannt. Im Jahre 1686 wurde sie zum letztenmal instandgesetzt und war ab 1753 eine Zeitlang billiges Baumaterial für das Dorf. Weniger bekannt ist auch die zum Schloß umgebaute *Elgersburg* nahe Ilmenau, eine der ältesten Feudalburgen Thüringens und bereits 1139 auf einem Schriftstück des Klosters Volkenrode vermerkt. Oder die Ruine der 1369 erstmals erwähnten *Ehrenburg* bei Plaue, wo sich die Wilde und die Zahme Gera vereinen.

Doch zurück in die mittelalterliche Geschichte des Burgenbaus, als sich der Adel nach den Burgen zu benennen begann und damit seinen Herrschaftsanspruch bekundete: von Gleichen und Greifenstein, Hohnstein und Käfernburg, Vargula und Schwarzburg … Die Ritter in ihren eisernen Rüstungen und mit geschlossenem Helmvisier glichen mehr und mehr einer wandelnden Miniaturburg. Erkennen konnte man sie durch Wappen auf ihren Schildern. Diese wurden bald zum persönlichen Symbol und ab 1200 vermutlich sogar erblich. Da Wappen auch an den Grundbesitz gebunden waren, führten sogar nahe Verwandte durchaus verschiedene Wappen im Schild. Wappe–Waffe, darin besteht ein enger Zusammenhang. Den sogenannten bunten Löwen, weiß-rot gestreift und hessischen Ursprungs, führte beispielsweise Thüringens Landgraf IV., der mit der blutjungen Elisabeth von Ungarn verheiratet war, als Wappentier.

Damit wird unser Blick auf ein wichtiges Kapitel Thüringer Burgengeschichte gelenkt, die ohne die größeren politischen Entwicklungen in dem 919 durch die Wahl des Sachsenherzogs Heinrich I. zum König entstandenen Deutschen Reich wiederum nicht verständlich wird. Mit der frühfeudalen Ostexpansion unter den bis 1024 regierenden sächsischen Kaisern war Thüringen zum machtpolitisch abgesicherten Hinterland geworden. Im Jahre 929 gründete Heinrich I. nach Unterwerfung des Sorbenstammes der Daleminzier auf strategisch günstiger Höhe über der Elbe die Burg Meißen, und sein Sohn Otto I. setzte die Errichtung der Bistümer Meißen, Merseburg und Zeitz – später Naumburg – durch. Heinrich IV., bereits in heißem Kampf um die königliche Zentralgewalt gegen den sich immer mehr verselbständigenden Adel und die hohe Geistlichkeit, verlieh 1089 Meißen

Hand- und Spanndienste
»Zu Burgdiensten und Bauhilfen sind Ackerleute, Hintersassen, Kleinhäusler oder Kotsassen weiterhin verpflichtet. Damit keine Mißverständnisse mehr aufkommen, sind darunter folgende Arbeiten und Leistungen zu verstehen und zu verrichten: Von den Ackerleuten Anfahren von Bauholz, Kalkholz und Gerüstbäumen, von Latten, Brettern, Bohlen und Dielen bis aus einer Entfernung von zwei Meilen, von Staalholz, Scholholz, Wilgerdachstecken, von Mauer- und gebackenen Steinen, Sandstein, Kalkstein, Tuchstein, Ziegeln, Sand und Lehm sowie Wasser für Kalk und Lehm, sofern keines in den Gebäuden ist; das Abfahren von Schutt und Abfällen von den Stammhäusern und den dazugehörigen Gebäuden aber so, daß dadurch keine Versäumnisse bei der Feldarbeit entstehen.
Von den Hintersassen, Kleinhäuslern oder Kotsassen Erde, Schutt, Lehm, Sand, Holz, Steine, Kalk und andere Baumaterialien den Handwerkern zutragen oder den Ackerleuten aufladen; Staal-, Fach- und Scholholz auf Anweisung der Handwerker nach Länge und Dicke zuhauen; den Maurern, Zimmerleuten, Schiefer- und Ziegeldeckern Handreichungen leisten, wenn das ohne Lebensgefahr geschehen kann; beim Verlegen von Wasserröhren innerhalb der Häuser die nötigen Handarbeiten leisten; Stecken, Gerten, Weiden und Dornwellen hauen sowie die Zäune in Ordnung halten.«
Paragraph 14 im gerichtlichen Vergleich der Herren von Wintzingerode mit ihren hörigen Bauern vor dem Revisionsgericht in Mainz wegen der Leistungen von Hand- und Spanndiensten vom 17. Februar 1731 (nach der Urkunde im Staatsarchiv Magdeburg)
Nach einer Amtsbeschreibung von 1665 gehörten zum befestigten Unterschloß der *Burg Liebenstein* (bei Plaue) und damit zum Besitz der Familie von Witzleben:
253¼ Acker Land, 10 Wiesen, 6 einzeln benannte Gehölze, Fischerei, 658 Schafe, 27 Stück Vieh, 8 Zugochsen, 18 Schweine; Holzgerechtigkeit, Jagdgerechtigkeit in allen Dorfschaften sowie Rehjagd auf dem fürstlichen Wald.

an Heinrich von Eilenburg aus dem Hause Wettin, den Begründer der ständig wachsenden wettinischen Hausmacht. Für die ottonischen Könige wurde in diesem andauernden Machtkampf der thüringische Raum wieder politisch wichtig, wo sich weltliche und geistige Macht in kleinen und kleinsten Herrschaftsbereichen das Land teilten, ihr Recht und ihren Anspruch zu vererben begannen und auch unter mehreren Erben sogar weiter aufteilten. Diesem Prozeß wirkte Lothar von Supplinburg entgegen, seit 1125 König und mit dem mächtigen Staufern im Konflikt, als er 1130 den auf der 1067 erst gegründeten Wartburg regierenden Grafen Ludwig I. aus dem Geschlecht der Liudolfinger zum Landgrafen von Thüringen erhob. Was den Machtbefugnissen eines Markgrafen entsprach.
An der *Wartburg*, dieser »deutschen Schicksalsburg«, wie sie im 19. Jahrhundert dann genannt wurde, lassen sich wichtige Perioden des Burgenbaus gut verfolgen. Auch die Verzögerung der gotischen Bauperiode in Thüringen um rund hundert Jahre wird am Landgrafenhaus von 1190/1220, dem vielleicht schönsten romanischen Palas, augenfällig. Die Geschichte dieser Burg ist eng mit dem Geschick der Liudolfinger verbunden, und die kamen aus der Gegend zwischen Mainz und Aschaffenburg ins Thüringische. Ein Ludwig der Bärtige, der Stammvater sozusagen, erwarb 1036 das kleine Walddörfchen Altenberk (Altenberg bei Friedrichroda) und sein kaiserlicher Vetter Konrad II. verlieh ihm drei Jahre später als Wappen den rot-weiß-gestreiften Löwen im blauen Feld. Der nunmehrige Graf von Thüringen heiratete eine vermögende gräfliche Witwe und erbaute sich nahe dem Rodungsdorf Friedrichroda 1044 die kleine *Schauenburg*, die zunächst noch sein Sohn Ludwig der Springer bewohnte. Sie bestand nur

200 Jahre weiter und wurde 1265 als Raubnest zerstört.

Ludwig der Springer war ein echter Sohn seines nicht eben rücksichtsvoll zugreifenden Vaters, und so ruhte die später stärkste Territorialgewalt Thüringens, ganz im Zeichen einer friedlosen Zeit, auch auf dreisten Raubgründungen. Kaiser Heinrich IV. war noch ein Kind, die Gelegenheit günstig, die Legende hat's dann verklärt: »Wart' Berg, du sollst mir eine Burg werden ...« Gesagt, getan. Das Gelände gehörte aber den königstreuen Frankensteinern, die auf dem Berg gegenüber in der Burg Metilstein saßen und klagten. Doch Ludwig – den Sagendichtern sichtlich sympatisch – ließ von der Schauenburg heimlich Erde in Körben auf den Wartberg heranschaffen, stieß samt zwölf weiteren Recken das Schwert in den Boden und schwor, auf eigenem Grund zu stehen. Wer wollte da noch zweifeln. Als bei Aufräumungsarbeiten im Sommer 1845 in einer Felsvertiefung des Hofs der Wartburg dreizehn verrostete Eisenstangen gefunden waren, fühlten sich die Legendenbildner bestätigt. Es waren jedoch nur Eisenbarren.

Ludovicus Salius, also Ludwig der Salier, woraus in »Verschreibung« zu Desiliens dann der populäre Ludwig der Springer wurde, der sich durch kühnen Sprung in die Saale aus späterer königlicher Haft auf Burg Giebichenstein befreite, hatte mit sicherem Blick für strategische wie territorialpolitische Erfordernisse seiner Klasse die richtige Lage für *die* Burg Thüringens gefunden, die als Symbol weltweit für alle steht: die Wartburg auf steilem Fels eines westlichen Ausläufers des Thüringer Waldes nahe dem später erst entstandenen Markt Eisenach. Keine besonders große, aber in ihrer Gliederung sehr attraktive Anlage mit alldem, was wir uns unter einer Burg vorstellen. Ihre Mauern zeichnen den Fels rhythmisch schwingend nach, hier Vor-, dort Rücksprünge, eine gewachsene Einheit von Fels und Mauerwerk. Dazu dieser einzigartige Blick, den auch der junge, verliebte Goethe im Herbst 1777 in einem Brief an Charlotte von Stein hier oben genoß: »Wenn ich Ihnen nur diesen Blick, der mich nur kostet aufzustehn vom Stuhl, hinübersegnen könnte. In dem grausen, linden Dämmer des Monds die tiefen Gründe, Wiesen, Büsche, Wälder und Waldblößen, die Felsenabgänge davor, und hinten die Wände, und wie der Schatten des Schloßbergs und Schlosses unten alles finster hält und drüben an den sachten Wänden sich noch anfasst, wie die nackten Felsspitzen im Monde röten und die lieblichen Auen und Täler ferner hinunter, und das weite Thüringen hinterwärts im Dämmer sich dem Himmel mischt ...«

Der Dichter, in Regierungsgeschäften im Eisenacher Teil des Weimarer Herzogtums unterwegs, fand freilich eine völlig heruntergekommene Burg vor, einen verrufenen Ort, gerade noch gut genug für Wirtschaftszwecke; im kleinen Südturm die Pulvervorräte für die Eisenacher Garnison, die Räume um die Lutherstube noch Arrestzellen, im Ritterhaus der Burgwirt, bei dem er Quartier machte. Goethe zeichnete das alte, verfallene Bollwerk vor der Zugbrücke – es wurde 1782 abgetragen – und das 1785 abgerissene Wohnhaus des Landgrafen Friedrich des Freidigen (verstorben 1324). Es war vermutlich der älteste bekannte deutsche Fachwerkbau. An dessen Stelle steht seit 1860 die von Hugo von Ritgen errichtete Neue Kemenate.

Der eigenen Erkundung sei empfohlen: Zum einen die pfalzartige mittelalterliche Landgrafenburg mit dem berühmten romanischen Palas

Die Wachsenburg
»Nachdem man den schönen Lindenplatz vor dem Burgthore überschritten, gelangt man durch einen schmalen Zwinger in den geräumigen, die Burg umziehenden Hof. Ein sehr tiefer, in Felsen gehauener Brunnen, das Haus (Wohnhaus des Kommandanten), in dessen Inneres ein zweites Thor leitet – die Kirche, das Staatsgefängniss (Stube mit vergittertem Fenster), verschiedene Gewölbe und winklige Gänge – sind der Besichtigung werth und geben ein recht anschauliches Bild von der inneren Beschaffenheit so vieler in Ruinen liegender Bergschlösser. Die Aussicht, welche sich von diesem Hochpunkte erschliesst, ist eine der schönsten in Thüringen.«
»*Thüringen* – praktisches Handbuch für Reisende«, Berlin 1879

Jenas Hausbergburgen
»In demselbin jare noch Cristut gebort tusent 304 jar do zouch abir der lantgrave von Doringen unde die von Erfforte mit heere us uf den burggraven von Kirchbergk unde gewonnendo Griffenbergk Wyntbergk Leisten unde Kirchbergk, unde do liess der burggrave vor on bethin, das man om gnade beweissete.
Also wart om Griffenbergk wedir gegeben, die andern zwei sloss die brachen die von Erfforte zu grunde nedir.«
Johannes Rothe in seiner »Düringische(n) Chronik« über die Zerstörung der Raubnester 1304 durch Erfurter Kriegsknechte

Hermanns I., ein architektonisches Juwel. Hier soll der sagenumwobene Sängerkrieg stattgefunden haben. Tatsächlich weilte der Minnesänger Wolfram von Eschenbach um 1203 als Gast des ebenso politisch äußerst verschlagenen wie den Künsten als Mäzen zugetanen Landgrafen Hermann auf der Burg. Auch die 1235 vom Papst heiliggesprochene Gemahlin Ludwigs IV., Elisabeth von Ungarn, wohnte in dem Palas. Sie wurde mit ihren Kindern 1227 von der Wartburg vertrieben. Zum anderen aber die umfangreichen, sich seit 1838 über Jahrzehnte hinziehenden Restaurierungsarbeiten im Auftrage des Weimarer Großherzogs, Carl Alexander, welche die Burg so erstehen ließen, wie wir sie heute kennen und lieben. Viel ist von der mittelalterlichen Anlage nicht geblieben. Nur die beiden vorderen Eingangsbögen des Torhauses sowie Mauerzüge unter den Wohnbauten am 1859 neu errichteten Bergfried, unter dem Ritterhaus und dem Gadem deuten die ursprüngliche Burg Ludwig des Springers an.
Dieser starb 1123 in dem von ihm gestifteten Kloster Reinhardsbrunn als Mönch. Sieben Jahre später, der Kreis schließt sich, wurde sein Sohn Ludwig I. Landgraf von Thüringen. Im Wechsel der jeweiligen politischen Parteinahme für oder gegen den Kaiser nicht eben zimperlich und durch eine geschickte Heiratspolitik bauten sich die Thüringer Landgrafen ihr Herrschaftsgebiet systematisch aus. 1180 kommt hessischer Besitz zu den westthüringischen Besitzungen um Eisenach, die nordthüringischen um Sangerhausen und das Land um Eckartsberga und Freyburg an der Unstrut. Dazwischen lagen freilich die kleinterritorialen Herrschaftsgebiete des thüringischen Adels. Gesichert wurde die Landgrafschaft durch zwei strategisch bedeutsame Anlagen, die gewaltige *Neuenburg* bei Freyburg

im Osten, 1062 bis 1090 erbaut, und die im Kern noch romanische *Creuzburg*, 1170 bis 1264 erbaut, an der Werra im Westen.

Die Neuenburg war im 13. Jahrhundert, der gotischen Blütezeit des Burgenbaus, mit einer Fläche von fast drei Hektar eine der größten Burgen Thüringens. Berühmt wurde sie durch ihre – die feudale Klassentrennung geradezu klassisch verdeutlichende – Doppelkapelle von 1210/1230, in der das Gesinde im Untergeschoß nur durch einen offenen Schacht am herrschaftlichen Gottesdienst oben teilnehmen durfte. Im 16. Jahrhundert wurde die durch zwei Vorburgen geschützte Kernburg zum kurfürstlichen Wohnschloß umgebaut. An der Anlage, die auf der Zentralen Denkmalsliste der DDR steht, sind seit Jahren Instandsetzungs- und Restaurierungsarbeiten in Gang. Ringmauern wurden freigelegt und wiederaufgebaut, und der »Dicke Heinrich« – 41,2 Meter hoch und fast drei Meter mauerstark – ist wieder als Aussichtsturm zugänglich. Wer sich hier oben umsieht, der wird leicht begreifen, warum in diesem Burgschloß das Weinmuseum der DDR untergebracht werden soll.

Umfangreiche Wiederherstellungsarbeiten laufen auch an der Creuzburg. Sie werden vor allem von Eisenacher Heimatfreunden im Verein mit den Denkmalpflegern ausgeführt. Ludwig II. hatte die Burg einst wohnlich ausbauen lassen, Ludwig IV. bevorzugte sie sogar als Residenz.

Den weiter nördlich gelegenen Besitz sicherte die als zweite Raubgründung auf dem Territorium der Beichlinger Grafen klammheimlich errichtete *Runneburg* bei Weißensee. Sie gilt – auch baugeschichtlich – als Schwester der Wartburg. In der Reinhardsbrunner Chronik wird der Vorgang so geschildert: »Als Ludwig II. sich auf dem Reichstag von Regensburg 1168 mit Heinrich dem Löwen aussöhnte, begann des Kaisers Stiefschwester Jutta am Weißen See eine Burg zu bauen, damit sie dort eine Raststätte habe zwischen den Grenzpunkten Wartburg und Neuenburg.« Graf Friedrich von Beichlingen klagte bei Kaiser Friedrich I., Barbarossa, vergeblich, denn der war ein Schwager Landgraf Ludwigs II., des »Eisernen«, der – wie die Sage erzählt – mit eiserner Faust regierte. Der Staufer sicherte sich so durch den ihm verbundenen Thüringer Landgrafen den Weg vom süddeutschen Reichsgut zur gewaltigen Reichsburg Kyffhausen. –

Von der alten romanischen Anlage der Runneburg, wo die Landgrafen wiederholt weilten und auch Urkunden ausstellten, kündet heute vor allem noch der dreigeschossige Palas mit den beiden Wohntürmen, den schönen Arkaden und den romanischen Säulen im Untergeschoß des um 1750 halb abgetragenen Bergfrieds, des »Streitturms«. Die Herzöge von Weißensee bauten sie zum Renaissanceschloß um. Nachdem 1815 Weißensee preußisch geworden war, diente das zunehmend verfallende Bauwerk verschiedenen Behörden, und erst seit 1979 sind Heimatfreunde, unterstützt vom Erfurter Institut für Denkmalpflege, bei seitdem anhaltenden, umfangreichen Sicherungsarbeiten vor allem im Palasbereich. Man fand an die Wartburg erinnernde Arkaden mit Marmorsäulen und Kanäle einer Warmluftheizung aus dem 12. Jahrhundert in den zwei bis drei Meter starken Außenwänden des Palas, der baugeschichtlich von nationaler Bedeutung ist.

Über 8 000 Burgen soll es einmal in Deutschland gegeben haben, nur einigen konnten wir auf unserer Burgenfahrt nördlich des Thüringer Wal-

Die Schwarzburg

»Der Weg nach dem Schlosse geht über eine Brücke, welche den Bergvorsprung der linken Thalwand mit dem der rechten (worauf das Schloss fusst) verbindet; in der Tiefe (links, östlich) liegen die bescheidenen Wohnungen des gleichnamigen Dorfes. Nach einigen hundert Schritten tritt man durch das Thor, das von einem sehr alten aus dem 15. Jahrh. stammenden, mit zwei Eckthürmen versehenen Gebäude, der sog. Burgvoigtei, überbaut ist, auf einen Platz, wo sich die Hauptgebäude hoch erheben. Daran stösst rechts das auf einer Anhöhe stehende, neuerbaute Zeughaus, in welchem die Rüstkammer befindlich (Trinkgeld dem Thorwart: eine oder zwei Pers. 50 Pf., dem Diener der Rüstkammer 50 Pf., dem Kastellan wiederum 50 Pf.).«

»*Thüringen* – praktisches Handbuch für Reisende«, Berlin 1879

Rudelsburg

Hier, wo einst vor vielen Jahren
Muth'ger Ritter edle Schaaren
Lanz'n (ach) brachen im Turnier,
Brechen jetzt fidele Brüder
Beim Gesange froher Lieder
Lanzen, ach, gefüllt mit Bier.

H.M., stuf. theol. aus Altenburg, am 4. August 1831 im Gästebuch

des entlang der landgräflichen Burgenachse einen Besuch abstatten. Es wäre auch möglich, die Flußläufe zu verfolgen. Von der Neuenburg nahe der Mündung der Unstrut in die Saale, nordwestlich nach *Burgscheidungen*. Dort lag einst die befestigte »Residenz« des Thüringer Königreichs, das 531 von den Franken vernichtet wurde. Als »Scidingsburg« nutzten um 900 die Sachsenherzöge den Platz. Das heutige Schloß ist ein Schulungsheim. – Weiter geht es zur bereits im Hersfelder Zehntverzeichnis (860/890) genannten *Vitzenburg*, die 1492 zum größten Teil abbrannte; die Schloßaufbauten stammen aus dem 18. Jahrhundert. Nahe der uralten Kaiserpfalz *Memleben* liegt auf verwittertem Gipsfelsen über der Unstrut die Ruine der Burg *Wendelstein*, ein Konglomerat aus Mauertrümmern des 14. Jahrhunderts, Umbauten zum Wohnschloß im beginnenden 16. Jahrhundert, von geborstenen Wällen und neueren Zweckbauten auf dem Gelände einer frühen Volksburg.

Unstrutaufwärts kommt man dann zur ursprünglich romanischen Wasserburg *Heldrungen*; sie wurde von 1512 bis 1519 zur massiven Festung um- und ausgebaut. Seit 1975 befindet sich hier eine Bauernkriegsgedenkstätte. Nach der blutigen Schlacht am 15. Mai 1525 bei Frankenhausen dem Grafen Ernst von Mansfeld als »Beutepfennig« übergeben, wurde Thomas Müntzer schon am 16. Mai von diesem Schlächter in der Wasserburg Heldrungen unter der Folter verhört. Das schließlich erpreßte »Bekenntnis« ist überliefert als Dokument der Standhaftigkeit. »Omnia sunt communia«, erklärte der gemarterte Anführer der revolutionären Bauern: »Alles Gut gehört dem ganzen Volk.«

Es gibt nicht viele vergleichbare Festungen dieser Art in der DDR, und so kommt den seit 1974 andauernden Restaurierungs- und Wiederherstellungsarbeiten an diesem Denkmal der Technik und Festungsbaukunst besondere Bedeutung zu. Zwei tiefe Wassergräben umziehen die 25 Hektar umfassende, quadratische Anlage, vier mächtige Eckbastionen springen in die Gräben vor, zwei Gänge führen so durch den Wall, daß der Verteidiger immer unterhalb der Schußlinie bleibt. Kein Wunder, daß diese zu den größten Wasserburgen unseres Landes zählende Anlage als der »Schlüssel zu Thüringen« galt. Sie wurde 1664/68 noch einmal nach modernen Erkenntnissen der Festungsbaukunst mit Haupt- und Niederwall, so wie wir sie heute kennen, umgebaut.

Eine Bauernkriegsgedenkstätte ist auch die auf steilem Bergsporn über der Helme gelegene, seit 1180 im Besitz der Thüringer Landgrafen befindliche dreiteilige und gut erhaltene Burg *Allstedt* über der Helmeniederung. Die Burg wurde 1507/14 als Renaissance-Schloß umgebaut und während des Bauernkrieges stark befestigt. Gotisch der Torturm, der Westflügel mit den markanten Staffelgiebeln ein Neubau von 1480/90 vor der älteren Ringmauer; seit 1973 erfolgte eine durchgängige Restaurierung der Schloßanlage, in der sich seit 1975 (im Ostflügel) eine an Müntzers Allstedter Zeit erinnernde Gedenkstätte befindet. Besonderer Erlebnisbereich: die Kapelle in der Südostecke der Kernburg am Torbau, die Stätte der berühmten Fürstenpredigt. – Nicht weit von hier liegt landschaftsbeherrschend die einstige Sperrfeste an der Thüringer Pforte, die untere und obere *Sachsenburg*; von der Unterburg blieben der viereckige Turm, ein wenig Mauerwerk und Kellerreste, von der Oberburg steht noch, hinter Wällen und Gräben, neben dem Turm die Ruine des romanischen Palas. Die Sachsenburg war eines der 60 thüringischen Raubnester, die König Rudolf von Habsburg zur Wiederherstellung des Landfriedens 1289/90 mit Hilfe der militärisch starken Erfurter berennen und zerstören ließ.

Von der Neuenburg aus könnte man sich auch saaleaufwärts auf Burgenwanderung begeben. Es geht vorbei an der ebenfalls bereits im Hersfelder Zehntverzeichnis genannten Pfalzgrafenburg *Goseck*, seit 1540 sächsisches Wohnschloß, vom Besucherstrom nur wenig beachtet, zu abgelegen. Dann hinüber auf die andere Seite der Saale zur Ruine der *Schönburg*, dem Wochenendsitz der trinkfreudigen Naumburger Bischöfe mit dem noch immer gut erhaltenen, etwa 30 Meter hohen und mit Kaminen ausgestatteten mächtigen Bergfried. Auf dem Turm stehend, kann man den Grundriß der Burg aus dem 12. Jahrhundert gut erkennen: Ringmauer, Wehrgang und Schießscharten, Toranlage und die Umfassungsmauern des Palas – alles fast noch das genaue Abbild einer original romanischen Burg. Eine Burggaststätte in der geräumigen Vorburg lädt zum Verweilen an diesem wirklich romantischen Fleckchen ein.

An den Zwilligen Rudelsburg und Saaleck vorbei, trifft man die *Dornburger Schlösser*, die Burgruinen auf den Kalkbergen um Jena, die *Leuchtenburg*, die »Königin des Saaletals«, über dem 1100 Jahre alten Städtchen Kahla, dann die *Kemenate* bei *Orlamünde*, ein gewaltiger Wohnturm, in dem sich heute die Jugend ihren Klub eingerichtet hat. Dieses alte Bauwerk ist eine sich im nahen Reinstädt oder auch in Ziegenrück wiederholende, hierzulande seltene Sonderform des frühen Burgenbaus: Palas und Bergfried in einem, bis zu sechs Stockwerken hoch, in Orlamünde fast drei Meter starke Mauern im Untergeschoß, jede Etage beinahe ein ganzes Haus, der Zugang nahezu zehn Meter über dem Erdboden liegend. – Die im Fichtelgebirge ent-

Burgbrunnen
Ebenso wichtig wie Türme und Mauern waren Zisterne (für Regenwasser) und Brunnen. Der tiefste befindet sich mit 176 Meter in der Oberburg Kyffhausen (Festung Königstein 152,5 Meter; Augustusburg 170 Meter). Vergleichsweise dazu: Burg Ranis 40 Meter Tiefe, Leuchtenburg 80 Meter und Wachsenburg 93 Meter. Die schwere bergmännische Arbeit dauerte mehrere Jahre und wurde mit Hammer und Meißel vorgetrieben.

Bauzeit
Nach Berechnungen des Burgenkundlers Hermann Wäscher für die dreiteilige Großburg Kyffhausen, 1118 zerstört und beschleunigt wiederaufgebaut, benötigte man bei 12stündiger Arbeitszeit an 225 Arbeitstagen rund 1000 Mann für eine Bauzeit von 6½ Jahren. Dabei mußten 21000 m^3 Erde bewegt, 65000 m^3 Steine gebrochen und von den Maurern und Steinmetzen 51000 m^3 Baumaterial verbaut werden. Zum Transport waren 71000 Fuhren erforderlich.

springende und einst 442 Kilometer lange, auf ihrem Lauf nach Norden eigenwillig hin- und herschwingende Saale war bis zur Ostexpansion Heinrichs I. Grenzfluß zum slawischen Osten, ein »limes sorabicus«; die Burgen ziehen die alte Grenzlinie noch immer nach.
Eine Burgenwanderung besonderer Art bietet das Werratal zwischen der zum Renaissanceschloß umgebauten *Heldburg* und der bereits erwähnten Creuzburg, wobei die bäuerlichen Wehrkirchen des mittleren Werratales (12./13. Jahrhundert) einen hochinteressanten Sonderfall in der Burgengeschichte darstellen, vergleichbar den Kirchenburgen Siebenbürgens (SR Rumänien). Wer sich dafür interessiert und all das erkundend in Augenschein nehmen will, der merkt gar bald, wie weiträumig die Geschichtslandschaft ist, wie viele Einzelgeschichten geradezu darauf warten, mit wachem Sinn wahrgenommen zu werden. Als Teil der Gesamtkulturlandschaft unserer Republik, als Teil unserer Heimat. Das öffentliche Interesse an diesem speziellen historischen Erbe ist seit einem Jahrzehnt ständig gewachsen. Längst ist der sich daraus ergebende gesellschaftliche Auftrag erkannt und – die vielen tatkräftig wirkenden Heimatfreunde in den Burggemeinschaften verdeutlichen es – auch angenommen. So rundet sich der Kreis von Franz Kuglers romantischem Burgenlied zur exakten Aussage des führenden Burgenkundlers der DDR, Prof. Dr. Hans-Joachim Mrusek: »Die historisch gewachsene Siedlung, die Altstädte z. B., Kulturlandschaften wie das Eichsfeld, der Spreewald, Mönchgut auf Rügen, das Unstruttal müssen in allen ihren Elementen – wenn diese auch schon stark dezimiert sind – als kostbare Oasen intakter natürlicher und historisch-gestalteter Umwelt erhalten und gepflegt werden! Das ist eine Lebensfrage für uns, in Zukunft für die ganze Menschheit.«

Nachbemerkung

Alle Beiträge dieses Bandes sind Originalarbeiten. Martin Wendl, der das »ver« zwischen Reise und Führer schob, besorgte die Zusammenarbeit mit den Autoren, er stellte auch die Marginalienspalte zusammen.

Quellen für die Marginalien waren unter anderem die Heimatseiten der Zeitungen »Volkswacht«, »Freies Wort«, »Das Volk« und »Thüringer Landeszeitung«, die Landschaftsbücher des Greifenverlages zu Rudolstadt (z. B. Otto Ludwig »Der Rennsteig«, 1974; Fritz Kühnlenz »Burgenfahrt im Saaletal«, 1974; »Durchs Tal der Wilden Gera«, 1971; »Schiller in Thüringen«, 1974; »Eisenacher Porträts«, 1969; »Erlebnisse an der Werra«, 1974; Gerhard Schlössinger »Unterwegs im Schwarzatal«, 1975), die einschlägigen Wanderhefte, das »Reisehandbuch Thüringer Wald«, Leipzig 1967, und der »Reiseführer DDR«, Leipzig 1971 des VEB F. A. Brockhaus Verlag Leipzig.

Die Sagen wurden entnommen aus: E. K. Wenig »Es sagt aus alten Tagen. Ein neues Thüringer Sagenbuch«, Rudolstadt 1973. Andere Zitat-Quellen sind: Günther Steiger »Ich würde doch nach Jena gehn . . .«, Jena 1970, Goethes Briefe an Frau von Stein, Leipzig 1928; Heinz Deubler »Rund um die Heidecksburg«, Rudolstadt 1972; Inge von Wangenheim »Die hypnotisierte Kellnerin«, Rudolstadt 1975.

Gallettis unvergleichliche Aussprüche wurden der im Verlag Paul Hartung, Gotha, im Jahre 1909 erschienenen Sammlung entnommen. Einige weitere Quellen werden im Text oder in der Rubrik »Zum Weiterlesen« genannt.

Die Autoren

Dr. Lothar Burghoff, geb. 1930, Journalist und Buchautor in Erfurt. Zusammen mit Ingrid Burghoff Landschafts- und Städtereportagenbände sowie Literarische Reiseführer, »Reisen zu Goethe«, »Reisen zu Schiller«. Mitarbeit an Sammelbänden, »Reisebuch DDR«.

Günther Deicke, geb. 1922, Lyriker, Librettist und Herausgeber. Lebt in Berlin. Buchveröffentlichungen, u. a. die Gedichtbände »Traum vom glücklichen Jahr«, »Die Wolken«; musikalisch-dramatische Arbeiten, u. a. »Was ihr wollt«, »Esther«, »Schöpferischer Mensch«.

Paul Elgers, geb. 1915, lebt als Schriftsteller in Rudolstadt. Romane »Es begann im Sommer«, »Einer zuviel im Geschäft«, »Marquise von Brinvilliers«, »Jungfrau Johanna«, »Die Katze mit den blauen Augen«, »Der Fall Kaspar Trümpy«, »Der Unbekannte von Collegno«, »Ein Giftpilz für die Kaiserin«.

Gerald Große, geb. 1942, lebt als freischaffender Diplomfotografiker in Halle-Neustadt. Bildautor u. a. zahlreicher Städte- und Landschaftsbücher, z. B. »Lausitzer Impressionen«, »Halle, Halle-Neustadt«, »Spreewald«, »Bautzen«, »Zwiebelmarkt und Lichterfest«, »Wien«, »Skizzen aus der Altmark«.

Karl-Georg Hirsch, geb. 1938, lebt als Grafiker in Leipzig, ist Dozent und Leiter der Werkstatt für Holzschnitt an der Hochschule für Grafik und Buchkunst Leipzig und Vorsitzender der Zentralen Grafikgruppe im Verband Bildender Künstler der DDR. Mehrfache Auszeichnungen »Schönstes Buch der DDR«, in- und ausländische Kunstpreise und Ehrenmedaillen, Nationalpreis.

Johanna Hoffmann, geb. 1930, lebt freiberuflich als Journalistin und Schriftstellerin in Erfurt. Romane »Die verratene Heilige«, »Spiele fürs Leben«, »Villon, den ganz Paris gekannt«, »Der rote Kelch«.

Chris Hornbogen, geb. 1923, als freischaffende Schriftstellerin bis 1984 in Oberhof, jetzt in Berlin lebend. Feuilletons, Lyrik, Satire. Buchveröffentlichungen: »Amors Zeugnis«, »Sozusagen Saisonartikel«, »Mein UNbuch«, »Der Adamsapfel«, »Das Blatt vor meinem Munde«.

Otto Ludwig, geb. 1896, lebt in Schwarzburg im thüringischen Schiefergebirge. Buchveröffentlichungen: »Der Rennsteig«, »Im Thüringer Kräutergarten«.

Dr. Hans Joachim Malberg, 1896 bis 1979, war zuletzt als Cheflektor des Jugendbuchverlages Gebr. Knabe in Weimar tätig.
Autor zahlreicher Jugendbücher und Märchenspiele; Landschafts- und Städtebücher; Herausgeber von Memoirenwerken.

Dr. Georg Menchén, geb. 1936, Kulturredakteur der »Thüringischen Landeszeitung« in Weimar. Als Theaterwissenschaftler und Journalist Mitarbeiter von Rundfunk und Zeitschriften. Buchveröffentlichungen, u. a. »Nimuendajú. Bruder der Indianer«, »Burgen zwischen Werra und Elbe« (zusammen mit Wolfgang Leißling).

Roger Nastoll, geb. 1944, lebt freischaffend in Ilmenau. Veröffentlichungen in Zeitungen und Zeitschriften. Buchveröffentlichungen: »Wanderimpressionen aus Nordthüringen«, »Mit Paula Bissig durch Südthüringen«.

Landolf Scherzer, geb. 1941, wohnt in Meiningen, ist freischaffend als Journalist und Schriftsteller tätig. Reportagebände »Südthüringer Panorama«, »Spreewaldfahrten«, »Nahaufnahmen«, »Fänger und Gefangene«, »Bom dia, weißer Bruder«, »Das Camp von Matundo«.

Hansgeorg Stengel, geb. 1922, lebt als Schriftsteller, Journalist und Kabarettist in Berlin. Buchveröffentlichungen – Epigrammbände, u. a. »Mit Stengelszungen«, »Die feine stenglische Art«; Gedichtbände, z. B. »Frühling, Sommer, Herz und Kinder«; die Reisereportage »Seegang, Satan, Sansibar«; Kinderbücher; Mitautor an zahlreichen Anthologien.

Martin Viertel, geb. 1925, lebt als Schriftsteller in Gera. Romane, Kinderbücher, Szenarien für DEFA und Fernsehen, u. a. »Sankt Urban«, »Schlambambomil«, »Kuckucksgarn«, »Igelfreundschaft«, »Bollerbock«.

Inge von Wangenheim, geb. 1912, lebt als Schriftstellerin in Weimar. Buchveröffentlichungen – Romane, Kurzprosa, Essays, Reisebücher, u. a. »Mein Haus Vaterland«, »Die Probe«, »Die Entgleisung«, »Die tickende Bratpfanne«, »Die Verschwörung der Musen«, »Hamburgische Elegie«, »Kalkutta liegt nicht am Ganges«.

Martin Wendl, geb. 1943, lebt in Rudolstadt. Von ihm erschienen in der Reihe »Spaß am Sammeln«: »Altes Thüringer Porzellan«, »Urgroßmutters Leib- und Küchenwäsche«, »Alte Thüringer Töpferkunst«.

Ernst Karl Wenig, 1923 bis 1985, war zuletzt Verlagsdirektor des Greifenverlages zu Rudolstadt; schrieb Erzählungen und gab das »Neue Thüringer Sagenbuch« heraus.

Inhalt